정민鄭珉

── 한문학 문헌에 담긴 전통의 가치와 멋을 현대의 언어로 되살려온 우리 시대 대표 고전학자. 한양대학교 국어국문학과 교수. 조선 지성사의 전방위 분야를 탐사하며 옛글 속에 담긴 깊은 사유와 성찰을 우리 사회에 전하고 있다.

지은 책으로 연암 박지원의 산문을 살핀《비슷한 것은 가짜다》《오늘 아침, 나는 책을 읽었다》, 다산 정약용을 다각도로 공부한《다산과 강진 용혈》《다산 증언첩》《다산선생 지식경영법》등이 있다. 18세기 지성사를 파고들어《고전, 발견의 기쁨》《열여덟 살 이덕무》《잊혀진 실학자 이덕리와 동다기》《18세기 조선 지식인의 발견》《미쳐야 미친다》등을 썼고, 청언소품집으로는《점검》《습정》《석복》《조심》《일침》등이 있다. 이 밖에 조선 후기 차 문화사를 총정리한《한국의 다서》《새로 쓰는 조선의 차 문화》, 산문집《체수유병집─글밭의 이삭줍기》《사람을 읽고 책과 만나다》, 어린이를 위한 한시 입문서《정민 선생님이 들려주는 한시 이야기》등 다수의 책을 저술했다.

다산 정약용의 청년기와 천주교 신앙 문제를 다룬《파란》을 집필했고, 조선에 서학 열풍을 일으킨 천주교 수양서《칠극》을 번역해 제25회 한국가톨릭학술상 번역상을 수상했다. 초기 교회사 연구의 연장선으로《서학, 조선을 관통하다》를 완성했고, 천주교 관련 주요 문헌의 번역과 주석 작업도 진행 중이다.

역주 송담유록

역주 송담유록

1판 1쇄 인쇄 2022. 11. 1.
1판 1쇄 발행 2022. 11. 8.

지은이 강세정
옮긴이 정민

발행인 고세규
편집 이한경 | 디자인 윤석진 | 마케팅 백선미 | 홍보 박은경
발행처 김영사
등록 1979년 5월 17일(제406-2003-036호)
주소 경기도 파주시 문발로 197(문발동) 우편번호 10881
전화 마케팅부 031)955-3100, 편집부 031)955-3200 | 팩스 031)955-3111

값은 뒤표지에 있습니다.
ISBN 978-89-349-6598-5 93910

홈페이지 www.gimmyoung.com   블로그 blog.naver.com/gybook
인스타그램 instagram.com/gimmyoung   이메일 bestbook@gimmyoung.com

좋은 독자가 좋은 책을 만듭니다.
김영사는 독자 여러분의 의견에 항상 귀 기울이고 있습니다.

松潭遺錄

【역주】

송담유록

강세정 저
정민 역

초기 교회사 자료의 숨은 보석

김영사

간
행
사

한국 천주교회가 성직자나 수도자의 선교가 아니라 신자들에 의한 자발적 신앙의 수용으로 오늘에 이른 것은 세계 교회사에서 그 유례를 찾아볼 수 없는 일입니다. 신앙 선조들의 피로 새긴 순교의 신앙은 한국 천주교회가 갖는 자랑스러운 전통이 아닐 수 없습니다.

천주교 서울대교구 순교자현양위원회는 성김대건 안드레아 신부님의 순교 100주년을 기념하는 1946년, 전국 단위의 순교자현양회로 출범한 이래 오늘에 이르기까지 순교자 현양을 위한 각종 노력을 지속적으로 펼쳐왔습니다. 특별히 순교자 관련 문헌을 찾아 순교자 현양의 기초 자료로 삼기 위해 그간 아홉 권의 한국순교자연구 총서와 세 권의 신유박해 연구 논문집을 간행하였습니다.

지난 2022년 3월, 조광 교수에 의해 《역주 사학징의》가 완간되어, 신유박해 당시의 생생한 기록을 학술 자료로 정리하여 교계와 학계에 제공하였고, 바로 이를 이어 초기 교회사 연구에 소중한 증언을 풍부하게 담고 있는 필기류 저작인《눌암기략》과《송담유록》두 권을 동시에 한양대학교 정민 교수의 번역으로 간행하게 되었습니다. 이 같은 정리를 통해 초기 교회사의 드러나지 않았던 부분이 소상히 밝혀지고, 미처 몰랐던 당시의 여러 사실들을 알게 되어, 우리 교회사가 한결 풍부해지는 느낌입니다.

그간의 한국순교자연구 총서는《조선왕조실록》에서 간추린 천주교 관련 자료와《사학징의》처럼 신유박해 당시 공초 기록 등 관변 자료를 정리하는 작업이 중심이 되어왔습니다. 금번에 간행되는 이 두 책은 개인 필기류 문헌으로, 벽사闢邪의 관점에서 당시 천주교인들의 동향을 여러 일화를 통해 생동감 있게 전달하고 있습니다. 자료의 희귀성과 중요성에도 불구하고 그동안 연구자들이 접할 수 없었던 문헌이어서 출간의 의미가 더욱 값지다고 하겠습니다.

그동안 교회사 연구 자료의 간행이 시성시복을 위한 기초 자료를 수집하는 데 주된 목적이 있었다면, 앞으로의 교회사 연구는 조선 사회에 천주교가 끼친 영향과 그 실체를 규명하는 데 더 힘을 쏟아야 한다고 생각합니다. 이를 위해 보다 엄정하고 학술적인 자료의 정리가 더욱 절실합니다. 하나하나 사료들을 모아 구체적인 실체를 향해 나아가는 진지한 노력이 한층 소중하다는 의미입니다.

서학을 반대하는 입장에 섰던 남인 이재기와 강세정이 저술한《눌암기략》과《송담유록》은 각자 자신의 시선으로 포착한 당시 여러 현장의 증언들이 생생하게 살아 숨 쉬는 자료입니다. 이 귀한 문헌을 발굴하고 정리해서 번역까지 수고해주신 한양대학교 정민 교수의 노고에 깊은 감사를 드립니다. 아울러 이 책이 완간되기까지 변함없는 관심과 지원을 아끼지 않으셨던 순교자현양위원회 위원장 손희송 총대리 주교님께도 깊이 감사드립니다.

특별히 이 책은 그간의 방식과 달리 김영사에서 독자들이 쉽게 다가갈 수 있는 훌륭한 편집으로 출판을 맡아주어서 더 뜻깊은 의미로 다가옵니다. 이밖에 여러 실무진의 노고에도 특별히 고마운 뜻을 전합니다. 이 책이 교계뿐 아니라 학계에서도 소중한 학술 자료로 활용될 수 있기를 기대합니다. 고맙습니다.

2022년 10월
천주교 서울대교구 순교자현양위원회
부위원장 원종현 신부

격려사 ——— 《역주 눌암기략》《역주 송담유록》의 간행을 축하하며

18세기 후반에 선교사의 파견 없이 한국 땅에 가톨릭 신앙이 자발적으로 수용되어 빠른 속도로 전파되었다는 것은 잘 알려진 사실입니다. 이는 많은 신자들이 기쁘게 믿음을 받아들여 사랑의 삶을 살고, 그 믿음을 지키기 위해 기꺼이 목숨을 바친 덕분입니다. "순교자들의 피는 신앙의 씨앗이다"라는 테르툴리아노 교부(160~220)의 말처럼 한국 순교자들이 흘린 피는 풍성한 신앙의 열매를 맺었습니다.

천주교 서울대교구 순교자현양위원회는 초기 교회 순교자들의 굳건한 믿음과 거룩한 희생을 현양하기 위한 노력을 지난 70여 년간 지속해왔습니다. 순교자와 관련된 여러 사료를 간행하고, 연구 논문집을 펴냈습니다. 특별히 2022년 3월 《역주 사학징의》의 완간에 이어, 잇달아 한양대학교 정민 교수님에 의해 잘 알려지지 않았던 기록물인 《눌암기략》과 《송담유록》이 최초로 번역되어 간행된 것은 참으로 기쁘고 감사한 일이 아닐 수 없습니다. 사실 최근 들어 한국순교자연구

총서의 간행이 다소 뜸해 아쉬운 마음이 컸는데, 이번 두 책을 계기로 총서의 간행에 더욱 속도가 붙게 될 것을 기대해봅니다.

두 책에는 지금까지 알려지지 않았던 초기 교회 관련 이야기가 풍부하게 수록되어 있습니다. 이처럼 소중한 자료가 이제라도 발굴되어 널리 소개될 수 있어 정말 기쁩니다. 이 두 자료를 통해 한국 천주교 초기 역사와 관련된 더 많은 사실과 순교자들의 행적이 드러나고, 나아가 당시 조선 사회에서 천주교 신앙을 둘러싸고 벌어졌던 일들의 행간을 깊이 이해할 수 있게 된 점도 큰 의미가 있다고 생각합니다.

앞으로도 우리 순교자현양위원회는 숨겨진 자료의 발굴과 소개를 위해 노력할 것입니다. 역주 작업의 노고를 감당해주신 정민 교수님께, 그리고 유려한 편집으로 아름답게 책의 장정을 꾸며주신 김영사 관계자들께 깊이 감사드립니다. 지속적인 한국순교자연구 총서의 발행을 위해 애쓰고 수고하고 있는 위원회의 모든 실무진, 그리고 후원회원 여러분의 노고와 성원에도 고마운 마음을 전합니다.

2022년 10월 18일
성 루카 복음사가 축일에
천주교 서울대교구 순교자현양위원회
위원장 손희송 베네딕토 주교

서
문

　천주교회사의 진귀한 기록물인 강세정姜世靖(1743~1818)의 《송담
유록松潭遺錄》에 대해 처음 안 것은 1954년에 쓴 홍이섭 선생의 논문
을 통해서였다. 간략한 소개 글을 보고 구체적인 내용이 궁금해 찾아
봤지만, 지난 70년 동안 누구도 이 책에 대해 글 한 줄 쓴 것이 없었
다. 홍이섭 선생이 갑작스레 세상을 뜨는 통에 자료마저 함께 묻히고
만 듯했다.

　공서파의 대표적 인물의 한 사람인 강준흠姜浚欽(1768~1833)은 이
책의 저자 강세정의 아들로, 그의 문집 《삼명집三溟集》이 연세대학교
학술문화처 도서관 홍이섭문고에 소장되어 있었다. 《송담유록》이 같
은 문고 안에 들어 있을 수 있겠다는 생각이 문득 스쳤다. 도서목록을
검색하니 내 짐작이 맞았다. 오래 묻혀 있던 자료를 뜻밖에 너무 쉽게
찾게 되자 마음이 참 허망했다.

　당시는 코로나19로 인한 폐쇄로 외부인의 도서관 출입이 막혀 있

었다. 여러 사람의 도움을 받아 조금씩 나눠서 복사했다. 초기 교회사에 관한 듣도 보도 못한 굵직굵직한 증언들이 줄줄이 쏟아져나왔다. 1785년 명례방집회 검거 당시 잡혀온 사람들의 소지품마다 예수의 승천 후 모습을 그린 화상이 나왔고, 여성들이 차고 다닌 주머니에는 천주의 화상과 편경片鏡 즉 성인 메달이 들어 있었다는 내용도 있었다. 1780년 권철신이 부친의 장례를 치를 당시 아녀자들이 소복 아닌 성장盛裝을 하고, 형제 중 맏아들인 자신만 손님의 조문을 받아 사람들을 놀라게 한 사연이며, 교회 지도자 홍교만과 이기연이 부친의 제삿날만 되면 제사를 안 지내려고 가출한 이야기 등 흥미로운 내용들로 가득했다.

책에 따르면, 이존창은 홍낙민이 속량시켜준 종의 아들이었다. 그가 살았던 여사울은 야소동耶蘇洞 즉 '예수골'이란 의미였고, 당시에는 '여수골'로 읽었다. 이존창이 1787년 예산현감 신사원에게 체포되어 천안으로 압송돼 그곳 감옥에 갇혔을 때 이기양의 아우이자 안정복의 손주사위인 이기성이 천안의 감옥까지 찾아가 이존창에게 큰절을 올렸다는 증언, 홍낙민이 집안 노비의 자식인 이존창의 딸을 자신의 외종질 조아무개의 아들과 혼인시킨 일도 실려 있었다. 모두 생각지도 못한 내용이어서 당혹스러웠다. 오석충이 사서를 한글로 번역해 이존창에게 보내 어리석은 백성을 가르치게 한 내용도 이 책에만 나온다.

이재기의 《눌암기략訥菴記略》과 마찬가지로, 당시 신서파 이승훈·정약용·홍낙민을 비난하는 부정적인 내용이 적지 않고, 공서파의 동향에 대한 파악도 자세했다. 제사와 관련된 문제가 출제된 감제柑製에서 이승훈과 정약용이 나란히 백지 답안을 제출한 이야기며, 각종 교활한 날조를 통해 공서파들을 배척해 곤경에 빠뜨린 신서파의 행태도 하나하나 기록에 담아두었다.

이 밖에 각 지역 교회 지도자들의 동향과 지역 교회의 특징, 의금부에서 이들이 제출한 공초 기록과 신서파를 타격한 공서파의 각종 통문과 상소문을 요령 있게 간추려 실었고, 여기에 더해 〈황사영백서〉와 〈돈와기문편〉까지 한데 수록되어 있었다. 《벽위편》 외에 초기 교회사에 대한 증언으로 이보다 더 자세한 자료가 있을까 싶을 정도였다.

막상 번역 과정에서 상소문이나 공초 기록은 특수 용어나 전문 술어가 많아 애를 먹었다. 탈초脫草와 원문 입력에도 시간을 많이 썼다. 하나하나 근거 문헌을 찾아 대조해보니, 원래의 글을 압축해서 줄인 것이 대부분이었다. 이로 인해 문맥을 종잡을 수 없게 된 부분이 적지 않아서 일일이 원본과 대조해 확인을 거쳐야 했다.

책 뒤에는 부록으로 강세정이 쓴 〈아들 강준흠을 향한 비방에 대해 해명하는 글[家兒浚欽卜謗錄]〉과, 아들 강준흠이 자신의 사돈인 공서파 이기경을 위해 지은 〈홍문관교리 이공 묘지명弘文館校理李公墓誌銘〉을 함께 번역해 실었다. 《송담유록》의 내용과 맞물려 있고, 초기 교회사의 배경 이해에 도움을 주는 중요한 글이기 때문이다.

번역을 마쳐 역자의 손을 떠난 원고는 18세기 남인 전문 연구자인 부유섭, 이승재 선생 두 분이 꼼꼼히 교열하여 점검해주었다. 번역의 적지 않은 오류를 바로잡아준 것은 물론, 역자가 미처 확인할 수 없었던 수많은 인명의 인적 사항도 족보를 일일이 뒤져 찾아내는 수고를 감당해주었다. 깊은 감사의 뜻을 표한다. 이 과정에서 당시 남인의 인적 관계망이 혼맥과 사승의 촘촘한 그물로 얽혀 있어, 이에 대한 이해 없이는 텍스트의 문맥을 파악할 수 없음을 절감한 것은 망외의 소득이었다.

무엇보다 천주교 서울대교구 순교자현양위원회의 출판 지원을 받아 이 책을 김영사에서 펴낼 수 있게 된 것을 기쁘게 생각한다. 귀한 기회를 주신 순교자현양위원회 위원장 손희송 총대리 주교님, 그리고 부위원장 원종현 신부님께 특별한 감사를 드린다.

앞서 펴낸 역자의 저서 《서학, 조선을 관통하다》에 이어 이 책과 함께 간행되는 《눌암기략》을 통해 교회 성립에서 신유박해에 이르는 초기 교회사의 밑그림이 보다 선명하게 드러나는 계기가 되었으면 한다. 저자 강세정의 생애와 인간, 저술 목적 및 책의 자료적 성격과 가치에 대해서는 별도의 해제로 정리해 책 뒤에 제시했다. 이번 작업에도 김영사 편집부의 노고가 컸다. 전혀 상업적이지 않은 이 책 《송담유록》과 이재기의 《눌암기략》의 간행을 선뜻 맡아주신 김영사 고세규 사장님의 두터운 뜻에 깊이 감사드린다.

해는 뉘엿한데 갈 길은 멀다. 공부의 길에 어찌 끝이 있겠는가? 교회사 연구는 역자의 주 전공 분야가 아니다. 다산 정약용을 공부하다가 그의 젊은 날이 궁금해졌고, 그의 눈길을 따라가는 과정에서 교회사와 만났다. 이후 대표적 서학서인 《칠극》을 번역해 2021년 한국가톨릭학술상 번역상의 영예를 안기도 했다. 시선을 돌리고 질문을 바꾸면 교회사 연구에서 아직 미답의 구역이 뜻밖에 많다. 자료집 발간을 계기로 18세기 지성사의 동향과 초기 교회사에 대한 관심이 함께 증폭될 수 있기를 바라본다.

2022년 10월, 한양 동산에서
옮긴이 정민

차
례

松潭遺錄

송담유록

일러두기

원문 및 영인본 검색의 편의를 위해 원문에 영인본의 면수를 표기했다. 예를 들어 [3/1a]의
경우 앞의 '3'은 일련번호로 매긴 면수이고, 뒤의 '1a'는 1장張 a면을 나타낸다.

송담유록

松潭遺錄

강세정姜世靖[1] 지음

---

[1]

성호星湖 이익李瀷[2] 선생께서 일찍이 서양의 학문에 대해 논하면서

---

1 강세정(1743~1818): 본관은 진주, 자는 명초明初, 호가 송담松潭이다. 진창군晉昌君 강인姜絪의 6대손이다. 아들은 대표적인 공서파 인물 강준흠姜浚欽이다.

2 이익(1681~1763): 본관은 여주, 자는 자신子新, 호가 성호다. 아버지 이하진李夏鎭은 대사헌과 대사간을 지냈고, 1680년 경신대출척 때 진주목사로 좌천되었다가 평안도 운산에 유배되었다. 이익은 운산 유배지에서 태어났다. 부친 사망 후 안산으로 돌아와 둘째 형 이잠李潛에게 글을 배웠다. 1706년 이잠이 장희빈을 두둔하는 상소를 올렸다가 역적으로 몰려 47세로 죽었다. 이후 과거를 버리고 학문에만 몰두했다. 83세 때인 1763년 세상을 떴다. 경전 연구에 전념해, 질서疾書 연작을 통해 경학 연구의 새로운 기축을 열었다. 동시에 서학에 대한 관심으로《칠극》과《천주실의》,《직방외기》등 서학서를 많이 읽었다. 이로 인해 성호의 제자 그룹이 훗날 신서파와 공서파로 갈리는 원인을 제공하기도 했다. 이병휴·이철환·이가환 등 집안 제자와 그들의 제자 그룹 중에 신서파가 많았고, 안정복과 황덕길 같은 제자들

이렇게 말씀하셨다.

"이마두利瑪竇(마테오 리치)³는 신성한 사람이다."

이 때문에 서양학이 치성하게 된 뒤에 사람들이 간혹 이것을 가지고 그가 서학을 깊이 믿었다고 의심하여, 함부로 비방하는 논의를 더 하는 자가 있었다. 하지만 선생은 또 이렇게 말씀하셨다.

"서학은 불교의 나머지 유파로 아교와 칠이 엉긴 단지⁴ 안에서 벗어나지를 못하니, 애석하다."

이 같은 두 마디의 말에서 그가 엄하게 서학을 배척한 것을 판단할 수가 있다. 그가 신성하다고 여겨 취했던 것은 다만 천문과 역법의 기교 같은 몇 가지였을 뿐이다. 뒷사람들이 알아두지 않으면 안 된다.

[3/1a] 星湖先生嘗論西國之學云: "利瑪竇神聖人也." 故洋學熾後, 人或以是疑其酷信, 妄加訾議者有之. 然先生又云: "是爲佛氏之餘派, 不離膠漆盆中, 惜哉." 卽此兩段說, 可斷其嚴排也. 其所取以爲神聖者, 特星曆技巧等諸條而已. 後之人, 不可不識也.

과 홍낙안·이기경·강준흠 등에 의해 공서파의 흐름이 생겨나, 서로 대립했다.

3 이마두(1552~1610): 이탈리아 예수회 선교사 마테오 리치Matteo Ricci다. 1571년 예수회에 가입한 뒤, 1582년 인도를 경유해 마카오에 도착해서 중국어를 공부한 후 1583년 정주 허락을 얻었다. 1601년 북경으로 가서 신종神宗에게 자명종과 양금을 선물해, 북경 거주를 허락받았다. 중국어로 서양 학술서를 번역하는 일에 몰두해서 유클리드 기하학 저술인 《기하원본》과 천주교 교리서 《천주실의》, 《교우론》, 《기인십편》 등 다양한 저술을 한문으로 펴내, 조선 지식인들에게도 큰 영향을 끼쳤다.

4 아교와 칠이 엉긴 단지: 이욕利慾을 아교와 칠이 끈적하게 엉긴 단지에 비유한 것으로, 《주자어류朱子語類》 권123 〈진군거陳君擧〉에서 주희가 왕패논쟁王覇論爭을 벌였던 진량陳亮에 대해 "진동보陳同父는 이욕의 아교와 칠이 엉긴 단지 속에 있다(同父在利欲膠漆盆中)"고 한 데서 끌어왔다.

[2]

이철환李嚞煥[5]은 자가 길보吉甫로 성호의 종손從孫이다. 호는 예
헌例軒이다. 총명함이 남보다 뛰어났고, 문사文詞에 대한 이야기를 잘
했다. 과거시험 공부하는 것은 즐기지 않았지만, 기이한 글과 이상한
책에 두루 통하지 않음이 없었다. 웅장한 담론과 뛰어난 언변이 강
하江河처럼 거침없었다. 이따금 사람과 마주해 이야기를 하면 참으로
기이하였다. 그의 말에는 서양 사람 마테오 리치의 주장이 많았다. 우
리나라 인사가 실로 듣거나 본 적이 드문 내용이었으므로 듣는 사람
들이 알아차리지 못하고, 그저 당세에 박학한 사람 중에 그보다 나은
이가 없을 것으로만 여겼다. 그 또한 우뚝이 잘난 척하며 세상 사람을
낮추어보는 태도가 일이나 행동에서 드러났다. 나무 심는 법 같은 것
도 모두 서양의 방법을 써서, 그 법이 기묘하지 않은 적이 없었으니,
보는 사람마다 또한 기이하게 여겼다.

李嚞煥字吉甫, 星湖之從孫也. 號例軒. 聰明絶人, 文詞談洽. 擧業亦不屑
爲, 而奇文僻書, 無不貫通. 雄談善辯, 沛若江河. 往往對人說話, 奇奇異異. 其
言大抵多西國利瑪竇之說也. 吾東人士, 實罕聞而罕見也. 故聽之者, 莫知卞,
而但以爲當世博洽, 無出其右. 彼亦巍然自高, 低視世人, 發於事爲. 如種樹等
法, 皆用西法, 法未嘗不奇妙, 見之者, 亦莫不異之.

---

5 이철환(1722~1779): 본관은 여주, 자가 길보, 호는 예헌이다. 예산 장천에 살았다.
   이익의 종손이자 문인이다. 이광휴李廣休의 장남이고, 이하진李夏鎭의 장증손이다.
   막내동생인 목재木齋 이삼환李森煥과 함께 성호에게 수학하며 여러 경전과 제자
   백가의 글을 두루 읽어 학자로서 일가를 이뤘다. 시詩, 서書, 화畫에 뛰어났다. 그
   림은 당시에 표암豹菴 강세황姜世晃과 쌍벽을 이뤘다고 한다. 저술로《상산삼매象
   山三昧》,《물보物譜》와《섬사편剡社編》이 전한다. 그가 서학에 남다른 식견이 있었
   다 함은 이 글에 처음 보인다.

[3]

이가환李家煥[6]혜환惠寰 이용휴李用休[7]의 아들이다은 이철환의 사촌동생이다. 어려서부터 총명하고 박학강기博學强記하여 백가와 자사子史를 두루 꿰지 않음이 없었다. 젊어 성균관에서 공부할 때도 명성이 자자했다. 중년에 과거에 급제하니 문벌이 맑고 화려한 데다 대대로 문사를 익혀 사람들이 모두 높여 칭찬하였다. 벼슬에 오르기 전부터 서학西學

---

6 이가환(1742~1801): 본관은 여주, 자는 정조廷藻, 호가 정헌貞軒이다. 이익의 종손으로, 증조는 이명진李明鎭이다. 할아버지는 성호 이익의 형인 이침李沉, 아버지는 이용휴다. 이승훈의 외숙이다. 1771년 진사가 되었고, 1777년 증광시 문과에 급제했으며, 1780년 비인현감이 되었다. 1784년 이승훈이 북경에서 돌아온 뒤, 천주교 문제로 이벽과 논쟁을 벌이다가 설득되어 천주교인이 되었다. 이벽으로부터 서학 입문서와 《성년광익聖年廣益》등을 빌려 탐독하고, 제자들에게도 전교하는 신자가 되었다. 1791년 신해박해 때에는 교리 연구를 중단하고, 광주부윤으로서 천주교를 탄압했다. 그 뒤 대사성·개성유수·형조판서를 지냈고, 1795년 주문모周文謨 신부 입국 사건에 연루되어 충주목사로 좌천되었다. 그곳에서도 천주교인을 탄압했다. 1801년 이승훈·권철신 등과 함께 옥사로 죽었다. 당대에 천재로 유명했으며, 정조는 그를 '정학사貞學士'라 불렀다. 대대로 정릉골에 살아 '정릉 이씨'로 불렸고, 별칭으로 정곡貞谷이라고도 했다. 서재에 서학서를 가득 쌓아두고 공부했다. 특히 천문학과 수학에 정통해, 스스로 "내가 죽으면 이 나라에 수학의 맥이 끊어지겠다"고 했을 정도였다.

7 이용휴(1708~1782): 본관은 여주, 자는 경명景命, 호가 혜환이다. 아들 이가환과 사위로 허만許晩, 이동욱李東郁, 신희연申熹淵, 이응훈李應薰, 강순흠姜舜欽을 두었다. 정동에 거주했다. 1735년 생원시에 합격하고, 음보蔭補로 벼슬이 첨지중추부사에 이르렀다. 정약용은 〈정헌묘지명貞軒墓誌銘〉에서 이용휴에 대해 "진사가 된 뒤로는 다시 과장科場에 들어가지 않고 문장에 전념하여 우리나라의 속된 문체를 도태하고 힘써 중국의 문체를 따랐다. 그의 문장은 기이하고 웅장하여 우산虞山 전겸익錢謙益이나 석공石公 원굉도袁宏道에 못지않았다. 혜환거사惠寰居士라 자호自號하였다. 영조 말엽에 명망이 당시의 으뜸이어서 학문을 탁마하고자 하는 자들이 모두 찾아와서 질정質正하였으므로, 몸은 평민의 열列에 있으면서 30년 동안이나 문단의 권權을 쥐었으니, 예부터 없었던 일이었다"라고 평가했다.

을 몹시 믿었으니, 이철환에게서 전수받은 것으로 참으로 이른바 난형난제라 할 것이다. 남몰래 서로 배워 익히면서도 겉으로는 안 그런 척 꾸몄다. 그의 무리인 이벽李檗[8]이보만李溥萬[9]의 아들이다과 이기양李基讓[10]한음漢陰 이덕형李德馨[11]의 불초손이다, 권일신權日身[12]권암權巖[13]의 아들이요

---

8 이벽(1754~1785): 본관은 경주, 자는 덕조德操, 호는 광암曠菴이다. 세례명은 세례자 요한으로, 초기 조선 교회를 이끈 최고의 이론가이자 실질적인 지도자였다. 아버지는 이보만이다. 조부 때부터 무과에 급제해 무인 집안으로 이름이 났다. 형 이격李格과 남동생 이석李晳이 무과에 급제해 황해병마절도사와 좌포장 등의 직책을 맡았다. 이벽은 키가 8척에 힘이 장사였다고 한다. 정약용의 큰형 정약현丁若鉉의 처남으로, 이로 인해 다산 형제와 가깝게 지냈다. 1774년 덕산으로 이병휴를 찾아가 배웠고, 이후 권철신의 문하에서 공부해 주어사강학회에도 참여했다. 1783년 말 이승훈이 북경에 가게 되었을 때, 그에게 천주교 서적을 구해오게 해, 외딴곳에 방을 얻어놓고 천주학의 이론 공부에 몰두했다. 1784년 가을부터 이가환과 권철신, 이기양 등을 차례로 만나 서학의 논리로 토론을 벌여 이기고, 1784년 겨울부터 본격적인 교리 공부와 교회 창립을 위해 헌신했다. 1785년 3월 명례방집회 당시 주인의 자리에 앉아 설법하던 중 형조의 포교들에게 집회가 발각되어 추조적발 사건이 일어났고, 아버지 이보만은 외부와의 접촉을 차단한 채 연금 상태에서 배교를 강요했다. 32세의 나이에 열병에 걸려 갑작스레 사망했다. 정약용의《중용강의》에 서학의 관점을 도입한 논리로 도움을 주는 등, 각별한 관계를 가졌다. 원문은 이름을 '벽檗'이라 했으나, 바로잡았다.

9 이보만(1727~1812): 본관은 경주, 부친은 호남병마절도사, 부총관를 지낸 이달李鏈(1703~1772)이다. 아들 이격·이벽·이석과 한치영韓致永·정약현·홍윤호洪允浩에게 시집간 딸을 두었다.

10 이기양(1744~1802): 본관은 광주廣州, 자는 사흥士興, 호가 복암茯菴이다. 이덕형의 7대손으로, 아버지는 이종한李宗漢이다. 어머니는 정현서鄭玄瑞의 딸인데, 그녀는 을사추조적발 당시 그 자리에 있었던 정섭의 고모다. 1774년 진사시에 수석 합격했고, 1795년 정시 문과에 급제해 부수찬, 승지를 거쳐 1798년 의주부윤이 되었다. 이후 1801년 대사간, 예조참관, 좌승지를 역임했다. 이가환, 권철신, 홍낙민과는 사돈간이며 교우가 두터웠다. 1784년 이벽과 서학의 교리를 토론하고서 천주교 교리의 합리성을 인정하고 은밀히 천주교를 신봉했다. 1800년 진하부사進賀副使로 청나라에 가서 천주교 교리를 직접 접하고 귀국했다. 아들 이

권람權擥(1416~1465)의 후손이다. 이승훈李承薰[14]이동욱李東郁[15]의 아들이요, 이가환의 조카다 등은 바로 대대로 벼슬한 집안인 데다 얼마간 재예才藝를 지닌 자들이었다. 남몰래 저들끼리 교분을 맺어 사학邪學에만 매진하면서, 벗들을 부르고 부류를 끌어모아 제일 먼저 서학에 물들었다. 그런 말들이 크게 퍼지자 식견 있는 이들이 남몰래 탄식하였다.

총억과 이방억이 신자였던 관계로 반대파들은 그를 사학의 교주라고 비난했는데, 친국소親鞫所에서 무답으로 응해 단천에 유배되었고, 그곳에서 죽었다. 죽은 후 1809년 영의정 김재찬金載瓚의 요청으로 신원, 복관되었다.

11 이덕형(1561~1613): 자는 명보明甫, 호가 한음 또는 쌍송雙松 또는 포옹산인抱雍散人이다. 부친은 이민성李民聖이며, 영의정 이산해李山海의 사위다. 1580년 문과에 급제해 형조판서, 의금부판사, 돈령부지사를 거쳐 우찬성이 되었으며, 광해군 즉위 후에는 벼슬이 영의정에까지 올랐다.

12 권일신(1742~1791): 본관은 안동, 자는 성오省吾, 호가 직암稷菴이다. 경기도 양근의 한감개에서 나고 자랐다. 초기 천주교회의 지도자로, 1784년 겨울 이벽이 집으로 찾아와 교리에 대해 토론한 후 신앙을 받아들였다. 이후 수표교 인근 저동苧洞 이벽의 집에서 이승훈과 만나 세례를 받았다. 세례명은 프란치스코 하베리오다. 1785년 3월 명례방의 집회가 추조에 적발되었을 때도 아들 권상문과 함께 참석했고, 참석자 5~6인과 함께 추조에 들어가 예수의 성상을 돌려달라고 요청해 소동이 일어났다. 1786년 이후 가성직제도假聖職制度를 세워 10명의 신부 중 한 사람으로 활동했다. 1791년 진산 사건이 발생하자, 그해 11월 3일 천주교 교주로 체포되어 일곱 차례에 걸쳐 고문과 문초를 받고, 11월 15일 배교를 선언하자 유배지가 제주도 위리안치에서 충청도 예산으로 바뀌었다. 매부 이윤하의 집에서 몸을 추스르다가 유배길을 떠나자마자 장독으로 세상을 떴다.

13 권암(1716~1780): 본관은 안동, 자는 맹용孟容, 호가 시암尸菴이다. 부친은 권돈權敦이다. 권철신과 권일신 5형제의 부친이니 은일隱逸로 명망이 높았다. 부인은 남양 홍씨 상빈尚賓의 딸이다. 집이 양근의 감호鑑湖 남쪽 한감개에 있었다.

14 이승훈(1756~1801): 본관은 평창, 자는 자술子述, 호가 만천蔓川이다. 아버지는 참판 이동욱이며, 어머니는 이가환의 누이다. 한국 천주교회 창설자의 한 사람으로, 한국인 최초의 영세자다. 서울 반석동盤石洞에서 태어났으며, 정재원丁載遠의 딸에게 장가들어 정약용 형제와 처남매부 사이가 되었다. 1780년(정조4) 진사

家煥惠寰用休之子, 乃其從弟也. 自幼聰慧, 博學强記, 百家子史, 無不 **[4/1b]** 該貫. 少游泮庠, 聲名藉甚. 中歲擢第, 地閥淸華, 世襲文辭, 人皆獎詡. 而自夫 釋褐之前, 酷信西學, 則傳授於囍煥, 眞所謂難兄難弟. 潛相學習, 外爲粧撰.

시에 합격했다. 1783년 동지사 서장관인 아버지를 따라 북경에 들어가 약 40일 간 머물면서 선교사들로부터 필담으로 교리를 배워, 그라몽Gramont 신부에게 세례를 받았다. 세례명은 베드로다. 1784년 수십 종의 교리 서적과 십자고상, 묵주, 상본 등을 가지고 귀국해 이벽, 이가환, 정약종 형제 등에게 세례를 주었다. 1785년 김범우의 집에서 집회 도중 형조의 관헌에게 적발되어 을사추조적발 사건이 일어나자 한때 배교했다. 하지만 곧 교회로 돌아와 신자들에게 세례와 견진성사를 집전하는 등 가성직제도를 주도했다. 1787년에는 정약용과 반촌伴村에서 천주교 교리를 강술하며 교회 활동을 선도했다. 그러나 가성직제도가 교회법에 어긋난 행위임을 알고는 조직을 해산하고 성직자 영입 운동을 추진했다. 1789년 음직으로 평택현감에 등용되었다. 때마침 1790년 북경에 밀파되었던 윤유일이 돌아와 가성직제도와 조상 제사를 금지한 북경 주교의 명을 전하자, 다시금 교회를 떠났다. 1791년 진산 사건이 일어나자 권일신과 함께 체포되어, 향교에 배례하지 않았던 사실과 1787년의 반회伴會 사건이 문제 되어 투옥되었다가, 관직삭탈 후 방면되었다. 1795년 주문모 신부를 체포하려다 실패한 을묘실포 사건이 일어났을 때, 성직자 영입 운동에 관여했던 혐의로 체포되어 충청남도 예산으로 유배되었다가 풀려났다. 순조가 즉위한 1801년 신유박해로 이가환, 정약종, 홍낙민 등과 함께 체포되어 4월 8일 서대문 밖 형장에서 대역죄로 참수되었다. 1868년(고종5) 아들 신규身逵와 손자 재의在誼가 순교하고, 1871년 증손인 연구蓮龜와 균구筠龜가 제물포에서 순교했다. 이승훈은 1856년(철종7)에 아들 신규의 탄원으로 대역죄만은 신원되었다.

15 이동욱(1738~1794): 본관은 평창, 자는 유문幼文, 호는 소암蘇巖이다. 부친은 이광직李光溭이다. 1766년 문과에 합격하고, 1783년에 사은겸동지사謝恩兼冬至使의 서장관으로 떠날 때 아들 이승훈과 함께했다. 이때 이승훈이 천주교 남당南堂에서 최초로 영세를 받았고,《천주실의天主實義》등의 서적을 구입해 들어왔다. 이일로 1791년 의주부윤으로 있을 때 송익효宋翼孝로부터 공격을 받았다. 이후 부사직으로 천주교 탄압에 앞장섰으며, 그 뒤 참판 등을 역임했다. 이동욱의 사후 1801년 이승훈이 천주교도로 신유사옥 당시 순교하자 관작이 추탈되었다. 글씨를 잘 썼다. 그가 쓴 친필〈자규루상량문子規樓上樑文〉이 규장각에 남아 있다.

而其徒李蘗溥萬之子·李基讓漢陰不肖孫·權日身巖之子, 擘之後·李承薰東郁之子, 家煥之甥, 乃是簪纓世族, 薄有才藝者也. 潛自交結, 專治邪學, 招朋引類, 首先浸淫. 辭說大播, 有識竊嘆矣.

계묘년(1783, 정조7) 겨울에 이동욱이 서장관書狀官으로 연경에 들어가게 되자, 그의 아들 이승훈이 수행하였다. 조선관朝鮮館에 머물 적에 자주 천주당天主堂을 왕래하여중국에는 천주당이 있는데, 서양인이 와서 머무는 곳이다 날마다 머물러 자고 돌아왔다고 한다. 그 당시 다른 사신을 수행했던 막료幕僚의 비장裨將이 해준 말이다. 사서邪書 중에 이전에 조선에 들어온 적이 없었던 허다한 책자들을 모두 사가지고 왔고, 그들이 가르치고 공부하는 방법까지 다 배워서 왔다. 이때 이후로 그 교법敎法이 크게 갖추어졌다.

癸卯冬, 李東郁以書狀官入燕, 其子承薰隨行. 留館時, 頻頻往來於天主堂中國有天主堂, 洋人來留之所也, 日日留宿而歸云其時他使隨行幕裨之言. 邪書之前所未出來之許多卷帙, 盡貿以來, 其所訓誨肄習之法, 亦皆學來. 自是以後, 其法大備矣.

[4]

서양인의 학문은 예수의 가르침을 행하는 것을 큰 공으로 여긴다. 그중에서도 조예가 고명하고 공부가 깊고 독실한 자를 교주로 삼아 그 가르침을 널리 펴야만 순박한 데로 돌아갈 수 있다고 말한다. 재물과 여색을 함께 나누고, 장사하여 팔 때 값을 두 가지로 부르지 않았으니,[16] 천하를 바꾸고 싶은 생각으로 가르친 것이다. 그의 무리가 이

---

16 재물과 여색을 …… 부르지 않았으니: 원문은 '통화색通貨色'이다. 재물을 함께

벽을 교주로 삼아 장악원掌樂院 앞에 사는 중인中人 김범우金範禹[17]의 집에 자리를 잡았다. 이벽이 푸른 제건祭巾을 머리에 쓰고 어깨에 드리운 채 중앙에 앉았고, 이승훈과 정약전丁若銓,[18] 정약종丁若鍾,[19] 정약용丁若鏞[20] 형제 및 권일신 부자가 모두 제자라 일컬으며, 책을 끼고 이벽을 모시고 앉아 있었다. 이벽이 설법하면서 가르치는 것은 우리 유가儒家의 사제師弟의 법에 견주더라도 더욱 엄격하였다.

나누고 여색을 공유한다는 뜻이다. 천주교가 남녀 교우의 분별 없이 한데 모여 기도하고 모임을 갖는 것을 해괴하게 여겨 유학 쪽에서 천주학을 비난할 때 꼭 이 문제를 들고나왔다. 물건값을 두 가지로 부르지 않았다는 것은 손님을 거짓으로 속여 바가지 씌우지 않고 정직한 값만 받아서, 이것으로 상대에게 신뢰를 얻는 방편으로 삼았다는 뜻이다.

17 김범우(1751~1786): 본관은 경주다. 중인 출신 역관으로 김의서金義瑞와 남양 홍씨 억석億錫의 딸 사이에 맏아들로 태어났다. 아내는 현재연玄載淵의 딸로, 1801년 순교한 현계흠玄啓欽의 사촌이다. 1801년 순교한 복자 김이우金履禹 바르나바와 김현우金顯禹 마태오는 그의 이복동생이다. 1773년 역과에 합격했고, 1784년 겨울 이승훈에게 세례를 받고 입교했다. 1784년 말에서 1785년 초 사이 자신의 명례방 집을 집회 장소로 제공했는데, 1785년 3월 명례방집회가 형조에 적발되어 체포당했다. 형조판서 김화진이 집주인이자 중인인 그만을 체포해 형벌을 내렸다. 그는 배교를 거부한 채 충청도 단양으로 유배 가 이듬해 그곳에서 죽었다. 유배지가 단양이 아니라 밀양의 단장丹場이었다는 설도 있으나, 전혀 사실이 아니다. 김범우 생존 당시에는 단장이란 지명 자체가 없었다. 단장은 그의 사후 80년가량 지난 시점에 행정구역을 통폐합하면서 새롭게 붙여진 이름이다. 그의 무덤도 은평구의 선산에 있었다. 이에 대한 자세한 논의는 정민, 《서학, 조선을 관통하다》(김영사, 2022)에서 상세하게 살폈다.

18 정약전(1758~1816): 본관은 나주, 자는 천전天全, 호가 손암巽庵이다. 연경재研經齋 와 매심재每心齋로도 썼다. 조부는 정지해丁志諧이고, 아버지는 진주목사 정재원이다. 어머니는 해남 윤씨로 윤덕렬尹德烈의 딸이다. 정약용의 형이다. 어려서부터 성호 이익의 학문에 심취했고, 권철신의 문하에 나아가 공부했다. 1783년 사마시에 합격해 진사가 되었고, 1790년 증광시 문과에 급제했다. 벼슬은 전적과 병조좌랑을 지냈다. 큰형 정약현의 처남인 이벽, 매부 이승훈 등과 가깝게 지내

洋人之學, 以行敎爲大功, 其中造詣高明, 工夫深篤者, 爲敎主, 以廣張其
敎, 謂可以回淳反朴也. 通貨色也, 市賣不二價也, 思 **[5/2a]** 欲易天下而敎之
也. 其徒以李蘗爲敎主, 館於掌樂院前中人金範禹家. 蘗以靑巾覆頭垂肩, 主壁
而坐, 承薰丁若銓若鍾若鏞兄弟, 及權日身父子輩, 皆稱以弟子, 挾冊侍坐. 蘗
說法敎誨, 比之吾儒師弟之法, 尤嚴截.

며 천주교에 입교했다. 1801년 신유사옥 때 아우 정약용과 함께 귀양 갔다. 처음
신지도를 거쳐 흑산도에 유배되었다. 그곳에서 복성재復性齋를 열어 생도를 가르
치다가 16년 만에 그곳에서 세상을 떴다. 저서로 《현산어보玆山魚譜》와 《논어난論
語難》, 《송정사의松政私議》 등이 있다.

19 정약종(1760~1801): 본관은 나주, 세례명은 아우구스티노다. 정약전의 동생이다.
정재원의 네 아들 중 셋째다. 젊어서는 한때 신선설에 빠졌다가 서학서를 접한
후 여기에 몰두했다. 1800년 주문모 신부가 조직한 명도회明道會의 회장을 맡아
선교에 진력했고, 한문본 교리서에서 중요한 내용을 간추려 한글본 《주교요지》
를 펴냈다. 김건순과 함께 교리서를 종합·정리해 《성교전서聖敎全書》를 쓰던 중
박해를 당해 순교했다. 1801년 2월 26일에 대역죄로 이승훈, 최창현, 홍낙민 등
과 함께 서소문 밖에서 참수되었다.

20 정약용(1762~1836): 본관은 나주, 자는 미용美鏞이다. 호는 사암俟菴과 여유당與
猶堂을 썼고, 다산茶山으로 불렸지만, 정작 자신은 이를 호로 쓰지는 않았다.
1789년 식년시 문과에 급제해서 희릉직장이 되었다. 이후 검열, 정언, 지평, 경기
암행어사, 사간, 동부승지를 거쳐 곡산부사, 형조참의 등의 벼슬을 지냈다. 정조
의 큰 신임을 받아 1789년에는 한강에 배다리를 놓았고, 1793년에는 상중에 화
성을 설계하고, 여기에 필요한 거중가와 유형거를 직접 발명하는 등 큰 성과를
남겼다. 1784년 이벽을 통해 서학을 받아들였고, 이후 1785년 명례방 추조적발
사건과 1787년 정미반회 사건, 1795년 주문모실포 사건 등 서학 관련 주요 사건
의 중심에 늘 함께했다. 공서파 홍낙안·이기경과의 갈등 속에 신서파의 행동대
장 역할을 했는데, 《눌암기략》과 《송담유록》 속에는 이 시기 정약용의 활동이 생
생하게 그려져 있다. 서학으로 인해 금정찰방으로 좌천되었고, 이후에도 매번 서
학이 발목을 잡아 곡산부사 등의 외직으로 밀려났다. 정조의 갑작스러운 서거와
채제공의 죽음 이후 1800년 기장에 유배되었다. 황사영백서 사건으로 다시 서
울로 압송되어 죽음의 문턱까지 갔다가 1801년 겨울 강진에 유배되었다. 강진

정한 날짜에 모임을 가진 지 몇 달쯤 지났을 때, 형조판서 김화진金華鎭[21]에게 염탐당하여, 김범우가 붙들려와서 감옥에 갇혔다. 장물臟物 중에는 예수의 화상이 몹시 많았다. 대개 사학을 배우는 자들은 저마다 작은 주머니를 차고 있었고, 주머니 안에는 화상이 하나씩 들어 있었다. 바로 예수가 형벌을 받아 죽어 하늘로 올라간 뒤의 모습으로, 서양 사람들이 그 모습을 그려 늘상 몸 가까이에 차고서, 아침저녁으로 경문을 외며 높여 받드는 것이었다.

約日聚會, 殆過數朔, 爲秋判金華鎭所廉探, 金範禹見捉囚禁. 臟物中耶蘇畵像甚多. 盖學邪者, 各佩小囊, 囊中有像一件, 卽邪穌刑戮上天後, 洋人模象, 常佩身邊, 而朝夕誦經尊事者也.

에서 18년간 유배생활을 하면서 500여 권의 저술을 남겼다. 1818년 해배 이후 향리에 은거했고 만년에 다시 천주교 신앙을 회복한 것으로 알려져 있다. 다블뤼 주교와 샤를 달레는 《한국천주교회사》의 앞부분인 천주교 신앙 도입부에서 신유박해에 이르는 시기의 모든 기록을 정약용이 쓴 《조선복음전래사》에 입각해 기술했다고 적었다. 그는 당시 조선에 와 있던 여항덕余恒德 신부에게 종부성사를 받고 세상을 떴다고 한다.

21 김화진(1728~1803): 본관은 강릉, 자는 성재聖載, 시호는 익헌翼憲이다. 아버지는 참판 김상적金尙迪, 어머니는 이하범李夏範의 딸이다. 1755년 정시 문과에 급제해 검열이 된 이래, 정언·수찬·교리를 거쳐 1770년 승지에 오르고 이듬해 대사간에 임명되었다. 1776년 대사헌이 되고 1781년 평안도관찰사를 거쳐, 1783년 채제공의 죄를 탄핵하다 일시 파직되었고, 1785년 형조판서에 임명되어 김범우의 집에 모인 천주교도를 체포했으나 김범우를 제외한 양반가 자제들은 훈방했다. 당색은 노론이나 황윤석은 그의 당색을 소론이라고 썼다. 명례방 사건 당시 온건한 사건 처리로 문제가 크게 확대되는 것을 막았다. 다만 김화진이 염탐했다는 말은 사실이 아니다. 우연하게 창밖에서 소리를 들은 포졸들이 투전판인 줄 알고 뛰어들었다가 현장을 적발했다. 당시 김화진은 정국을 뒤흔든 문양해의 《정감록》 역모 사건 처리로 골머리를 앓고 있던 차여서 자칫 명례방 사건의 불똥이 이리로 튀어 더 큰 정치적 사건으로 비화될까 염려했다.

권일신이 그 아들과 이윤하李潤夏²²지봉芝峯 이수광李睟光 ²³의 불초손이자 권일신의 매부다, 이총억李寵億²⁴이기양의 아들이다, 정섭鄭渉²⁵이기양의 외종外從

---

22 이윤하(1757~1793): 본관은 전주, 자는 시보時甫다. 한림동翰林洞에 살았다. 성호 이익의 사위 이극성李克誠의 양자로 들어가 지봉 이수광의 제사를 받드는 봉사손이 되었으며, 권철신의 누이에게 장가들었다. 이승훈과는 친척이었고 동네 친구였다. 이런 인연으로 초기부터 천주교 신앙을 받아들였다. 슬하의 3남 2녀 또한 천주교 신앙을 지켰다. 장남 이경도李景陶 가롤로는 오석충의 둘째 딸과 결혼했다. 차녀는 이순이李順伊 누갈다, 차남은 이경중李景重, 3남은 이경언李景彦 바오로다. 자식 다섯 중 셋이 복자품에 오른 순교자 집안이다. 1791년 진산 사건이 있고 두 해 뒤인 1793년에 37세의 젊은 나이로 세상을 떴다. 이윤하 사후 아들 이경도가 천주교 신앙으로 인해 잡혀가자, 전주 이씨 문중에서 이윤하의 입양을 무효화해 파양해달라는 청원을 예조에 올려 허락을 받았다. 그 결과 전주 이씨 족보에서 이윤하는 입양된 이극성과는 아무 인연이 없는 존재가 되고 말았다.

23 이수광(1563~1628): 본관은 전주, 자는 윤경潤卿, 호가 지봉이다. 부친은 병조판서 이희검李希儉이다. 조선 후기 학술을 견인한《지봉유설芝峯類說》등을 남겼다. 아들로 영의정을 지낸 이성구李聖求와 이민구李敏求, 권경權儆에게 시집간 딸을 두었다. 이윤하는 이수광의 7대손이 된다. 이수광의 사위 권경은 아들로 권제權躋와 형 권척權倜에게 입양된 권적權蹟을 두었다. 권적은 어려서 부모를 여의어 이수광의 집에서 자랐으며, 이민구에게서 배웠다. 권적의 증손이 권암이고, 현손이 권철신 등 5형제다.

24 이총억(1764~1822): 본관은 광주, 자는 창명滄溟이다. 이기양의 맏아들이며, 권철신의 제자이자 사위다. 주어사강학회와 명례방집회에 참여하는 등 초창기 천주교 신자로 열심히 활동했다. 1795년 식년시에 진사로 급제했다. 1801년 3월 천주교 신자로 검거되었다가 배교하고 4월 10일에 석방되었다.

25 정섭: 본관은 동래다. 서울 관정동舘井洞에 살았다. 1785년 명례방 추조적발 사건 당시 권일신과 함께 형조에 가서 성상을 돌려달라고 했던 5인 중 1인이다. 1801년 3월 25일에 체포되어 작은 주머니와 묵주 등이 압수되었고, 4월 5일 광양으로 유배 갔다. 윤유일과 왕래가 있었다. 유배 이후의 자취는 어디에도 남아 있지 않다. 조부는 정현서인데, 이기양의 부친 이종한이 그의 사위여서, 이기양에게는 외조부가 된다. 정섭은 이기양과 외사촌간이니, 정섭의 부친은 정현서의 아들 정언승鄭彦升(1713~1753), 정언항鄭彦恒(1728~?), 정언겸鄭彦謙(1740~?), 정

이다 등 5인을 이끌고 곧장 추조秋曹의 뜰로 들어가 성상聖像서양 사람들이 예수를 성인聖人이라 일컫기 때문에 이렇게 말한다을 돌려달라고 청하였다. 누누이 호소하자, 형조판서가 그중 아무개와 아무개를 심문하고는 크게 꾸짖어 말했다.

"너희들은 모두 명문 사대부의 자식인데, 어찌하여 이런 이교異教로 들어갔더란 말이냐? 너희는 상민과는 다르므로 형장刑杖은 치지 않고 특별히 놓아보내준다. 다시는 이 학문을 하지 말거라."

단지 김범우만 엄형에 처하고 귀양 보냈다.

日身率其子及李潤夏芝峯不肖孫, 日身之妹夫·李寵億基讓之子·鄭涉基讓之外從也 等五人, 直入秋曹庭, 請推聖像西人稱邪穌爲聖人故云. 屢屢呼訴, 秋判審問其某某, 乃大責曰: "汝輩皆名家士夫之子, 何如是外入耶? 汝輩異於常漢, 故不施刑杖, 特爲放送, 更勿爲此學也." 只嚴刑範禹竄配.

이총억은 내가 아는 사람의 어린 아들이어서, 그가 이웃에 와서 머

언관鄭彦觀(1742~?) 중 한 사람이다. 그런데《사학징의》에 정언승의 맏아들 정옥鄭沃(1742~1814)의 공초가 실려 있고, 그 가운데 정옥이 정섭의 종형從兄이라는 언급이 있다. 그렇다면 정섭은 정언승의 세 동생 중 한 사람의 아들인 셈이다. 나이로 따져볼 때 둘째인 정언항의 아들이었을 가능성이 가장 높다. 정언항의 두 아들로 정순鄭洵(1762~1834)과 정흡鄭洽(?~?)이 있다. 한편, 정순의 아들 정면동鄭冕東의 부인은 진사 정재록丁載祿의 딸이다. 정재록은《사학징의》중 이재신李在新의 공초에 나오는, 도저동에 사는 열심한 천주교인이다. 이로 볼 때 정섭의 집안은 자신뿐 아니라 형제들까지 모두 열심한 신앙생활을 했던 것을 알 수 있다. 정언항의 둘째 아들 정흡의 인적 사항은 하나도 기록된 것이 없다. 이로 보아 정섭은 정흡의 바꾸기 전 이름일 가능성이 있다. 그것이 아니면 정섭의 이름을 족보에서 아예 파버린 것이다. 정흡의 손자 정양묵鄭亮黙(1820~1866)은 1866년 병인박해 때 정언겸의 3남인 재종숙 정은鄭溵(1804~1866)과 함께 순교했다. 정흡이 정섭의 고친 이름이었을 가능성이 있다고 보는 이유다.

문다는 말을 듣고는 가서 만나보고 몹시 꾸짖어 말했다.

"네가 형조의 뜨락까지 들어갔다던데, 사대부는 산송山訟이 아니고는 그곳에 들어가서는 안 된다. 네가 나이 어린 선비로 어찌하여 패악스러운 행동을 하는 게냐?"

그가 대답했다.

"성상에 재앙이 닥친지라 어쩔 수 없이 고하여 호소하였습니다."

내가 말했다.

"네가 이미 예수를 두고 성상이라 하는 것을 보니 거기에 빠진 것이 심하구나."

이후로 다시는 보지 않았다. 이총억이라는 자는 그 숙부인 이기성李基誠[26]과 더불어 어려서부터 가정에서 물든 자이다.

余於寵億爲故人穉子, 聞其來留隣比, 往見切責曰: "汝入於曹庭云, 士大夫非山訟, 則 [6/2b] 不可入庭. 汝以年少士子, 何爲悖擧乎?" 答曰: "禍迫聖像, 故不得不告訴云." 余曰: "汝旣以耶穌爲聖像, 則滔溺甚矣." 因不復見耳. 所謂寵億與其叔基誠, 自幼濡染於家庭者也.

성균관 유생 심봉석沈鳳錫[27]과 정실鄭漦[28]이 통문을 내어, 전부터 알

---

26 이기성: 본관은 광주다. 부친은 이종한이다. 안정복의 아들 안경증安景曾이 초취 부인 윤동열尹東說의 딸과 결혼해 낳은 딸과 결혼했다. 이기양의 동생이자 이총억의 숙부다. 형조로 찾아가 성상을 돌려달라고 했던 사람들 중 한 명이었고, 천안 감옥에 이존창이 갇히자 그를 찾아가 큰절을 올리기까지 했다. 그 밖에 자세한 인적 사항은 나오지 않는다.

27 심봉석(1729~1798): 본관은 청송, 자는 천우天羽다. 부친은 심구沈毅다. 1790년 증광시 문과에 급제했다. 정약용과 함께 태학에서 공부했다. 벼슬은 영릉참봉, 동복현감을 지냈다. 언론이 과격했다.

던 이들에게 그들과 교유하지 않고 혼인도 맺지 않겠다는 말로 두루 알렸다. 이가환이 나를 보고는, 자못 조정하여 중재하고자 했고, 권일신의 아우 권숙신權淑身[29] 또한 여러 차례 와서 보았다. 내가 본래 그 집안과는 대대로 잘 지내온 데다 또 교분도 있었기 때문이었다.

館儒沈鳳錫‧鄭濱發文, 通論知舊以不與交游, 不與婚娶, 爲辭. 家煥見余, 頗欲調劑, 日身之弟淑身, 亦屢次來見. 余本與渠家爲世好, 且有契分故也.

[5]

신사원申史源[30]은 자가 순형舜衡이고 호는 당고唐皐이다.[31] 젊어서 시로 성균관에서 이름을 날렸고, 중년 이후로는 학문에 종사했다. 타

---

28 정실(1736~1788): 본관은 동래, 자는 자실子實이다. 1777년 식년시에 생원으로 급제했다.

29 권숙신: 권암의 아들 권철신은 5형제인데, 일신이 셋째, 넷째는 득신得身, 다섯째는 익신翼身이다. 숙신이란 이름은 보이지 않는다. 다섯째 익신의 바꾸기 전 이름으로 추정한다. 권숙신은 자가 사신師愼이고, 초취는 홍한보洪翰輔의 딸, 재취는 신술행申述行의 딸이다. 장인 홍한보의 본관은 풍산, 자는 이헌而憲, 호는 벽암檗菴이다. 조부는 채봉彩峰 홍만수洪萬遂, 부친은 홍중달洪重達, 외조가 박천博泉 이옥李沃이다. 홍한보의 고모부는 이한종李漢宗으로 이한종의 손자가 이극성이고, 이극성의 아들로 입양되었다 파양된 이윤하는 권암의 사위다. 《감호수창첩鑑湖酬唱帖》(국립중앙도서관 소장)에 권암과 권암의 아들 등이 수창한 시첩이 남아 있다.

30 신사원(1732~1799): 본관은 고령, 자가 순형, 호는 계자季子 또는 당고다. 충청도 청원군 출신으로 승지 신일청申一淸의 아들이다. 1783년 감역監役, 1784년 사헌부감찰, 1785년 영희전령永禧殿令과 예산현감, 1789년 진산군수, 1796년 고부군수, 1798년 정선군수를 역임했다. 1791년 진산 사건으로 인해 그가 군수였던 진산군은 5년 동안 현縣으로 강등되었고, 신사원도 유배를 갔다. 관련 내용은 《정조실록》 1791년 11월 3일과 6일, 8일 기사에 나온다.

31 호는 당고이다: 원문에는 호에 해당하는 두 글자를 빈칸으로 비워놓았다. 사실을 확인해 채워넣었다.

고난 자질이 순수하여, 마주 대하면 도의道義의 기상이 있었다. 뒤늦게 벼슬에 나아가 예산현감을 지냈다. 그 지역과 접해 있는 천안 여소동余蘇洞 **32**에 이존창李存昌 **33** 홍낙민洪樂敏 **34**이 속량해준 노비로, 문필을 제법 알

32 여소동: 충남 예산군 두촌면에 있는 호동리狐洞里의 우리말 표현인 '여사울'의 한자식 표기다. 여사울은 예산군 두촌면과 천안군 신종면으로 행정구역이 갈라졌지만, 하나의 큰 부락을 이루고 살던 같은 마을이었다. 당시 문헌에 여사울을 지칭한 다른 표현으로 '여호餘湖'와 '여사동餘事洞', '여촌餘村' 등이 더 보인다. 본래는 여우가 출몰하는 호동狐洞 즉 여우골인데, 여우의 옛 표기 '여ᅀᆞ'가 '여수' 또는 '여사'로 변했다. 최초의 천주교 수덕자 홍유한洪儒漢(1726~1785)과 홍낙민이 이곳에서 살았고, 내포의 사도로 일컬어진 이존창도 이 마을에서 나고 자랐다. 당시 '예수'의 한자 표기 '야소耶蘇'를 '여수'로 읽었으므로, 여소동은 바로 예수골의 의미도 담고 있었다. 예수 믿는 사람들이 사는 마을이란 뜻이다. 이와 관련한 내용은 뒤에 다시 나온다.

33 이존창(1759~1801): 세례명은 루도비코 곤자가다. 권일신으로부터 교리를 배워 입교한 뒤, 가성직제도 아래 신부가 되어 충청도 지방을 맡아 전교에 힘쓴 결과 '내포內浦의 사도使徒'로 불렸다. 그러나 가성직제도가 교리에 어긋남을 알고 윤유일에게 여비를 주어 북경에 보내서 주문모 신부를 맞아들였다. 1791년(정조15) 신해사옥 때 체포되어 배교했으나, 이후 전날의 배교를 뉘우치고는 더욱 열심히 전교 활동을 했다. 1795년 말에 다시 체포되어 천안에서 6년 동안 연금 생활을 하던 중 1801년 신유사옥이 일어나자 다시 체포되어 4월 8일 정약종 등과 함께 참수되었다. 이존창이 홍낙민의 노비였다가 속량된 신분이었다는 사실과 그의 딸이 권 참판의 후손과 결혼한 사실 등은 이 책에 처음 나온다. '하느님의 종'에 올랐다.

34 홍낙민(1751~1801): 본관은 풍산豊山, 자는 성눌聖訥, 세례명은 루카다. 조부는 홍국보洪國輔이고, 아버지는 홍양한洪亮漢이다. 예산의 여사울에 살면서 최초의 수덕자 홍유한에게서 수학하며 서학에 접했다. 홍유한이 1775년 순흥 구고리로 이사하자, 그와 가깝게 왕래하기 위해 충주로 집을 옮기기까지 했다. 일찍 진사시에 합격해, 상경 후 이승훈 등과 교유했고, 1784년경에 천주교에 입교했다. 1789년 식년시 문과에 급제해 정언, 전적 등의 벼슬을 거쳤다. 1791년 신해박해 때 배교를 선언했고, 1795년 주문모 신부에게 보례補禮를 받아 고해를 준비하다가 한영익의 밀고로 신자임이 드러났으나 다시 왕명으로 배교를 선언했

아 홍낙민에게 수업했다고 한다이라는 자가 있었다. 그는 오로지 사학만 익혀 근처에서 이름이 있었다. 상민은 물론이고 남녀노소가 서로서로 전파하여 익히게 하였다. 신사원이 공문을 보내 붙잡아서 천안의 감옥에다 가두었다.[35]

申史源字舜衡, 號唐皐. 少有詩名, 鳴於升庠, 中歲以後, 從事學問. 天資純粹, 相對有道義之象. 晚而筮仕, 爲禮山宰. 其接壤天安余蘇洞, 有李存昌洪樂敏贖奴, 頗解文筆, 受業於樂敏云者, 以專治邪學, 有名近地. 常漢無論, 男女老幼, 互相傳習. 申丈移文, 捉囚於天安獄.

이기성이 이 말을 듣고는 곧장 옥문 밖에 가서 이존창에게 절을 올린 뒤에, 자기도 함께 죽기를 원하였다. 천안군수 조정옥趙鼎玉[36]이 평소 친숙했던 터라 불러와 몹시 꾸짖었지만 듣지 않았다. 온갖 방법으로 달래자 그제야 떠나갔다. 대개 이존창이 비록 상민이지만, 그의 서학에 대한 조예가 깊고 독실했기 때문에, 사학을 하는 일파들이 마치 스승처럼 높여서 그를 섬겼다. 이기성이 예로써 대한 것 또한 이 때문

다. 1801년 신유박해 때 이승훈, 정약종과 함께 서소문 밖 형장에서 순교했다. 2014년 복자품에 올랐다.

35 신사원이 공문을 …… 가두었다: 신사원은 1785년 8월 10일에 예산현감으로 부임해, 1789년 6월 20일에 진산군수로 자리를 옮겼다. 그러니까 이존창을 옥에 가둔 것은 이 사이의 일이다.

36 조정옥(1733~1788): 본관은 한양, 자는 신백新伯이다. 1783년 식년시에 진사로 급제했다. 연풍현감과 천안군수, 평양서윤을 지냈다. 권철신의 매부 조정기趙鼎基는 조당趙戇에게 입양된 친동생으로, 이기성과도 친숙한 사이였다. 《조선왕조실록》과 《일성록》에 따르면, 조정옥은 1787년 2월 4일 천안군수에 임명되어, 그해 11월 9일 평양서윤으로 전보되면서 천안을 떠났다. 이존창의 검거 시기를 이를 통해 대략 특정할 수 있다.

이었다.

基誠聞之, 直往獄門外, 納拜於存昌, 願與之同死. 主守趙鼎玉, 素所親熟, 故招致切責, 不聽. 萬端開誘, 始爲離去. 盖存昌 **[7/3a]** 雖常漢, 其造詣深篤, 故邪學一派, 尊事之如師傅. 基誠之禮待, 亦以此也.

홍낙민의 외종질인 조아무개는 참판 조경진趙景禛**37**의 후예이고, 상사上舍 조육趙錥**38**의 손자였다. 이존창의 딸을 며느리로 삼았다. 홍 낙민이 권유하여 성사되었다. 그들의 학문은 배움의 깊고 얕음을 가 지고 높고 낮음의 서열을 삼을 뿐, 문벌의 높고 낮음은 따지지 않고

---

37 조경진(1579~1648): 본관은 평양, 자는 수지綏之, 호는 의루倚樓다. 아버지는 경력 조현趙玹이다. 1616년 생원시에 합격해 음사로 출사한 뒤 여러 관직을 지냈으나 권귀權貴의 미움을 받아 파직되었다. 1619년 복직했으나 서궁 유폐를 한스럽게 여겨 출사하지 않았다. 인조반정 후 형조정랑에 재차 제수되었다. 이후 한성부부 윤·성균관전적·서산군수 등 내외직을 거쳐, 1642년 여주목사에 제수되었다.

38 조육(1689~1775): 본관은 평양, 자는 화경和卿, 호는 수계壽溪다. 1713년 생원시 에 급제했다. 원문에는 '육堉'이라 했으나 족보에 따라 고쳤다. 조육은 조경진의 증손이다. 조육의 아들 조징한趙徵漢(1713~1773)이 홍낙민의 조부인 홍국보洪 國輔의 딸과 결혼했으니, 이 사람이 틀림없다. 조징한이 조명주趙命柱(1731~?) 와 조명동趙命棟(?~?), 조명식趙命植(?~?)을 낳았고, 2남 조응한趙應漢(1716~?) 이 조명상趙命相(1755~?)을 낳았으며, 3남 조우한趙羽漢(1726~?)이 조명즙趙命 楫(1757~?)을 두었다. 하지만 이들 손자 5인은 모두 이존창보다 나이가 많아, 이 존창의 사위가 될 수 없다. 실제로는 조육의 증손자 중 한 사람이 이존창의 사위 가 되었을 것으로 보인다. 손자는 조명주의 아들 조묵趙黙(?~1770)과, 조명상의 아들, 조명식의 아들 조홍례趙弘禮(1795~?) 셋뿐이다. 이 중 조묵은 풍산 김씨와, 조홍례는 원주 원씨와 결혼했다. 이름조차 나오지 않은 조명상의 아들은 아무런 인적 사항이 남아 있지 않은데, 연배로 보나 족보에 아무 내용이 없는 것으로 보 아, 위 글에서 언급한 '홍낙민의 외종질'은 바로 조명상의 아들이었을 것으로 추 정된다.

혼인하여 교류하는 지경에까지 다다랐으니, 사학이 세상의 도리를 그르치는 정도가 이에 이르러 극에 달하였다.

樂敏之外從侄趙某, 參判景禛之後, 上舍銷之孫也. 娶存昌女爲婦, 樂敏勸成之. 而其學以學之淺深, 爲尊卑之序, 而不計門閥之高下, 至於婚嫁之相通. 邪學之誤世道, 至此極矣.

[6]

이승훈은 서울에서 예수의 가르침을 전파하고, 정약용·이승훈의 처남이다 형제가 이를 이었다. 이학규李學逵 **39**와 황사영黃嗣永 **40**이 배웠다.

---

39 이학규(1770~1835): 본관은 평창, 자는 성수(醒叟 또는 惺叟)다. 호는 낙하생洛下生 또는 문의당文猗堂 또는 인수옥因樹屋이다. 아버지는 이응훈李應薰이고, 어머니는 이용휴의 딸이다. 부인은 정재만丁載萬의 딸이다. 권일신의 손자 권휴權休가 이학규의 딸과 결혼했다. 유복자로 태어나 이용휴에게서 공부했다. 외숙부 이가환과 이삼환의 훈도를 받았다. 약관에 포의로《규장전운奎章全韻》편찬사업에 참여했다. 1801년 신유사옥에 삼종숙 이승훈과 함께 갇혔다가 전라도 능주로 유배 갔고, 같은 해 10월 황사영백서 사건으로 다시 국문을 받고 김해로 유배지를 옮겼다. 23년 만인 1824년에 해배되었다. 만년에는 신위申緯, 정약용과 왕래했고, 충주로 이주해 세상을 떴다.

40 황사영(1775~1801): 본관은 창원, 자는 덕소德紹, 세례명은 알렉시오다. 남인으로 정랑을 지낸 황석범의 유복자로 강화도에서 태어났다. 정약종을 사사했다. 1790년 16세에 사마시에 합격해 진사가 되었고, 정약종의 맏형인 정약현의 딸 명련命連과 혼인했다. 스승이자 처숙인 정약종에게서 교리를 배워 천주교에 입교했다. 입교 직후에 발생한 신해박해의 와중에도 신앙을 지켰고, 관직 진출을 단념했다. 1795년 주문모 신부를 만나 측근에서 활동했다. 1798년 경기도 고양에서 서울 아현동으로 옮겼다. 1801년 신유박해가 일어나자 충청북도 제천의 배론〔舟論〕으로 피신해 은거하면서, 신유박해로 타격을 입은 조선 교회의 참상과 교회 재건책을 북경 주교에게 호소하는 장문의 편지를 썼다. 이것이〈황사영백서〉다. 이 편지를 황심黃沁과 옥천희玉千禧를 시켜 1801년 10월에 떠나는 북경 동지사 일행 편에 보내려고 했으나, 발각되어 3일 후인 음력 9월 29일 체포되었

이학규는 이동우李東遇[41]의 손자로 이가환의 생질이다. 황사영은 이학규의 고종사촌으로 황석범黃錫範[42]의 아들이다. 중인 최필공崔必恭[43]과 최창현崔昌顯[44] 등에 이

다. 서울로 압송된 뒤 대역부도죄로 음력 11월 5일 서소문 밖에서 능지처참되었고, 어머니와 작은아버지, 아내와 아들까지 모두 귀양 갔다.

41 이동우(1730~1789): 본관은 평창, 자는 천여天與 또는 덕순德順, 호는 진심재眞心齋다. 부친은 이광부李光溥이고, 외조부는 유이장柳以章, 처부는 권기언權基彦이다. 부친 이광부는 초취로 권윤경權允經의 딸과 혼인해 아들 동운東運과 최명철崔命哲·이세효李世孝에게 시집간 딸을 두었다. 이동운은 윤두서의 아들 윤덕희의 딸과 혼인했고, 아들 정훈正薰·응훈應薰과 정후조鄭厚祚·황석범에게 시집간 딸을 두었다. 재취로 유이장의 딸과 혼인해 아들 동우와 심경석沈景錫·이행덕李行德에게 시집간 딸을 두었다. 이동우에게는 아들이 없어 형 이동운의 아들 응훈을 입양했고, 이응훈은 이용휴의 딸을 맞아 혼인해 아들 학규를 낳았다. 유이장의 형 유헌장柳憲章의 사위가 이가환의 부친 이용휴다. 1753년에 진사에 합격하고, 1763년 문과에 합격해 검열·대교·지평·정언·승지·삼척부사 등을 역임했으며, 채제공·목만중·정범조 등과 교유했다.

42 황석범(1747~1774): 본관은 창원, 자는 맹년孟年이다. 생부는 황재중黃在重이고, 황재정黃在正에게 입양되었다. 창원 황씨 판윤공파의 종가로, 황석범이 이 집안에 양자로 들어와 봉사손이 되었다. 이동운의 딸과 결혼했고, 아들로 황사영이 있다. 1771년 정시 문과에 급제했다. 주서, 승문원부정자, 휘릉별검을 지냈다. 급제한 지 4년 만에 갑작스러운 병으로 앓아누워 28세의 젊은 나이로 죽었다. 목만중이 지은 〈황정자묘지명黃正字墓誌銘〉(《여와집》 권20)에 개략적인 사적이 드러나 있다.

43 최필공(1744~1801): 세례명은 토마스다. 혜민서의 의원으로, 1790년 사촌동생 최필제崔必悌와 함께 교리를 배워 입교했다. 당시 47세가 되도록 가난해 결혼도 하지 못했었다. 1791년 신해박해 때 '수감하되 특별히 보살피라'는 정조의 특별한 당부에 굴복해 배교한 뒤 관서關西의 심약審藥으로 차송差送되었고, 임금의 도움으로 혼인까지 했다. 1794년 말 주문모 신부가 입국하자 찾아가 성사를 받고 교회 활동에 전념했다. 1799년 8월에 다시 체포되었고, 끝까지 배교를 거부했으나, 임금은 그를 석방케 했다. 1800년 12월 17일 다시 체포되어, 이듬해 2월 26일 58세의 나이로 처형되었다. 2014년 서울 광화문광장에서 교황 프란치스코에 의해 동료 순교자 123위와 함께 '하느님의 종'에 올랐다.

르기까지 서로 전파하여 익힌 사람이 얼마나 되는지 모를 정도다. 또 한글로 사서邪書를 번역해서 경향간에 널리 배포하였다. 간혹 사족士族의 부녀자도 가끔 배워 익혔는데, 날짜를 정해서 모임을 갖고 교법을 외우고 예를 행하였다고 한다. 이것은 굳이 적지 않겠다. 여염의 여자들 또한 이를 사모하여 본뜸이 많았고, 심지어 남녀가 구분 없이 늦은 밤에 왕래하기까지 하니, 입에 담기가 추하다. 사학에 물든 사대부의 부류는 굳이 다 적지 않는다. 대저 이 서학이 세상에서 지목받자 반드시 덮어 가리고자 하였다. 그러므로 혼인한 일족이나 절친한 벗부터 시작하여 물이 점차 젖어들고, 역병이 조금씩 전염되는 것처럼 남몰래 교리를 전파하였으니, 형세상 막아 금할 수 없는 점이 있었다.

承薰行教於京洛, 若鏞承薰婦弟兄弟繼之. 李學逵·黃嗣永學逵李東遇之孫, 家煥甥姪. 嗣永學逵之姑從, 錫範之子焉. 以至中人崔必恭·昌顯等, 不知幾許人, 互相傳習. 又以諺書, 飜譯邪書, 廣布京鄉. 或有士族婦女, 往往學習, 約日聚會, 誦法行禮云. 此則不必錄也. 閭閻女子, 亦多慕效, 甚至男女無別, 暮夜往來, 言之醜也. 士夫族類之濡染, 不必盡錄. 而大抵此學, 爲世指目, 必欲掩諱, 故始於姻族切友, 潛相傳法. 如水之漸漬, 如疫之漸染, 其勢有不可禁遏者矣.

44 최창현(1759~1801): 호가 관천冠泉이고, 세례명은 요한이다. 역관의 집안에서 태어나 이승훈, 이벽 등과 교유하다가 1784년 겨울에 입교했다. 초기 교회의 총회장이 되어 천주교의 정착에 공헌했다. 《성경직해》를 언해해 보급했고, 성직자 영입을 위한 활동에도 열심이었다. 신유박해 때 포도청에 끌려가 고문을 못 이겨 한때 배교했으나, 국청鞫廳에서는 배교를 취소하고 호교문護教文까지 지어 신앙을 증거했다. 1801년 2월 26일 서소문 밖에서 처형되었다. 《순조실록》 1801년 2월 26일자에 관련 내용이 보인다.

[7]

권일신은 한강 상류에서 예수의 가르침을 퍼뜨렸다. 남필용南必
容[45]권일신의 큰형 권철신權哲身[46]의 처남이다 · 이기연李基延[47] · 이최연李最

---

45 남필용(?~1802): 본관은 의령, 부친은 남돈南墩이다. 이름을 필룡必龍으로도 썼
다. 서울 석정동石井洞에 살았다. 이후 청주로 이사해서 그곳 천주교회를 이끌었
다. 권철신의 처남으로, 부인과 함께 천주교에 입교했다. 1801년 5월 10일에 고
발되어 강진에 유배되었다가 몇 달 뒤 그곳에서 사망했다. 아들은 남이관南履灌
(1780~1839) 세바스티아노로, 1801년에 경상도 단성으로 유배 갔다. 남이관의
부인은 1939년 12월 29일에 순교한 성녀 조증이 바르바라다. 남이관도 성인품
에 올랐다.

46 권철신(1736~1801): 본관은 안동, 자는 기명旣明, 호가 녹암鹿庵이다. 세례명은
암브로시오다. 권근權近의 후손으로, 증조부는 승지 권흠權歆이고, 조부는 진사
권돈權敦이며, 아버지는 권암權巖이다. 권일신이 동생이다. 성호 이익의 문인으
로, 일찍이 과거를 포기하고 경학 탐구에 몰입했다. 이병휴와 홍유한의 영향으로
양명학을 거쳐 서학에 관심을 가졌고, 1776년부터 경기도 여주의 집과 주어사
에서 김원성 · 정약전 · 이벽 · 이윤하 · 이총억 등 남인계 학자들과 연구 모임을 가
져, 서학 연구를 아울러 진행했다. 당대 학자로서의 명망이 높았고, 모든 이의 존
경을 받았다. 안정복과는 서학에 대한 견해 차이로 인해 갈등이 있었고, 1784년
이벽과의 논쟁 끝에 천주교에 입교한 후 갈등의 골이 더 깊어졌다. 1791년 신해
박해 때 동생 권일신을 비롯해 많은 교우가 순교하자, 직접 포교에는 관여치 않
고 공부에 몰두해 박해를 피했다. 1799년 대사간 신헌조申獻朝에 의해 정약종과
함께 천주교인으로 피소되었으나, 정조가 오히려 신헌조의 품계를 박탈해 화를
면했다. 이후 정조가 세상을 뜨고 노론 벽파가 집권하면서 1801년 신유박해 때
체포되어 고문을 당하고, 옥중에서 장독으로 사망했다.

47 이기연(1739~1801): 본관은 연안이다. 관변 기록에는 '기연箕延'으로 나온다. 초
기 천주교 신자로 충주에 거주했다. 1784년 겨울 권일신에게서 천주교 교리를
배웠다. 이기연의 딸이 권일신의 동생 권득신의 아들 권상익權相益과 혼인했다.
그는 충주 교회를 이끈 인물로, 1790년 고베아 주교가 조상 제사 금지령을 내리
자, 제사에 참여하지 않았다. 1791년 신해박해 때 천주교 서적을 들고 출두해 소
각하고 배교를 선언했으나, 이내 뉘우쳤다. 1801년 신유박해 때 체포되어 북쪽
지방으로 유배 갔고, 그곳에서도 전교를 계속하다가 발각되어 충주 관아로 끌려

延**48**연원부원군延原府院君 이광정李光庭 **49**의 불초손으로, 형제다 · 홍교만洪敎萬**50**권
일신의 고종이다 · 홍익만洪翼萬 **51**홍교만의 서종제庶從弟다 등이 마음을 기울여
본받아 배우며 남몰래 서로에게 전수하였다. 양근과 여주, 이천의 몇

와 갖은 고문 끝에 1801년 12월 17일 63세의 나이로 참수되었다. '하느님의 종'
에 올랐다.

48 이최연: 본관은 연안이다. 충주 천주교회의 지도자였던 이기연의 동생이다.

49 이광정(1552~1627): 본관은 연안, 자는 덕휘德輝, 호가 해고海皐다. 부사 이말李
珠의 증손이며, 할아버지는 군수 이경종李慶宗이다. 아버지는 정언 이주李澍다.
1573년(선조6) 진사시에 합격하고, 1590년 증광시 문과에 급제했다. 임진왜란이
일어나자 의주에 선조를 모시고 가서 정언과 지제교知製敎, 예조와 병조의 좌랑
을 지냈다. 인품이 근검하고 신중해 주요 직책을 두루 맡았다. 1597년 정유재란
때 접반사로 명나라의 부사 심유경沈惟敬을 만나러 갔다. 1599년 호조와 공조의
판서를 거쳐 한성부윤이 되었다. 1601년에는 지중추부사로서 청백리에 뽑혔다.
1602년 예조판서를 거쳐 대사헌이 되었다. 이때 주청사奏請使로서 인목대비 책
봉에 대한 고명誥命을 받으러 명나라에 다녀왔다. 판돈녕 · 판의금을 거쳐 예조와
이조의 판서가 되었다. 1604년에는 호성공신扈聖功臣 2등에 책록되어 연원군延
原君에 봉해졌다. 뒤에 보국숭록대부輔國崇祿大夫에 올라 부원군府院君이 되었다.
1623년 인조반정 후에는 공조와 형조의 판서를 거쳐, 1626년(인조4) 개성유수가
되었다. 1627년 정묘호란을 당해 왕을 강화도로 모시고 피난하는 공을 세웠으
며, 1629년 강화도에 있을 때 걸린 전염병이 악화되어 사망했다.

50 홍교만(1738~1801): 본관은 남양, 자는 도경道卿이다. 권일신 형제의 외숙이다.
1777년 식년 진사시에 급제했다. 세례명은 프란치스코 하비에르다. 딸이 정약종
의 아들 정철상과 결혼했다. 아들 홍인洪鎭(1758~1802) 레오와 함께 천주교를 받
아들여, 주문모 신부에게 세례를 받았다. '포천의 사도'로 불렸고, 열심히 포교하
던 중 체포되어 1801년 2월 26일 신앙을 증거하며 서소문 밖에서 참수당했다.

51 홍익만(?~1801): 홍교만의 서종제로, 세례명은 안토니오다. 경기도 양근에서 살다
가 1790년경 서울 송현松峴으로 이사했다. 1785년 김범우에게서 《천주실의》를 얻
어 읽어 천주교에 처음 접했고, 1794년 세례를 받았다. 1794년 말 주문모 신부가
입국하자 신부를 자기 집에 모셨다. 그의 집이 폐궁廢宮과 통해 있어, 신부가 그 집
을 통해 궁궐로 들어가 송 마리아와 그녀의 며느리 신 마리아에게 세례를 주었다.

고을 사이에 무지몽매한 백성들이 휩쓸리듯 이를 따르니, 마치 소리가 멀리서 서로 호응하는 듯하였다. 김건순金健淳[52]청음淸陰 김상헌金尙憲[53]의 봉사손으로, 찬선贊善 김양행金亮行[54]의 손자다 이 또 좇아서 배웠다. 신유년(1801, 순조1)의 옥사가 난 뒤에 정법正法되어 사형당함을 면치 못하였다.

日身行敎於上游, 如南必容日身伯兄哲身之婦弟 · 李基延最延延原府院君不肖孫兄

당시 그의 집은 명도회의 하부 조직이자 집회 장소였던 육회六會 가운데 하나였다. 홍필주洪弼周 필립보와 이현李炫 안토니오를 사위로 삼았는데, 이들도 모두 순교했다. 1801년 신유박해 때 이천에서 체포되어, 그해 12월 26일 서소문 밖에서 참수당해 죽었다. 신서파가 홍익만을 채제공 서손庶孫의 과외선생으로 들어가게 해, 권력과의 유착관계를 통한 보호망을 만들려 한 내용이《송담유록》뒤쪽에 나온다.

52 김건순(1776~1801): 본관은 안동, 자는 정학正學, 호가 가귤嘉橘이다. 세례명은 요사팟이다. 병자호란 당시 척화파斥和派의 상징적 인물이었던 청음 김상헌의 후손으로, 김이구金履九의 아들이다. 서울의 노론 가문 출신으로 경기도 여주의 종갓집에 입양되었으나, 1801년 신유박해로 순교하자 파양되었다. 어려서부터 천재로 유명했다. 1797년(정조21) 8월 김려金鑢 · 김선金鐥 형제의 집에서 강이천姜彝天을 만난 뒤 주문모 신부를 여러 차례 만나 천주교 신자가 되었다. 1801년(순조1) 3월 자수한 주문모 신부가 김건순과 접촉한 사실을 자백해, 국문을 받고 4월 20일 서소문 밖에서 처형당했다. 체포 직전까지 명도회장 정약종과 함께《성교전서》집필에 몰두했으나 완성하지 못했다. 심문 중 천주교 신자임을 부인하고, 주문모 신부와의 대질심문에서도 그를 본 적이 없다고 했다. 노론에서 그를 살리려고 애썼으나, 뜻을 이루지 못했다.

53 김상헌(1570~1652): 본관은 안동, 자는 숙도叔度, 호가 청음 또는 석실산인石室山人이다. 1596년 문과 급제 후 도승지, 대사헌, 예조판서, 좌의정 등을 역임했다. 1636년 발생한 병자호란 때 척화를 주장하다가 심양에 끌려가 옥고를 치렀다. 이른바 장동壯洞 김씨 집안으로, 김상헌 이후 조선 후기 사상, 문학, 정치에 영향을 미친 인물들이 이 집안에서 많이 배출되었다.

54 김양행(1715~1779): 본관은 안동, 자는 자정子靜, 호는 지암止菴 또는 여호驪湖다. 김수항金壽恒의 증손이며, 부친은 참판에 추증된 김신겸金信謙, 모친은 전주 이씨 이명李命의 딸이다. 민우수閔愚洙의 문인이다. 1754년 세자익위사세마가 되었고, 직제학을 거쳐 이조참의에 이르렀으며, 정조 때 형조참판을 지냈다.

弟 · 洪教萬日身之姑從 **[8/3b]** 翼萬教萬庶從弟傾心效學, 潛相傳授. 楊 · 驪 · 利數郡
之間, 愚氓之無知者, 靡然從之, 如聲氣楚越之. 金健淳淸陰之祀孫, 贊善金亮行之孫
又從而學焉. 辛酉獄出後, 不免正法.

[8]

　홍낙민은 또 이기양과 혼인을 맺어서 몰래 서로 치밀하게 준비
하여 호우湖右의 천안 야소동邪蘇洞 [55]에서 서교西敎를 전파하였다.
이존창홍낙민이 속량해준 노비은 성품이 제법 교활하고 영리한 데다 문
자를 제법 알아 사학에 조예가 깊었다. 그러므로 이기양과 홍낙민
의 무리가 심복으로 삼아 그 가르침을 널리 폈다. 또 오석충吳錫忠 [56]오

---

[55] 야소동: '야소'는 예수의 한자식 표기인데, '사소邪蘇' 또는 '야소耶蘇'로 표기한
다. 당시의 발음으로는 '여슈'로 읽었다. 앞에서는 여소동余蘇洞으로 표기하다가,
여기 와서 야소동邪蘇洞으로 바꿨는데, '예수쟁이들이 모여 사는 예수골'이란 의
미를 더 분명하게 드러내려는 의도인 듯하다. 발음은 모두 '여슈골'로 읽었다.

[56] 오석충(1743~1806): 본관은 동복, 자는 유원幼源, 호는 매동梅東이다. 정약용이
쓴 묘지명에는 매자항梅子巷에 살았기 때문에 사람들이 그를 매장梅丈이라 부
른다고 했다. 우의정을 지낸 오시수가 증조부이고, 아버지 오기운吳箕運(1715~
1773)은 포의였다. 형 석일錫一이 있었으나, 둘째아버지 오익운吳翼運에게 입양
되었다. 오석충은 9척 장신으로 기개가 높고 구차하지 않았다. 1784년 채제공이
참소를 입어 교외에서 지낼 때, 목만중에게 채홍리의 배은망덕을 나무라 그의
미움을 샀다. 1795년 신봉조 등이 오석충을 이가환의 호법신護法神이라 비난하
여 고문했고, 이후 천주교 신자라는 혐의로 1801년 신유박해 때 59세의 나이로
체포되어 고문을 당한 끝에 임자도로 귀양 가서 몇 해 뒤 죽었다. 두 딸을 두었
는데, 큰딸은 권철신의 아들 권상문에게 시집갔고, 둘째 딸은 이윤하의 맏아들인
순교 복자 이경도 가롤로에게 시집갔다. 《송담유록》에는 오석충이 한문 교리서
를 한글로 번역해서 충청도의 이존창에게 보내주었다는 새로운 사실이 적혀 있
다. 오석충은 정약용과 가장 가까웠다. 정약용은 그를 위해 〈매장오석충묘지명梅
丈吳錫忠墓誌銘〉(《여유당전서》 권15)을 남겼다.

시수吳始壽[57]의 증손이자 권일신의 친사돈이다에게 사서를 번역해서 언문책으로 만들게 해 이존창에게 많이 보내주어, 그가 어리석은 백성들을 가르쳐 현혹하도록 하였다.

樂敏又與基讓結姻, 陰相綢繆, 行敎於湖右天安邪蘇洞. 李存昌樂敏贖奴性頗巧黠, 稍解文字, 深於邪學, 故讓敏輩, 作爲腹心, 廣張其敎. 又使吳錫忠吳始壽之曾孫, 日身之親査譯邪書爲諺冊, 多送于存昌, 使之敎誘愚民.

야소동은 온 동네의 남녀노소 할 것 없이 빠져들지 않은 이가 없었다. 그 밖에 인근의 6~7개 고을도 야소동의 백성과 혼인을 맺은 상민들이 돌아가며 서로 전파하여 익히니 몇백 명이 사학을 외워 본받는지조차 알 수가 없었다. 그들은 모두 이문의李文義[58]이기양이 앞서 문의현감을 지냈다와 홍정언洪正言[59]홍낙민이다을 알았다. 대체로 두 사람이 예수의 가르침을 퍼뜨리는 것을 주관하였기 때문이었다. 그나마 다행인

---

57 오시수(1632~1681): 본관은 동복, 자는 덕이德而, 호는 수촌水邨이다. 증조는 오백령吳百齡, 생가 조부는 인평대군의 장인 오단吳端이고, 부친은 오정원吳挺垣이며, 모친은 좌참찬 윤의립尹毅立의 딸이다. 1656년 별시 문과에 급제해 병조와 이조 등의 청요직淸要職을 지냈다. 효종과 숙종 연간에 평안도관찰사, 강화부유수, 도승지, 이조판서 등을 역임하고 1679년 48세의 나이로 우의정이 되었다. 1680년 경신대출척으로 유배되었다가, 1675년 현종의 죽음으로 청나라의 조제사弔祭使가 왔을 때 원접사遠接使가 되어 이들을 맞이하고, 이어 반송사伴送使가 되었을 때 왕에게 왕약신강설王弱臣强說 등 허위 보고를 했다는 이유로 탄핵받고 사사되었다. 1689년 기사환국 때 관직이 회복되었으나, 1694년 갑술옥사로 다시 추탈되었다가, 1784년 오석충의 신원 요청으로 회복되었다.

58 이문의: 이기양은 1784년 4월 문의현감에 제수되었다. 《승정원일기》 1784년 4월 21일)

59 홍정언: 홍낙민은 1794년 2월 사간원정언에 제수되었다. 《승정원일기》 1794년 2월 12일)

것은 이존창이 상민이었기 때문에, 비록 무지몽매한 백성에게는 예수의 가르침을 퍼뜨렸지만, 충청도의 사족士族 중에는 한 사람도 물든 자가 없었다는 점이다.

邪蘇一洞, 男女老小, 無不沈溺. 其外鄰近六七邑, 與邪蘇洞民人, 結姻之常漢, 轉相傳習, 不知幾百人, 誦法邪學. 其徒皆知李文義譓前爲文義守, 洪正言樂敏也. 蓋兩人, 主其行敎故也. 所幸者, 存昌以常漢之故, 雖行敎於無識愚氓, 而湖中士族, 無一人浸染者矣.

[9]

윤지충尹持忠[60]고산孤山 윤선도尹善道[61]의 불초손이다은 총명하고 재주가

---

60 윤지충(1759~1791): 본관은 해남, 자는 우용禹用이고, 세례명은 바오로다. 부친은 윤경尹憬, 권기징權沂徵의 맏딸인 안동 권씨와의 사이에 맏아들로 태어났다. 고산 윤선도의 6대손으로, 유항검과는 이종사촌간이다. 전라도 진산 출신이다. 윤지충의 고모가 정재원의 후처로 출가했는데, 정약용 형제를 낳아 고종사촌간이 된다. 25세 때 진사시에 합격했다. 1784년 상경하여 김범우를 통해 《천주실의》와 《칠극》을 빌려보았고, 3년 후 정약용 형제를 통해 입교했다. 1791년 어머니 권씨의 상을 당해 제사를 지내지 않고 신주를 불살라, 신해박해로 불리는 진산 사건이 일어났다. 외사촌 권상연과 함께 전주감영에 이송되어, 1791년 12월 8일 참수형에 처해졌다. 2014년 8월 16일 교황 프란치스코에 의해 광화문광장에서 동료 순교자 123위와 함께 시복諡福되었다.

61 윤선도(1587~1671): 본관은 해남, 자는 약이約而, 호는 고산孤山 또는 해옹海翁이다. 생부는 윤유심尹惟深으로 숙부인 윤유기尹惟幾에게 입양되었다. 1616년 성균관 유생으로 이이첨, 박승종, 유희분 등을 규탄하는 상소를 올렸다가 함경도 경원으로 유배되었다. 인조반정 후 의금부 도사에 제수되었으나 3개월 만에 사직하고 해남으로 내려갔다. 1628년 별시 문과 초시에 장원으로 합격해 봉림대군과 인평대군의 사부師傅가 되었고, 특명으로 공조좌랑, 한성부서윤 등을 5년간 역임했다. 1636년 병자호란 후 보길도에 은거했다. 1652년 왕명으로 예조참의로 복직했으나 송시열 등 서인과의 논쟁으로 사직하고 경기도 양주의 고산孤山

있어, 문사를 일찍 성취해 일찌감치 성균관에 들었다. 정약용의 이종 사촌이었으므로 정약용을 통해 서학을 배워, 깊이 믿어 푹 빠졌다. 그의 외종 권상연權尙然 [62]탄옹炭翁 권시權諰의 불초손이다이 한마을에 살고 있었으므로로진산珍山 막현동莫峴洞이다 마침내 서학을 전파하였다. 전주의 유항검柳恒儉 [63]과 유관검柳觀儉 [64]은 종형제간인데, 윤지충의 고종사촌이

에 은거했다. 1657년 71세로 다시 부름을 받아 동부승지가 되었으나 송시열과 맞서다 삭탈관직되었다. 1659년 효종이 죽자 자의대비의 복상 문제로 서인과 다투다 삼수에 유배되어 1667년에 풀려났다.

62 권상연(1751~1791): 본관은 안동, 세례명은 야고보다. 권세학權世爀과 전주 이씨 광복光復의 딸 사이에서 태어났다. 윤지충과는 고종사촌간으로 한마을에 살았다. 1791년 윤지충의 어머니인 고모 권씨가 세상을 뜨자 신주를 태우고 제사를 지내지 않는 데 동참했다. 10월에 윤지충이 체포되자, 진산 관아에 자진 출두했다. 10월 28일 전주감영에 이송되어 12월 8일 윤지충과 함께 참수되었다. 정조는 이들의 사형을 유예시키고자 했으나, 명령이 도착했을 때는 사형 집행이 끝난 뒤였다. 2014년 시복되었다.

63 유항검(1754~1801): 본관은 전주, 세례명은 아우구스티노다. 전주 초남리에서 태어났고, 호남의 부호였다. 원문에서는 윤지충의 고종사촌이라 했지만, 이종사촌간이다. 부친은 유동근柳東根이고, 모친은 권기징의 둘째 딸이다. 1784년 가을 권철신의 집에 찾아가 권일신에게서 교리를 배워 신앙을 받아들이고, 이승훈에게 세례를 받았다. 1786년 가성직제도 아래 신부로 임명되어 호남의 포교를 전담했다. 1795년 주문모 신부를 전주로 초청해 미사를 봉헌했고, 1796년 대박청래大舶請來 사건에 깊이 관여했다. 1801년 3월 신유박해 때 체포되어, 9월 17일 전주 풍남문 밖에서 처형되었다. 장남 유중철이 동정으로 신앙생활할 것을 결심하자 이순이와 동정 부부로 혼인하도록 도왔다. 1801년 신유박해 때 가족 7명이 함께 순교했다.

64 유관검(1758~1801): 본관은 전주다. 유동근과 기계 유씨 사이에서 태어났다. 원문에서는 종형제라 했으나 유항검의 이복동생으로, 신유박해 때 일가족과 함께 순교했다. 청주의 민도閔燾에게서 천주교를 처음 접했고, 이후 윤지충에게 서학을 배웠다. 《사학징의》 1801년 3월 28일 공초 기록에도 유관검의 나이가 당시 34세라고 했다.

어서 또 서학을 전파하였다. 유항검의 무리도 서학을 청주와 문의의 두세 명의 인척뻘 되는 사인士人에게 전파하여, 신유년(1801, 순조1) 사옥邪獄이 일어나자 원배遠配된 자도 있었다 송겸수宋謙修 [65]가 붙잡혀 장연長淵으로 유배 갔다.

持忠尹孤山之不肖孫, 聰明有才, 文詞夙就, 早登上庠. 以若鏞之內從也, 故因若鏞而學之, 酷信沈溺. 其外從權尙然炭翁之不肖孫, 同里居生珍山莫峴洞, 遂傳
[9/4a] 其學. 全州柳恒儉‧觀儉, 從兄弟, 又持忠之姑從也, 又傳其學. 恒儉輩又傳其學於淸州‧文義連姻數三士人, 辛酉獄出, 有遠配者矣宋謙修見捉, 配長淵.

[10]

홍교만은 홍판윤의 아우홍주만洪周萬 [66]의 막내동생이다로, 나와는 함께 공부했다. 문사가 풍부하여 사람들이 알찬 인재라고 일컬었다. 전에 나와 함께 있을 때, 사학의 주장을 언급하면 팔뚝을 걷고 크게 소리치면서 극구 엄격하게 배격하였었다. 나중에 정약종과 혼인을 맺었고,

---

65 송겸수: 청주 또는 문의 지역의 선비로, 유항검을 따라 천주교 신자가 되었으나, 관련하여 남은 기록이 없다.

66 홍주만(1718~1800): 본관은 남양, 자가 문백文伯이다. 1766년 정시 문과에 합격했다. 조부는 홍상빈洪尙賓이고, 외조부는 임명원任命元이다. 사간원헌납, 능주목사, 사헌부집의를 거쳐 판윤에 올랐다. 1800년 세상을 떠났는데, 윤기尹愭를 비롯해 남인 문단의 주요 인물인 정범조‧이가환‧정약용‧황덕길 등이 모두 만시를 지었다. 또 천진암 성지에 소장된《기사시첩耆社詩帖》3책은 1797년 1월 8일, 홍주만의 80세 생일을 맞아 당시 내로라던 남인의 거물들이 모두 출동해서 축하하는 시를 모은 시첩이다. 이가환, 신택권, 최훤, 이삼환, 이보만, 홍교만, 이경명, 이유경, 이재기, 이학규, 이치훈, 이재신, 목조영, 목윤중, 이남규 등이 지은 시가 친필로 실려 있다. 이재신과 이학규는 천주교 신자로 유배되었던 인물이고, 그 아우 홍익만의 시와《눌암기략》의 저자 이재기, 이승훈의 동생 이치훈의 친필도 있다.

또 권철신의 형제와는 내외종간이었다. 그의 서종제인 홍익만도 서학에 깊이 빠졌으므로 뒤늦게 그 학설을 배워 남녀노소 할 것 없이 온 집안이 빠져들었다. 성품이 몹시 편협한지라 더욱 심하게 현혹되었다. 서울에 들어오면 그의 큰형님 집에 여러 날씩 머물렀는데, 부친의 기일을 만나면 그에 앞서 자기 집으로 돌아가곤 했다. 집이 포천에 있었다. 서학에서는 제사를 지내면 마귀가 와서 먹는다고 해서 제사하는 예를 없앴다. 큰형님이 힘껏 만류하여도 듣지 않자 통곡하기에 이르렀으니, 사학이 사람의 마음을 빠져들게 함이 이와 같았다.

敎萬洪判尹周萬之季弟之弟, 與余同硯. 文詞富贍, 人稱實才. 前時嘗與余, 語及邪說, 攘臂大言, 極口嚴排. 後與若鍾結姻, 又與權哲身兄弟, 爲內外從. 其庶從弟翼萬, 深入其學, 故晩學其術, 無論男女老少, 專家陷溺. 性甚偏狹, 迷惑尤甚. 入京留連於乃伯家, 遇其親忌, 則臨期還其家家在抱川. 其學, 以祭則魔鬼來饗, 闕祭祀之禮. 其伯氏力挽, 不聽, 至於痛哭. 邪學之陷人心術, 如此.

[11]

정미년(1787, 정조11) 겨울에 이승훈과 정약용이 성균관에서 지내며 과거 공부를 하겠다는 평계로 동반촌東泮村 김석태金石太[67]의 집에 모여 불철주야 사서邪書를 강설한 지 거의 한 달 가까이 되었다. 진사

---

67 김석태: 성균관 근처 마을인 반촌에 살던 중인. 초기 천주교 신자로, 그의 집에서 이승훈과 정약용, 강이원 등이 모여 서학서를 공부하다가 이기경에게 발각되어 정미반회 사건이 일어났다. 그의 생애에 관한 내용은 따로 알려진 게 없으나, 정약용은 자신의 문집에 〈제숙보문祭菽甫文〉을 남겼다. 정약용은 그의 이름을 김석태金錫泰로 적었고, 자를 숙보菽甫라고 했다. 제문을 보면, 그는 정약용을 위해서라면 무슨 일이든 마다하지 않았던 인물로, 지금으로 치면 성당의 사무장 같은 역할을 맡았음을 알 수 있다.

강이원姜履元 **68**이 사학쟁이라고 사칭하면서 마침내 그 집에 들어가, 서양의 책 이름과 설법 등의 일을 죄다 살펴 얻었다. 갑자기 벗인 이기경李基慶 **69**벼슬이 교리에 이르렀다에게 적발되자, 강이원이 한바탕 크게 놀라 그 즉시 그만두고 나왔다. 강이원이 그 주장을 벗들 사이에 누설하여 모르는 사람이 없게 되었다.

丁未冬, 承薰若鏽, 托以居齋做業, 會于東泮村金石太家, 講說邪書, 不撤晝夜, 殆近一朔. 姜進士履元, 詐稱學邪, 遂入其廬, 西洋冊名說法等事, 無不探得. 忽爲李友基慶官至校理所摘發, 其人一場喫驚, **[10/4b]** 卽時罷出. 姜履元漏其說於知舊間, 人無不知.

---

68 강이원(1764~1789): 본관은 진주, 자는 인백仁伯이다. 강침姜忱의 큰아들이다. 1786년 식년시에 급제했다. 1787년 겨울 반촌의 김석태 집에서 이승훈, 정약용 등과 함께 천주교 교리를 공부했다. 이 일을 알아차린 이기경이 상소해 정미반회 사건이 일어났다. 정약용 형제와도 가까워, 금정찰방 시절 그에게 보낸 편지가 《패경당문집佩經堂文集》에 실려 있고, 정약전 등과 함께 남산에서 노닌 이야기도 나온다.

69 이기경(1756~1819): 본관은 전주, 자는 휴길休吉, 호가 척암瘠菴이다. 1777년 사마시에 합격했고, 1789년 식년시 문과에 급제했다. 승문원을 거쳐 강제문신講製文臣에 뽑혔고, 감찰과 예조정랑을 역임했다. 정치적으로는 남인이었으며, 정약용과 막역한 사이였다. 한때 이승훈, 이벽 등으로부터 천주교에 관한 책을 얻어보고 정약용과 함께 천주교에 관심을 가졌으나 조상에 대한 제사를 우상숭배라하여 금지하자 천주교를 멀리하고 배척했다. 1791년 진산 사건 때 영의정 채제공을 천주교 탄압에 미온적이라 하여 공박했고, 이승훈이 천주교 서적을 간행했다는 상소를 올렸다. 이 때문에 무고죄로 정조의 노여움을 사, 상중에 함경도 경원으로 귀양 가게 되었다. 이 과정에서 이승훈 형제의 비겁한 행동에 격분해, 정약용 등 신서파 인물들과 평생 원수가 되었다. 1794년 유배형에서 풀려나와 이듬해 지평에 복직되었고, 병조정랑·정언·이조좌랑을 지냈다. 1804년 정순왕후의 수렴청정에 반대하다가 단천에 귀양 갔고, 다시 이남규李南圭의 탄핵으로 운산에 유배되어 1809년 풀려났다. 《벽위편闢衛編》을 지었고, 《사학징의》 또한 그의 저술일 가능성이 높다.

승지 홍희운洪義運[70]재생齋生으로 있을 때이다이 휴길休吉이기경의 자이다과 통문을 내어 엄하게 배척코자 하였으나 성과를 거두지 못했다. 그래서 대책對策을 통해 사학이 성대하게 번성하는 것을 갖추어 진술하고, 법을 만들어 엄하게 금할 것을 다급하게 청하였으니, 아마도 사학하는 무리들이 홍희운과 이기경을 몹시 미워함이 대개 여기에서 비롯되었다. 이승훈과 정약용의 무리가 감제柑製에 들어갔는데, 성상께서 내리신 제목에 제사에 대한 주장이 있자 둘 다 백지를 내고 시험을 보지 않았다. 이 또한 제사는 마귀가 먹는다는 이유로 제사가 무익하다고 여겼기 때문이었다. 강이원이 전해준 이야기다.

洪承旨義運爲齋生時, 與休吉基慶字, 欲發文嚴斥, 而未果. 乃因對策, 備陳邪學之熾蔓, 亟請設法嚴禁. 邪徒之深疾洪 · 李, 蓋始于此. 薰鏞輩入柑製, 御題

---

70 홍희운(1752~1812): 본관은 풍산, 자는 인백仁伯, 호가 노암魯庵이다. 바뀌기 전 이름은 홍낙안洪樂安이다. 홍중우洪重禹의 증손으로, 할아버지는 홍양보洪亮輔이고, 아버지는 홍복호洪復浩다. 남인 공서파를 대표하는 인물로, 1787년 이승훈과 정약용 등이 성균관 근처 반촌의 김석태 집에 모여 천주교 서적을 강습한다는 이야기를 이기경에게 전해듣고 이를 고발해 정미반회 사건을 일으켰다. 1790년 증광시 문과에서 크게 만연하게 될 사학의 위험성을 경고하는 답안으로 급제해, 가주서가 되었다. 1791년 진산 사건이 일어나자, 진산군수 신사원에게 죄인의 체포와 가택수색을 요구하고, 좌의정 채제공에게 척사의 조처를 요구해 신해사옥을 일으켰다. 채제공은 홍낙안의 행위가 자신을 흔들려는 정치 행위라고 여겨 정조에게 간했고, 홍낙안은 직위에서 쫓겨나 신문을 받았다. 이 와중에 권일신과 이승훈을 끌어들여, 권일신이 유배길에 오르려다 고문 후유증으로 죽고, 이승훈은 평택현감에서 쫓겨났다. 신유박해 이후 장령 · 집의 · 대사간 · 승지로 승승장구했고, 이후로도 끊임없이 상소를 올려 신여권과 이익운 등을 고발하며 갈등을 일으켰다. 동부승지로 천주교 신자들의 추국에 직접 참여했다. 같은 항렬인 홍낙민과 홍낙임 등이 천주교 신자로 체포되자, 풍산 홍씨 일가는 항렬자를 '낙樂'에서 '희義'로 바꿨고, 이에 따라 홍낙안 역시 홍희운으로 개명했다. 홍낙안은 대사간, 승지, 부호군, 병조참의 등의 관직을 역임하고 1812년 사망했다.

有祭祀之說, 並曳白不見. 此亦以祭, 則魔鬼饗之, 爲祭無益故也. 姜履元所傳也.

[12]

이에 앞서 권철신이 그 부친의 장례를 치를 때[71] 아녀자들이 모두 성장盛粧하고 화려한 복장을 입은 채로 면화솜으로 망자의 코를 막을 때 영결하였다. 손님들이 가서 조문하자, 맏아들만 홀로 조문을 받고 그 나머지 형제는 조문을 받지 않았다. 손님을 접대하며 권철신이 말했다.

"우리 집안의 상례喪禮가 어떠하오?"

사람들이 모두 괴이하게 여겼다.

前時權哲身, 其父喪時, 婦女皆盛粧, 着華服, 而永決於屬纊之際. 人客往吊. 則冢子獨受吊, 其餘兄弟, 不受之. 對客曰: "吾家喪禮, 何如?" 人皆怪之.

경술년(1790, 정조14) 여름에 윤지충이 그 어머니 권씨권상연의 고모다의 상을 만났을 때, 다만 효건孝巾만 쓰고 상복도 입지 않았다. 게다

---

71 그 부친의 장례를 치를 때: 권철신의 부친 권암의 몰년은 1780년 9월이다. 족보에는 몰년이 나오지 않는다. 안동 권씨 추밀공파 가전家傳 기록에 "숙종 42년 (1716)에 나서, 은일隱逸로 행의가 있었으며, 정조 4년(1780)에 65세로 졸했다"는 기록이 남아 있다. 1781년 12월 3일에 권철신이 홍유한에게 보낸 간찰에 "하생고자下生孤子인 아우 권제신"이라고 한 표현이 있어, 1781년 당시 이미 권암이 사망했음을 알려준다. 또 신택권申宅權의 《저암만고樗庵漫稿》 상권에 수록된 〈권맹용시암만權孟容尸庵挽〉이란 시는 1780년 9월에 지은 것으로, 이 시의 7~8구에 "9월이라 된서리에 지기知己들 눈물지으니, 이승에서 어이해 시암 다시 만나볼꼬(九月嚴霜知己淚, 此生那復遇尸庵)"라 했다. 이로 보아, 그가 1780년 9월에 세상을 뜬 것이 분명하다. 1780년은 고베아 주교의 사목교서로 인해 조상의 제사 금지 소식이 전해진 1790년보다 10년 전이고, 명례방집회 사건이 있기 5년 전이어서, 이때 권철신이 이미 제사나 상례에 임하는 태도가 이와 같았다는 것은 대단히 놀랍다. 전문傳聞의 과장일 가능성도 없지 않다.

가 조문조차 받지 않았다. 친척과 벗 중에 성복成服을 하고 가는 자를 보고도 일절 조문을 받지 않았고, 장례도 예법대로 하지 않았다. 우제虞祭도 행하지 않고 궤연조차 설치하지 않았다 한다. 그 어머니가 세상을 떴을 때 상서로운 기운이 허공에 뻗고, 기이한 향기가 방 안에 가득했다고 하는데, 이는 그녀가 서학을 하여 도를 닦은 징험이었다. 그 전에 또 신주를 태워 없앴으니, 그 말이 이로 인해 크게 퍼졌다. 권상연 또한 동시에 변고를 일으켰지만, 그 지충의 내종이다[72]는 그저 명령만 따랐을 뿐 감히 어기지 못하는 사람이었다.

庚戌夏, 持忠遭其母權氏尚然之姑母喪, 只著孝巾, 不用縓絰, 又不受吊. 親戚友人, 爲見成服而往者, 一不受吊, 葬不以禮, 不行虞祭, 不設几筵云. 其母沒時, 瑞氣亘空, 異香滿室云. 此其爲學修道之驗也. 其前又爲焚毀祠版, 其說因是大播. 尚然亦同時作變, 而持忠之內從惟令是從, 而不敢違越者也.

그때 신사원이 진산윤지충과 권상연이 살던 곳이다 군수를 지냈는데, 이 말을 듣고 크게 놀라, 관비官婢를 보내 가서 살펴보게 하였다. 그러자 그가 또한 숨기려고 궤로 덮어놓았다. 대개 관비는 천인인지라 비록 관아의 명령으로 가서 본다고는 해도 감히 궤를 열어 살펴보지는 못하고, 돌아가서 "있었다"라고 보고하였다. 하지만 권씨의 여러 집안사람들이 권상연의 종형을 보내서 살펴보았으니, 어찌 궤 속이 빈 것을 모를 리가 있겠는가? 권용안權龍安 권상희權尚熺[73]로 호조판서 권이진權以鎭[74]의

<hr>

72 지충의 내종이다: 실제로는 권상연에게 윤지충은 내종(고종)사촌이고, 윤지충에게 권상연은 외종(이종)사촌이다.

73 권상희(1734~1809): 본관은 안동, 자는 경회景晦, 호는 안헌安軒이며, 초명은 상희尚熹다. 탄옹 권시(1604~1672)의 후손으로, 증조부는 유회당 권이진이며, 부친

증손이다과 이좌윤李左尹이수하李秀夏**75**이 마침 충청도에서 상경하여 우리 집에 묵었는데, 권상연과 윤지충이 사는 지역과의 거리가 30리 정도에 불과하므로 그 일을 잘 알고 있었다. 이수하는 전하는 말만 듣고는, 대개 근년 들어 사학이 인근 고을에서 크게 치성하고 어리석은 백성들 또한 많이들 배워 익히니, 이것이 모두 이기양과 홍낙민이 가르쳐 현혹하였기 때문이라고 했다. 진산군수가 또 재상 채제공蔡濟恭**76**이름은 제공이고 벼슬은 영의정, 호가 번암樊巖이다에게 글을 올려 그 일을 자세하게 고하였으므로 이야기가 서울 안에 크게 퍼졌다.

은 권세억權世檍이다. 권세억은 사위로 이구환과 강세정을 두었다. 이구환의 아들은 재남載南과 재적載績으로, 이재적은 이가환에게 양자로 입양되었다. 강세정은 아들 준흠浚欽과 순흠淳欽을 두었다. 외조부는 이익형李益炯이고, 처부는 남하정南夏正이다. 권상희의 셋째 아들 권구權耉는 이가환의 맏사위다. 장릉참봉, 서부봉사, 사도시직장, 군자감주부, 의금부도사, 용안현감, 장악원주부, 광릉령, 신창현감, 태릉령을 지냈다. 1799년 관직을 사직하고 공주 정동 무수리로 내려왔다. 권상연의 일가로, 그가 제사를 폐하고 신주를 폐기한 사실을 고발했던 인물이다. 《벽위편》에 실린 채제공의 차대次對에 그의 진술이 나온다.

74 권이진(1668~1734): 본관은 안동, 자는 자정子定, 호는 유회당有懷堂 또는 수만헌收漫軒이다. 공주 출신이다. 증조는 권득기權得己, 조부는 권시權諰, 부친은 권유權惟이며, 모친은 송시열의 딸이다. 윤증尹拯의 문인이다. 1693년 생원, 1694년 문과에 급제해 율봉역과 김천역의 찰방, 승문원부정자, 정언, 함평현령, 전라도도사, 홍문관수찬, 설서, 지평, 사서, 부수찬, 동래부사, 승지에 올랐으며, 1722년 사은부사로 청나라에 다녀왔다. 1728년에는 이인좌의 난을 수습한 공으로 원종공신 1등에 녹훈되었다. 이후 호조판서, 공조판서, 평안도관찰사 등을 역임했다.

75 이수하(1725~1805): 본관은 한산, 자는 사형士亨, 호는 지환재知還齋다. 이산해의 후손으로, 조부는 이복운李復運, 부친은 이헌李憲이다. 1763년 생원에 합격했다. 이때는 보령에 거주했고, 1774년 증광시에 합격할 때는 서천에 거주했다. 전적, 예조좌랑, 감찰, 병조좌랑, 지평, 승지, 한성좌윤 등을 역임했다.

76 채제공(1720~1799): 본관은 평강, 자는 백규伯規, 호는 번암이다. 서울 미장동美

其時 **[11/5a]** 申史源爲珍山尹權所居地宰. 聞之大驚, 送官婢往審. 則渠亦欲
掩諱, 以檻覆之. 蓋賤人雖以官令往見, 不敢開檻視之. 歸告之曰: "有." 然權氏
諸族, 旣送尙然之從兄, 而審視, 則豈有不知裏面之理乎? 權龍安尙爀, 戶判以鎭
之曾孫·李左尹秀夏, 適自湖中上京, 舘於吾家, 權與持忠所居, 不過一舍, 詳知
其事. 李則只聞傳說, 而大抵近年, 以邪學大熾於隣近邑, 愚氓亦多學習, 皆是
基讓·樂敏之所敎誘云. 珍山倅又上書于蔡相名濟恭, 官領相, 號樊岩, 備告其事, 辭
說大播於京中.

[13]

하루는 성영우成永愚 **77** 군승지 성정진成鼎鎭 **78**의 아들이다 이 찾아와서 이
렇게 말했다.

"사학쟁이라는 모종의 무리들이 불행히도 우리 무리 가운데서 나
와, 대가와 명족 또한 대부분 서서히 물들었습니다. 훗날 틀림없이 한
쪽 편 사람들에게 내몰릴 테니, 우리도 사학에 빠졌다는 죄과를 면치
못할 것입니다. 우리가 먼저 통문을 보내 정사正邪를 구분 짓지 않아

墻洞에 살아서 '미동 대감'으로 불렸다. 남인의 영수로 벼슬이 영의정에 올랐다.

77 성영우(1761~1825): 본관은 창녕, 자는 원발元發이다. 성정진의 장남이다. 영릉
참봉, 금부도사, 평시서직장, 돈녕부주부, 사헌부감찰, 형조좌랑, 청양현감 등을
역임했다. 허전許傳이 〈청양현감성공묘갈명靑陽縣監成公墓碣銘〉을 썼다.

78 성정진(1738~1815): 본관은 창녕, 자는 중주重周다. 증조는 성항成伉, 조부는 성
윤장成胤章, 부친은 성규成珪다. 조부는 성준成儁의 아들이나 성항에게 출계했다.
성정진은 1774년 문과에 급제했다. 1777년 한익모와 김상복의 석방 명령을 정
지할 것을 청했으나 윤허받지 못했다. 1792년 정조의 지시로 홍문관응교에 제
수되었고, 1797년 승지에 임용되고, 사간원대사간을 지냈다. 아들은 성영우다.
정종로鄭宗魯가 묘갈명을 썼다.

서는 안 됩니다."

내가 말했다.

"그대의 말이 옳다."

인하여 그가 내게 통문의 초고를 청하므로 마침내 몇 줄을 얽어 지어서 주었다.[79] 성명은 드러내지 않고, 다만 그들이 양민을 속여 꾀어, 세상의 교화를 무너뜨리고 빠뜨리는 것을 구실로 삼았을 뿐이었다.

成君永愚承旨鼎鎭子 一日來言: "邪學一種, 不幸出於吾儕中, 大家名族, 亦多浸染. 異時必爲一邊之所驅, 吾儕將不免陷邪之科. 不可不自我先發, 區別邪正." 云云. 余曰: "君言是矣." 因請通文草. 故遂構數行而給之. 不露姓名, 只斥其誑誘良民, 陷溺世教, 爲辭而已.

성영우 군이 친한 벗 두세 명과 날짜를 정해서 상사 최조崔照[80]의 집에서 모였는데, 좌중 사람들이 모두 탄식하고 강개하면서 반드시 성토하고야 말리라고들 하였다. 아들 강준흠姜浚欽[81]은 나이가 겨우

---

79 몇 줄을 얽어 지어서 주었다: 해당 글은 《벽위편》 번역본 120쪽에 실려 있고, 《동린록東麟錄》(이이화 편, 《조선당쟁관계자료집》 14, 여강출판사, 1985)에는 전문이 다 나온다. 《벽위편》 것은 절록본이다.

80 최조(1745~1812): 본관은 삭녕, 자는 유여有如 또는 사첨士瞻이다. 1774년 생원시에 합격했다. 사위로 참판 홍명주洪命周가 있다. 홍명주는 채홍원, 채제공의 신원을 위해 상소한 인물이다. 이만채의 《벽위편》에 진산 사건이 일어났을 때 이후, 이원규, 성영우, 한수운, 최정중, 권복, 이중순, 유원명 등과 함께 돌린 통문과 최정중, 성영우, 이후, 이원규와 함께 돌린 통문 2수가 실려 있다.

81 강준흠(1768~1833): 본관은 진주, 자는 백원百源, 호가 삼명三溟이다. 조부는 강필득姜必得이고, 아버지는 강세정이다. 1794년 정시 문과에 급제한 뒤 지평과 교리 등을 지냈다. 1805년 서장관으로 청나라에 다녀왔다. 대표적인 공서파 인물로 1801년 윤행임의 축출에 앞장섰고, 1813년에는 정약용의 석방을 반대했다.

스무 살 남짓이어서 그 전에는 애초에 이 같은 모임에 보내 참석시키지 않았다. 이번 경우에는, 나도 척사에 이름을 열거한다면 유생으로서 참여하지 않을 수가 없겠다는 생각이 들어, 성 군과 함께 가도록 명하였다.

成君 **[12/5b]** 與二三親友, 約日聚會于崔上舍照家. 座上無不咨嗟, 慷慨必討乃已云. 兒子浚欽, 年纔二十餘. 其前則初不送參於此等會集矣. 至於今番, 余意以爲斥邪之擧名, 以儒生不可不參, 命與成君偕往.

모임에 온 여러 사람이 상의하여 말했다.

"사학이란 두 글자는 선비가 신세를 망치는 곳이다. 권일신과 이승훈 두 사람이 애초부터 이름을 숨겨 잔당들을 얻지 못하였으므로, 명문 벌열 자제 중에 의심을 사는 자들을 뒤섞어 넣어서는 안 되니, 모두 가리고서 기록하지 않는다."

아마도 아끼고 지켜주려는 뜻에서 나왔을 테지만, 이처럼 상의하는 사이에 누구누구의 이름이 말끝에 저절로 튀어나왔다. 최영崔煐 **82** 이란 사람은 사간 최훤崔烜 **83** 의 동생인데, 또한 모임에 참여하였다. 모

남인의 영수 채제공을 비난했다.

82 최영(1749~?): 본관은 삭녕, 자는 성화聖華다. 진사 최인우崔仁祐의 3남이고, 사간을 지낸 최훤이 그의 형이다. 장인은 허간許榦이다. 삭녕 최씨 종무원에서 발간한 《삭녕최씨보감》에 따르면, 최영 외 화火 자 항렬의 최경崔炅, 최훤崔烜, 최위崔煒, 최소崔熽, 최묵崔黙, 최정崔廷, 최조崔照, 최유崔愈, 최익崔爒 9인을 '십화문장十火文章'이라 했다.

83 최훤(1732~1805): 본관은 삭녕, 자는 성저聖著다. 최인우의 장남이다. 1773년 증광시 문과에 급제했다. 정언, 지평, 부사과, 장령, 사간의 벼슬을 거쳤다. 1773년 (영조49) 채제공이 주도한 종남사終南社 구성원 중 한 사람이었다.

임이 끝나서 돌아간 뒤, 곧장 이승훈의 집으로 가서 소소하게 주고받은 말을 그에게 알려주면서 '목인규睦仁圭[84] 여와餘窩 목만중睦萬中[85]의 아들이다와 성영우, 강준흠이 논의를 주도했다'라고 하였다. 사학 하는 무리들이 기필코 사학을 공격하는 쪽에 앙갚음하고자 한 이유가 실로 여기에서 비롯하였다.

會中諸人商議曰: "邪學二字, 乃士子陷身之所. 日身·承薰兩人, 自初有名掩諱, 不得其餘, 故家名閥, 致人疑惑者, 不可混入, 并掩匿不錄." 蓋出於愛護顧惜之意, 而如是之際, 某某名字, 自發於言端矣. 崔煐者, 司諫烜之弟也, 亦參會中. 罷歸後, 卽往承薰家, 告其小小酬酢之言, 謂以睦仁圭 餘窩萬中子成永愚姜浚欽主論云. 邪徒之必欲甘心於攻邪邊者, 實本於此.

[14]

이승훈의 무리가 스스로 사학의 명목을 면하지 못할 것을 알아, 그 외삼촌이가환이다과 여러 사람의 명망에 기대려고, '사학을 공격하는 자들은 대가大家 6~7명을 도륙하려는 의도가 있다'라고 하였는데, 이때 이가환과 이기양, 정약용, 홍낙민의 이름이 처음으로 드러났다.

---

84 목인규(1758~1807): 본관은 사천, 자는 방서邦瑞다. 목만중의 장남이다. 1789년 생원에 합격했다.

85 목만중(1727~1810): 본관은 사천, 자는 유선(幼選 또는 幼善), 호가 여와 또는 점희당漸喜堂이다. 젊어 문장으로 이름이 높았고, 33세 때인 1759년(영조35) 별시 문과에 병과로 급제했다. 영조가 독서인讀書人으로 불렀다. 1789년 태산현감으로 있으면서 불법을 저질러 체포되었다. 1801년 신유사옥 당시 대사간으로 영의정 심환지와 함께 척사를 주도했고, 천주교 탄압에 앞장섰다. 뒤에 판서를 지냈다. 문집《여와집》이 전한다.《눌암기략》의 저자 이재기는 목만중에 대해 시종일관 대단히 부정적으로 기술했다. 아들 목인규는 사마시에 급제했으나 일찍 죽었다.

그 아우인 이치훈李致薰 **86**과 홍낙민은 그중에서도 가장 교활하고 사악한 자였다. 척사가 당당한 정론이고 보니, 척사를 가지고 공격할 수는 없었으므로, 남에게 무고한 죄를 얽어 날조하려고 하였다. 목조원睦祖源 **87**을 사주해서 이원규李遠揆 **88**에게 편지를 보내 '화심禍心'이란 두 글자를 가지고 사학을 공격하는 자들을 밑도 끝도 없이 지목하여 배척하였다.

承薰輩自知不免於邪學之目, 欲籍重其舅家煥與諸人, 謂以攻邪者, 意在屠戮六七大家, 家煥·基讓·若鏞·樂敏之名, 始爲露出. 其弟致薰與樂敏, 其中最巧惡者也. 斥邪堂堂正論, 不可以斥邪攻擊, **[13/6a]** 故將欲以誣人之罪構捏, 嗾出睦祖源, 抵書於李遠揆, 以禍心二字, 指斥攻邪者, 罔有紀極.

이때 일의 형편은 사람의 숫자로나 힘의 형세로나 피차간에 현격히 달랐다. 그럼에도 따르던 이들 중에 도리어 저쪽을 편들고 이쪽을 배척하는 자가 있을 정도로 어지럽기 짝이 없었다. 심지어는 논의를 주도하던 최초의 무리조차도 모두 "나는 모른다. 세 사람목인규, 성영우,

---

86 이치훈(1759~1822): 본관은 평창, 자는 자화子和다. 1798년 식년시 문과 을과에 1등으로 급제했다. 이승훈의 아우이고, 부친은 이동욱이다. 이용휴가 그의 외조부다. 정약용과 채제공의 아들 채홍원이 주도해 소장파 기호 남인들과 구성한 모임 죽란시사竹欄詩社에 참여했다. 1801년 신유박해 때 거제도로 유배되었다가, 다시 제주도로 정배되었다.

87 목조원(1738~1798): 본관은 사천, 자는 문원文遠이다. 진사 목도경睦道敬의 아들이다. 뒤쪽에 나오는 목조원睦祖元과는 다른 사람이나, 혹 강세정이 혼동했을 수도 있다.

88 이원규(1762~1814): 본관은 전주, 자는 성일聖一이다. 부친은 임피현령을 지낸 이지광李趾光이다. 이지광은 양녕대군의 봉사손이다. 서울 저동에 살았으며, 1795년 생원이 되었다. 장인은 홍복호洪復浩이며, 홍낙안은 처남이다. 매부는 심식沈湜이다.

강준흠이 주장하였다"고 말하였다. 비방하는 말이 처음 일어나자, 그 가운데 피차간에 무관한 자들마저 그 기염을 두려워하여 감히 찾아가지도 못하였다. 말하는 자들이 그들이 살던 동네 이름을 고쳐서 홍성강동洪成姜洞[89]이라 하였으니 이때 세 사람이 모두 창동倉洞에 살았다, 여기서 당시의 광경을 볼 수가 있다.

伊時事勢, 衆寡强弱, 彼此懸殊. 附麗之徒, 反有右彼而斥此者, 不勝其紛紜. 甚至主論之崔照輩, 皆云: "我則不知. 而三人 睦·成·姜主之." 謗言始起, 其中無關彼此者, 亦畏其氣焰, 不敢尋訪. 談者改其所居洞名, 曰洪成姜洞 時三家皆居倉洞, 伊時光景, 可見矣.

[15]

이가환과 우리 집안은 여러 대에 걸쳐 혼인으로 우호를 맺어 해묵은 우의가 몹시 도타웠고 정분도 가볍지 않았다. 그가 후사로 세운 아들 이재적李載績[90]은 우리집 아이에게는 이종형이 된다. 최조의 집에서 모였을 때 그를 의심하는 자가 있었는데, 우리집 아이가 그는 사학에 물들지 않았다고 극구 해명하자, 모두 그렇겠다고 여겼다. 권구權裘[91] 권상희의 아

---

89 홍성강동: 창동의 별칭이다. 당시 척사파인 홍낙안, 성영우, 강준흠이 한동네에 모여 살았으므로 세 사람의 성씨를 따서 이렇게 부른 것이다.

90 이재적(1758~1811): 본관은 여주, 자가 중상仲裳이다. 혜환 이용휴의 장손으로, 생부는 이구환李九煥, 모친은 권세억權世檍의 딸이며, 이가환에게 입양되었다. 사람이 중후하고 학문에도 깊이가 있어 함께 대화하면 숙연한 덕의 기운이 느껴진다는 평을 들었다.

91 권구(1769~1847): 본관은 안동, 자는 치복穉福, 호는 삼수三守다. 이가환의 맏사위로, 탄옹 권시의 후손이다. 조부는 권세억, 생부는 권상희이고, 계부 권상형權尙衡에게 입양되었다. 생원시에 급제했고, 영릉참봉을 지냈다.

들이고, 이가환의 사위다가 모임에 참석하였다가 이를 보고, 돌아와 이재적에게 전해주었으니, 응당 의심할 만한 단서가 조금도 없었다. 이에 앞서 어쩌다 이 이야기를 가지고 내게 물어오는 자가 있었으나, 그 집안이 아까울 뿐 아니라, 확실한 증거를 잡지 못했으므로 사람을 대할 때마다 이렇게 해명하였다.

"어찌 그럴 리가 있겠는가? 틀림없이 사학 하는 무리들이 명망에 의지하려는 탓일 것이다."

이와 같은 것이 두세 번 정도가 아니었다.

家煥與吾家, 有累世秦晉之好, 舊誼甚焉, 情契不泛. 其所後子載績, 與家兄爲姨從兄也. 崔照家聚會時, 人有疑之者, 兒以不染於邪, 極口分疎, 皆以爲然. 權耉尙熺之子, 家煥之婿 參會見之, 歸傳于載績, 宜無一分疑端. 余於前時, 或有以此說問之者, 則不但其家可惜, 眞臟未捉, 故每對人分疎曰: "寧有是理? 必邪徒藉重之致也." 若是者, 不啻數三.

이승훈 형제는 거짓말과 황당한 이야기로 온갖 방법을 써서 참소와 이간질을 하였고, 이가환은 성품이 명쾌하지 않아서 의심을 풀어주지 못했으니, 사람들의 미움을 사게 된 단서가 이 같은 조짐에서 비롯하였다. 그 뒤 우리 집안이 이승훈 집안과 한통속이라고 꾸짖어 배척하고, 심지어 이재적은 그 이모와 관계를 끊고 경조사에 서로 문안조차 하지 않았으니, 어찌 괴이하지 않겠는가!

承薰兄弟, 譸張謊說, 百段讒間. 家煥性不疎明, 不能釋疑. 見忤之端, 由此兆 [14/6b] 朕. 其後詆斥吾家, 與承薰同一心腸, 甚至載績絶其姨母, 慶吊不相問. 豈不異哉!

[16]

홍희운자가 인백仁伯이고 대간 벼슬을 지냈다은 천성이 강직하고 뜻과 기운이 분명하고 예리했다. 하지만 두루 포용함은 부족해서 악을 너무 심하게 미워하였다. 대책對策을 올릴 때부터 척사를 자기의 임무로 여겼는데, 이때가 되어 재상 채제공에게 두 통의 편지를 올려 황건적과 백련교, 오두미교까지 끌어와 견주어, 예로부터 좌도左道는 죄다 도적이라고 하였으니, 그 말이 가을 서리나 뜨거운 해처럼 엄정하였다. 채제공이 연석筵席에서 성상께 아뢰어 성상께서 엄하게 처분하도록 하기를 바란 것이지, 본디 죽이거나 해치려는 마음은 조금도 없었기에 온 집안을 보전할 수가 있었다.

洪義運字仁伯, 官大諫 天性峭直, 志氣明銳, 周容不足, 嫉惡太甚. 自對策時, 以斥邪爲己任, 至是, 上書于蔡相者二, 乃引黃巾·白蓮·符水米賊而比之, 終古左道未有不爲賊者, 其言懍懍, 如秋霜烈日. 欲使大臣, 筵達嚴處, 而本無一分戕害之心, 可百口保之矣.

하지만 사학 하는 무리들은 원한이 골수에 들어 반드시 그를 죽이고자 하였다. 또 한쪽에서 그들을 비호하여 사학을 공격하던 사람들을 엿보았다가 당시 권력을 잡고 있던 사람노론에게 붙어서 도리어 채제공을 공격하려 하였다. 이치훈이 또 말했다.

"홍인백이 몽촌夢村 재상 김종수金鍾秀 92이니, 채제공과는 반목하는 사람이다에

---

92 김종수(1728~1799): 본관은 청풍清風이고, 자는 정부定夫, 호가 진솔眞率 또는 몽오夢梧다. 서울 사람이다. 우의정 김구金構의 증손으로, 조부는 참판 김희로金希魯이고, 부친은 시직侍稷 김치만金致萬이다. 1768년 식년시 문과에 급제해 예조정랑, 부수찬을 지냈다. 1781년 대제학이 되었고, 이후 이조와 병조의 판서를 거

게 세 번이나 갔다가 그의 겸인傔人에게 붙잡히자, 거짓말을 떠벌리면
서 사람을 어지럽게 현혹시켰습니다."

하지만 채제공은 의아하게 여기지 않고, 이렇게 말했다고 한다.

"사학을 공격하는 자가 어찌 나를 공격할 리가 있겠는가? 황당한
이야기다."

벗 이주명李柱溟**93**과 대화하면서 직접 들은 이야기다.

邪徒怨入骨髓, 必欲殺之. 又覘一邊之扶護渠輩, 做出攻邪者, 附合時人老
論, 轉欲攻蔡. 致薰又云: "仁伯三往夢村金相鍾秀, 與蔡有隙者, 見捉於渠之傔人,
謊張訛言, 衒亂人聽." 而蔡則不以爲疑, 曰: "攻邪者, 豈有攻我之理? 乃謊說."
云云. 李友柱溟, 嘗與余言親聽矣.

[17]

채제공은 비록 사학을 공격하는 자들이 자신을 공격하려 한다고
의심치는 않았지만, 그의 양자 채홍원蔡弘遠**94**벼슬이 승지다 은 사람됨이

처 1789년 우의정이 되었다. 남인의 영수 채제공과 대립했다. 정조는 윤시동, 채
제공, 김종수 세 사람을 탕평의 기둥으로 지목했다.

93 이주명(1742~1815): 본관은 한산, 자는 숙승叔昇으로 아계 이산해의 8대손이며,
간옹艮翁 이헌경李獻慶의 사위다. 부친인 구호龜湖 이수일李秀逸은 채제공과 사
촌간인데, 채제공이 어린 시절 홍성에 있던 이수일의 집에서 함께 살았던 적이
있다. 1773년 채제공이 주도한 종남사 구성원 중 한 사람이었다. 1774년 식년시
에 급제했으며, 음죽현감을 지냈다.

94 채홍원(1762~1832): 본관은 평강, 자는 이숙(頤叔 또는 邇叔), 호는 어사산인於斯散
人이다. 채홍원은 백종조부 채명윤蔡明胤의 증손인데, 채제공이 적실에 아들이
없어 청하현감 채민공蔡敏恭의 아들을 계자로 들였다. 1792년 문과에 급제하고
홍문관정자, 이조참의, 승지 등을 역임했다. 1801년 대왕대비 정순왕후 김씨가
시파時派를 탄압할 때 파직되어 이듬해 온성으로 유배 갔다. 1805년 귀양에서

얄팍하고 편협하여 아는 게 없었다. 사학 하는 무리들은 저지른 죄가 용서받기 어려워 채제공에게 붙지 않고는 의지할 데가 없음을 스스로 알아, 밤낮으로 모셨다. 채홍원과도 가깝게 사귀어 꼭 붙어다니면서 도리어 사학을 공격하는 자들에 대해 '터무니없는 무함을 무고한 사람에게 이른다'고 배척하면서, 온갖 치장으로 근거 없는 말을 꾸며내 인심을 소란스럽게 하였다.

蔡雖不以攻邪者, 又欲攻蔡爲疑. 然其所後子弘遠官承旨, 爲人淺狹無知識. 邪徒自知罪犯之難容. 若不附蔡, 則無所依歸, 故日夜 [15/7a] 侍坐, 又與弘遠 密密交合. 反斥攻邪者, 謂以白地構誣, 浸及無故之人, 百端粧撰, 胥動浮言.

채홍원이 비록 사학을 하지는 않았지만 사학 하는 무리와 한편이고, 사학을 공격하는 자들과 거리를 두어 배척하는 심보는 사학 하는 무리와 다를 바 없었다. 채제공 또한 조금씩 의심스러운 단서가 있었어도 처음에는 대답하지 않다가, 홍낙안洪樂安[95]이 두 번째로 편지를 쓰자 갑자기 상소하였다. 그 대략은 이러하다.

"애석합니다. 홍낙안인백의 본명이다의 편지는 말을 가려서 하지 않고, 주제를 벗어나 제멋대로 언급한 것도 있었으니, '노魯나라의 술맛이 나빠지자, 한단邯鄲이 포위를 당했다'[96]거나 '장공張公이 술을 마시

풀려나 부호군에 임명되었으나, 이후의 행적이 묘연하다. 다산 정약용 등과 함께 죽란시사에서 활동했다.

95 홍낙안: 홍희운의 바뀌기 전 이름이다.

96 노나라의 술맛이 …… 포위를 당했다: 《장자》〈거협胠篋〉에 "노나라 술이 맛이 없자 조나라 한단이 포위를 당하고, 성인이 탄생하자 큰 도적이 일어났다〔魯酒薄 而邯鄲圍, 聖人生而大盜起〕"라고 했다. 초楚나라가 강성해 선왕宣王이 제후들을 조

자, 이공李公이 취했다'[97]는 격입니다. 그의 말이 어찌 이처럼 근거가 없단 말입니까? 만약 모종의 의도를 가지고 상관없는 사람에게까지 제멋대로 미친다면 반드시 세도世道의 변고가 되지 않는다고 할 수는 없을 것입니다."[98]

弘遠雖不爲邪學, 爲邪徒右祖, 疎斥攻邪者之心, 與邪徒一般. 蔡亦浸浸然有疑端, 初不答, 洪仁伯再書, 忽地上疏. 其略曰:"惜乎! 樂安 仁伯本名 之書, 語言而不擇, 漫及題外者有之. 魯酒薄而邯鄲危, 張公喫酒李公醉, 其爲言, 何若是無憑也? 若有甚麼意, 侵及於不干他人, 則未必不爲世道之憂."云云.

성상께서는 처음에는 속으로 사학을 공격하는 자들이 협잡을 하려는 의도가 있다고 의심하였다. 그래서 사학을 공격하던 자들은 벌벌 떨며 횡액을 당할까 봐 걱정하였다. 그 뒤로 연석에서도 대부분 이렇

회 오게 했는데, 노나라 공공恭公이 늦게 왔고 바친 술도 맛이 없었다. 이에 선왕이 노하여 군사를 출동해 제齊나라와 연합해서 노나라를 공격했다. 당시 양혜왕梁惠王이 늘 조趙나라를 침공하고 싶었으나 초나라가 구원하러 올까 두려워하다가, 이 틈을 타서 조나라를 공격해 수도 한단을 포위했다는 내용이 보인다. 일의 당사자가 아니면서 엉뚱하게 연루되어 화를 입는다는 의미로 쓴다.

97 장공이 술을 …… 취했다: 오해로 인해 다른 사람이 겪어야 할 곤란을 자신이 겪는 것을 말한다. 당나라 측천무후 때에 "장공이 술을 마시자 이공이 취했다張公喫酒李公醉"라는 속담이 세간에 떠돌았는데, 장공은 측천무후에게 총애를 받던 장이지張易之 형제를, 이공은 당나라 왕실을 비유한 말이었다고 한다. 《조야첨재朝野僉載》 권1)

98 애석합니다 …… 없을 것입니다: 채제공의 이 차자는《정조실록》1791년 10월 24일자와《번암집》권24에 〈서양의 사학을 엄하게 징계하기를 청하며, 인하여 홍낙안에 대해 논한 차자請嚴懲西洋邪學仍論洪樂安箚〉에 전문이 실려 있다. 이 글에서 채제공은 홍낙안이 백련교 등의 말을 장황하게 끌어와 민심을 동요시키고, 국가의 재난이 눈앞에 박두한 것처럼 과장했다고 나무랐다.

게 사학에 물들었다는 내용으로 아뢰었는데, 일기에 모두 기재하라고
하셨다.

上心始疑攻邪者, 有挾雜之意. 攻邪者, 惴惴恐有橫罹之厄矣. 其後筵奏,
亦多以此等浸淫之說仰達, 日記具載云.

[18]

대간 권이강權以綱**99** 이치훈의 장인이다 도 상소하였다. "홍낙안의 장
서長書에 나오는 구절 중에 책자를 간행했다는 주장이 있는데,**100** 홍낙
안에게 필시 눈으로 보고 단서를 잡은 것이 있을 테니, 홍낙안을 문
계問啓**101** 하소서"라는 내용이었다. 대개 사학 하는 무리가 진서眞書(한

---

99 권이강(1730~1795): 본관은 안동, 자가 숙기叔紀다. 부친은 권유權濡다. 권이강
과 윤필병의 장인이자 정재원의 외조부 홍길보洪吉輔에게 함께 배웠다. 아들은
권철權徹과 동생 권이경權以經에게 입양된 권휘權徽가 있고, 사위로 심웅석沈膺
錫과 이치훈이 있다. 1762년 알성시에 장원으로 급제했다. 벼슬은 지평, 정언,
교리, 대사간을 지냈다.

100 홍낙안의 장서에 …… 주장이 있는데: 권이강이 올린 상소는 관련 사실이 《정
조실록》 1791년 10월 30일자와 《승정원일기》 1791년 10월 30일자 기사에 보
인다. 이 가운데 "일전에 대간의 계사 가운데 홍낙안의 장서를 인용하여 책자
를 간행했다는 말이 있었습니다. 책자의 간행은 공사가 복잡하고 일 처리가 거
창하여 한두 사람이 간단히 해낼 수 있는 일이 아닙니다. 반드시 공사를 감독한
사람과 그 시설을 설치한 장소가 있을 것입니다. 낙안이 이미 문자에 그 말을
올렸으니, 어찌 눈으로 보고 손으로 잡은 것이 없겠습니까? 신은 낙안에게 한
차례 물어서 근원을 찾아 그 판목을 헐어버리고, 그 사람은 처벌하여 뿌리를 뽑
고 근원을 막아야 한다고 생각합니다"라고 했다. 이에 정조는 홍낙안을 불러 책
을 간행한 것이 누구인지 물어 다시 상주할 것을 명했다. 권이강은 이승훈의 아
우 이치훈의 장인이었고, 채당에 속한 인물이었다.

101 문계: 죄과로 퇴관退官당한 사람을 임금의 명으로 승정원의 승지가 계판啓板 앞
에 불러 그 까닭을 물어서 아뢰는 일이다.

문)로 된 사서邪書를 언문으로 번역해서 필사하여 널리 퍼뜨린 점은 모두 그들의 분명한 증거여서 변명의 여지가 없었다. 하지만 책을 간행했다는 한 가지 사안은 일단 그런 사실이 전혀 없었다. 그러므로 이같은 명백한 사실의 단서를 붙들어 곧장 홍낙안을 사실무근이라는 죄과에다 몰아가려고 하였으니, 아! 그 계교가 또한 사특하다. 이것은 바로 이치훈이 꾀를 내어 사주한 것이었다.

大諫權以綱致薰之妻父, 又上疏以: "仁伯長書句語, 有冊子刊行之說, 樂安必手執而目睹, 請問于樂安." 云. 檗邪徒之眞諺翻謄, 廣布邪書, 皆渠之眞贓, 無所發明, 而獨刊冊一事, 姑無其實. 故執此爽實之端, 欲直驅仁伯於虛妄之科. 吁! 其計亦憯矣. 此乃致薰之設謀嗾出者 [16/7b] 也.

성상께서 권이강이 청한 대로 홍낙안을 문계하니, 홍낙안이 이렇게 아뢰었다.

"신이 말한 것은 본래 사적인 편지였습니다. 설령 헛소리가 있다한들 무슨 긴밀한 관계가 있겠습니까? 지금 이 일을 조사하려거든 사학에만 매진한 사람에게 물어봐야 하니, 사서를 간행하였는지 여부는 한 번만 조사해도 알 수 있습니다. 성상의 이목을 담당하는 대신臺臣이 어찌 이 서학을 하는 자들의 성명은 전혀 모르고 굳이 신처럼 어리석은 사람의 이목을 빌려 듣고자 하는지, 이 또한 이상한 일이 아니겠습니까? 대신이 말하기 어려운 이상, 신이 아뢰겠습니다. 사서의 간행은 오히려 여사餘事에 속합니다. 대개 부친의 사행을 따라가 수백 권의 사서를 널리 모아 젊은이 중 가르칠 만한 사람을 오도誤導한 이가 있으니, 평택현감 이승훈이 그 사람입니다."**102**

또 이승훈과 정약용이 반촌에 들어가앞에 상세한 내용이 있다 강학한 일과 이기경이 목격하고 돌아와 신에게 걱정스레 탄식하였노라 운운한 내용들[103]을 언급하였다. 성상께서 홍낙안은 다시 문계하도록 하고, 이승훈은 의금부에서 잡아다 신문하여 원정原情을 봉입하여 아뢰라고 하교하셨다.[104]

自上依其請問啓于仁伯, 仁伯啓曰: "臣之所言, 本是私書. 設有譏言, 有何關繁? 而今之欲按此事者, 當問於專治邪學之人, 刊印與否, 一按可知. 臺臣爲耳目之官, 豈不知邪學者之一箇姓名, 而必欲借聽於如臣聾瞽, 不亦異哉? 臺臣旣已難言, 則臣請陳之. 刊印尙屬餘事, 蓋有隨其父專對之行, 廣聚累百卷邪書, 以誤小年可敎之人者, 則平澤縣監李承薰, 是也." 又言承薰與若鏞入泮村詳在上講學事, 及李基慶目擊而歸, 向臣憂歎云云. 上再令問啓, 承薰拿問, 捧原情以啓爲敎.

[19]

홍낙안이 다시 아뢰었다. 그 대략은 이러하다.

"대신臺臣이 기필코 사적인 편지의 조목 하나로 트집을 잡아 주장을 만들어낸 것은[105] 아마도 사서를 간행한 일이 사실과 어긋남을 분

---

102 신이 말한 것은 …… 그 사람입니다:《승정원일기》1791년 11월 3일자 기사에 보인다.

103 이승훈과 정약용이 …… 운운한 내용들: 홍낙안의 문집《노암집魯巖集》제3책《노암주의魯巖奏議》권1에 전문이 실려 있다. 제목은 〈대사간 권이강의 상소로 말미암아 사서를 간인한 일을 물어보라 비답을 내리신 데 대한 계사因大司諫權以綱疏, 批以邪書刊印事問啓〉다. 1791년 10월에 쓴 글이다.

104 이승훈은 의금부에서 …… 하교하셨다 : 이승훈은 1791년 11월 3일 권일신과 함께 의금부로 끌려왔다.

105 대신이 기필코 …… 만들어낸 것은: "홍낙안과 유생 성영우가 각각 사대부들에게 장문의 편지를 보냈다고 합니다. 성영우의 편지는 미처 보지 못하였으나 홍낙안의 편지에 '옛날에는 국법을 두려워하여 어두운 방에 모였던 자들이 지금

명하게 알고서 신의 말을 사실무근으로 결론짓고 아울러 전체 편지의 말뜻도 애당초 없었던 일로 부치려는 것이 아니겠습니까? 그 의도를 궁구해보면 분별하기가 어렵지 않습니다. 다만 신에게 구구하게 어리석은 견해가 있어, 감히 이에 우러러 아룁니다. 양근의 사인士人 권일신은 신의 장서에서 이미 고발하였을 뿐 아니라, 전 도정都正 목만중의 통문과 그 아들 목인규가 사림에게 보낸 편지에서도 스스로 교주라 한 죄를 논핵하였으니, 그가 사학을 한 것은 여기에서 벗어나지 않습니다. 또 예산의 상민 이존창은 본읍의 형벌을 받고 나서도 계속해서 고치지 않았으니, 그가 거룩한 교화를 방해하고 백성의 윤기倫紀를 무너뜨린 죄가 사서를 간행한 일로 허공에 떠버릴까 걱정입니다."[106]

仁伯再啓, 略曰: "臺臣必以私書一款, 拈出爲說者, 無乃明知其刊印之差爽, 歸臣於虛妄, 並與全書辭意, 而付之烏有? 究其用意, 不難卜矣. 第臣有區區愚見, 敢此仰陳. 楊根士人權日身, 不但已發於臣之長書, 前都正睦萬中通文, 及其子仁圭抵書士林, 以斥其自作敎主之罪, [17/8a] 其爲邪學, 無過於此. 又有禮山民人李存昌, 已經本邑之刑治, 一向不悛, 其梗聖化而敗民紀, 恐有浮於刊冊之事."

은 훤한 대낮에 마음대로 다니면서 공공연하게 전파하고, 옛날에는 글씨를 아주 작게 쓰고 겹겹이 싸서 상자에 넣었던 것을 지금은 버젓이 간행하여 서울과 지방에 반포하고 있다' 하고, 또 '교주敎主가 곧 그들의 우두머리이다' 하고, 또 '천당으로 속히 돌아가는 것이 지극한 즐거움이고 칼에 죽는 것이 지극한 영광이다' 하고, 또 '우리의 도가 이단이 되어서 우리의 도를 따르는 사람들이 사류士類 축에 끼지 못하는 것은 그들의 소원대로 되는 것이다' 하고, 또 '감히 사악한 학문을 하면서 그 무리를 늘리려고 스스로 앞장서서 시도하고 있다' 하였습니다."

[106] 대신이 기필코 …… 떠버릴까 걱정입니다:《노암집》제3책《노암주의》권1에 전문이 실려 있다. 제목은 〈재차문계再次問啓〉다.

성상께서 답하셨다.

"잘 알았다. 이 문계를 비변사 낭청을 불러서 비변사에 전달하여 즉시 비변사에서 홍낙안과 홍낙안의 말 중에 증거로 댄 여러 사람을 불러다 문계하라.[107] 이른바 책자와 관련된 중요 사항을 분명하게 적시하여 초기草記로 올리라. 권일신은 해당 부서에서 조사하게 하고, 이존창은 도신道臣에게 부쳐 곧장 판결하도록 분부하라."[108]

答曰:"知道. 以此問啓, 招致備郞, 傳于廟堂, 卽令廟堂招問, 洪樂安對語中所證諸人, 所謂冊子肯綮, 指一草記. 權日身, 令該府究覈, 存昌付之道臣, 直決事分付."

[20]

채제공이 장악원에 나와서 좌기坐起하여 여러 사람이수하, 목만중, 목인규, 홍낙안, 이기경의 공사供辭는 다 적지 않는다 을 불러 문계하고서 아뢰었다.

"권일신이 스스로 형조에 들어와 함께 죄를 받기 원한 것은 진범이라는 명백한 증거[109]입니다. 그가 사학의 우두머리임은 여러 사람이 이구동성으로 공사에서 언급하였으니, 서둘러 해당 조에서 엄하게 조사하여 죄를 바르게 다스리는 것이 어떠하겠습니까?"

하니, "윤허한다"고 전교하였다.

---

107 즉시 …… 문계하라: 원문은 '洪樂安對語中所證諸人'이다. 《승정원일기》 1791년 11월 3일 기사에 근거해 '洪' 앞에 '卽令廟堂招問' 6자를 보충해 번역했다.

108 잘 알았다 …… 판결하도록 분부하라: 위 홍낙안의 글 끝에 실린 전계傳啓를 압축해 간추린 내용이다.

109 진범이라는 명백한 증거: 원문은 '大是的證'이다. 《승정원일기》 1791년 11월 5일 기사에 근거해 '的' 뒤에 '贓明' 2자를 보충해 번역했다.

蔡來坐掌樂院, 招問諸人李秀夏·睦萬中·睦仁圭·洪樂安·李基慶供辭不盡錄, 啓曰: "權日身之自入秋曹, 願被同律者, 大是的贓明證, 其爲妖學之窩主, 諸人所供, 如出一口, 亟令該曹, 嚴覈正律, 何如?" 傳曰: "允."

[21]

권일신은 첫 공초에서 일곱 차례의 공초에 이르렀고 형문刑問이 한 차례였다. 형조에서 아뢰었다.[110]

"권일신에게 세밀하게 캐물으니 극구 변명하면서도, 유독 '예수〔邪穌〕'란 두 글자에 대해서만은 사특하고 거짓이라고 배척하는 말을 하지 않았습니다. 엄하게 신문하는데도 이전과 똑같은 말만 하니, 현혹에 깊이 빠져 가장 중독되었음을 알 수가 있습니다. 비록 엄하게 신문하고 나서야 비로소 사학邪學이란 두 글자를 가지고 자백하였지만, 교주와 간행 두 가지 사안의 경우에는[111] 그의 변명을 확실하게 믿을 수가 없으니, 다시금 엄한 형벌을 더해 기어이 자복을 받아내는 것이 어떠하겠습니까?"

權日身, 初招至於七招, 刑問一次. 刑曹啓曰: "日身反覆盤詰, 極口發明是乎矣, 獨於邪穌二字, 終不斥言其邪妄. 嚴訊之下, 一辭如前, 可見沈溺迷惑, 最中其毒. 雖於施威之下, 始以邪學二字, 至於敎主書冊兩段事, 遲晩是乎乃, 乃不可以渠之發明準信, 更加嚴刑, 期於取服何如?"

---

110 권일신은 …… 형조에서 아뢰었다: 권일신의 7차에 걸친 공초 내용과 관련 보고는《정조실록》1791년 11월 8일자 기사에 나온다.

111 교주와 간행 두 가지 사안의 경우에는: '至於敎主書冊兩段事'에 해당하는 부분은 원문에는 없다.《정조실록》1791년 11월 8일 기사에 근거하여 보충해 번역했다.

성상께서 판부하셨다.

"그가 두 번째 공사에서, '이는 이치에 벗어난 사설邪說이 아닙니다'라고 운운한 것을 보면, 그의 실정이 저절로 드러났음을 알 수 있다. 세 번째 공사 이후에야 비로소 '인륜을 어그러뜨려 제사를 폐지하기까지 하는 것을 사학이라고 합니다' 등의 말로 공사를 바쳤다. 이는 '입으로는 유자儒者의 말을 하면서 행동은 묵자墨者의 짓을 하는 자는 오도吾道의 죄인이 된다'라고 하는 말과 똑같으니, 척사斥邪에 공적을 세웠다고 할 수 있겠는가? 설령 그가 입으로만 그렇다 하고 마음으로는 그렇게 여기지 않으면서 이처럼 물음에 따라 어물쩍 대답하는 행동을 하였더라도, 서학을 비방하고 욕하였다는 말이 그의 입에서 나온 이상, 그가 허비한 10년 공부는 절로 햇빛을 받아 녹아내리는 빙벽氷壁 같은 결과가 되었다. 어찌 마음과 입이 진정으로 호응하지 않아서가 아니겠는가?

判付內: "渠之再供, 此非理外之邪說云云, 可見情實之自綻. 三招之後, 始以乖 **[18/8b]** 人五倫, 至廢祭祀, 爲邪學等語納供. 則正若儒言墨行, 卽吾道之罪人, 豈可謂立跡於斥邪? 藉令渠口然而心不然, 有此隨問緩對之擧, 詆辱之說, 出自渠口, 渠所枉用十年工夫, 自歸於氷厓之見晛日消, 何不心與口眞箇不應乎?

왕정王政이 힘쓸 곳은 이단에 빠진 사람을 평범한 사람으로 만드는 것이 우선이다. 그 집에 있는 잡서들은 별도로 관원을 보내 즉시 조사한 뒤 가져와 형조의 뜰에서 태워버리고, 그는 고신拷訊의 기한이 차기를 기다려 다시 각별하게 엄히 형문한 뒤에 사형에서 낮추어 제주목에 위리안치하도록 하라. 그리고 목사에게[112] 초하루와 보름에 점고할 때 행동거지를 살펴서 여전히 뉘우치지 않거나 다른 사람을 사학으로 현혹시킬 경우, 목사가 직접 형신刑訊하여 곧바로 결안結案을 받아내되, 먼저 참수한 뒤에 아뢰도록 분부하라."

감옥을 나와 며칠 뒤에 서소문 밖의 여인숙에서 죽고 말았다.

王政所務, 莫如人其人. 家藏雜書段, 別定官差, 登時搜驗, 焚於曹庭. 其矣
身待考訊限滿, 更加各別嚴刑. 濟州牧減死棘置, 仍令牧使, 朔望点考, 察其行
止, 一向不悛, 或誑誘他人, 牧使親執訊推, 直捧結案, 先斬後啓事, 分付."出
獄後數日, 致斃於西小門外旅店.

[22]

"이승훈의 원정原情입니다. '제가 계묘년(1783, 정조7)[113] 겨울에 부
친을 따라 연경에 갔을 때, 여러 사신의 뒤를 따라 한 차례 서양관을
가보았습니다. 서양 사람은 그 자리에서 《천주실의天主實義》[114] 몇 질
을 가져와서 각 사람 앞에 나눠주고, 차와 식사를 접대하였습니다. 또
《기하원본幾何原本》[115]과 《수리정온數理精蘊》[116] 등의 책과 망원경望遠

---

112 그리고 목사에게: '仍令牧使'에 해당하는 부분은 원문에는 없다. 《정조실록》
  1791년 11월 8일 기사에 근거하여 보충해 번역했다.

113 계묘년: 원문은 '癸酉'다. 《정조실록》 1791년 11월 8일 기사에 근거하여 '酉'를
  '卯'로 바로잡아 번역했다.

114 《천주실의》: 이탈리아 선교사 마테오 리치가 천주교의 교리를 문답 형식으로
  정리한 2권의 책이다. 첫머리에 천주天主가 처음으로 천지를 창조하여 안양安
  養의 도道를 주재主宰함을 말하고, 다음으로 사람의 혼魂은 불멸하는 것이어서
  금수와는 크게 다름을 말했다. 이어 윤회육도輪回六道의 그릇됨과 천당·지옥·
  선악의 응보應報를 변론하고, 끝으로 사람의 성性은 본래 착하므로 천주의 뜻
  을 공경히 받들어야 한다고 말했다. 조선 중기에 들어와 조선 사회에 큰 영향
  을 끼친 책이다.

115 《기하원본》: 마테오 리치가 중국에 와서 유클리드Euclid의 《기하학원본》을 한
  문으로 번역한 책이다. 이규경李圭景의 《오주연문장전산고五洲衍文長箋散稿》 중

鏡과 수준기水準器 같은 물건을 주어 선물로 삼았습니다. 그래서 제가 받아와서 귀국한 뒤에 들춰보았는데, 점차 이런저런 말이 많아졌습니다. 을사년(1785, 정조9) 봄에 제 아비가 집안사람들을 모아놓고 그 책을 전부 불태우고, 아울러 각종 의기儀器마저 모두 부숴버렸습니다. 저도 마침내 벽이문闢異文[117]을 지어서 남김없이 통렬하게 배척하였습니다'라고 하였습니다. 그동안 사실은 이와 같은 데 지나지 않거늘 홍낙안과 이기경이 서로 주거니받거니 상의하면서 고쳤으니, 이는 오로지 화심禍心으로 그렇게 한 것입니다. 다시 공초하겠습니다.'"

"李承薰原情:'矣身於癸卯冬 隨父赴薊, 從諸使臣後, 一番往見西洋館. 洋人卽將天主實義數秩, 分置各人之前, 有若茶飯之接待. 又以幾何原本·數理精蘊等書, 視遠鏡·地平表等物, 贈爲贐行. 故矣身受來歸後繙閱, 漸多辭說. 乙巳之春, 矣身父聚會宗族, 悉焚其書, 竝與各種儀器, 亦皆撞破. 矣身遂作闢異之文, 痛斥無餘.' 前後 **[19/9a]** 事實, 不過如斯. 樂安與基慶, 雄昌雌和, 互相爲訂, 專出於禍心而然也. 更招云云.'"

성상께서 전교하셨다.

"그가 서책을 받아[118] 돌아오는 짐 보따리 속에 넣어와서 펼쳐본

〈기하원본변증설幾何原本辨證說〉에 자세한 내용이 보인다.

116 《수리정온》: 청나라 강희제가 진후요陳厚耀, 하국종何國宗, 명안도明安圖 등에게 명하여 편찬한 수학 전문 서적이다. 중국과 서양의 수학 이론을 융합해 일체화했다.

117 벽이문: 이단을 배격하는 뜻을 공개적으로 밝혀 배교를 선언한 글이다. 전문은 전하지 않는다. 1792년 11월 이승훈의 공초 기록을 보면, 그 내용 중에 천당과 지옥에 대한 주장과 위천주僞天主에 대한 논의 등이 포함되어 있다고 했다.

118 서책을 받아: 원문은 '袖'다. 《정조실록》 1791년 11월 8일 기사에 근거하여 '受'

것에 대해서는 그도 변명하지 못하므로, 이 한 조목은 바로 그의 죄이다. 하지만 그의 아비가 집안사람을 모아놓고 그 책을 다 불질렀으니, 지금에 와서 사서를 간행한 일은 혐의를 벗은 뒤라 더 이상 물어볼 만한 단서가 없다. 그저 잡서를 받아온 경우의 형률로 엄중하게 감처勘處해야겠으니, 우선 그 직책을 삭탈하여 쫓아내고, 천천히 스스로 반성할 수 있도록 하라."

傳曰: "受藏歸篋, 携來繙閱, 渠不得發明. 此一款, 卽渠之罪. 然而渠父會族人悉焚書. 及今刊冊事, 脫空之後, 更無可問之端. 只當以雜冊受來律重勘, 爲先削其職放送, 徐圖自效." 爲敎.

[23]

평택 고을 사람은 무릇 관장이 임지에 도착한 뒤 사흘 안에 몸소 향교를 배알하는 것이 본디 법례라고 여겼다. 하지만 이승훈은 벼슬에 오른 뒤 10여 일이 지나도록 병을 핑계대고 배알하지 않다가, 비가 새는 곳을 봉심奉審한다고 나가서는 성인에게 배알하는 예를 행하지도 않고 비 새는 곳만 봉심하고 돌아오니, 온 고을이 시끄러웠다.

平澤鄕人, 以爲凡官長到任後三日, 躬謁聖廟, 自是法例. 而承薰上官後十餘日, 稱病不謁, 以雨漏處奉審出往, 不行謁聖之禮, 只審視雨漏處而還, 邑言譁然.

평택현감으로 체차된 뒤에 향교에 배알하지 않았다는 내용으로 발송한 통문이 태학에 이르렀다. 그런데 태학의 전례에는 봉심할 때에

로 바로잡아 번역했다.

는 배알하는 규례가 없었기에, 전례를 끌어와 초기草記를 올려 아무 일도 없게 되었다. 하지만 사실은 봉심할 때 비록 배알을 하지 않더라도 새로 출발해서 부임지에 도착한 뒤 사흘 안에는 으레 배알했으니, 이승훈은 부임지에 도착한 뒤에도 애초부터 공손히 배알한 일이 없는 셈이다.

그러니 봉심할 때 향교에 들어갔다면 먼저 성인께 배알하는 예를 한 뒤에, 비 새는 곳을 봉심하는 것이 일의 차례상 당연한데, 그저 봉심만 하고 성인을 배알하는 예는 하지 않았다면, 이는 비 새는 곳을 그저 살펴보기만 한 경우와 다르다. 성묘에 배알하지 않았다고 말한들, 그가 어찌 이를 피할 수 있겠는가?

見遞後, 以不拜聖廟, 發通抵于太學. 而太學前例, 於奉審時, 則無拜謁之例, 援例草記, 至於無事. 而其實則奉審時, 雖無拜謁, 而新發到任後三日則例爲拜謁. 則承薰到官後, 初無祗謁之事. 則於奉審時, 入聖廟, 則所當先行謁聖禮後, 行雨漏處奉審, 事例當然, 而只行奉審而不行謁聖, 則此與雨漏處只行奉審有異, [20/9b] 謂之不拜聖廟, 渠安得免乎?

성상께서는 고을 사람의 자제가 현감을 모해하였다고 여겨 김희채金熙采[119]—바로 이승훈의 가까운 인척이다—를 어사로 차임하여 내려보내 고

---

[119] 김희채(1744~1802): 본관은 청풍, 자가 혜중惠仲이다. 조부는 김중연金重連이고, 생부는 김택휴金宅休인데, 백부인 김승휴金承休에게 입양되었다. 친모는 달봉達峯 이귀휴李龜休의 딸이다. 처부는 이동박李東樸이다. 이동박은 이승훈의 부친 이동욱의 큰아버지 이광식李光湜의 아들로, 사촌간이다. 1780년 식년시 문과에 급제해 홍문관부정자가 되었고, 이듬해에는 초계문신에 선발되었다. 1788년 영의정 김치인을 탄핵했다가 북청으로 귀양 갔다. 1792년 평택현감 이승훈이 천주교에 물들어 3년간 공자의 사당에 배알하지 않은 일로 평택안핵어사로 파

을 사람을 추국하고 나서 보고하게 하였다. 소란을 부린 두세 사람 중 권씨 성을 가진 사람은 장杖을 맞아 죽기까지 하였고, 조상본趙常本 [120] 지평 조사충趙思忠 [121]의 서자이다 또한 유배형을 받았다.

上以邑子謀害土主, 命差繡衣金煕采 則承薰之切姻也 下送, 鞫邑人發文. 惹鬧
數三人, 權姓人至於杖死, 趙常本持平思忠之庶子, 亦被竄配.

[24]

윤지충과 권상연이 신주를 불태워 없앤 변고가 일어난 뒤, 삼사三
司에서 소장疏章을 차례로 내서 한창 성토를 벌이고 있었는데, 사학
하는 무리가 갑자기 신주가 불타지 않고 그대로 있다는 주장을 퍼뜨
려서 재상인 채제공에게 이르렀다.

한번은 채제공이 밤중에 권경회權景晦 권상희를 불러서 두 사람을 탐
문하도록 한 적이 있었다. 권상희는 권상연의 종형을 시켜서 권상연
집안의 사판祠版이 불타 없어졌는지 살펴보게 하고서 그렇게 해서는
안 된다는 뜻을 역설하도록 하였고, 또 윤지충이 상례喪禮를 쓰지 않

견되어 갔다. 그는 이승훈의 인척이어서, 무고로 판결해 문제를 덮었다. 신유박
해로 이승훈이 처형되자, 대사간 유한녕兪漢寧이 이동욱의 종서從婿로서 이승
훈의 죄를 덮어주었다고 하여 탄핵했다.

120 조상본(1757~1805): 본관은 한양, 자는 선여善汝, 호가 돈재遯齋다. 조광조의
9대손으로, 조사충의 서자다. 경기도 평택에서 태어났다. 1786년 진사시에 합
격했고, 평택현감 이승훈을 유교를 어지럽히는 사문난적斯文亂賊이라며 규탄하
는 통문을 돌렸다. 이 일로 이승훈과 안핵사 김희채, 이수李璲 등의 무리로부터
모함을 받아 거제도로 유배되었다가 풀려났다.

121 조사충(1720~1781): 본관은 한양, 자는 효이孝移, 초명은 사훈思勳이다. 부친은
조제보趙濟普다. 1773년 문과에 합격한 후 공조정랑, 병조정랑, 풍기군수 등을
역임했다.

았다고 채제공에게 말해주었다. 그도 그제야 전한 이야기가 사실임을 알았다.

持忠·尙然焚毁祠版之變出後, 三司疏章迭發, 聲討方張, 邪徒忽以有主不焚之說傳播, 至達於蔡相. 嘗於夜間, 邀權景晦尙爐探問, 景晦旣使尙然之從兄, 審視尙然家祠版之焚毁, 力言不然之意. 又說持忠之不用喪禮, 始知爲眞語.

성상께서 대간의 계사대로 본도의 도신道臣에게 자세히 살펴 엄하게 다스리도록 명하니, 호남관찰사가 진산군에 비밀 공문을 보내 신주의 앞쪽을 베껴써서 올려보내도록 하였다.

上依臺啓, 令本道道臣, 究覈嚴治, 完伯祕關於珍山郡, 粉面使之謄書上送.

군수 신사원이 몸소 가서 관비에게 궤를 열어서 살펴보게 하니, 모두가 텅 빈 궤였으므로 그 연유를 자세히 보고하였다. 형조에서 아뢰었다.

"본조의 낭청을 파견해서 대신에게 문의하온즉, 좌의정 채제공이 다음과 같이 아뢰었습니다. '윤지충과 권상연의 지극히 흉악한 죄는 소문이 낭자하였습니다. 신의 생각도, 진실로 사람의 모습을 했다면 함께 똑같은 천성을 얻었을 테고, 그들 또한 사람일진대 어찌 이다지도 매우 심한 악행을 저질렀단 말인가라고 여겼고, 남몰래 그런가? 어찌 그럴 수 있는가라는 생각도 들었습니다. 이제 도신이 조사한 장계를 보니, 그가 어버이의 시신을 버린 점은 낭설이라 하더라도, 사판을 불태워버린 점은 모두 자복하였습니다.

郡守申史源, 躬往使官婢開櫝視之, 則皆是空櫝. 備報其由. 刑曹啓曰: "發遣本曹郎廳, 問議于大臣是乎則, 左議政蔡以爲: '持忠·尙然, 窮凶極惡之罪, 傳說狼藉. 臣意則以爲苟有人形, 同得秉彝, 渠亦人耳, 其惡何至若是益甚? 竊

有其然豈然 **[21/10a]** 之意. 今覽道臣査啓, 棄其親屍, 雖是浪傳. 燒却祠版, 俱
爲自服.

아, 이단의 사설이 남의 자손들을 해친 경우가 예로부터 얼마나 많
습니까마는, 이처럼 지극히 흉악하고 패악스러운 일은 인류가 생긴
이래로 들어본 적이 없습니다. 요사스러운 주장이 사람을 현혹시킴이
어찌 이 지경에 이르렀단 말입니까? 온몸이 다 오싹해져 스스로 진정
할 수가 없습니다. 이런 자들에게 극률極律을 시행하지 않는다면, 인
심을 맑게 하고 윤리를 바로잡을 수 없을 것입니다. 신은, 윤지충과 권
상연 두 흉적을 도신에게 분부하여 많은 백성이 보는 앞에서 부대시
참不待時斬 **122**하고 5일 동안 목을 매달아두소서.'

噫! 異端邪說之賊夫人之子, 從古何限? 而如許至凶獰至悖惡之事, 自有生
類以來, 未之聞者. 妖說之惑人, 何以至此? 心骨俱冷, 不能自定. 此不施極律,
無以淑人心正倫理. 臣謂兩賊分付道臣, 衆民所見處, 不待時處斬, 懸首五日.'

조사하여 추궁할 적에 그들의 공초한 내용도 구절구절이 흉악하오
니, 하단의 시신을 훼손하였을 때의 형률대로 시행하시고, 격식을 갖
추어 공초를 받은 뒤에 보고하도록 한 다음 사형하는 것이 어떠하십
니까?"

회교한 대로 시행하라고 하였다.

---

122 부대시참: 법으로 정한 시기를 기다리지 않고 참형斬刑을 집행하는 일. 참형은
추분부터 춘분 사이에 집행하게 되어 있는데, 역모 따위의 큰 범죄는 이에 구애
받지 않았다.

査庭覈問之時, 其所供招[123]節節凶獰, 依下段毁屍律, 施行, 具格取招後, 啓聞, 正法何如?"依回敎施行.

[25]

신해년(1791, 정조15) 이후 홍낙민과 이치훈은 가장 교활하고 간악했다. 그래서 화심禍心으로 협잡한다는 명목을 가지고 척사하는 사람을 가리켜 배척하였다. 하지만 정학正學을 논하는 사람은 적고, 사학을 하는 자는 많다 보니, 이른바 전부터 알았던 사람들은 그 기염을 두려워하여 비방과 헐뜯음이 한꺼번에 일어났고, 무지하고 몰지각한 사람들은 휩쓸리듯 붙좇아, 편을 드는 행적을 보란 듯이 드러내었다. 비록 마음으로는 삿되고 바름을 분별할 줄 아는 자라 할지라도 두려워 움츠러들어, 무리를 따라 동요하였다. 이에 한쪽 사람들이 모두 사학을 두둔하는 데로 들어가버리니, 벗들이 자취를 끊고 찾아가려고도 하지 않았다. 척사를 주장한 사람들이 고립되어 기댈 데가 없게 되자 그저 문을 닫아걸고 입을 다물 뿐이었다.

辛亥以後, 樂敏·致薰, 最爲巧惡. 故以挾雜禍心之目, 指斥斥邪之人. 而正論者寡, 邪學者多. 所謂知舊, 畏其氣焰, 訾謗朋興. 無知沒覺者, 靡然附麗, 顯示右祖之跡. 雖心知其邪正之卞者, 亦畏約隨衆波蕩. 於是一邊之人, 盡入於護邪. 朋知絶跡, 不欲參尋. 斥邪者, 孤立無助, 只閉門緘口而已.

이 말이 궁중으로 흘러들어가니, 홍인호洪仁浩[124] 대감은 늘 승지의

---

123 招: 원문에는 없다.《승정원일기》1791년 11월 8일 기사에 근거해 보충했다.

124 홍인호(1753~1799): 본관은 풍산, 자는 원백元伯이다. 홍만기洪萬紀의 증손으

신분으로 승정원에 있었다. 하루는 성상께서 "홍낙안의 무리가 하는 척사는 바로잡으려는 데서 나온 것이 아니라 전적으로 해를 끼치기 위해서며, 또 채제공을 공격하려는 계략에서 나왔다"면서 여러 차례 엄하게 하교하시고, 홍인호가 홍낙안을 사주하였다고도 하교하셨다. 대개 홍낙안의 대인이 앞서 빈대賓對할 적에 계를 올려 채제공을 배척하는 말을 아뢰었기 때문이었다.

이어서 홍인호에게, 홍낙안을 네 집에 불러다가 채제공을 공격했음을 직접 쓰게 해서 가져오도록 명하였다. 성상의 하교가 준엄한지라 홍인호가 황공한 마음으로 물러나와 홍낙안을 불러 안채에 두고서 대궐에 나아갈 때 기필코 홍낙안이 쓴 글을 봉납捧納하였다. 오늘도 이렇게 하고 그다음 날도 이렇게 하였다.

此言流入禁中, 洪台仁浩, 常以承宣在院. 一日上以 "洪樂安輩斥邪, 非出於正, 而專是戕 [22/10b] 書, 又出於攻蔡之計", 屢屢嚴敎, 以仁浩之指嗾樂安爲敎. 盖洪之大人, 前時賓對啓斥蔡故也. 仍命仁浩, 招致樂安於汝家, 捧來攻蔡手蹟. 聖敎嚴截, 仁浩惶隕退出, 邀樂安, 置內廊, 詣闕時, 必捧手蹟而納之. 今日如是, 明日如是.

홍낙안은 한결같이 '채제공을 위하는 데 의도가 있었지, 애당초 채제공을 공격한 것이 아니다'라고만 쓰다가, 8일째 되는 날 홍낙안이

로, 할아버지는 홍중효洪重孝, 아버지는 참판 홍수보洪秀輔다. 1777년 증광시 문과에 급제했다. 정조의 총애를 받아 중화부사와 승지를 거쳐 대사헌에 올랐고, 1798년 강원감사로 부임했다. 정약용의 사촌처남이다. 남인으로 채제공을 반대하는 반채당에 속해 채홍리와 가까웠고 홍당으로 불리기도 했다. 공서의 입장에 서서 정약용 등과도 갈등을 빚었다.

큰 편지지 세 장을 이어붙여 이가환의 무리가 그동안 서학에 빠져서 잘못을 저지른 내용을 세세하게 아뢰니, 홍인호가 바치는 것을 곤란해했다. 홍낙안이 "비록 혹 죄를 입더라도 죄는 내게 있지, 아저씨와는 관계가 없습니다"라고 말하자, 마침내 소매에 넣어 가서 제출하였다. 군신 상하가 한 통의 글을 살펴보고서 비로소 홍낙안에게 물러가라고 명하였다. 대개 성상께서 사학 하는 무리의 속셈을 환히 살피셨고, 또한 홍낙안에게 억지로 글을 써서 올리게 할 수 없음도 알았다.

樂安則一以意在爲蔡, 初非攻蔡爲辭. 至于八日, 樂安合付大簡三張, 細陳家煥輩前後陷溺詿誤之狀, 仁浩難於進呈. 樂安曰: "雖或被罪, 罪在於我, 非關於叔主云." 果袖進. 上下覽一通, 而始命樂安退去. 盖上洞察邪徒之眞贓, 亦知樂安不可以勒捧手蹟也.

이가환과 정약용이, 홍인호 대감이 엄한 하교를 받고 홍낙안이 쓴 글을 바쳤다는 소식을 듣고는, 이때를 틈타서 얽어넣을 수 있겠다고 여겼다. 모여 의논하여 홍원백洪元伯 인호의 자이다을 함께 엮어서 해치고자, 홍낙안을 공격하는 통문을 지으면서 홍인호 부자도 엮어서 날조하였다. 종이 가득 늘어놓아 온갖 방법으로 꾸짖고 욕하니, 아는 이들은 곱절이나 두려워 겁을 내고, 심지어 가까운 인척이나 친척조차도 감히 찾아가지 못하였다. 또 덩달아 물리쳐 배척하자 서울 밖 원근에서 호들갑스러운 이들이 떼지어 일어나니, 비방과 무함이 온 천지에 가득하여 못하는 말이 없었다. 정론을 펴던 사람들이 더욱 곤궁하고 위축되어 세상에 용납되지 못한 지 거의 10년이나 되었다.

家煥·若鏞聞洪台之受嚴敎, 仁伯之納手蹟, 謂以此時, 可乘綢繆. 聚議欲並與洪元伯仁浩字 而戕害, 構出攻洪之通, 構捏洪元伯父子. 滿紙臚列, 萬端詬辱, 知舊一倍畏㥘, 甚至切姻親戚, 不敢尋訪. 又從以擯斥, 京外遠近, 風鶴羣起, 薰天之謗, 無地之誣, 無所不至. 正論之人, 益窮蹙不容於世, 殆近十年矣.

[26]

이존창은 천안의 상민으로 홍낙민이 속량시켜준 종의 아들이었다. 홍낙민과 이기양에게서 글을 배워, 글씨도 잘 쓰고 시에도 능했다. 사학에 조예가 깊어 인근을 교화시켰다. 마을 사람 중에 다른 고을의 상민과 혼인한 사람도 남녀 할 것 없이 모두 교화되어 사학을 하니, 덕산과 홍주, 예산과 청양, 정산의 사이가 온통 사학의 구렁텅이에 빠져들었다. 이에 한글로 전파하여 가르쳤다.

[23/11a] 存昌卽天安常漢, 而樂敏贖奴之子. 學書於樂敏 · 基讓, 能書能詩. 深於邪學, 隣近化之. 洞民之連姻他邑常漢, 毋論男女, 皆化爲邪學. 如德山洪州禮山靑陽定山之間, 一例陷溺, 乃以諺文傳授.

충주의 사족인 이최연과 이기연 형제연원부원군의 후손으로 대가大家라 일컬어지는 집안이다가 권일신에게서 배워 오로지 사학에다 마음을 쏟았다. 그의 큰형인 이세연李世延[125]은 근후하고 이름이 알려진 선비였다. 한 번은 부친의 기일이 되었는데, 두 아우가 참석하지 않자 이세연이 통곡한 적이 있었다. 그럼에도 끝내 마음을 돌리지 않았다. 사족들과 무지한 백성을 가르쳐서 현혹시키니, 당시에 사학의 소굴로 일컬어진 곳은 내포의 여러 고을과 충주와 양근, 여주와 이천이라고 한다.

---

125 이세연(1721~1804): 본관은 연안이다. 이기연·이최연 형제의 맏형이다. 수직壽職으로 동중추부사에 올랐고, 부인은 전의 이씨다. 아들은 이문덕李聞德이고, 며느리는 나주 정씨다. 이문덕의 맏아들 이관기李寬基는 행덕行德에게 출계하여, 삼척공三陟公 집안의 종손이 되었다.

忠州士族李最延·箕延兄弟延原之後, 世稱大家者也, 學於日身, 專心邪學, 乃伯世延, 謹厚知名士也. 嘗於其親忌, 其兩弟不參, 世延痛哭, 而了無回心. 敎誘士族與無知常漢, 時稱邪學之窟, 內浦數邑, 忠州·楊根·呂·利云.

성상께서 몰래 사람을 시켜 이들 고을을 염탐케 하여 사학이 더욱 심한 곳을 밝게 아시고는 특별히 이가환을 충주목사에, 정약용을 금정찰방에 보임하였다.[126] 성상의 의도는 그들에게 죄를 알리고, 또 사학 하는 무리에게 두려워 그만두게 하려는 데 있었다. 해를 넘겨서야 체직을 허락하였다. 이가환과 정약용의 무리가 비로소 간담이 철렁하여 겁을 먹었다.

上密使人廉探此等邑, 洞知邪學尤甚, 特補家煥忠州牧使, 若鏞金井察訪. 上意所在, 欲使渠輩知罪, 又欲使邪徒畏戢, 而經歲許遞. 家鏞輩, 始喪膽生慁矣.

무오년(1798, 정조22) 사이에 정충달鄭忠達[127]을 충청병사로 차임해 보내면서, 사학을 염찰하고 옥사를 다스리는 전권을 맡겼다. 충청도의 사적邪賊은 그 수가 얼마나 많은지 옥사가 가득 찰 정도였다. 혹 자복하지 않고 장杖을 맞다가 죽는 자가 있고, 다짐장을 바치고 풀려나는

---

126 이가환을 충주목사에 …… 보임하였다:《정조실록》1795년 7월 25일자 기사에 관련 내용이 보인다. 충주와 예산 인근에서 서학이 가장 크게 성행했으므로, 두 사람을 일부러 그곳에 보내 스스로 서학과 끊은 것을 입증해 보이고 서학을 누르는 데 공을 세우게 한 것이다.

127 정충달(1739~1804): 본관은 영일迎日, 자는 여심汝心이다. 부친은 회령진병마첨절제사會寧鎭兵馬僉節制使를 지낸 정익량鄭益良이다. 1759년 식년시에서 생원에 뽑혔다. 1798년 충청병사에 제수되었다.

자도 있었다내가 회덕 관아에 있을 때**128** 들었던 내용이다. 이승훈은 예산에 정배定配되어 해를 넘기고서야 비로소 풀려났다.

戊午年間, 差遣鄭忠達, 請兵密付, 廉察邪學, 專委治獄. 湖中邪賊, 不知其數, 至於彌滿獄中. 或有不服杖斃者, 或有納侤放送者云矣余在懷衙時所聞者也. 承薰定配禮山, 經歲始宥.

[27]

신해년(1791, 정조15)에 장악원에서 대신이 여러 사람을 공초하여 봉입捧入하였는데, 대신이 성상에게 아뢴 내용과 공초한 내용에 얼마간 차이가 있었다. 이기경이 대신에게 편지를 보내 다시금 성상께 여쭈어볼 것을 요구하였는데, 말에 혹 불손한 대목이 있었다. 대신이 무척 성을 내면서 끝내 연석에서 아뢰지 않았다. 이기경은 당시 상중이었기에 글을 올려 스스로를 변명할 수가 없었으므로, 사정이 몹시 절박해지자 마지못해 승정원에 상소하여 승지를 통해 성상께 여쭙게 하였다. 성상께서 다 보고 나서 크게 노하시어, 즉시 경원부에 정배하고 압송도 이틀 거리를 하루에 가도록 명하였다.**129**

당시에 아직 상이 끝나지 않았을 때여서 그는 지팡이를 짚고 상복을 입은 채 적소謫所로 가니, 기운이 슬픔으로 꺾인 상태였다. 3년이

---

128 내가 회덕 관아에 있을 때:《승정원일기》1799년 6월 19일자에 강세정이 회덕 현감에 제수된 기록이 보인다.

129 이틀 거리를 하루에 가도록 명하였다: 원문의 배도倍道란 보통에 비해 곱절로 길을 빨리 걷는 것을 말한다.《손자孫子》〈군쟁軍爭〉의 "갑옷을 벗어 메고 걸음을 재촉하고, 밤낮을 쉬지 않고 두 배의 길을 행군하여, 100리를 가서 승리를 다툰다(卷甲而趨, 日夜不處, 倍道兼行, 百里而爭利)"라는 말에서 유래했다.

지나서야 특별히 방면되어, 등급을 뛰어 병조낭청에 제수되었지만, 끝내 공무를 보지는 않았으니, 아마도 처지가 위태롭고 불안하였기 때문일 것이다. 갑인년(1794, 정조18)6월 대정大政에 특명으로 거두어 녹용되었다.

辛亥年樂院大臣之捧供諸人也, 大臣上達, 與其所供, 略有差 **[24/11b]** 異. 抵書大臣, 要使更稟, 而語或有不遜. 大臣頗慍, 終不筵達. 基慶時在草土, 不得陳章自卞. 情甚迫隘, 不得已抵書政院, 使之轉稟. 上覽畢大怒, 卽命定配慶源府, 倍道押送. 時未及闋制, 曳縲赴謫, 氣象愁沮. 過三年特放, 間除騎郎, 終不行公. 蓋以情踪艱脆故也. 甲寅年六月大政, 特命收錄.

홍낙안은 처음엔 율봉찰방에 제수되었다가 이어서 경양찰방으로 바꾸어 차임하도록 명하여,**130** 임기를 채우고 돌아왔다. 성상의 생각은 '척사가 아무래도 정론인 만큼 끝까지 앞길을 막아서는 안 된다'고 여기셨으면서도, 혹여 용서해줄 경우 기세가 등등해져서 사학 하는 자들을 용납하지 못할까 염려하셨으므로 서서히 중용하고자 하셨다. 또 사학의 무리는 만물을 두루 화육化育하는 다스림 속에서 점차 소멸시키려고 하셨으니, 이단에 빠진 사람들을 평범한 사람으로 만드시려는 덕스러운 뜻이 너무나도 훌륭하시다고 할 수 있다. 하지만 불행히도 경신년(1800, 정조24) 6월에 성상께서 승하하셨다.

洪樂安初拜栗峰察訪, 仍命換差景陽, 滿瓜而歸. 上意以爲斥邪者, 終是正論, 不可終枳. 且或假借, 則恐其氣騰, 爲邪者不得容, 故欲徐圖需用. 又欲使

---

130 홍낙안은 …… 차임하도록 명하여:《승정원일기》1795년 8월 10일자 기사에 관련 기록이 나온다.

邪徒漸磨消滅於造化陶鎔之中. 人其人之德意, 可謂出尋常萬萬矣. 不幸庚申
六月, 上升遐.

[28]

정조 대왕께서는 기필코 이단에 빠진 사람들을 평범한 사람으로
만들려고 만물을 포용하는 덕에 곡진히 애를 쓰셨지만, 사학 하는 무
리들은 끝내 뉘우쳐 그만두지 않았다. 비록 신해년(1791, 정조15) 이전
방자하게 아무 거리낌 없었던 모습만큼은 아니더라도, 남몰래 서로
강습하면서 마음을 고쳐 바꿀 생각을 하지 않은 지가 이러구러 10년
의 오랜 세월에 이르렀다.

正宗大王, 必欲人其人, 曲費造化, 而邪徒終不懲戢. 雖不若辛亥之前, 放
姿無忌, 潛相講習, 不思改革, 浸浸至于十年之久.

신유년(1801, 순조1) 2월에 포도청의 포교와 나졸이 동대문 밖에서
책롱冊籠을 지고 가는 한 사내를 붙잡았다. 포도청에서 조사하여 물으
니, 그는 바로 정약종의 심부름꾼이었다. 정약종이 다른 곳으로 거처
를 옮기려 했던 것이다. 책롱 속에 든 책은 모두 사학서였다. 말이 막
중한 자리를 범한 데다 또 음란하고 더러운 행실이 많았으니, 초기草
記로 말미암아 국청을 설치하고 잡아다가 죄를 다스렸다.

辛酉二月, 捕廳校卒, 捉一負籠漢於東門外. 查詰捕廳, 則乃若 **[25/12a]** 鍾
使喚人. 若鍾欲移接於他處. 籠中書冊, 皆是邪書. 語犯莫重之地, 又多淫瀆之
行. 因草記設鞫推治.

[29]

삼사三司에서 아뢰었다신봉조申鳳朝**131**와 유원명柳遠鳴**132** 등 도합 7인이다.**133**

"정약종이 인륜을 무너뜨리고 도리를 어그러뜨린 죄와 혹세무민하는 흉악함은 하나하나 거론하기가 우선 어렵습니다. 하지만 지극히 흉악하고 도리에서 벗어난, 말도 안 되는 흉언이 문서 가운데서 발각되었으니, 속히 왕법으로 다스리소서."

비답하였다.

"자전께서 이미 하교하셨다."

三司啓曰申鳳朝·柳遠鳴, 合七人: "若鍾蔑倫悖常之罪, 惑世誣民之凶, 姑難毛擧, 而窮凶絶悖, 不道之凶言, 現發於文書中, 請夬正王法." 批: "慈殿已下敎矣."

사헌부에서 아뢰었다.

---

131 신봉조(1745~1818): 본관은 평산, 자가 자강子岡, 호는 덕연德淵이다. 상촌 신흠의 8대손으로 부친은 신사현申師顯이다. 1795년 식년시 문과에 장원으로 급제했다. 벼슬은 이조참판, 대사간을 역임했다. 1801년 2월 14일에 신봉조가 상소하여, 풍문에 의하면 오석충, 유리환, 이학규, 홍희영이 사학의 중심인물이라고 하니 이들을 엄히 국문해야 한다고 했다. 《승정원일기》 1801년 2월 14일)

132 유원명(1760~1831): 자는 진옥振玉, 호는 창소菜巢다. 민암閔黯의 사위 유재柳栽의 5대손이며, 조부는 유정설柳庭說, 부친은 유운흡柳雲翕이다. 조부 유정설의 친가 조부가 유경유柳慶裕다. 초취는 신광수申光洙의 아들 신기상申夔相(신광수의 행장에는 신이상申履相으로 나옴)의 딸이며, 재취는 정약우丁若愚의 딸이다. 아들이 없어 유화柳禾를 양자로 들였으며, 사위로 정교묵鄭敎默, 목만중의 사위 홍희현洪義玄의 아들 홍병모洪炳模, 이병조李秉祖, 정대후丁大厚가 있다. 1789년에 진사가 되고, 1794년 정시 문과에 급제해 초계문신이 되었으며, 정언·이조정랑·지평·장령·좌부승지·우부승지·연산현감·부안현감·삭녕군수·강릉부사 등을 역임했다. 정약용 등과 함께 죽란시사에 참여했다.

133 삼사에서 …… 도합 7인이다: 1801년 2월 12일의 일이다. 《일성록》에 관련 사실이 나온다. 당시 함께 계를 올린 사람은 대사간 신봉조, 집의 유경柳畊, 장령 이경삼李敬參, 지평 이경유李敬裕, 유원명, 수찬 장석윤張錫胤, 부수찬 이상겸李象謙, 오한원吳翰源 등이다.

"이가환은 무리들을 불러모아 스스로 교주가 되었고, 이승훈은 요사한 서적을 구입해와서 달가운 마음으로 사법邪法을 옹호하였습니다. 정약용은 본래 두 추잡한 것들과 배포가 맞아서 한데 뭉쳤으니, 이 세 흉적이 모두 사학의 뿌리가 됩니다. 청컨대 의금부에서 국청을 열어 실정을 캐내고, 속히 왕법으로 다스리도록 하소서……."

대왕대비전이 전교하였다.

"사학의 일은 지난번 자리에서 하교한 것이 있다. 이제 이번 대간의 계청은 실로 내 뜻과 합치된다. 엄하게 조사하는 방법을 조금도 늦춰서는 아니 된다. 계청에 나오는 사람은 사헌부에 명하여 거행토록 하라."

대비전이 전교하였다.

"어제 대신이 목만중을 붙잡아올 것을 청했는데, 그는 앞서 척사를 주장한 사람이니 여러 죄수와 똑같이 붙잡아와서는 안 된다. 대사간에 제수하고 패초牌招하여 국청에 참석케 하라." 목만중 대감이 이가환과 오석충의 공초에 나왔다.

府啓:"李家煥則嘯聚羣黨, 自作教主. 李承薰則購來妖書, 甘心護法. 丁若鏞則本與兩醜, 腸肚相連, 打成一片, 蓋此三凶, 俱爲邪學之根柢. 請令王府設鞫, 得情, 夬正典刑云云." 大王大妃殿傳曰:"邪學事, 向筵有下敎者. 今此臺啓, 實合予意. 嚴覈之道, 不容少緩. 啓中人令金吾擧行." 大妃殿傳曰:"昨日大臣, 以睦萬中發捕爲請, 而旣是斥邪之人, 則不可與諸囚, 一例發捕. 大司諫除授, 牌招參鞫." 睦台出於家煥·錫忠之招.

[30]

사헌부유경柳畊,[134] 이경삼李敬參[135]에서 아뢰었다.

"이기양은 기꺼이 사학 하는 무리가 달아나 숨는 소굴이 되었고,

집에 권일신을 숨기고서 스스로 교주의 호칭을 차지하였으며, 감옥으로 이존창을 찾아가 음식을 주는 행동을 서슴없이 저질렀습니다. 여주와 이천을 사학으로 선동하여 사학 하는 무리들이 그림자처럼 따랐습니다. 또 더군다나 그의 아들 이총억도 앞서 권일신의 공초에 나와 지금 포도청의 기찰포교에게 붙잡혔으니, 심적으로나 행적으로나 어찌 감히 요행으로 면할 수 있겠습니까? 청컨대 엄하게 국문하여 실정을 캐내소서."**136**

府啓柳畊, 李敬參: "李基讓甘作邪類逋逃之藪. 家蓄日身, 自居敎主之號, 獄訪存昌, 恣爲餽贈之擧. 煽妖驪·利, 羣邪影從. 又況渠子寵億, 前出日身之招, [26/12b] 今捉於捕廳之詗捕, 以心以跡, 焉敢幸逭? 請嚴鞫得情."

지사 권엄權欐 **137** 등이 상소하여 사학에 빠진 여러 사람을 성토한

---

134 유경(1756~1819): 본관은 진주, 자는 경수耕叟, 호는 연자然子다. 1784년 정시 문과에 급제했다. 벼슬은 정언, 병조정랑, 지평, 경기도사 등을 지냈다. 해당 계 청은 1801년 2월 12일에 한 것이다. 이기양은 당일 체차되었다.

135 이경삼(1763~1823): 본관은 부평, 자는 사로士魯다. 부친은 이구운李龜運이다. 1795년 사마시에 합격하고, 1798년 식년시 문과에 장원으로 급제했다. 벼슬은 장령, 수찬, 교리, 헌납, 대사간 등을 역임했다.

136 이기양은 기꺼이 …… 실정을 캐내소서: 이 대목은 《일성록》 1801년 2월 18일 〈장령 이인채가 진계하여 이기양을 법대로 처형하기를 청한 데 대해 비답을 내렸다〉 항목의 내용을 압축한 것이다.

137 권엄(1729~1801): 본관은 안동, 자는 공저公著, 호는 섭서葉西다. 권응權顒의 증손으로, 할아버지는 권임權恁이고, 아버지는 첨지중추부사 권밀權謐이며, 이벽과 이횡李鈜의 장인이다. 헌납, 충청도관찰사, 대사간, 공조와 형조의 판서를 역임하고 다시 강계부사, 전라도관찰사, 강화부유수로 좌천되었다가 병조판서로 기용되었다. 지중추부사로 있던 1801년에 이가환, 이승훈, 정약용 등 남인 내 서학에 관심이 있거나 천주교를 믿은 인사들에 대한 극형을 주장했다. 권엄이

데 대하여 비답하였다.

"경들이 아뢴 바는 오히려 늦었다 하겠다. 더욱 눈을 밝게 떠서 보아야 할 것이다."

知事權襧等疏, 討邪學諸人, 批: "卿等所陳, 尙云晩矣. 益加明目, 可也."

[31]

승정원에서 강이천姜彝天**138**과 김려金鑢,**139** 김이백金履白**140** 강이천은 강세황의 손자이고, 김려는 연흥부원군延興府院君**141**의 후손이며, 김이백은 김원행의 서

이때 올린 상소 사실과 비답은《일성록》1801년 2월 18일자에 실려 있다.

138 강이천(1768~1801): 본관은 진주, 자는 성륜聖倫, 호가 중암重菴이다. 참판 강세황姜世晃의 손자이고, 부친은 강흔姜俒이다. 12세 나던 1779년부터 임금의 총애를 받아 궁궐에 출입하며 응제시應製詩를 지어올려 천재로 소문이 났다. 진사시 급제 후 성균관에 입학했다.《정감록》의 비기를 믿었고, 김건순과 해도거병설을 모의한 죄로 1797년 체포되어 제주도로 유배 갔다. 이때 돈녕부도정敦寧府都正 김정국金鼎國이, 주문모와 접촉하면서 천주교 교리를 배우며 요언妖言으로 민심을 혼란시킨다고 보고해 형조의 탄핵을 받았다. 1801년 신유박해 때 주문모와 함께 효수되었다.

139 김려(1766~1822): 본관은 연안, 자는 사정士精, 호가 담정藫庭이다. 선조 때 연흥부원군 김제남의 후손이며, 조부는 김희金憙, 부친은 김재칠金載七로 노론계의 명문이었다. 1780년 15세의 나이로 성균관에 입학했다. 1791년 생원이 되었고, 1797년 강이천의 비어飛語 사건에 연루되어 부령으로 귀양 갔다. 1801년 강이천 사건이 재조사되면서, 천주교도와의 관련 혐의로 다시 진해로 유배 가서 1806년 해배되었다. 이후 다시 벼슬길에 올라 연산현감, 함양군수 등을 지냈다.

140 김이백(1774~1801): 본관은 안동, 김원행金元行의 서자다. 1801년 신유박해 당시 김건순의 집에서 기식하며 강이천, 김려, 김선金鐥 등과 사귀며 문주文酒의 모임에 참여하면서 김건순과 강이천 사이에 왕래하여 말을 전하며 보태는 등 요언을 선동했다 하여 처형되었다.

자이다을 모두 의금부에서 붙잡아와 국문하여 실정을 캐내도록 아뢰었었다. 강이천은 물고되었고, 김려는 정배되었고, 김이백과 김건순은 능지처참에 처하였다김건순은 청음 김상헌의 봉사손으로, 권철신과 서로 사학으로 통하여 배웠다. 강이천 등은 앞서 천문을 점쳐서 장차의 일을 미리 알았지만, 충청도 천안의 김씨 성을 가진 사람이 고변하는 바람에 형벌을 받고 원배遠配되었다. 또 대간의 계사이상겸李象謙**142**이 처음 아뢰었다로 인해 체포하여 사학 하는 이들과 똑같이 다스렸지만, 사실은 요사스러운 말 때문이지 사학 때문은 아니었다. 이가환은 형 30대를 맞았고, 오석충은 형 20대를 맞았는데, 도합 일곱 차례였다.

院啓, 請姜彛天 · 金鑢 · 金履白姜卽世晃之孫, 鑢延興之後, 白元行之庶子, 幷拿鞫得情. 彛天物故, 金鑢定配, 履白 · 建淳處斬建淳淸陰之祀孫, 與哲身相通邪爲學. 彛天等

---

141 연흥부원군: 김제남金悌男(1562~1613)을 말한다. 둘째 딸이 선조의 계비인 인목왕후다. 광해군의 즉위 후 이이첨과 정인홍 등의 대북파大北派가 정권을 장악해 1613년(광해군5)에 박응서朴應犀가 국구國舅 김제남이 영창대군을 왕으로 추대하려는 모의를 했다고 고변한 계축옥사가 일어나 인목대비의 아버지 김제남을 사사하고 영창대군을 서인庶人으로 삼아 강화에 위리안치했다.

142 이상겸(1763~1823): 본관은 전주, 자는 의중毅仲, 초명은 홍겸弘謙이다. 증조부는 이시현李蓍顯, 조부는 이덕제李德濟, 부친은 이동수李東洙다. 1796년 문과에 합격하고 정언, 부수찬, 교리, 헌납 등을 역임했다. 1801년 박종악朴宗岳 등이 천주교도 홍낙임洪樂任과 내통했다 하고, 이총억이 붙잡히자 그의 부친 이기양 또한 천주교 신자라며 처벌할 것을 주장했다. 또 사도세자와 숙빈 임씨의 아들인 은언군恩彦君 이인李裀의 부인과 며느리가 천주교 신자이며 신자들을 숨겨주었고 청나라 신부 주문모로부터 영세를 받았다는 것이 발각되자, 이인이 음모의 주동자라며 홍낙임과 함께 처벌할 것을 청했다. 1802년 순조의 친정이 시작되자 벽파에 대한 반격이 가해져, 정순왕후의 형제들인 김용주金龍柱, 김관주金觀柱 등 벽파 인물과 함께 벽파의 여론을 주도했던 권유權裕의 무리로 지목되어 탄핵되었다.

前時, 以推占天文, 預知來事, 因忠淸道天安金姓人告變, 刑推遠配. 又因臺啓
李象謙發啓發捕, 與邪學幷治, 而實則妖言, 而非邪學也. 家煥刑三十度, 吳錫忠
刑二十度, 合七次.

금부 죄인 이가환은 그의 생질 이승훈이 사서를 구해오자 가장 먼
저 탐독하여 인척의 무리가 휩쓸려 따르도록 만들었으니, 사학의 괴
수라는 명목이 너무도 자명하다. 지만遲晩[143]한 뒤에 물고되었다.

禁府罪人李家煥, 以當其甥姪李承薰, 購來邪書, 首先耽看, 以致姻黨之靡
然從之, 邪魁之目, 無以自明. 遲晩後物故.

죄인 권철신은 사학에 빠진 이래로 그 아우 권일신이 죄를 입어 죽
은 뒤까지도 현혹되어 변할 줄 몰랐으니, 사학의 괴수라는 명목을 발
뺌할 수가 없다. 지만 후에 물고되었다.

罪人權哲身, 以自來沈溺於邪學, 及其弟日身, 罪斃之後, 迷不知變, 邪魁
之目, 無以發明. 遲晩後物故.

죄인 최필공중인 중 사학의 괴수이다 의 결안이다.
"그는 지극히 천한 출신으로 지극히 흉악하고 사특한 죄가 있습니
다. 국가의 망극한 은혜를 입고도 요사스러운 성품은 교화되기 어려운
지라 더욱 심하게 서학에 빠져 현혹되어 방자하게도 다시금 사학을 하
였습니다. 법조法曹에 자수하고서도 어리석고도 사납게 굴며 기꺼이

---

143 지만: 죄인이 자기 죄를 인정할 때 너무 오래 속여서 미안하다는 뜻으로 이르던
말이다.

죽겠다고 하였으니, 지만이 확실합니다. 당일로 부대시참해야 합니다."

罪人崔必恭中人邪魁結案:"矣身以至賤之品, 有至凶至慝之罪. 受國家罔極之恩, 妖性難化, 蠱惑轉甚, 肆然以復爲邪學. 自首於法曹, 冥然悍然, 甘心就死, 的實遲晩. 當日不待時斬."

○ 죄인 이승훈의 결안이다.

"서양의 사학은 바로 서책이 있은 이래로 일찍이 없었던 변괴입니다. 그는 몸소 영세를 받고 만 리 너머에서 책을 사와 인척에게 퍼뜨려 서울과 지방에까지 사학이 미치게 하였습니다. 심지어 서양 사람과 왕래하며 이상한 부류와 주도면밀하게 준비하였습니다. 문서가 모두 드러났으니 탄로나지 않은 죄악이 없습니다. 지만이 확실합니다. 당일로 부대시참해야 합니다."

[27/13a] ○ 罪人李承薰結案:"西洋邪學, 則載籍以來, 所未有之變怪也. 矣身親受領洗, 萬里購來, 播之姻族, 暨于京鄉. 甚至往復洋人, 綢繆異類, 文書旣皆現發, 罪惡無不畢露. 的實遲晩, 不待時處斬."

○ 죄인 정약종의 결안이다.

"그는 사악한 성품으로 금수의 행실이 있습니다. 이승훈이 사서를 사온 뒤로 밤낮 여기에 깊이 빠져서 몰래 혼자 외우고 익혔습니다. 그 아비를 등지고 혼자서 '따로 신부神父가 있으니 그를 아버지로 불러야겠다'라고 여겼고, 심지어 그때마다 '죄자罪子'라 하였습니다. 최창현과 죽기를 맹세한 무리를 맺고최창현은 최필공의 집안이다. 황사영바로 정약종의 조카사위이다에 의탁하여 심복이 되었습니다. 마귀의 형상을 올려다보며 예배하고 요사한 여자와 관계하여 사통한 것이 서찰에 다 드러났으니, 진장眞臟을 덮을 수가 없습니다. 이에 대금령大禁令을 거듭

엄하게 한 뒤에도 멋대로 흉측한 말을 꺼내 임금을 부도不道하게 범하였으니, 지만이 확실합니다. 당일로 부대시참해야 합니다."

○ 罪人丁若鍾結案: "矣身以梟獍之性, 有禽犢之行. 承薰購出邪書之後, 日夜沈溺, 潛自誦習. 背其父, 而自謂別有神父, 稱以父, 而甚至輒曰罪子. 結昌顯以死黨顯卽必恭之族, 托嗣永卽若鍾之姪壻爲腹心. 魔象之瞻禮, 妖女之關通, 畢露書札, 眞贓莫掩. 乃於申嚴大禁之後, 肆發凶言, 犯上不道, 的實遲晩. 當日不待時斬."

○ 죄인 홍낙민의 결안이다.

"그는 사학에 빠져서 충청도의 백성을 오도誤導하여 오늘 형을 받는 지경에 이르렀으니, 모두 성상의 교화를 배반한 죄입니다. 요사한 말로 대중을 현혹시켰으니, 지만이 확실합니다. 당일로 부대시참해야 합니다."

계자인啓字印[144]을 찍었다.

○ 罪人洪樂敏結案: "矣身沈溺邪學, 註誤湖民, 至以今日之受刑, 皆是叛教之罪. 妖言惑衆, 的實遲晩. 不待時斬." 啓.

○ 죄인 최창현의 결안이다.

"그는 본래 뒷골목의 천한 신분으로, 평민으로 할 일을 일삼지 않고 사서에 현혹되어 사학 하는 무리와 주도면밀하게 준비하였습니다.

---

144 계자인: 왕에게 올라온 공문서에 대해 재가한다는 의미로 찍어주는 '계啓' 자가 새겨진 인신印信이다. 계하啓下하는 문서에 중관中官이 찍어 그 문서를 승정원에 내려주었다. 대大, 소小 각 1부部씩이었다.

정약종과 권철신 같은 흉악한 자를 거짓으로 신부라 부르고, 이승훈과 강완숙 같은 요사한 자를 서로 교주라 하였습니다. 마귀의 형상을 그려서 선물로 주었고, 장막으로 가리고서 주선하였습니다. 비밀스러운 계책으로 지휘하며 음침하고 추악한 이를 감춰 숨긴 죄는 지만이 확실합니다. 당일로 부대시참해야 합니다."

계자인을 찍었다.

○ 罪人崔昌顯結案: "矣身本以委巷之賤, 不事平民之業, 蠱惑邪書, 綢繆邪黨. 若鍾·哲身之凶, 而假稱神父. 承薰·姜婆之妖, 而互相敎主. 繪魔象而贈遺, 飾帳幕而拮据. 秘計指揮, **[28/13b]** 陰醜藏匿之罪, 的實遲晚. 當日不待時斬." 啓.

○ 죄인 홍교만의 결안이다.

"그에게 어찌 반 토막의 지식이나마 있겠습니까? 한 부의 요사스러운 책을 깊이 믿어, 멋대로 그 학문이 삿된 것이 아니라고 일컬으며, 죽더라도 후회하지 않겠다고 말하기까지 하였습니다. 가르치고 깨우쳐도 완고하기가 목석과 같고, 어리석고 사납기가 돼지나 물고기보다 심합니다. 기꺼이 스스로 이적과 금수의 경지로 돌아갔으니, 지만이 확실합니다. 당일로 부대시참해야 합니다."

계자인을 찍었다.

○ 罪人洪敎萬結案: "矣身有何半分智識? 酷信一部妖書, 肆稱厥學之非邪, 至云就死而靡悔. 誨之諭之, 頑如木石. 冥然悍然, 甚於豚魚. 甘自歸於夷狄禽獸之域, 的實遲晚. 當日不待時斬." 啓.

○ "금부 죄인 정약전은 신지도로, 정약용은 장기현으로 정배하겠습니다."

계자인을 찍었다. 정약전은 전 좌랑이고, 정약용은 전 승지이다.

○ "禁府罪人丁若銓薪智島, 丁若鏞長鬐縣定配." 啓. 銓前佐郎, 鏞前承旨.

집의 유경이 사학쟁이 이격李格[145]이벽의 형이다을 멀리 유배 보내도
록 청하였다.[146]

執義柳畊請邪學人李格蘗之兄請遠竄.

사헌부에서 아뢰었다.

"정약전과 정약용, 김백순바로 선원仙源 김상용金尙容의 후손으로 요사스러운
형상을 그린 죄이다, 이기양, 오석충을 엄하게 국문하여 속히 왕법으로 다
스리소서."[147]

府啓: "請丁若銓若鏞 · 金伯淳卽仙源之後, 以畫結妖像罪 · 李基讓 · 吳錫忠, 嚴
鞫, 夬正典刑."

[32]

장령 정한鄭澣[148]이 상소하여 청하였다.

145 이격(1748~1803): 본관은 경주, 자는 천로天老, 호가 만오晩悟다. 아버지는 동지
중추부사 이보만이고, 이벽의 형이다. 1769년 무과에 급제했다. 1773년 부안현
감으로 나갔고, 1776년 정조 즉위 후 홍국영과의 갈등으로 남양으로 유배되었
다. 이후 병마절도사와 수군절도사를 역임했고, 도총부총관을 지냈다. 아들 현
직顯稷이 어영대장에 오르자 좌참찬에 추증되었다.

146 집의 유경이 …… 청하였다:《승정원일기》1801년 3월 15일자 기사에 관련 기
록이 보인다.

147 정약전과 정약용 …… 다스리소서:《승정원일기》1801년 2월 25일자 기사에
관련 기록이 보인다.

"전 수사 이석李晳¹⁴⁹은 하나의 물괴物怪요 인요人妖입니다. 선왕께 특별한 은혜를 입고도 몸 바쳐 보답할 생각은 않고 스스로 은혜와 영예를 으스대면서 권세를 팔아, 지엄한 곳의 동정 하나하나를 그 무리에게 전해주고, 그간 서학 하는 사람들의 출척黜陟 하나하나를 모두 자기의 공으로 돌렸으니, 이것만으로도 이미 용서치 못할 죄안입니다. 그의 형 이벽이 가장 먼저 사학에 빠졌음은 온 세상이 아는 바입니다. 그의 처지로는 진실로 사학 하는 무리를 완전히 끊어 자신의 분수를 지키고 단속해야 했음에도, 짧은 편지로 이가환에게 급히 알리고 귓속말로 정약용과 주도면밀하게 준비하였습니다. 서읍西邑에서 실어온 기생이 사술을 전수받아 익히는데도 도리어 숨겨주었고, 윤행임尹行恁¹⁵⁰에게 집을 바쳐서 사옥邪獄을 늦추었으니, 사람이 이렇게까지 모질고 요악스럽단 말입니까? 도배島配해야 합니다."

---

148 정한(1742~1806): 본관은 동래, 자가 여해汝海다. 1795년 정시 문과에 급제했다. 사헌부장령을 지냈고, 척사의 입장에 섰다. 1801년 안정복이 척사에 공이 있음을 들어 추증 상소를 올렸지만 비변사의 반대로 뜻을 이루지 못했다. 정한이 올린 소청에 관한 내용은《승정원일기》1801년 9월 18일자 기사에 나온다.

149 이석(1759~1829): 본관은 경주, 이벽의 동생이다. 형 이격과 함께 무관이었다. 벼슬은 선전관, 별군직, 수사水使, 장연현감, 황해도병마절도사, 함경남도절도사를 지냈다.

150 윤행임(1762~1801): 본관은 남원, 자는 성보聖甫, 호가 석재碩齋다. 조부는 용안군龍安君 윤종주尹宗柱이고, 부친은 익찬翊贊 윤염尹㻐이다. 1782년 별시 문과에 급제해, 초계문신에 뽑혔다. 노론 시파에 속한 인물이다. 대사간과 이조참의를 지냈고, 벽파의 공격으로 정민시와 함께 고양으로 유배되었다. 1800년 도승지에 임명되었고, 이조참판과 대제학을 지냈다. 1801년 신유박해 때 강진현 신지도로 유배되었다가, 이후 예조판서와 전라도관찰사를 지냈다. 전라도관찰사 재직 시 김조순의 사주를 받은 옥당에서 서학을 신봉했다고 탄핵해, 신지도에 안치되었다가 참형을 당해 죽었다. 헌종 초에 신원되어 영의정에 추증되었다.

掌令鄭澔疏請:"前水使李皙, 卽一物怪人妖也. 荷先朝殊恩, 莫念報效, 而自詫恩榮, 坐賣權勢, 深嚴之一動一靜, 傳語其黨, 自中之一黜一陟, 皆歸己力. 此已罔赦之案. 而其兄璧之最先溺邪, 一世所知, 以渠地處, 固當屛絶邪徒, 自靖自艾, 而片札飛報於家煥, 耳語綢繆於若鏞. 西邑馱來之妓, 傳習邪術, 則乃反掩置, 納舍行恁爲緩邪獄, 人之妖悍, 乃至是耶? 宜施島配."

또 아뢰었다.

"광성군廣成君 안정복安鼎福**151**은 선왕 때 서연書筵에 참여했던 신하입니다. 그의 학문과 경술에 대해 선왕께서 장려하고 아끼는 말씀이 윤음綸音에 여러 번 드러났으므로 후생의 학자들이 모두 자랑스레 본받았습니다. 서양 책이 조선에 들어오자 이단의 가르침이 방자하게 유행함에 분개하여, 글을 지어서 이를 변론하였습니다. 〈천학고天學考〉**152**와

문헌文獻의 시호가 내렸다.

151 안정복(1712~1791): 본관은 광주, 자는 백순百順, 호는 순암順菴이다. 성호 이익의 제자다. 영조 때 여러 차례 왕의 부름을 받아 동궁의 사부로 있었고, 광성군에 봉해졌다. 서학을 반대해 〈천학고〉와 〈천학문답〉을 지었고, 제자뻘인 권철신·이기양 등과 서학을 둘러싸고 논전을 벌이며 대립했다.

152 〈천학고〉: 1785년 봄, 안정복이 천주학이 급속도로 퍼져나가는 것을 근심하여, 천주학이 결코 신기한 새 학문이 아니라 한나라와 당나라 때부터 중국에 들어왔다가 제풀에 꺾인 종교임을 일깨우기 위해 쓴 글이다. 알레니의 《직방외기》와 마테오 리치의 《천주실의》에 적힌, 한나라 때 이미 천주교가 중국에 전래했음을 밝힌 사실을 제시했고, 이 밖에 《한서》와 《열자》, 《통전》, 《북사》, 《자치통감》, 《홍서鴻書》, 《오학편吾學篇》, 《명사明史》, 《경교고景敎考》, 《일지록日知錄》, 《속이담續耳譚》, 《지봉유설》 등 역사서와 관련 문헌을 망라해, 한나라 때부터 중국에 전해진 이슬람 문화권 종교의 자취를 낱낱이 찾아 파헤쳤다. 이들 각종 문헌을 통해 대진국大秦國, 대식국大食國, 천축국天竺國, 고국苦國 등 서쪽 여러 나라의 위치와 법속法俗, 그리고 이들 나라의 종교생활까지 언급했다.

〈천학문답天學問答〉153 등의 글이 있어서, 그 남은 풍도와 여운이 이제
껏 남아 있습니다. 그러니 모종의 사류士類가 교활함을 막고 음탕한 말
을 추방할 줄 알았던 것은 반드시 그 공효가 아니라고 할 수는 없습니
다. 지금 만약 높여 칭찬하여 표창하신다면 정학正學을 밝히고 사설邪
說을 종식시키는 길이 될 수 있을 것입니다. 표창하여 지위를 내리는
은전을 시행하소서."

예사로이 비답하신 뒤에 연신筵臣의 주달대로 특별히 좌참찬에 추
증하셨다.154 이석은 도배하였다.

且言: "廣成君臣安鼎福, 卽先朝冑筵 **[29/14a]** 之臣. 學問經術, 先朝獎眷之
音, 屢形絲綸, 後生學者, 莫不矜式. 及夫洋書出, 慨然異敎之肆行, 著書而卞
之. 有天學考·天學問答等書, 其遺風餘韻, 至今尙存. 而一種士流之能知拒詖
放淫者, 未必非其效也. 今若崇奬, 而表章之, 則可爲明正學熄邪說之道. 請施
褒贈之典."例批後, 因筵臣奏達, 特贈左參贊. 李晳島配.

[33]
장령 강세륜姜世綸155의 상소문156을 간추린 것은 다음과 같다.

---

153 〈천학문답〉: 1785년 12월, 안정복이 천주학에 대한 유학의 대응 논리를 제공하
기 위해, 천주교의 주요 교리 32조목을 세워 문답식 설법으로 논박한 글이다.
중국 고전에서 논거를 끌어오고, 방증 자료를 폭넓게 인용하여 저들과의 논쟁
과 토론에 대비해, 유학 쪽에서 대응할 논리를 제공하겠다는 사명감이 담긴 글
이다. 앞쪽에는 천주교 교리의 핵심을 이루는 주제를 담았고, 이어 천주교 교리
를 구성하는 핵심 명제들을 차례로 제시하고 문답했다. 마테오 리치가《천주실
의》에서 보여준 문답 방식과 질문 내용을 그대로 가져왔다.

154 특별히 좌참찬에 추증하셨다: 안정복 포증 부분은《순조실록》1801년 9월
17일자 기사에 보인다.

"전 현감 이인행李仁行[157]퇴계의 삼촌인 이우李堣의 후손이다은 본래 명가의 후예로, 앞선 조정의 은혜를 두터이 입었으니 몸가짐을 삼가고 행실을 다잡음이 진실로 다른 사람보다 배는 되어야 합니다. 그런데 바야흐로 그가 서울에 집을 얻어 벼슬살이할 때, 이가환에게 의탁하고 귀의할 곳으로 여겼습니다. 연전에 영남 유생들이 글을 올려 이가환을 논척하자, 감히 앙갚음하려는 논의를 내었습니다. 작년 봄 충청도 사옥邪獄에 사관査官이 되었을 적에는 해괴한 단서가 많이 있었으니, 어찌 사학으로 치우친 데 대한 형률을 피하겠습니까? 이인행이 고산현감이었을 때 조사관으로 전주감영에 가서 유항검의 옥사를 조사하였다. 그 문서 가운데 이가

---

155 강세륜(1761~1842): 본관은 진주, 자는 문거文擧, 호는 지원芝園 또는 지포芝圃다. 거주지는 경상북도 상주다. 조부는 강박姜樸(1690~1742), 부친은 강필악姜必岳(1723~1795)이다. 1783년 증광시 문과에 급제해 장령, 시독관, 승지, 헌납, 강동현감, 종성부사를 거쳐 대사간과 병조참판을 역임했다. 척사의 입장에 선 인물이다. 《동린록》 25책 740면(이이화 편, 《조선당쟁관계자료집》 14, 여강출판사, 1985)에 〈헌납강세륜상소獻納姜世綸上疏〉가 실려 있다.

156 장령 강세륜의 상소문: 《승정원일기》 1802년 1월 21일자 기사에 상소문이 실려 있다. 강세륜의 상소 이후 이인행은 평안도 위원군, 이유수는 함경도 무산부로 유배되었다.

157 이인행(1758~1833): 본관은 진보眞寶, 자는 공택公宅이다. 호는 만문재晩聞齋 또는 일성日省 또는 신야新野를 썼다. 경상도 영주 출신으로 퇴계 이황의 형 이해李瀣의 후손이다. 1790년에 응제대책應製對策으로 온릉참봉에 뽑혔고, 1800년 고산현감을 지냈다. 1802년 강세륜이 영남의 남인을 배척하는 상소문을 올리면서 이가환에게 의탁했다고 비판해 평안도 위원군에 유배되었다. 1803년 조정에서 석방 논의가 있었으나, 김달순 등의 반대로 황해도 장연현으로 양이量移되었다 1805년 유배에서 풀려나, 벼슬이 세자익위사익위에 이르렀다. 채당에 속한 인물로, 서학에 대해서도 우호적이어서 정약용과 가까웠다. 정약용이 그에게 친필로 써준 〈남북학술설南北學術說〉 필첩이 남아 있다. 저서에 《신야집新野集》이 있다.

환 · 정약용과 왕복한 서찰 석 장이 있었는데, 몰래 소매 속에 감추었다가 창평현감 심공권沈公權[158]에게 발각되었다. 심공권이 여러 조사관에게 알리니, 한 조사관이 들어가서 관찰사[159]에게 고하였다. 관찰사가 크게 놀라 말했다. "지금 만약 이 일을 가지고 장계를 올려 파직시킨다면 큰 죄가 될 것이다. 포폄하는 달이 가까웠으니, 그때 파직시켜 보낸다면 흔적 없이 해결될 것이다." 이어서 그에게 임소任所로 돌아가게 하였다. 6월에 과연 최하위 점수를 받아서 고향으로 돌아갔다. 전 장령 이유수李儒修[160]는 천생 소인이어서, 처음 벼슬길에 나설 때부터 정약용에게 은밀하게 붙었다가 권세 부리는 흉적에게 옮겨 의탁하였고, 역적 정약종과 주도면밀하게 계획하여 전별할 때 서찰을 흉적 정약전에게 주었다는 이야기가 파다합니다. 신의 생각으로는 이인행과 이유수를 둘 다 먼 곳으로 추방해

---

158 심공권(1746~1817): 본관은 청송, 자는 경류景柳다. 부친은 심사희沈士希다. 소녕원수봉관昭寧園守奉官, 예빈시봉사禮賓寺奉事, 희릉직장, 한성주부, 조지별제造紙別提, 장악주부掌樂主簿, 의릉령을 지냈으며, 외직으로 용담현령으로 제수되었다가 바로 옥과현감으로 고쳐 제수되었고, 이후 장녕전령長寧殿令, 전성판관典牲判官, 현릉원령, 곡성현감 등을 역임했다. 원문에서 심공권을 창평현감이라 한 것은 착오로 판단된다. 1800년 8월에 옥과현감에 제수된 적이 있는데, 아마도 창평 옆 고을인 옥과와 혼동한 것이 아닌가 추정된다.

159 관찰사: 당시 전라도관찰사는 김달순金達淳(1760~1806)이었다. 1800년 윤4월에 전라도관찰사로 부임했다. 김달순은 장동 김씨 일문으로 노론 벽파 인물이다.

160 이유수(1758~1822): 본관은 함평, 자는 주신周臣, 호가 금리錦里다. 26세 때인 1783년 증광 별시에 급제하고 회시會試 등 삼장三場을 잇달아 급제해 화제가 되었다. 초계문신에 뽑혀 정조의 사랑을 받았다. 정약용과 함께 죽란시사의 일원으로 활동했다. 벼슬은 사헌부장령을 지냈다. 1800년 겨울, 채제공의 관작추탈에 반대해 척사파의 이기경과 대립했다. 결국 이 일로 무산부에 유배되었다가 1803년 돌아왔다. 정약용과 평생 우정을 나눈 벗으로, 그가 죽자 정약용이 묘지명을 지었다.

야 한다고 봅니다."

비답을 내렸다.

"대신에게 하문하여 처리하겠다."

의금부에서 이인행은 위원군으로, 이유수는 무산부로 유배 보내도록 아뢰어, 계자인을 찍었다. 이석하李錫夏[161]는 대간의 계사대로 멀리 유배 보냈는데, 모친상 때문에 석방되었다. 이석하 또한 이승훈과 함께 조사를 받았으니, 대개 사학을 심하게 비호한 자이다.

掌令姜世倫疏略: "前縣監李仁行退溪三寸堞之後, 本以名家之裔, 厚沐先朝之恩, 飭躬操行, 固當有倍他人. 而方其旅宦京邸也, 托迹家煥, 視作依歸. 年前嶺儒書斥家煥, 則敢生反噬之論. 昨春湖獄, 身爲査官, 多有可駭之端, 焉逭黨邪之律? 仁行爲高山倅, 以査官, 往完營, 覈恒儉獄. 其文書中, 有家煥·若鏞往復書札三丈. 潛藏袖裡, 見捉於昌平守沈公權. 沈公權語及諸査官, 査官入告道伯, 道伯大駭曰: "今若以此狀罷, 則爲大罪. 貶月在近, 伊時罷送, 則無痕迹." 云. 因令還官, 六月果居殿而還鄕. 前掌令李儒修, 天生宵小也. 粤自出身之初, 密附若鏞, 轉托權凶, 綢繆賊鍾, 書札贐遺凶銓, 傳說喧騰. 臣謂仁行儒修, 並施屛裔." 批: "詢大臣, [30/14b] 處之." 禁府, 李仁行渭源郡, 李儒修茂山府, 屛裔. 啓. 李錫夏, 因臺啓遠竄, 因其母喪蒙放. 錫夏亦與承薰結査, 蓋護邪之甚者也.

---

161 이석하(1758~1819): 본관은 연안, 자는 성욱聖勗, 호가 현애玄崖다. 초명은 규섭奎燮이었으나 개명했다. 하서河西 김인후金麟厚의 문인인 이지남李至男의 후손이며, 부친은 이세박李世璞이다. 1774년 진사시에 합격하고, 1775년에 18세의 나이로 문과에 합격했으며, 관직이 도승지에 이르렀다. 이유수, 정약전, 이치훈, 이주석, 한치응, 유원명, 심규로, 정약용, 윤지눌, 채홍원, 신성모, 한백원, 이중련 등과 함께 죽란시사에 참여했다. 《일성록》1786년 6월 29일자에 이석하가 무안현감에 제수된 기록이 보인다.

[34]

○ 사족의 부녀의 경우, 처음에는 이가환의 가까운 인척부터사족의 여인이기에 차마 말할 수 없다 전하고 익혔다가, 집안과 혼인한 가문에까지 이르렀으니, 오도誤導된 자가 몹시 많았다. 여염의 여자도 따라서 감화되었는데, 그중에서도 과부들이 천당과 지옥의 주장을 깊이 믿어, 귀천을 가리지 않고 또한 많이들 빠져들었다. 또 모여서 강학하는 장소가 있어, 밤을 타서 왕래하였다. 달마다 강습하고 배례하는 날이 따로 정해져 있었다. 저마다 찬 작은 주머니에는 천주의 화상이 있었고, 반드시 편경片鏡[162]을 지녔다. 아마도 이가환이 한문 사서의 한글 번역본으로 인척 집의 부녀를 가르쳐 이끌자 그들도 점차 배워 익혔기 때문이다.

○ 士族婦女, 始自家煥切姻士女故不忍言傳習, 以至族黨連婭家, 詿誤者甚衆. 閭閻女子, 從而化之, 其中寡女, 酷信堂獄之說, 毋論貴賤, 亦多陷溺. 又有聚會講學之處, 乘夜往來, 每一月之中, 別有講習拜禮之日. 各佩小囊, 有天主畫象, 必儲片鏡. 蓋家煥以諺飜謄, 敎誘姻家婦女, 轉轉學習故也.

[35]

이익운李益運[163]의 입양한 아들 이명불李明黻[164]아명은 개불介不이다 이

162 편경: 주석이나 놋쇠로 만든 작은 성인 메달을 말한다. 뒷면은 매끈하고, 앞면에 예수나 마리아 및 성인의 얼굴을 새긴 것이다. 당시 천주교 신자들이 비단 주머니에 솜에 싸서 넣어두고 호신부처럼 간직한 물건이다. 관변 기록에는 요경妖鏡이나 사경邪鏡 또는 마경魔鏡이라 하고, 성두盛斗라고도 불렀다.

163 이익운(1748~1817): 본관은 연안, 자가 계수季受다. 아버지는 이조판서 이징대李徵大다. 채제공의 문인이다. 1774년 식년시 문과에 급제해서 정언이 되었다. 1782년 채제공의 원통함을 변론하다가 파직당했고, 이후 승지로 임명되었

란 자는 어려서부터 서학을 배웠다. 사람들은 이익운이 가르친 것이 아니라, 그 집안에서 배웠다고 하였다. 지목되자 평소 알던 사람들은 근심하며 탄식하였다. 이명불은 홀연 달아났다가 6~7일이 지나서야 비로소 돌아오니, 모르는 사람이 없게 되어 임금에게 아뢰기까지 하였다. 마침 갑자년(1804. 순조 4) 사이에 사학을 엄하게 금할 때였다. 고양高陽의 김씨 성을 가진 유자儒者그 이름은 기억나지 않는다가 성균관에 통문을 돌렸는데, 사대부 집안 여자의 이름이 포도청에서 나왔다거나 재상의 아들이 어버이를 버리고 달아났다는 말을 꺼냈다.

다. 1801년 경기도관찰사 때 주문모와 관련된 천주교 신자 18인을 잡아 심문한 뒤 그중 3인을 참형에 처했다. 뒤에 채제공의 관작이 추탈될 때 이윤행李允行·박명섭朴命燮의 모함을 받아 파직되었다가, 1805년 직첩을 돌려받고 판서에 임명되었으나 사양했다. 1815년 대사헌 재직 당시 성균관 유생들에 의해 사학을 비호한다는 탄핵을 받았고, 이듬해에도 유생 양규梁珪·심의영沈宜永의 척사소斥邪疏에 걸려 문제가 되기도 했다. 벼슬은 예조판서에 이르렀다. 1835년 정숙靖肅의 시호를 받았다. 경기도관찰사로 있을 당시 천주교 신자였던 아들 이명호가 배교를 거부하자, 독약을 마시게 해 죽게 만든 일로 논의가 끊이지 않았다. 정약용과는 각별한 사이였다.

164 이명불(1777~1801): 이정운의 맏아들은 명보明黼로, 보불黼黻로 짝을 맞춰 형제의 이름을 나란히 지었다. 셋째 명적明迪은 두 번째 부인에게서 얻은 아들이다. 하버드 옌칭도서관 소장《백가보百家譜》에는 명보明黼와 명호明鎬라 했고, 규장각본《남보》에는 명하明夏와 명호明鎬로 다르게 나온다.《송담유록》과《눌암기략》,〈신미년백서〉는 모두 바뀌기 전 이름인 '이명불'로 적었다. 교회사 쪽의 기록에는 '이명호 요한'으로 나오고,《순조실록》1801년 10월 26일자 기사에도 '이명호'로 적혀 있다. 이명불은 사람들의 입에 익은 이름이었고, 이명호는 개명한 뒤 공식적으로 불린 이름이었다. 이명불이 이름을 이명호로 바꾼 것은 따로 사연이 있다.《태상시장록太常諡狀錄》(한국학중앙연구원 장서각 소장)에 실린〈이익운시장李益運諡狀〉에 "자식이 없어, 큰형의 둘째 아들로 아들을 삼았는데 초명은 명경明敬이었다. 정조께서 공에게 명하여 말씀하시기를, '경의 아들은 벗의 아들이니 내가 이름을 지어주겠노라' 하시고는 명호明鎬로 고치게 하였다(無

李益運之所後子明黻 兒名介不 者, 自幼小時, 學其術, 人謂非益運所教, 而乃學於其家內云. 指目, 有素識者憂歎. 明黻者忽然逃走, 過六七日始還, 無人不知, 至於上達 適於甲子年間, 申嚴邪禁時也 天聽. 高陽金姓儒 不記其名, 通文太學, 有士夫女之名出捕廳, 宰相子之棄親逃走之語.

대개 이명불은 사학에 푹 빠져서 편하게 강습하려고 별도로 집을 사서 스스로 가수헌嘉樹軒이라 이름 짓고, 황사영사학을 깊이 알기로 이름이 있었다, 홍백영洪栢榮**165**과 주도면밀하게 계획하여 왕래하며 밤낮으로 공부한 것이 몇 해나 되는지 모를 지경이었다. 이렇게 되자 나라에 소문이 들끓고, 여러 사적邪賊의 공초에서 이름이 자주 나오는 통에 덖

子, 取長公第二子子之. 初名明敬, 正廟命公曰: '卿之子, 故人之子. 予當命之名矣.' 改以明鎬)"고 나온다.《벽위편》에도 1807년 12월 이익운이 올린 상소에서 "신이 신의 형의 아들을 데려다 자식을 삼았는데, 예전 앞선 임금께서 이름을 짓고 자까지 지어주셨습니다. 이 같은 은총은 실로 드물게 있는 일입니다(十二月知事李益運疏日: '臣取臣兄之子以爲子. 而昔在先朝, 命名而字之. 似此恩數, 實所罕有')"라고 한 내용이 보인다. 이명호는 본관이 연안이고, 이겸환李謙煥의 딸과 결혼했다. 1795년 이전에 천주교에 입교했고, 격한 성격을 고치고 예수와 성인의 모범에 따라 살려고 노력했다. 집 근처에 '가수헌'이란 이름의 별채를 마련해두고 혼자 생활했다. 홍낙민의 아들 홍백영, 황사영 등과 가깝게 지냈다. 1801년 신유박해가 일어나자 당시 경기도관찰사였던 이익운이 집안에 화가 미칠 것을 두려워해서 배교를 강요했으나, 이명호가 듣지 않자 강제로 독약을 먹여서 죽게 했다고 한다. 자세한 내용은 달레의《한국천주교회사》에 나온다. '하느님의 종'에 올랐다.

165 홍백영: 본관은 풍산이다. 홍낙민의 큰아들이고, 이기양의 딸과 결혼했다. 기록이 지워져서 알려진 것이 없으나,《사학징의》에 실린 윤종백의 공초에 황사영의 집에서 홍재영洪梓榮, 이희영李喜英, 최광공, 허속許涑, 최필제, 이오희李五喜(이경도의 아명) 등 천주교를 믿는 무리와 책을 읽고 토론했다는 기록이 보인다. 홍백영의 동생 홍재영 프로타시오는 정약용의 큰형 정약현의 사위로, 2014년 복자품에 올랐다.

어 가릴 수가 없었다.

蓋明戇沈溺邪學, 爲便講習, 買處別館, 自號嘉樹軒. 與嗣永深於邪學有名·洪栢榮, 綢繆往來, 晝夜肄習, 不知其幾許年. 至是, 國言如沸, 屢出諸賊之
[31/15a] 招, 莫可掩諱.

진사 목인수睦仁秀¹⁶⁶ 등이 성균관에 통문을 보내어 이명불이 어려서부터 서학에 현혹된 정황을 모두 진술하자, 재앙의 기미가 코앞에 닥쳤다. 이명불이 마침 정동에 있었고, 그의 아비 이익운은 당시 경기도관찰사였다. 두려운 마음을 이기지 못하여, 기병을 보내 경기감영 안으로 데려오게 했다. 그날 밤에 이명불이 갑자기 죽자, 이런저런 말들이 시끄러웠다.

進士睦仁秀等, 發文抵太學, 悉陳明戇自幼蠱惑之狀, 禍機迫在呼吸. 明戇適在貞洞, 其父益運, 時爲畿伯, 不勝惶怯, 送騎邀致營中. 其夜明戇暴化, 辭說波蕩.

[36]

지평 이윤행李允行¹⁶⁷이 상소하여 이익운을 깊이 논척하니,¹⁶⁸ 성상

---

166 목인수(1771~1832): 본관은 사천, 자는 맹영孟榮, 호가 국재菊齋다. 부친은 목지중睦持中이다. 1804년 식년시에 진사로 급제했다.

167 이윤행(1762~1817): 본관은 전주, 자가 성유聖兪다. 1790년 증광시 문과에 급제했다. 벼슬은 지평, 정언 등을 지냈다. 이익운을 탄핵한 이윤행의 상소문은《순조실록》1801년 4월 24일자 기사에 관련 내용이 보이며,《동린록》24책 709면에도 실려 있다.

168 지평 이윤행이 …… 논척하니:《승정원일기》1801년 4월 21일자 기사에 보인다.

께서 대신들에게 논의하고서 품처稟處하도록 명하셨다. 비변사에서 아뢰었다.

"이익운은 그 아들의 이름이 사적의 공초에 자주 나오자 하룻밤 사이에 살인멸구殺人滅口할 계획이었고, 게다가 그의 상소문을 보자면, 감히 오명汚名을 뒤집어씌움으로써 아들을 죽였다고 말하여 도리어 수많은 입에 재갈을 물릴 계획이었습니다. 전자로 보면 자식을 가르치지 못한 셈이고, 후자로 보면 자신을 돌아보지 못한 셈인데도, 마치 화씨和氏가 보옥寶玉을 품고서 미움을 받은 양 하늘 높이 기염을 토하면서 평지풍파를 일으키니, 우선 파직하는 것이 어떠하겠습니까?"

持平李允行上疏深斥, 命議大臣稟處. 備局啓曰: "以李益運, 其子之名, 屢出賊招, 而一夜之間, 爲滅口之計. 且以渠疏觀之, 敢以汚衊戕殺之說, 反爲箝制萬口之計. 由前而不能敎其子, 由後而不能反諸身, 凌勵噴薄, 若懷璧而見憎者, 以惹平地風波, 姑施罷職, 何如?"

그 뒤 조정의 의론이 엄하게 감처勘處하고자 하였다. 이익운의 부친[169]은 나이가 여든이 넘어 인사불성 상태의 귀물鬼物이었다. 이익운이 그의 가까운 친척인 이주석李周奭[170]그의 외종이다을 시켜 밤낮으로 홍희운에게 원배遠配시키지 말아달라고 애걸하였다. 홍희운은 척사를

---

169 이익운의 부친: 이징대李徵大다. 장인은 이발형李發馨이다.

170 이주석(1760~1810): 본관은 전주, 자는 양신良臣이다. 조부는 이발형, 부친은 이방영李邦榮이고, 생부는 이종영李宗榮이다. 1792년 전강殿講에서 수석으로 급제했다. 1797년 영릉별검으로 있다가 재소齋所에서 소를 잡고 비구니를 불러 놀았다는 죄목으로 거제도에 정배되었다. 1800년 승문원정자에 올랐으나, 이후 벼슬길이 풀리지 않았다. 젊어서는 정약용 등과 함께 죽란시사의 일원으로 활동했다.

기치로 세워 당시 그의 말이 중시되었으므로, 서로 여러 차례 방문하여 그 사정을 역설하자, 이로 인하여 방귀전리放歸田里하는 형률로 감처되었다.**171** 이익운이 다행히 그 부친과 포천으로 가서 머무르며 부친의 천수를 마칠 수 있었으니, 이익운은 홍희운에게 망극한 은혜를 입었다고 말할 만하다. 하지만 병인년(1806, 순조6)에 권홍權佷**172**을 사주해서 홍희운을 깊이 논박하였으니, 사람이 어찌 이다지도 지극히 불선不善하단 말인가?

其後朝議, 欲加重勘. 益運之父, 年過八十, 昏不省事, 便一鬼物. 益運, 使其至親李周奭其外從也日夜哀乞於洪義運, 願勿遠配. 洪以攻邪樹立, 言重於時, 相屢次往見, 力言其情勢, 因以放歸田里, 勘律. 益運幸與其父往留抱川, 以終天年. 益運之於仁伯, 可謂罔極之恩, 而丙寅年間, 嗾出權佷深駁仁伯, 人之無良, 胡至此極?

[37]

이에 앞서 영의정 채제공이 포도대장 조규진趙圭鎭**173**을 불러서, 하

---

171 홍희운은 척사를 …… 감처되었다: 1801년 교리 박명섭이 상소해 역적을 주토誅討하고 사학을 다스리는 방도를 논하고, 이어서 이익운에게 병예屏裔의 전형을 시행할 것 등을 청했다. 이로 말미암아 이익운은 방귀전리되어, 1805년이 되어서야 풀려났다. 《승정원일기》 1801년 10월 21일, 27일 / 1805년 3월 22일)

172 권홍(1762~1808): 본관은 안동, 자는 능도能道 또는 경현景賢, 호는 육연당六然堂이다. 생부는 권문언權文彦이고, 권지언權趾彦에게 입양되었다. 부평에 거주했다. 1785년 정시 문과에 합격해 한학교수, 이조정랑, 맹산현감 등을 역임했다.

173 조규진: 본관은 풍양, 부친은 조광하趙光夏, 아들은 조운상趙雲祥이다. 1753년 무과에 급제해 전라우수사, 경상우도병마절도사, 황해도병마절도사, 포도대장, 금군별장, 평안병사 등 요직을 두루 거친 전형적인 무관이다. 1803년 채홍원의 사주를 받아 비리를 저질렀다 하여 낙안군에 유배되었다. 1795년 포도대장으

룻밤에 삼적三賊(최인길·윤유일·지황)을 때려죽였는데, 그 까닭은 모른 채 다들 사적邪賊이 만연해질까 봐 걱정되어 살인멸구하려는 계책이라고들 했다. 주문모周文謨[174]를 언급하는 자도 있었다. 이승훈 무리가 뇌물을 써서 데려와서는[175] 서양 사람이라 일컬으면서 추대하여 교주로 삼았다. 그 뜻은 오로지 어리석은 백성을 속여 꾀어 그들을 현혹시켜 믿도록 하는 데 있었다. 그를 높여 신부라 하고는 별도로 집을 마련하였다가 이 집 저 집 무시로 옮겨다녔다. 말들이 크게 퍼져 성상의 귀에까지 들어가니, 성상께서 비로소 사학 하는 무리들이 하는 바가 못하는 짓이 없는 줄을 믿었다. 다방면으로 기찰하고 염탐하도록 하였으나, 종적이 몹시 비밀스러워 바람을 붙잡고 그림자를 붙드는 것과 같아서 끝내 체포하지 못하였다.

先是蔡相招捕將趙圭鎭, 一夜打殺三賊, 莫知其故. 皆云邪賊, 而恐

[32/15b] 其蔓延, 爲滅口之計云. 有言周文謨者. 承薰輩行貨購來, 稱以洋人,

로 주문모실포 사건 당시 윤유일, 지황, 최인길을 체포해서 죽였다.

174 주문모(1752~1801): 조선 최초의 외국인 신부다. 중국 강소성江蘇省 사람으로 어려서 부모를 여읜 뒤 북경신학교에 입학해 제1회 졸업생으로 졸업했다. 1794년 북경 주교 고베아의 명을 받고, 12월 23일 조선인 신자 윤유일과 지황의 안내로 밀입국했다. 서울에 숨어 지내며 전교하다가 1795년 5월 한영익의 밀고로 체포령이 내리자, 이후 6년간 강완숙의 집에 피신했다. 조선 교회를 이끌며 정약종을 중심으로 명도회를 조직하고, 왕실의 은언군 부인 송씨와 그 며느리 신씨를 입교시켰다. 충청도와 전주까지 순회하며 지방 전교에 나서기도 했다. 당국에서 그를 검거하기 위해 백방으로 노력했지만 잡지 못했다. 1801년 3월에 자수했고, 5월 31일 한강가 새남터에서 순교했다.

175 이승훈 무리가 뇌물을 써서 데려와서는: 1801년 3월 15일, 추국청에서 주문모 신부에게 조선에 들어온 방법에 대해 신문하자, 지황池潢(1767~1795)이 장사치로 가장하고 중국에 들어갔다고 진술했다. (《추안급국안》 1801년 사학죄인 이기양 등 심문 기록)

推爲敎主. 意專在於誑誘愚氓, 使之惑信, 而尊謂神父, 別占家舍, 還徙無常. 辭說大行, 至於上徹. 上始信邪徒之所爲, 無所不至. 多般譏詗, 蹤跡甚秘, 如捕風捉影, 終未捉得.

신유년(1801, 순조1)에 국옥鞠獄이 설치된 이후 여러 사적의 공초에서 관련 내용이 어지러이 나왔다. 과연 강파姜婆**176**홍씨 서족의 처다, 조녀趙女**176**조시종의 처다와 더불어 집안사람처럼 왕래하였다. 강파와 조녀는 모두 왕법으로 다스렸다.

至辛酉設鞠後, 爛漫出於諸賊之招. 果與姜婆洪氏庶族之妻・趙女時種之妻, 往來如家人. 姜婆趙女, 皆正刑.

주문모의 공초이다.

---

176 강파: 강완숙姜完淑(1761~1801)을 말한다. 충청도 내포 지방에서 태어나 덕산의 홍지영洪芝榮에게 후처로 시집갔다. 천주교 교리를 배운 이후 원만한 가정생활을 이루지 못했던 남편과 헤어져 시어머니와 전처의 아들 홍필주洪弼周를 데리고 서울로 이사했다. 이후 전교에 힘을 쏟으며 지황 등을 도와 신부 주문모를 영입하는 데 큰 소임을 다했다. 1795년 5월 한영익의 밀고로 주문모 신부의 체포령이 내려지자 자기 집에 신부를 숨겼고, 이후 6년간 주문모의 전교 활동을 도왔다. 그녀는 초기 교회의 여회장으로 여성 전교의 책임을 맡았다. 구변과 수완이 좋아 부녀자 전교에 큰 공이 있었고, 은언군의 처 송씨와 그의 며느리 신씨에게도 교리를 가르쳐 주문모에게 직접 영세를 받게 했다. 1801년 2월 28일 체포되었고, 갖은 고문에도 주문모 신부의 행방을 함구했다. 5월 22일 서울 서소문 밖에서 참수되었다.

177 조녀: 조시종趙時種의 처가 아니라 딸이다. 이름은 조혜의趙惠義다. 1801년 2월에 체포되어 5월 11일 곤양으로 유배 갔다. 일찍이 청상과부가 되었는데, 사후의 천국을 믿어 천주교 신자가 되었다. 강완숙과 여러 차례 왕래했다. 《사학징의》에 공초 기록이 남아 있다.

"본래 중국 소주 사람으로, 연전에 사학 하는 무리가 데리고 왔습니다. 사학 하는 무리가 모두 신부라고 일컬으며 마치 신명神明처럼 떠받들었습니다. 집집마다 옮겨다니며 먹으면서 후학들을 가르쳐 이끌었습니다. 음탕하고 더러운 행실이 많았고, 어떤 이는 서양 사람처럼 분장한 채 어리석은 백성을 속여 현혹시킨다고 하였습니다. 그리고 국문에 참여한 사람의 말을 들으니, 말이 분명치 않아 결단코 우리나라 사람의 모양이 아니니, 틀림없이 중국 사람일 거라고 하였습니다."

백사장에 효시하도록 하였다.

文讞供:"本是中國蘇州人. 年前爲邪徒所購來. 邪徒皆稱神父, 奉之若神明. 家家傳食, 敎誘後學, 多行淫瀆. 或云扮作洋人, 誑惑愚民云. 而聞參鞫人言, 則語不分明, 決非東人貌樣, 必是華人云耳."沙場梟示.

[38]

○ 사학 하는 최창현과 임대인任大仁**178**이 이윤하지봉 이수광의 봉사손이요, 권철신의 누이의 남편이다 와 신여권申與權**179** 이가환의 생질이고 신희연申熙淵

---

178 임대인: 원문에는 임인대任仁大로 썼으나 오기다. 본명은 토마스다. 1801년 1월 19일, 최필공과 최필제가 체포되고 본격적인 탄압이 시작되자 정약종이 교회 서적과 성물, 주문모 신부의 편지 등이 든 상자를 다른 곳으로 옮기려다 포졸의 검문에 걸려 발각돼 이른바 책롱 사건이 터졌다. 임대인은 최필공 등과 함께 당시 교회 활동의 실무를 맡아보던 신자였던 듯하나, 자세한 인적 사항은 보이지 않는다.《정조실록》1801년 2월 25일 기사에는 임대인을 정약종의 심부름꾼이면서 어리석은 백성이니 섬에 노비로 보내야 한다고 적혀 있다. 지체가 낮은 신분이었던 듯하다.《사학징의》에 신지도에 관노官奴로 끌려갔다고 나온다.

179 신여권(1768~1843): 본관은 고령이다. 부친은 신희연이며, 이가환의 생질이다. 1801년 황사영백서 사건에 연루되어 체포되었다. 정약용의 숙부 정재진의 맏사위다. 도저동에 살았다.《고령신씨세보》에 따르면, 이름이 신노권申老權으로

109

의 아들이다, 윤장尹鏘[180]과 권철신, 권상학權相學[181] 권철신의 아들이다, 황사영 황석범의 아들이다, 정약종, 홍교만판윤 홍주만의 아우이다 을 끌어들였다.

○ 邪學崔昌顯任仁大, 援引李潤夏芝峯祀孫, 哲身姑夫·申與權家煥甥侄, 熹淵之子·尹鏘·權哲身·權相學哲身之子·黃嗣永錫範子·丁若鍾·洪敎萬判尹周萬之弟.

이경도李景陶[182] 이윤하의 아들이다 의 결안이다.

"그는 이윤하의 아들이고 권철신의 조카이며, 이순이李順伊[183]의 오

나오고 초명은 홍권興權이라고 적혀 있다. 모친이 여흥 이씨, 이용휴의 딸이라고 했으니, 동일한 인물이다. 홍권을 여권으로 바꾼 연유는 알 수 없다.

180 윤장: 윤유일과 윤유오尹有五(?~1801, 야고보)의 아버지다. 경기도 양근에 살았다. 1801년 신유박해 때 최창현의 문서에서 이름이 나와, 양근에서 체포되어 1801년 2월 20일 형조로 압송되었다. 이후 3월 16일 임자도로 유배 가 그곳에서 죽었다. 동생 윤현尹鉉은 강진으로 유배됐고, 윤선尹鐥 안드레아와 윤유오는 순교했다. 윤유일의 사촌누이동생이자 동정녀로 살았던 윤점혜尹占惠(1778?~1801, 아가다)는 1801년 양근에서 참수됐고, 윤운혜尹雲惠(?~1801, 루치아)는 1801년 5월 14일 서소문 밖 형장에서 참수형을 당했다. 《사학징의》에 공초 기록이 남아 있다.

181 권상학(1761~?): 본관은 안동, 자는 사보思甫다. 원문에는 '권철신의 아들'이라고 했지만, 권일신의 장남이다. 부인은 풍산 홍씨 우보羽輔의 딸이다. 아우 상발相發과 상문相問이 있는데, 권상문은 권철신에게 입계되었다.

182 이경도(1780~1801): 본관은 전주, 아버지는 이윤하이고, 어머니는 권철신의 누이다. 아명은 오희五喜다. 어려서 병을 앓아 곱사등이가 되었다. 부모의 가르침으로 천주교에 입교했다. 1793년 부친 사후, 천주교 교리에 따라 장례를 치렀고, 최필공·홍재영 등과 신앙공동체를 구성해서 교리를 익혔다. 1801년 신유박해 때 체포돼서도 신앙을 굽히지 않았다. 처형 전날 옥중에서 어머니에게 보낸 편지가 남아 있다. 1801년 12월 26일 서소문 밖에서 참수형을 받고 22세의 나이로 순교했다.

183 이순이(1783~1801): 본관은 전주, 세례명은 누갈다. 오빠가 이경도 가롤로이고, 동생은 이경언 바오로다. 모두 124위 복자품에 올랐다. 남편은 천주교

빠입니다. 인척과 가까운 가족이 모두 사학을 했고, 집안에는 사서가 있었으므로, 어려서부터 보고 익히기가 황사영의 혈당血黨과 같았습니다. 이가환이 지어준 이름을 받았으니, 만번 죽더라도 아까울 것이 없습니다."

백사장에 효시하도록 하였다.

景陶潤夏之子結案:"矣身潤夏之子, 哲身之甥, 順伊之娚. 連姻接族, 皆 **[33/16a]** 是邪學, 家有邪書, 故自幼看習. 如嗣永之血黨. 受家煥之作名, 萬死無惜."沙場梟示.

[39]

영부사 이병모李秉模[184]와 영의정 심환지沈煥之[185]가 아뢰었다.[186]

인 유항검의 아들 유중철柳重哲이다. 어머니의 영향으로 천주교 신자가 되었으며, 주문모의 중매로 유중철과 결혼했으나 동정 부부로 신앙을 지키며 살았다. 1801년 체포되어 남편과 함께 순교했다. 옥중에서 친정오빠에게 보낸 편지가 전한다.

184 이병모(1742~1806): 본관은 덕수, 자는 이칙彝則, 호는 정수재靜修齋다. 아버지는 이연李演이고, 어머니는 남유상南有尙의 딸이다. 증광시 문과에 급제해 홍문관제학, 예조판서, 병조판서, 우의정, 영의정을 역임한 거물 정치인이다. 1776년 정조가 즉위하자 김상로金尙魯의 죄를 탄핵했다. 1778년 동지부사, 1795년 진하사로 중국에 다녀왔다. 1800년에도 책봉주청사로 사행 중에 정조의 상을 당했다. 순조가 즉위하자 실록총재관에 임명되었고, 1803년 다시 영의정에 올랐다. 시호는 문익文翼이다.

185 심환지(1730~1802): 본관은 청송, 자는 휘원輝元, 호가 만포晩圃다. 1771년 정시 문과에 급제했다. 노론 벽파의 영수로 삼사의 직책을 두루 거쳤고, 이조·병조·형조의 판서를 지냈다. 김종수·윤시동과 함께 신임의리辛壬義理를 고수했다. 채제공·이가환·이승훈 배척에 앞장서서, 서학을 역률로 다스릴 것을 주장했다. 1798년 우의정에 올랐고, 1800년 정순왕후 수렴청정기에 영의정이 되었다. 신

"이기양이 사학쟁이라는 것은 세상이 지목한 지가 오래되었습니다. 이기양 같은 자에게 그런 죄명으로도 온전히 석방하는 것으로 갑자기 종결시키시면, 온통 요행의 바람을 품고 징계받아 두려워하는 마음이 전혀 없게 될 것입니다……."

단천부로 원배하였다. 그 뒤에 이기양의 여러 아들의 일로 대간의 계사가 있었으나, 윤허하지 않았다다섯 차례 형을 내렸다.

領府事李秉模, 領相沈曰: "李基讓之邪學, 爲世指目久矣. 如基讓者, 以其罪名, 遽歸全釋之科, 則擧懷僥倖之望, 頓無懲畏之心."云云. 端川府遠配. 其後以基讓諸子事, 有臺啓, 不允刑五度.

죄인 강이문姜彛文**187** 강이천의 아우이다 을 언양현으로 유배 보내고, 김정신金廷臣**188**은 북청부로 유배 보내고, 김려는 사형에서 낮추어 진해현으로 정배하고 두 차례 형문刑問하였다. 김선金鑢**189**은 사형에서 낮추어 초산부으로 정배하였다.**190**

유사옥을 주도했고, 정조가 세운 장용영을 혁파했다.

186 영부사 이병모와 …… 아뢰었다:《승정원일기》1801년 3월 10일자 기사에 관련 내용이 보인다.

187 강이문(1775~1855): 본관은 진주이고, 자는 성장聖章으로, 강이천의 동생이다. 1801년 천주교도로 몰려 언양으로 귀양 갔다.

188 김정신: 강이천과 친밀했다. 그의 지시로 김이백과 함께 김건순의 집에 서찰을 전한 일로, 1801년 4월 20일 강이문과 함께 유배형에 처해져 북청에 귀양 갔다.

189 김선(1772~1833): 본관은 연안, 자는 사홍士鴻, 호는 서원犀園이다. 김려의 아우다. 1797년 강이천의 비어飛語 사건에 연루되었고, 1801년 신유옥사 때 초산부에 유배되었다. 1820년 정시 문과에 병과 1위로 급제해 승지 등을 역임했다.

190 죄인 강이문을 …… 정배하였다:《승정원일기》1801년 4월 20일자 기사에 관련 기록이 보인다.

罪人姜彝文彝天之弟彦陽縣配. 金廷臣北靑府配. 金鑢鎭海縣減死定配. 刑二次. 金鐥楚山府減死定配.

[40]

죄인 김건순김이구의 아들이자 김양행의 손자다 의 결안이다.

"정사년(1797, 정조21) 8월에 정광수鄭光受(?~1801)란 자가 김건순을 찾아와 말했습니다. '서울에 한 선비가 있는데, 그대와 만나보기를 간절히 원합니다. 그러니 함께 상경해서 방문해줄 수 있겠습니까?' 그 한 사람이란 바로 주문모였습니다. 그와 예를 행하고서 이어 사학의 원류를 물었습니다. 그 뒤에 홍익만이라는 자가 와서 주문모의 서찰을 전해주었습니다. 이에 김건순이 재차 가서 만나보았는데, 그의 처지로 주문모에게 가서 보고 두 번 세 번 토론하더니 현혹되어 돌아오지 못하였습니다. 김이백이 강이천에게 전파하고, 강이천은 시골구석을 속여 현혹시키니 해상인海上人, 품자도品字島, 곽남옹郭南翁 같은 허다하게 패악스러운 이야기191가 죄다 김건순을 통해 주장되었습니다. 그 죄악을 논하자면 죽어도 죄가 남을 것입니다……."

참형에 처하였다.

罪人金健淳履九之子, 亮行之孫: "矣身丁巳八月, 有鄭光受者來訪曰: '京中有

---

191 해상인, 품자도, 곽남옹 같은 허다하게 패악스러운 이야기: 강이천이 해도진인설海島眞人說을 유포하며 퍼뜨린 유언비어 속에 등장하는 허구의 인물과 공간을 말한다. 《순조실록》 1801년 4월 20일자 기사에 김건순의 내력을 말하면서 "'바다 가운데 품品 자 모양을 닮은 섬이 있는데, 병마兵馬가 강장强壯하다' 하고, 또 말하기를, '바다 가운데 진인眞人이 있는데, 육임六壬과 둔갑遁甲의 술책을 알고 있다' 하였으니, 이는 모두 허황된 근거 없는 말들이었다"고 한 내용이 나온다. 품자도는 삼봉도三峯島로 일컬어지던 섬을 가리키는 것으로 보인다.

一士人, 切願與子邂逅. 同爲上京, 請與同訪.'一人卽周文謨也. 與之行禮, 仍問邪學源流, 其後洪翼萬者, 來傳文謨之札. 故矣身再次往見, 以矣身地處, 往見文謨, 再三討論, 迷而不返. 履白傳播於彛天, 彛天誑惑鄕曲, 所謂海上人, 品字島, 郭南翁, 許多悖說, 莫不藉矣身而爲說. 論其罪犯, 死有餘罪云云.'處斬.

죄인 김이백김길행金吉行의 아들이다의 결안이다.

"그는 김건순의 서족으로, 강이천의 소개로 가는 곳마다 서학을 전파하며 분란을 일으키지 않음이 없었습니다. 또한 해상인이니 곽남옹 같은 많은 요망하고 흉악한 말을 서로 주고받으며 인심을 속여 현혹시켰습니다. 그 죄악을 논하자면 죽이는 것도 오히려 가볍습니다……."

참형에 처하였다.

罪人金履白 吉行之子: "矣身以金健淳之庶族, 爲姜彛天之紹介, 到處傳播, 無 [34/16b] 非騷屑, 亦語海上人·郭南翁, 許多妖凶之言, 雄唱雌和, 誑惑人心, 論其罪惡, 誅戮猶輕云云.'處斬.

죄인 강이천은 물고되고형문을 두 차례 하다, 김백순김이중의 아들이고 김여행의 손자다은 형 30대를 치니 자백하였다.

"그는 예수가 강생한 뒤에 제사를 폐지한 것은 본래 뜻이 있다고 여겨 사학에 전념하였으니, 죽더라도 후회가 없다고 간곡하게 공초하였습니다……."

참형에 처하였다.

罪人姜彛天物故刑二次, 罪人金伯淳刑三十度履中之子,礪行之孫, 白等: "矣身以爲耶穌降生之後, 廢祭自有其義, 專意邪學, 至死靡悔, 丁寧納供云云.'處斬.

"죄인 이희영李喜英[192]은 아비는 이소李熽, 조부는 이의태李宜泰이며, 외조부는 김익겸金益兼입니다. 그는 그림 그리는 방법을 조금 알았으므로 3건의 예수 화상을 그려내어 하나를 황사영에게 보냈습니다. 그 정황을 논하자면 만번을 죽여도 오히려 가볍습니다. 흉악한 괴수魁首와 몰래 통한 진장眞贓이 다 드러났습니다……."

참형에 처하였다.

"罪人李喜英, 父爀, 父矣父宜泰, 母父金益謙. 矣身稍解畵法之故, 畵出三像, 而一則送于嗣永, 論其情節, 萬戮猶輕. 潛通凶醜, 眞贓畢露云云."處斬.

[41]

사헌부에서 새로 아뢰었다.[193]

"이기양의 죄를 이루 다 벌을 줄 수 있겠습니까? 집에다 권일신을 숨겨 스스로 교주라는 호칭을 차지하였고, 옥에 갇힌 이존창을 방문하여 서슴없이 먹을 것을 주었습니다. 혼인을 맺은 이가환, 권철신과 셋이서 의기가 투합하여 여주[194]와 이천을 요술妖術로 선동하였으니, 사적邪賊

---

192 이희영(1756~1801): 본관은 양성이고, 호는 추찬秋餐이다. 중부 향교동鄕校洞에 살았다. 연암 박지원 그룹의 일원으로 정석치鄭石痴에게서 그림을 배웠다. 우리나라 최초로 서양화를 그린 화가로 이름이 높았다. 추찬이라는 호는 이덕무가 지어주었다. 김건순과 가까웠고, 그의 여주 집에서 더부살이를 했다. 1799년 주문모 신부에게 루카라는 세례명을 받고 입교했다. 특별히 예수의 화상을 잘 그려서, 3폭의 예수상을 황사영에게 그려준 죄로 체포되어, 1801년 3월 29일 서소문 밖 형장에서 46세의 나이로 순교했다. 《사학징의》에 공초 기록이 남아 있다. 그가 그린 〈견도犬圖〉와 〈사슴도〉가 전한다.

193 사헌부에서 새로 아뢰었다: 《승정원일기》 1801년 2월 18일에 장령 이인채李寅采가 올린 계문을 간추린 내용이다.

194 여주: 여주驪州의 '驪'는 통상 '呂'로 통용되는데, 원문에 '占'으로 되어 있다. 이를 《승정원일기》 1801년 2월 18일자 기사에 따라 고쳤다.

이 날로 치성해진 것은 모두 이 사적들의 농간에서 비롯하였습니다. 더군다나 그의 아들 이총억은 앞서 권일신이 감옥에서 올린 공초에 나와 이번에 포청의 기포譏捕에 붙잡혔으니, 심보로나 행적으로나 어찌 감히 요행히 벗어나겠습니까? 이처럼 흉악한 사학의 우두머리가 이제껏 법망을 빠져나가는 바람에 오랫동안 체포하여 신문하지 못했었습니다. 생각건대 지금 국문이 지지부진하여 사학의 소굴을 일망타진하지 못한 이유도 반드시 여기에서 비롯하지 않았다고 할 수는 없습니다. 전 승지 이기양을 엄하게 국문하여 사실을 확인하고, 속히 왕법으로 다스리소서."

3월에 죄인 이기양에게 30대를 쳤다.

府新啓: "李基讓之罪, 可勝誅哉? 家蓄日身, 自居教主之號, 獄訪存昌, 恣爲饋贈之擧, 結姻家·哲三凶, 氣合意投, 煽妖驪利, 邪賊之日熾, 莫非此賊之作俑. 又況渠子寵億, 前出於日身之獄招, 今捉捕廳之譏捕, 以心以跡, 焉敢倖**195**道? 如此邪凶窩主, 至今漏網, 久稽逮訊, 顧今鞫事之遷就, 根窩之未破, 未必不由於此. 請前承旨基讓, 嚴鞫得情, 夬正王法." 三月罪人基讓, 刑三十度.

사헌부에서 아뢰었다.

"죄인 정약전과 정약용, 김백순과 오석충, 이기양을 다시 의금부에서 엄하게 국문하여 실정을 캐내도록 하소서."

府啓: "請罪人若銓若鏞伯淳錫忠基讓, 更令王府, 嚴鞫得情."

[42]

추국청의 결안이다.

---

195 倖: 원문에 '幸'이라 한 것을《승정원일기》에 따라 바로잡는다.

"죄인 유항검은 나이가 46세입니다. 아비는 유동근柳東根, 조부는 유갑춘柳甲春, 어미는 권조이權召史, 외조부는 권기징權沂懲[196]입니다. 전주에서 태어나, 호적에 들어 그곳에서 살았습니다. 흉악한 일을 한 과정은 이렇습니다. 그는 윤지충의 가까운 친척입니다. 한마음으로 강습하여 권철신과 혈당이 되었습니다. 주문모를 받들어 신부로 삼고, 신주를 묻고 제사를 폐지하는 등의 죄악 또한 진실로 이미 용서할 수가 없습니다. 이가환과 이승훈, 권일신, 홍낙민의 무리와 주적周賊(주문모)과 부화뇌동하여 외국과 몰래 내통하기에 이르렀습니다. 이가환이 50냥의 은자를 내고, 그는 당질인 유중태柳重泰[197]와 400냥을 마련해서 윤유일尹有一[198]을 서양인이 거처하는 집에 보내 큰 배를 보내줄

---

196 권기징: 본관은 안동, 자는 성여聖與다. 부친은 권이현權以鉉이며, 정태주鄭泰周의 딸과 결혼했다. 아들이 없어 권위징權渭懲의 아들 세학世樨을 양자로 들였다. 사위로 윤경尹憬, 유동근柳東根, 이해승李海升, 윤동렬尹東烈, 윤지상尹持常이 있다. 윤경의 아들이 윤지충과 윤지헌이고, 유동근의 아들이 유익검, 유항검, 유관검이다.

197 유중태: 유항검의 당질로, 유항검과 함께 돈 400냥을 변통해서 윤유일을 통해 북경에 보내, 서양 선박을 몰고 올 것을 청했다. 관련 내용이 《순조실록》 1801년 9월 11일자 기사에 나온다. 위 글은 해당 기사를 줄여서 쓴 것이다.

198 윤유일(1760~1795): 본관은 파평, 윤장의 아들로 초기 천주교 신자다. 본명은 바오로다. 여주 점들(지금의 경기도 여주군 금사면 금사리)에서 태어나, 양근 한감개(지금의 양평군 강상면 대석리)로 이주해 살았다. 권철신의 문하에서 배웠고, 권일신과 정약종에게 교리를 배워 입교했다. 1789년 북경의 고베아 주교에게 가는 밀사가 되었다. 북경에서 고베아 주교를 만나 성직자 파견 준비에 대해 논의한 뒤 1790년 봄에 귀국했다. 이후 지황(사바), 최인길(마티아) 등과 함께 성직자 영입을 위해 노력하다가, 1794년 12월에 중국인 주문모 신부를 조선에 잠입시키는 데 성공했다. 이후 주 신부의 입국 사실이 발각되면서, 36세 때인 1795년 5월 12일에 최인길·지황 등과 함께 체포되어 혹독한 형벌을 받고 당일에 죽었다.

것을 요청하여 우리나라를 위협해서 한바탕 결판을 낼 계획이었습니다. 대역부도라고 확실하게 지만하였으니, 부대시不待時로 능지처사해야 합니다."[199]

죄인 유관검유항검의 아우이다이 흉한 일을 한 과정은 유항검과 같아서, 함께 전주로 내려보내 능지처참하였다.

[35/17a] 鞫廳: "罪人柳恒儉, 年四十六. 父東根, 父矣父甲春, 母權召史, 母矣父沂徵. 胎生於全州, 入籍居生. 行凶節次段: 矣身以持忠之至親, 同心講習, 與哲身作爲血黨. 以文謨奉爲神父, 埋主廢祭等罪惡, 固已罔赦. 至與家煥承薰日身樂敏輩, 符同周賊, 潛通異域. 家煥出五十兩銀, 矣身與堂姪重泰, 辦出四百兩, 治送有一於洋人所居之堂, 請出大舶, 以爲脅待我國, 一場判決之計, 大逆不道, 的實遲晚, 不待時, 凌遲處死." 罪人觀儉恒儉之弟, 行凶節次, 於恒儉同. 幷下送全州, 凌遲處斬.

"죄인 지헌持憲[200]성이 윤씨다의 근각根脚[201]입니다. 아버지는 윤경尹

---

199 이 항목의 기록은《순조실록》1801년 9월 11일자 기사 내용을 간추려 배열했다.

200 윤지헌(1764~1801): 본관은 해남, 세례명은 프란치스코다. 진산 사건으로 죽은 윤지충의 아우이며, 공재 윤두서의 증손자다. 폐족이 된 뒤 고산현 운동면으로 이사해, 1791년 12월에 이사 온 이존창, 김유산과 합세해 이 지역을 중심으로 교우촌을 세워나갔다. 그는 공초에서 1784년 윤지충이 서울에서 교리서를 가져와 배우기를 권했지만, 자신은 1789년 이후에야 배웠다고 술회했으나, 초기부터 신자였을 가능성이 높다. 1801년 9월 17일에 38세로 순교했다. 아내 유종항柳宗恒과 다섯 자녀도 모두 노비가 되어 각처로 흩어졌다. 2014년 8월 16일 교황 프란치스코에 의해 광화문광장에서 형 윤지충 등 동료 순교자 123위와 함께 시복되었다.

201 근각: 죄인의 생년월일과 용모 및 죄상을 기록한 서류.

憬202이고, 조부는 윤덕렬尹德烈203입니다. 어미는 권조이이고 외조부는 권기징입니다. 사학의 수괴인 윤지충의 아우로, 진산에 호적이 편입되었습니다. 형이 사형된 뒤에도 끝내 뉘우쳐 고치지 않고 유항검 형제와 부화뇌동하여 서학에 빠져들어 인륜을 무너뜨린 죄는 진실로 이미 용서할 수 없습니다. 이가환, 홍낙민의 무리와 함께 주적을 높이 받들고 외국과 몰래 내통하였습니다. 황심黃沁204을 천거하여 서양인이 거주하는 집을 왕래하게 한 것이 여태까지 세 차례에 이르렀습니다. 별도로 성명을 기록하여 주교主教205에게 편지를 보내 큰 선박을 보내줄 것을 요청하여 한바탕 결판을 낼 음모와 흉계에 적극적으로 참여하였습니다.206 역모에 동참하였다고 지만하였으니, 전주로 내려

---

202 윤경(1723~1771): 본관은 해남, 고산 윤선도의 5대손이다. 윤지충·윤지헌의 아버지다. 부친은 윤덕렬이다.

203 윤덕렬: 본관은 해남, 둘째 딸이 정재원과 혼인하여 정약용 형제를 낳았다. 부인은 안제만安濟萬의 딸이다. 윤지충 형제는 그의 손자다.

204 황심(1757~1801): 초기 천주교 신자로 충청도 덕산 황매실에서 태어났다. 자는 신거信巨 또는 인보仁甫다. 본래 이름은 인철寅喆인데, 1800년에 개명했다. 세례명은 토마스다. 이존창에게서 교리를 배워 입교했고, 황매실에 살던 이보현李步玄에게 전교해 그의 누이를 아내로 맞았다. 충남 연산으로 이주해 살다가, 1796년 북경 교회에 파견할 밀사로 추천되어, 주문모 신부의 명에 따라 사신 행차에 마부로 위장해서 북경 남당에 갔다. 거기서 고베아 주교를 만나 편지를 전하고 세례를 받았다. 1797년에 다시 북경에 갔고, 이듬해 귀국길에 옥천희를 만나 교회로 인도했다. 1800년 7월 연산에서 서울 쌍림동으로 올라와 황사영 등과 교류했다. 1801년 신유박해가 일어나자 춘천으로 피신했다가 제천 배론으로 황사영을 찾아가 만났다. 1801년 10월 10일에 체포되어 의금부로 이송되었고, 10월 23일에 서소문 밖에서 45세의 나이로 순교했다.

205 주교: 원문은 '教'다. 《추안급국안》 25책 1801년 9월 11일 윤지헌 신문 기록에 근거해 '教' 앞에 '主' 1자를 보충해 번역했다.

206 적극적으로 참여하였습니다: 원문은 '爛熳'이다. 《추안급국안》 25책 1801년

보내 능지처참하고, 아울러 법에 따라 처자식을 노비로 삼고 가산을 적몰해야 합니다."

"罪人持憲尹姓根脚段, 父憬, 父矣父德烈, 母權召史, 母矣父沂徵, 入籍於 珍山, 以邪魁持忠之弟矣. 兄伏法之後, 終不改悔. 又與恒儉兄弟, 符同沈溺, 斁絶倫紀之罪, 固已罔赦. 與家煥樂敏輩, 崇奉周賊, 潛通異國. 至薦黃信臣, 往來洋人所居之堂, 前後爲三次. 別錄姓名, 貽書主敎請來大舶, 一場判決之陰 謀凶計爛熳參涉. 謀逆同參遲晚, 下送全 [36/17b] 州, 凌遲處斬. 幷如法孥籍."

"죄인 이우집李宇集[207]은 영광 사람입니다. 그는 유항검의 가까운 인척으로, 유관검의 권유를 받아 사학을 전수받았습니다. 유항검의 무리가 은밀히 외국인과 내통해 큰 배를 보내달라고 요청했던 일과, 윤지충의 무덤에 천주당을 짓자는 논의와, 인천과 부평 사이에 1천 척의 배가 정박할 것이라는 주장[208]에 대해서 놀라 분개하는 뜻이 전혀 없이 화답하듯이 적극적으로 이야기를 주고받았습니다. 범죄의 정황을 알고도 고발하지 않았다고 확실하게 지만하였습니다."[209]

9월 11일 윤지헌 신문 기록에 근거해 '爛熳' 뒤에 '參涉' 2자를 보충해 번역했다.

207 이우집(1762~1801): 유관검의 친사돈으로, 1797년 유관검을 통해 입교했다. 대박청래大舶請來의 설을 주고받았고, 1801년에도 유관검과 만나 주문모 신부의 피신 문제를 상의한 일이 있다. 1801년 3월 28일 의금부에서 유관검과 대질신문을 한 기록이 《사학징의》에 자세히 실려 있다.

208 인천과 부평 사이에 …… 것이라는 주장: 유관검이 이우집에게 서양의 큰 선박 1천 척을 청해와서 인천과 부평 사이에 정박해두고 조선 정부를 겁박해 신앙의 자유를 얻게 한다는, 이른바 대박청래의 주장을 말한다. 관련 공초 기록이 《사학징의》에 자세히 나온다.

209 확실하게 지만하였습니다: 원문은 '的實'이다. 《추안급국안》 1801년 9월 11일 이우집 판결문에 근거해 '的實' 뒤에 '遲晚' 2자를 보충해 번역했다.

송담유록

"罪人宇集, 靈光人. 矣身以恒儉之切姻, 受觀儉之勸誘, 傳授邪學. 恒儉輩之潛迎異類, 請來大舶, 及持忠基建堂之議, 仁富間千艘之說, 全無驚憒之意. 雄唱雌和, 爛熳酬酌. 知情不告, 的實遲晩."

죄인 김유산金有山**210**의 결안이다.

"그의 근각은 본디 충남 보령의 역말 사람으로, 정약종과 유항검의 집을 왕래하였으며, 이가환과 이존창의 사이에도 쭉 참여하였습니다. 감히 역졸의 명색으로 서양 사람이 살고 있는 집에 몰래 들어가 편지를 전하고 답장을 받으면서 왕성하게 들락거려, 큰 배를 보내줄 것을 요청하는 흉계로 한바탕 결판을 보려는 음모를 치밀하게 서로 호응하도록 하였습니다. 실정을 알면서도 고발하지 않았다고 확실하게 지만하였으니,**211** 부대시참해야 합니다."

계자인을 찍었다.

罪人有山: "矣身根脚段, 本以保寧驛村人, 往來於若鍾·恒儉之家, 通涉於家煥·存昌之間. 敢以驛卒名色, 潛入洋人所居之堂, 傳書付答, 爛熳交通, 請

---

210 김유산(1760~1801): 충청도 보령의 역촌驛村에서 태어난 상천常賤 계층의 천주교 신자다. 세례명은 토마스다. 부친은 김좌일金左一이고, 조부는 김인창金仁昌이다. 15세에 중이 되었다가 22세에 환속해 신발장수를 하며 떠돌던 중 홍산鴻山에서 이존창에게 교리를 배워 입교했다. 이후 전라도 지역 교회의 중심인물인 유항검의 집안에 드나들며 심부름을 맡았다. 1798년과 1799년 두 차례에 걸쳐 이존창의 명으로 금정역졸 신분으로 위장해서 신부의 입국 준비를 위해 북경을 다녀왔다. 진잠鎭岑에 살았다. 1801년 9월 17일, 42세의 나이로 사형에 처해졌다. 《사학징의》에 그의 공초 기록이 상세하게 나온다.

211 확실하게 지만하였으니: 원문은 '的實'이다. 《추안급국안》 1801년 9월 11일 김유산 판결문에 근거해 '的實' 뒤에 '遲晩' 2자를 보충해 번역했다.

來大舶之計, 一場判決之謀, 綢繆和應. 知情不告, 的實遲晚, 不待時處斬."啓.

[43]

죄인 주문모는 다시 공초한 뒤에 30대까지 형문刑問하도록 전지를 내렸다. 주문모의 결안이다.

"그는 외국의 흉악한 괴수로, 자칭 신부라 하며 자취를 감춘 채 허다한 남녀에게 법회法會(미사)를 열고 세례영세법를 주었는데, 죄다 꾸미고 속이는 등의 주장입니다. 7~8년 사이에 그릇되고 잘못된 이야기들이 점차 번졌는데, 그 화란이 금수 같은 오랑캐의 지경으로 떨어지는 것보다 심하였습니다. 대개 그 내력은 보잘것없는 흉악한 패거리에 불과하지만, 그 행동거지를 살펴보면 간악한 도적들의 잔당이니, 법률의 취지를 살펴보건대 군율軍律을 시행해야 합니다. 군문에 넘겨 효수하여 백성들에게 경고하도록 하소서."

罪人周文謨, 更招後刑三十度傳旨. 文謨段:"渠以異類凶醜, 自稱神父, 藏踪匿影, 許多男女, 設法授洗領洗法, 無非矯誣等說. 七八年間, 漸染²¹²訛誤, 其爲禍患, 不止於胥溺夷狄禽獸之域而已. 蓋其來歷, 不過么麼之醜類, 究厥行止, 卽是奸宄之餘孽, 揆以法意, 合施軍律. 出付軍門梟首, 警衆爲只爲."

[44]

유항검과 유관검 형제는 전주의 한미한 집안인데, 혼인으로 이어진 충청도의 세족이 제법 많아서 누대에 걸쳐 재물을 모아 세상에서

---

212 漸染: 원문은 '或志'다. 《추안급국안》 1801년 4월 17일 주문모에 대한 신문 기록에 근거해 바로잡았다.

부호로 일컬었으니, 바로 윤지충의 고모의 아들이다. 윤지충에게서 사학을 배워 여러 해 동안 몹시 현혹되어 신주를 훼손하고 제사를 폐지한 일이 윤지충과 똑같았다. 윤지충의 변고가 일어나자, 사판祠版을 다시 만들어 겉모양을 꾸며놓았지만, 실은 조금도 회개하지 않았다. 신유년(1801, 순조1) 옥사에 이르러 이름이 국문의 공초에 나와 체포되어와서 낱낱이 자복하였다. 공사에는 '이가환과 정약종 및 여러 사적邪賊이 모두 은화를 각출하여 서양의 큰 배를 보내줄 것을 요청하여 군대를 일으켜서 우리나라를 도륙하는 거사를 하려고 하였습니다'라고 하였다. 능지처참하고 가산을 적몰하였다.

[37/18a] 柳恒儉·觀儉兄弟, 全州冷族, 與湖中世族, 連姻頗多, 屢代挾財, 世稱富豪, 卽持忠姑母子也. 學邪於持忠, 沈惑多年, 毁主廢祭, 一如持忠. 及持忠之變, 改作祠版, 外面粧撰, 而其實不小悔改. 至辛酉獄, 名出鞫招. 逮捕以來, 節節自服. 供辭以爲家煥·若鍾曁諸賊, 皆出銀貨, 請來西洋大舶, 以爲擧兵屠戮我國之擧云. 凌遲處斬, 籍沒家産.

배를 보내줄 것을 요청하자는 주장은 흉적의 무리들이 죽음에 임박했을 적에 으레 흔히 두려움에 떨게 하려는 헛소리이다. 서양은 겹겹의 큰 바다 밖에 몇만 리나 떨어진 나라인데, 저들이 아무리 뇌물을 쓴다 한들 무슨 수로 손쉽게 서로 통하겠는가? 서양 사람이 중국에 들어오려면 4~5년은 걸릴 텐데, 저들의 말을 듣고 어찌 군대를 일으켜 와서 구원해줄 리가 있겠는가? 하지만 황사영의 백서를 보자면, 그 우매함이 대부분 이와 같다. 유항검의 아들은 이윤하의 딸을 부인으로 삼았고,**213** 혼인한 집안끼리 서로 들락거리기까지 하였음에도 부끄러운 줄 몰랐으니, 또한 더욱 이상하다.

請舶之說, 凶賊輩, 臨死之際, 例多譸言恐動. 西洋乃重溟外海幾萬里之國.

渠雖有貨略, 何以容易相通? 洋人之入中國, 動費四五年, 則聞渠之言, 豈有興兵來援之理乎? 然以嗣永帛書觀之, 其愚迷類多如是. 恒儉之子, 娶潤夏女爲婦, 至於婚嫁相通, 而不知恥, 尤亦可異也.

[45]

신유년(1801, 순조1) 10월 3일 좌우 포도청에서 아뢰었다.

"사학邪學으로 망명亡命한 죄인 황사영을 9월 29일에 충청도 제천 땅의 토굴 속에서 체포하였으므로 금부로 이송하겠습니다. 감히 아룁니다."

"알았다"고 전교하였다.

추국을 하였다. 죄인 황사영은 다시 공초한 뒤 형문刑問으로 15대를 때리고 정지하였다. 죄인 황심을 황사영과 대질하고, 형문으로 15대를 때린 뒤에 정지하였다. 죄인 옥천희玉千禧²¹⁴를 황사영과 대질하였다. 죄인 김한빈金漢彬²¹⁵을 황사영과 대질하고, 형문으로 15대를

---

213 유항검의 아들은 …… 부인으로 삼았고: 유항검의 아들 유중철이 이윤하의 딸 이순이와 결혼했다. 두 사람은 동정 부부로 살다가 순교했다.

214 옥천희(1767~1801): 평안도 선천 출생으로 신분은 양인이다. 1794년부터 북경 사신 행차의 마부로 생활하다가 1798년 초 황심 토마스를 만났고, 1799년 다시 황심과 북경 남당의 고베아 주교를 찾아가서 요한이라는 세례명을 받고 입교했다. 1800년 초 황심과 함께 남대문 안 현계흠의 약국에서 황사영을 만나고, 강완숙의 집에서 주문모 신부를 만났다. 1800년 겨울 다시 북경에 가서 고베아 주교에게서 《교요서론敎要序論》을 받아왔다. 1801년 초에 귀국했다가 신유박해가 일어났다는 소식을 듣고, 그 길로 사은사 행차를 따라 다시 북경으로 가서 박해 상황을 보고했고, 6월 귀국길에 의주에서 체포되었다. 1801년 11월 5일 35세의 나이로 서소문 밖에서 참수되었다.

215 김한빈(1764~1801): 1801년 신유박해 때의 순교자로, 세례명은 베드로다. 충

때리고 정지하였다.

辛酉十月初三日, 左右捕廳啓曰："邪學亡命罪人黃嗣永, 九月二十九日, 捕捉於忠淸道堤川地土窟中, 移送禁府之意, 敢啓."傳曰："知道."推鞫爲之, 罪人黃嗣永, 更招後, 刑問十 **[38/18b]** 五度, 停刑. 罪人黃沁, 與嗣永面質, 刑問十五度, 停刑. 罪人玉千禧, 與嗣永面質. 罪人金漢彬, 與嗣永面質, 刑問十五度, 停刑.

10월 13일, 죄인 황사영은 다시 공초한 뒤에 형문으로 7대를 때리고 정지하였다. 황심은 형문으로 9대를 때렸다. 옥천희는 다시 공초한 뒤에 황사영과 대질하였다. 황사영은 형문으로 11대를 때리고 정지하였다.

"죄인 황사영은 나이가 27세인데 아비는 황석범이고, 조부는 황재정黃在正**216**입니다. 아울러 세상을 뜬 외조부는 이동운李東運**217**입니다.

남 보령에서 태어나 한때 홍주에 살며 포수砲手 생활을 했다. 1800년 9월 상경해 정약종의 집에서 행랑살이를 하면서 그에게 천주교 교리를 배워 입교했다. 1801년 7월 12일 서울에서 포졸들에게 체포되었으나 탈출했다. 이후 황사영과 황심을 만나 제천 배론에 숨었다가, 신유박해의 실상과 순교자의 약력 등을 수집해 배론의 토굴에 숨은 황사영에게 알려줘 〈백서〉 작성에 도움을 주었다. 11월 6일 배론에서 황사영과 함께 체포되어 여러 차례 심문과 형벌을 받은 후, 10월 23일 서소문 밖에서 황심과 함께 참수형을 받고 순교했다.

216 황재정: 본관은 창원, 자는 대수大叟다. 만랑漫浪 황호黃㦿의 5대손이며, 부친은 판서 황준黃晙이다. 강필성姜必聖의 딸과 결혼해 아들이 없자, 양자로 황석범을 들였다. 장인은 달봉達峯 이귀휴李龜休로, 성호 이익의 집안사람이다. 이런 인연 때문인지 이익과 이병휴의 문집에 황재정의 만사가 남아 있다. 또 이가환의 부친 이용휴도 〈황대수소전黃大叟小傳〉을 남겼다. 강필성의 부친은 강력姜櫟, 조부는 강석빈姜碩賓(1631~1691)이다. 《송담유록》의 저자 강세정의 조부는 강학姜㰒, 증조가 강석빈이다.

그는 정약종의 조카사위이고, 창현昌顯 성은 최씨이고 중인이다과는 죽음을 함께하는 벗이며, 이가환·이승훈·홍낙민·권철신의 혈당이었습니다. 어려서부터 간악한 꾀가 트여서 사술邪述을 몹시 믿어 제례를 폐지하고 천륜을 끊었습니다. 사당邪黨의 여러 사적이 주문모를 맞이해오기까지 한 뒤로는 스승으로 섬기고 신부라고 부르면서 세례를 받고 세례명을 받아, 주문모의 도당이 된 자 가운데 으뜸가는 심복이었습니다. 올봄에 체포하려 할 때 낌새를 알아채고 도망쳐 산골짜기에 숨었다가 앙갚음하려는 마음이 다급하여 몰래 반역하려는 뜻을 품어, 황심·옥천희 등과 적극적으로 화응하여 백서帛書를 써서 장차 서양인의 천주당에 전송하려 하였습니다.

十三日, 罪人嗣永更招後, 刑問七度, 停刑. 黃沁刑問九度. 玉千禧更招後, 與嗣永面質. 嗣永刑問十一度, 停刑. "罪人嗣永年二十七, 父錫範, 父矣父在正, 幷故母矣父李東運. 矣身以若鍾之姪壻, 昌顯姓崔, 中人之死友. 家煥·承薰·樂敏·哲身之血黨. 早穿奸竇, 酷信邪術, 廢棄祭禮, 滅絶天常. 以至邪黨諸賊, 邀來周文謨之後, 師事而父呼, 領洗而受名, 爲周賊徒黨中, 第一心腹. 今春逮捕之下, 知機亡命, 竄伏山峽, 益急反噬之心, 潛懷不軌之圖, 與黃沁·玉千禧, 爛熳和應, 寫出帛書, 將欲傳送洋人之堂.

백서 중에서 말한 내용은 글자마다 흉악한 말이고 구절구절이 역적의 심보이니, 죄다 임금을 향해 도리에서 벗어난 말과, 나라와 원수

---

217 이동운(1719~1752): 본관은 평창, 자는 성회聖會, 호는 청계淸溪다. 부친은 이광부李光溥다. 윤두서의 장남 윤덕희尹德熙의 딸과 결혼했다. 황사영의 외조부다. 1744년 식년시에서 생원으로 급제했다. 사부詞賦로 이름이 높았으며, 글씨도 뛰어났다고 한다.

가 되는 계획이었습니다. 무엇보다 세 조목의 흉계 중에 바다 선박 100척에 정예군 5만~6만과 대포와 병기를 가득 실어와서 곧장 바닷가에 도착해주기를 요청한 주장은 바로 이가환과 이승훈, 유항검과 윤지헌의 무리가 은화를 갹출하여 한바탕 결판을 내려는 한통속의 흉모였으니, 그 계획과 안배가 다른 사적에 비할 바가 아닙니다. 이 밖의 두 조목인, 청나라에서 평안도에 친왕親王을 파견하여 감독·보호하도록 청하는 주장과, 서양에서 군대를 동원하여 천주교인들을 박해한 죄를 물으라는 등의 주장 및 '차방此邦' 위의 두 글자[218]에 이르러서는 배은망덕한 심보가 아님이 없습니다.

書中所言, 字字凶言, 句句逆腸, 無非向上不道之說. 與國爲讐之計. 最是三條凶計中, 請海舶兼百艘, 精兵五六萬, 多載大炮兵器, 直抵海濱之說, 卽家·薰·恒·憲輩, 各出銀貨, 一場判決之一串凶謀, 其 [39/19a] 指畫排布, 非他賊之比. 此外二條, 監護興師等說, 及此邦上二字, 莫非梟獍心腸.

이것으로도 오히려 부족하여 또 차마 붓을 적시지 못하고 감히 말하지 못하는 부분들이 있으니, 천지가 다하고 만고에 이르도록 듣도 보도 못한 말이었습니다. 그의 일기 가운에 있는 한 구절세상의 정리는

---

218 '차방' 위의 두 글자: 황사영의 〈백서〉 중에 "예수님의 거룩한 가르침에 따르면, 전교를 용납하지 않는 죄는 소돔과 고모라보다도 더욱 무겁다 하였습니다. 비록 이 나라(此邦)를 모조리 멸망시킨다(殄滅) 하더라도 또한 성교의 모습에는 해로움이 없을 것입니다(據耶蘇聖訓, 則不容傳敎之罪, 更重於索多瑪惡木辣矣. 雖殄滅此邦, 亦無害於聖敎之表)"라고 한 대목을 두고 한 말이다. 글 속에서 황사영은 '진멸차방殄滅此邦'이라고 했는데, '차방 위의 두 글자'란 '진멸' 두 글자를 가리킨다. 이 나라를 모조리 멸망시킨다는 말이라, 차마 입에 올릴 수 없어 이렇게 표현한 것이다.

촉나라 길 3천 리요, 화색은 진나라 분서갱유 20년일세 [219]에 이르러서는, 이것과 흉언의 말뜻이 똑같이 흉악한 마음이었습니다. 난역亂逆 중에 그처럼 만악이 모두 모여 있어 천번을 죽여도 오히려 가벼운 자는 이제껏 없었습니다. 지극히 흉악하고 대역부도하다고 확실하게 지만하였으니, 당일로 서소문 밖에서 능지처참하고, 법에 따라 처자식을 노비로 삼고 재산을 적몰해야 합니다.

此猶不足, 又有不忍泚筆, 不敢提說, 窮天地亘萬古, 所未聞覩之言. 至於日記中一句世情蜀道三千里, 禍色秦坑二十秋, 此與凶言辭意, 同一凶腸是乎所. 亂逆未有如矣身之萬惡俱萃, 千剮猶輕是白如乎. 窮凶極惡, 大逆不道, 的實遲晩. 當日西小門外, 凌遲處斬. 依法孥籍.

[46]

죄인 황심이 아뢰기를, '저는 덕산에서 태어나 서울과 지방을 들락거리며 사당邪黨을 위하여 분주하게 힘을 써서, 외국에 몰래 들어가 서양 천주당에서 세례를 받고 세례명을 받았습니다. 붙여 사는 이가李哥 [220]와 주문모가 주고받은 서찰을 중간에서 전하였고, 또 황사영과 맺어 죽기를 맹세한 무리가 되었습니다. 올해 봄에 춘천 땅으로 달아나 숨었다가, 황사영이 제천으로 도망하였다는 말을 듣고는 그곳으로

---

219 세상의 정리는 …… 분서갱유 20년일세: 촉도蜀道는 절벽에 기둥을 박아서 낸 잔도棧道로, 세상의 인정이 온통 험난하기 짝이 없고, 진시황의 분서갱유 때처럼 지난 20년 동안 천주학 서적을 불태우고 교인들을 처형하는 등 서학에 대한 탄압으로 화색禍色이 짙어졌다는 뜻이다. 1801년 10월 10일의 추국에서 황사영이 한 말 중에 관련 내용이 보인다.

220 붙여 사는 이가: 이존창을 가리킨다.

찾아가서 베개를 나란히 하고 유숙하였습니다. 황사영의 흉서를 눈으로 직접 보면서 활발하게 모의하고 강론하며 동참하였습니다'라고 확실하게 지만하였으니, 서소문 밖에서 능지처참해야 합니다.

罪人黃沁曰: '亦矣身胎生於德山, 出沒京鄕, 爲邪黨奔走效力, 潛入異域, 受洗受名於洋堂. 居接之李哥, 周文謨往來書札, 紹介傳之, 又與嗣永結爲死黨. 今春逃匿於春川地, 聞嗣永之亡命堤川, 委往推尋, 聯枕留宿, 目見嗣永之凶書, 爛熳謀講同參.'的實遲晩, 西小門外, 凌遲處死.

죄인 김한빈이 아뢰기를, '저는 보령 청라동에서 태어났고, 사적邪賊 정약종의 종붙이입니다. 사학에 깊이 빠져서 황사영이 도망칠 때에 자진해서 함께 달아나, 안내자가 되어 함께 토굴에 숨은 지 여덟 달이나 되는 동안 황사영의 음모를 석 달간이나 참여하여 듣지 않음이 없었습니다. 경성에 몰래 들어와 옥사의 정황을 탐문하고, 돌아가 황사영에게 전하였고, 실정을 알면서도 감추었습니다'라고 확실하게 지만하였으니, 부대시참해야 합니다."

罪人漢彬白等: '矣身胎生於保寧靑蘿洞. 以邪賊若鍾廊屬. 沈染邪學, 嗣永亡命之時, 挺身俱逃, 作爲以導, 同匿土窟, 至於八朔, 嗣永之陰謀, 無不與聞三月分. 潛入京城, 探問獄情, 歸傳嗣永, 知情隱藏.'切實遲晩, 不待時處斬."

[47]

죄인 이치훈은 형문으로 30대를 쳤다. 현계흠玄啓欽²²¹은 30대를

---

221 현계흠(1763~1801): 서울의 중인, 역관 출신으로 세례명은 플로로다. 집이 회현동에 있었다. 1800년 무렵부터 황사영·황심·김한빈·옥천희와 친밀하게 지내

쳤고, 정약전은 30대를 쳤으며, 정약용은 10대를 치고, 이학규는 30대, 신여권은 30대를 친 뒤에 황사영과 대질하였다.

[40/19b] 罪人李致薰, 刑三十度. 玄啓欽刑三十度, 丁若銓刑三十度, 丁若 鏞刑十度, 李學逵刑三十度, 申與權刑三十度後, 黃嗣永面質.

4일, 죄인 현계흠이 다시 공초하였다. 이치훈은 다시 공초한 뒤에 형문으로 10대를 쳤다. 정약전은 다시 공초한 뒤에 형문으로 10대를 쳤다. 정약용은 다시 공초하고, 이학규는 다시 공초한 뒤에 형문으로 10대를 쳤다. 이관기李寬基[222]는 원정原情하였다. 신여권은 다시 공초 한 후에 형문으로 10대를 치고, 이관기와 대질하였다.

初四日, 罪人玄啓欽更招. 李致薰更招後, 刑十度. 丁若銓更招後, 刑十度. 丁若鏞更招, 學逵更招後, 刑十度. 李寬基原情, 申與權更招後, 刑十度. 與李 寬基面質.

면서 황사영백서 사건에 깊이 관계했고, 황사영·옥천희와 함께 1801년 11월 5일에 39세의 나이로 참수형을 당해 죽었다. 1839년 기해박해와 1846년 병오 박해 때 각각 순교한 현경련玄敬蓮(1794~1839) 베네딕타와 현석문玄錫文(1799~ 1846) 가롤로가 그의 자녀다. 2014년 복자품에 올랐다.

222 이관기(1771~1831): 본관은 연안, 호는 위거渭車다. 뒤에 우상遇尙으로 고쳤다 가 처음 이름을 회복했다. 부친은 이문덕李聞德이고 모친은 나주 정씨 지눌持訥 의 딸이다. 부인은 평강 채씨(1764~1839)로, 오빠인 채홍원이 채제공의 양자로 들어갔다. 1801년 11월 4일, 정조 승하 후 황사영백서 사건에 연루되어 장흥부 로 유배 가서 1818년 2월 29일 19년 만에 방면되었다. 그는 충주 지역 지도자 였던 이기연의 종손從孫이다. 장흥 유배 기간 중인 1810년경 강진에 유배 중이 던 다산 정약용과 주고받은 편지가 남아 있다.

송담유록

[48]

왕대비전에서 전교하였다.

"금번의 옥사는 관계된 바가 사소하지가 않으니 대간이 계청한 대로 의금부에서 붙잡아오라. 여러 죄수가 그동안 낸 공사供辭를 보건대, 황사영의 흉서와는 긴밀한 연관은 없는 듯하니, 국문하는 일도 오래 끌 필요 없이 참작하여 헤아리는 도리가 있어야겠다. 황사영과 옥천희, 현계흠은 이미 결안을 봉입하였으니 더 이상 논의할 것은 없고, 이 밖에 여러 죄인은 대신223이 경중에 따라 등급을 나누어 아뢰도록 하라."

王大妃殿傳曰: "今番獄事, 所關非細, 依臺啓拿來矣. 諸囚前後供辭, 似無緊關於嗣永凶書, 則鞫事不必許久延拖, 當有參量之道. 嗣永·千禧·啓欽, 已捧結案, 無容更議. 此外諸罪人, 大臣從輕重分等以啓."

의금부에서 아뢰었다.224

"이치훈은 사형에서 낮추어 제주목으로 정배하고, 정약전은 사형에서 낮추어 흑산도로 정배하며, 정약용은 사형에서 낮추어 강진으로 정배하겠습니다. 이학규는 김해로, 신여권은 고성으로, 이관기는 장흥으로 원배하겠습니다."

계자인을 찍었다.

義禁府啓言: "致薰濟州牧, 減死定配. 若銓黑山島, 減死定配. 若鏞康津, 減死定配. 學逵金海, 申與權固城, 寬基長興遠配." 啓.

---

223 대신: 원문에는 없다. 《승정원일기》 1801년 11월 5일 기사에 근거하여 '大臣' 2자를 보충해 번역했다.

224 의금부에서 아뢰었다: 원문에는 없다. 《승정원일기》 1801년 11월 5일 기사에 근거하여 '義禁府啓言' 5자를 보충해 번역했다.

[49]

"죄인 옥천희가 아뢰기를, '저는 선천宣川 태생으로 황사영, 황심과 체결하여 여러 차례 외국에 들어가서 서양 천주당에서 세례를 받고 세례명을 받았으며, 탕가湯哥²²⁵와 붙어 지냈습니다. 강완숙의 집으로 주문모를 찾아가 만나, 옷에 넣어 꿰맨 편지를 받아서 서양 천주당에 전달하고, 서양 사람의 편지를 받아서 돌아와 전하려 하였습니다. 용만에 도착한 뒤에 사학 하는 무리가 체포되었다는 뜻밖의 소식을 듣고는 저들에게 다시 들어가 서양 사람에게 나라 안의 일을 자세하게 전하였습니다. 그동안 왕래한 일은 모두 큰 선박을 보내주도록 요청하여 사술邪術을 널리 유행시키려는 계획이었습니다. 저는 정황을 알면서도 고하지 않았습니다'라고 확실하게 지만하였으니, 부대시참해야 합니다.

"罪人玉千禧白等: '矣胎生於宣川, 締結嗣永·黃沁, 屢入異國, 受洗受名於洋堂. 居接之湯哥爲白遣. 姜完淑家訪見周文謨, 受其衣縫之書, 傳致於洋堂, 又受洋書, 將欲歸傳. 到灣後, 聞邪黨就捕之奇, 還入 **[41/20a]** 彼中, 備傳國中事於洋人. 前後往來之事, 皆是請來大舶, 廣行邪術之計, 而矣身知情不告.'的實遲晚, 不待時斬.

---

225 탕가(1751~1808): 포르투갈 출신의 북경 주교 탕사선湯士選(고베아, Alexander de Gouvea, 1751~1808)을 말한다. 포르투갈 에보라에서 태어났다. 1782년 교황으로부터 북경 주교로 임명되어, 1785년 1월 북경에 부임했다. 이후 1808년 뇌일혈로 사망할 때까지 24년간 북경 교구를 관할했다. 제사 금지 지침을 내려 조선 교회에 큰 동요를 불러일으키기도 했다. 포르투갈 보호권에 속한 프랑스 주교로, 프랑스와 이탈리아 등 다른 나라 선교사들과 많은 충돌이 있었다.

죄인 현계흠이 아뢰기를, '저는 서부 관정동 태생으로, 황사영과 최 창현, 강완숙 등 여러 사적과 빈틈없이 준비하여 호흡이 척척 맞았습 니다. 주문모가 나온 뒤로는 세례를 받고 세례명을 받아, 기꺼운 마음 으로 깊이 빠져 고발할 생각을 하지 않았습니다. 실정을 알면서도 고 발하지 않았습니다'라고 하였으니, 부대시참해야 합니다."

罪人啓欽白等: '矣身胎生於西部館井洞, 綢繆關通於嗣永·昌顯·完淑諸賊 之間, 周文謨出來之後, 受洗受名, 甘心沈溺, 不思發告. 知情不告.' 不待時斬."

[50]

대사간 유한녕兪漢寧[226]과 집의 박서원朴瑞源,[227] 사간 이동식李東 埴,[228] 장령 강휘옥姜彙鈺,[229] 지평 박종경朴宗京,[230] 정언 이영로李永

---

226 유한녕(1743~1805): 본관은 기계, 자는 자안子安이다. 유언상兪彦鋿의 막내아들 로, 유척기兪拓基의 셋째 아들 유언진兪彦鉁에게 입양되었다. 1783년 증광시 문 과에 급제했다. 휘녕전참봉, 사옹원주부, 형조좌랑, 정랑, 창녕현감, 돈녕부판관, 공조좌랑, 의릉령, 평산부사, 승지, 안주목사, 병조참의, 형조참의, 대사간 등을 역임했다. 1801년 연명으로 차자를 올려 채제공을 추탈하도록 청했다.

227 박서원(1750~1823): 본관은 반남, 자는 심보深甫다. 생부는 박사명朴師明이고, 박사도朴師度에게 입양되었다. 1786년 식년시 문과에 급제해 사헌부지평, 장령, 헌납, 사간, 대사간 등을 지냈다. 1796년 사간으로서 채제공과 김이소의 관직을 삭탈할 것을 주장했고, 1801년 노론 시파인 윤행임과 정민시를 탄핵했다. 같은 해 10월 사헌부집의가 되었고, 1807년에 대사간이 되었다.

228 이동식(1745~1807): 본관은 함평, 자는 여집汝輯 또는 춘여春如, 호는 석애石崖 다. 초명은 해서海瑞이고, 부친은 이형직李衡直이다. 1774년 진사시에 합격하고, 1783년 증광시 문과에 급제했다. 급제 직후 그가 역적 이경래李京來와 가까운 친족이므로 삭과하도록 청했으나, 정조가 받아들이지 않았다. 병조정랑, 지평, 병조좌랑, 경성판관, 순천부사, 헌납, 사간, 승지, 초산부사 등을 역임했다.

229 강휘옥(1748~?): 본관은 진주, 자는 원덕爰德이다. 부친은 강윤성姜允成이다.

老[231]가 연명으로 차자箚子를 올렸다.[232] 신유년(1801, 순조 1) 12월 15일.

大司諫兪漢寧, 執義朴瑞源, 司諫李東埴, 掌令姜彙鈺, 持平朴宗京, 正言
李永老聯箚. 辛酉十二月十五日.

"……아! 애통합니다. 채제공은 바로 사역邪逆의 근본입니다. 평소
에 흉악스럽고 간사한 성품으로 허물 꾸미기를 잘하고, 아울러 흉악
스럽고 교활한 습성으로 근심 막기에 능숙하였습니다. 정약종의 온
집안이 사학의 늪에 빠졌건만 그 누이를 며느리로 삼았으니, 마침내
추악한 비방이 형언할 수 없을 정도였습니다.

"云云. 噫嘻痛矣. 蔡濟恭卽邪逆之根底也. 素以凶譎之性, 長於文過, 兼以
凶狡之習, 熟於防患. 若鍾一門, 陷於邪藪, 而以其妹爲子婦, 畢竟醜謗, 不可
道也.

홍익만은 사학 하는 무리 가운데 두령으로, 서손庶孫을 가르친다는
핑계로 불러들여 서손의 좋은 스승으로 삼았습니다. 집안 관리가 이

1775년 정시 문과에 을과 1등으로 급제했다. 정언, 주서, 전적, 정랑, 자인현감,
장령, 동부승지, 종성부사 등을 역임했다.

230 박종경(1761~1821): 본관은 반남, 자가 중호仲鎬다. 부친은 박재원朴在源이다.
1789년 식년시에 생원으로 급제하고, 1790년 증광시 문과에 급제했다. 정언,
응교, 지평, 대사간, 성균관대사성, 강화부유수, 충청감사를 역임했다.

231 이영로(1772~1815): 본관은 경주, 자는 욱경勖卿이다. 후에 정규廷圭로 개명했
다. 1801년 증광시 문과에 급제했다. 낭청, 해주판관, 정언, 수찬, 교리 등의 벼
슬을 역임했다.

232 차자를 올렸다: 이 상소는 《순조실록》 1801년 12월 15일자 기사에 실려 있다.
채제공을 사적邪賊의 뿌리라 하고, 천주교와 관련된 여러 사실을 열거한 뒤 관
작을 추탈할 것을 건의했다. 끝에 "말이 지나치다"는 비답이 붙어 있다.

와 같았으니 다른 일도 알 만합니다. 사학을 배척하는 진신縉紳과 장
보章甫들은 마음을 다하여 죄과罪科에 밀어 빠뜨렸고, 사학에 빠진 흉
악한 무리와 적당들은 죽기를 각오하고 지켜 보호하였습니다.

翼萬之爲邪中頭領, 托以孼孫之受學, 延作側室之良師, 御家如此, 則他事
可知. 斥邪之縉紳章甫, 則極意擠陷, 溺邪之凶徒賊黨, 則抵死扶護.

권이강은 이치훈의 장인인데 채제공이 그를 사주하여 도리에 어긋
난 소장을 올려서 신해년(1791, 정조15)의 옥사를 늦추도록 하였고,[233]
김희채는 이동욱의 조카사위인데 안핵어사로 차송差送되어 평택의
일을 덮었습니다.[234] 그러자 정학正學을 논하는 선비의 원통한 피가
땅을 덮었고, 사악한 부류의 기염은 하늘을 찔렀습니다. 이런 일로 여
러 사람의 입에 재갈을 물리고 흉악한 계책을 펼치려고 한 것은 더더
욱 너무도 악랄합니다.

權以綱, 乃致薰之妻父, 而嗾呈悖疏, 以緩辛亥之變. 金熙采是東郁之從婿,
而差送御使以掩 **[42/20b]** 平澤之事, 正士之冤血塗地. 邪類之氣焰薰天, 而欲
以此爲鉗制衆口, 排布凶計者, 尤萬萬痛惡矣.

정상훈鄭尙勳[235]이 죽지 않은 것은 운명입니다. 은혜로운 유시諭示

---

233 권이강은 …… 늦추도록 하였고: 권이강이 올린 상소는 관련 사실이 《정조실
록》1791년 10월 30일자 기사에 보인다.

234 김희채는 …… 평택의 일을 덮었습니다: 1792년 평택현감 이승훈이 천주교에
물들어 3년간 공자의 사당에 배알하지 않은 일로, 정조가 김희채를 충청도 평
택의 안핵어사로 임명해 조사하도록 했는데, 무고誣告라고 판명했다.

235 정상훈: 본관은 청주이며, 서천부원군西川府院君 정곤수鄭崑壽의 7대손이다. 조

를 특별히 내리셔서 음직으로 벼슬을 제수하셨으니,²³⁶ 선왕께서 간악한 죄상을 굽어 통촉하시고 사류士類를 불쌍히 여긴 데는 이와 같은 점이 있었습니다. 채제공은 상벌의 권한을 장악하고서 더욱 기세등등하여, 이가환과 정약용을 끌어와 심복으로 삼고 황사영과 이학규를 도처에 천거하였으니, 마음 씀씀이가 장차 무슨 짓을 하고자 한 것이겠습니까?

鄭尙勳之不死, 命也, 而特降恩諭, 除以蔭仕, 則先朝之俯燭奸狀, 悶恤士類, 有如是矣. 濟恭則威福在手, 氣勢益張, 而家煥 · 若鏞之引爲腹心, 嗣永 · 學逵之到處吹噓, 其所設心, 將欲何爲?

을묘년(1795, 정조19) 여름에 포청에서 삼적三賊(최인길 · 윤유일 · 지황)을 잡아 가두고, 몰래 포도대장을 사주하여 다급히 죽여 입을 막고서,

부는 정희태鄭希泰, 부친은 정택빈鄭宅彬이다. 서인 집안으로 세도로 참봉 벼슬을 받았다는 비판이 있었다. 선릉참봉, 예빈시참봉 등을 역임했다. 무엇보다 동생 정조훈鄭照勳(《일성록》에는 세훈世勳으로 나옴)이 역적 이상로李商輅의 아들 이복일李復一(기철起哲로 개명)의 사위라는 비판이 있었음에도, 서천부원군의 혈손이라 하여 벼슬을 얻었다. 이복일은 정조의 외조 홍봉한의 사위였다. 이상로와 당시 세손인 정조의 즉위를 반대한 홍인한의 관계가 문제가 되었고, 결국 부친이 역적으로 몰리면서 자신의 문과 급제도 취소되고 당진현에 유배되었다가 신원되었으며, 취소되었던 문과 급제도 복과復科되었다.

236 은혜로운 …… 제수하셨으니: 평택안핵어사 김희채의 서계에, "하리下吏 이정길李貞吉에게 물어보니, '서울에 사는 양반 정상훈이 자신이 올린 고목告目의 앞뒤 내용을 잘라버리고 '배례하지 않았다(不拜禮)'는 세 글자만 따와서, 마치 사론에 입증하는 것처럼 태학에 떠들었습니다'라고 하였습니다"라고 언급했다. 이에 정상훈은 고금도에 도배되었다가 다시 동복同福으로 이배됐다. 후에 서천부원군 정곤수의 혈손이라는 이유로 조용調用되어 선릉참봉에 제수되었다. (《일성록》 1792년 3월 14일 / 1794년 10월 15일 / 1795년 2월 13일 / 1798년 7월 27일, 8월 14일)

감히 '세 사람은 중국 사람이 와서 가르친다고 사칭하여서 어리석은 백성들을 현혹시켰습니다'라는 주장으로 진짜 있었던 자취를 덮으려고 장황하게 글을 올려 성상을 혼란스럽게 하였으니, 이것을 참는다면 무엇인들 참지 못하겠습니까? 그가 참으로 주문모가 조선에 온 사실을 몰랐겠습니까? 당시 주문모는 한 차례 그물에 걸린 새였는데도 몰래 살길을 열어 재앙의 조짐을 빚어냈으니, 또한 이 사적의 죄입니다. 그렇다면 이 한 대목만으로도 이미 단안斷案할 수 있습니다.

乙卯夏, 捕廳逮囚之三賊, 陰嗾捕將, 汲汲滅口, 敢以假稱之說, 欲掩眞有之跡, 而張皇章奏, 熒惑君聽, 是可忍也, 孰不可忍也? 渠眞不知文謨之下落乎? 伊時文謨, 卽一入網之鳥, 而陰闢生路, 醞成禍機. 亦是此賊之罪, 則卽此一節, 已爲斷案.

유항검이 바다 건너 도적을 불러들이고 황사영이 글을 보내 내통하려 했던 것은 모두 을묘년에서 시작되었으니, 오늘에 신하 된 자가 차마 이 사적과 한시라도 같은 하늘 아래 있을 수 있겠습니까? 천만 가지 죄악이 삼사의 합계에 이미 갖추어져 있으니,[237] 성토하거나 주벌할 점은 사학의 우두머리 한 가지 사안일 뿐만이 아닙니다. 그리고 이 흉악한 무리가 모두 채제공을 의지처로 삼아, 장차 조정에서 채제공에 대한 처우를 보고서 향배向背를 정할 생각을 하였으니, 그것은 화를 방지하고 후환을 염려하여서입니다. 결코 채제공을 무덤 속의 마른 해골로 간주할 수 없습니다.

237 천만 가지 죄악이 …… 있으니: 원문에는 없다. 《승정원일기》 1801년 12월 15일자 기사에 근거하여 '千罪萬惡已具於' 7자를 보충해 번역했다.

而恒儉之越海招寇, 嗣永之飛書納款, 莫不源委於乙卯, 則爲今日臣子者, 忍與此賊, 一刻共戴哉? 千罪萬惡已具於三司之啓, 其可討而可誅者, 非止邪魁一事. 而凡此凶徒, 皆以濟恭爲依歸之所, 將視朝家之處濟恭, 而爲向背之計, 則其所以防禍慮患者, 決不可視之以塚中一枯骨也.

더구나 그 아들 채홍원은 그 명성과 기세를 차지하고 앉아 따르는 무리가 여태 많습니다. 아비가 죽자 장례를 치르기도 전에 거리낌 없이 서원에 배향할 생각**238**을 해서, 나라 법에 있지도 않은데 제멋대로 제물을 갖추었습니다. 그는 영남 도적들의 효시嚆矢가 되었고, 또한 의금부에서도 형신刑訊하지 않았으니, 완악하고 주제넘은 행동은 날로 자라나고 도리에 벗어난 짓이 갈수록 심해졌습니다.

況其 [43/21a] 子弘遠, 席其聲勢, 部伍尙衆. 父死未葬, 濫生腏享之計, 不有國典, 肆然俎豆. 渠爲嶺賊之嚆矢, 亦不加王府之橐木, 則頑濫日長, 乖悖愈甚.

아비가 탄핵을 받는데도 강가에 누각을 크게 지은 일은 엄세번嚴世蕃이 종을 쳐서 사람들을 모은 경우와 거의 같고,**239** 사학의 부류와 의형제를 맺어 드러내놓고 범죄자의 소굴이 된 일은 채유蔡攸**240**가 아우

---

238 서원에 배향할 생각: 1799년(정조23) 나주 미천서원에 채제공을 배향했다. 이유수李儒修, 채윤전蔡潤銓, 송진운宋鎭運 등이 원조했다. 《미천서원실기》에 관련 기록이 보인다.

239 엄세번이 종을 쳐서 …… 거의 같고: 엄세번은 부친 엄숭嚴崇과 함께 명대 간신奸臣 중 1인으로 꼽힌다. 그는 죄를 받고서 날마다 시정時政을 비방했고 집을 짓는 데 4천 명이나 동원했다고 한다. 《명사明史》 권308,〈엄숭열전嚴崇列傳〉)

240 채유: 송대 간신인 채경蔡京의 아들이다. 채유는 부친과 정치적으로 알력을 빚으면서 부자간에 문호門戶를 따로 세우는 등 원수처럼 지냈다. 채경의 아들이

의 간사하고 방자한 행동을 내버려둔 경우와 다름이 없습니다. 재화를 도거리하고 이익을 꿀꺽하면서 무뢰배들과 얽혀들었고, 허구를 날조하여 형세를 팔면서 공의와 각축전을 벌였습니다. 삼가 바라건대 삼사의 청을 속히 윤허하시어 혁신하는 교화를 도모하소서……."

父登白簡, 大治江樓, 殆同世蕃之鳴金聚衆, 兄結邪類, 而顯爲逋藪, 無異蔡攸之縱弟恣奸. 馱貨啖利, 所蚓結者無賴, 捏虛賣勢, 所角戰者公議. 伏乞亟允三司之請, 俾圖更始之化云云."

[51]

비변사에서 초기草記하였다.

"이번 대간들의 차자 중에서 채제공을 성토한 여러 조목은 온 세상이 시끄럽게 전하여 여론이 공분하는 내용입니다. 합계合啓에서 청한 내용을 속히 윤허하여 따라준 뒤라야 국시國是가 안정되고 세도가 편안해져서, 공의가 펼쳐질 수 있고 사람들의 뜻이 하나가 될 것입니다. 신 등은 더 이상 논의할 것이 없습니다. 감히 아룁니다."**241**

전교하였다.

"자전慈殿의 전교에서 이미 유시하였다."

備邊司草記:"今此臺箚中, 聲討蔡濟恭諸條, 卽擧世之喧傳, 輿情之所共憤. 合啓所請, 亟許允從然後, 國是可定而世道寧, 公議可伸而人志壹矣. 臣等無容更議, 敢啓."傳曰:"慈敎已諭矣."

여덟 명이었는데, 그중 채조蔡絛가 말년에 정신이 혼미해진 채경을 대신해 업무를 도맡아 했다.《송사宋史》권472, 〈채경열전蔡京列傳〉）

241 이 내용은《일성록》1801년 12월 18일자 기사에 실려 있다.

대왕대비전에서 전교하였다.[242]

"대간의 계사 중에 채제공의 일을 지금까지 윤허하지 않았던 것이, 어찌 그에게 죄가 없다고 여겨서 그랬겠는가? 대개 대신을 예우함이 우리 조정의 법도이다. 그러므로 채제공처럼 용서받을 수 없는 죄를 지은 자일지라도 법의 집행은 어렵고 신중을 기하지 않을 수 없었다. 대체로 채제공이 그동안 저지른 죄는 요즘 상소와 계청에 거의 다 나열되어 있지만, 지난번 이인李裀과 이담李湛의 일[243]이 나온 뒤로 온 나라가 함께 토죄하는 논의는 머뭇거리며 돌아보게 되었다.

大王大妃殿傳曰:"臺啓中蔡濟恭事, 至今靳允者, 豈以謂無其罪而然哉? 蓋以禮遇大臣, 卽我朝家法, 故雖罪關罔赦, 如濟恭者, 不能不難愼於置法也. 大抵濟恭之前後負犯, 近日疏啓, 幾盡臚列, 而但於向日裀·湛事出後, 擧國共討之論, 逡巡却顧矣.

그 정황과 자취가 모두 드러나 죄를 피할 곳이 없게 되자, 뒤늦게 한마디 말을 하여 미봉책으로 책임을 면하려는 데로 몰려들고 말았으

---

242 대왕대비전에서 전교하였다: 이 내용은《승정원일기》1801년 12월 18일자 기사에 실려 있다.

243 이인과 이담의 일: 은언군 이인(1755~1801)의 아들이 이담(1770~1786)이다. 이담은 1779년 정조의 후궁 원빈 홍씨가 소생 없이 갑자기 죽자, 원빈의 오빠 홍국영이 원빈의 양자로 삼아 대통을 잇게 하려는 계획을 세워 완풍군完豐君에 봉해졌다. 이후 상계군常溪君으로 개봉되면서 왕의 후계자로 추대되려 하였으나, 홍국영의 마음에 들지 않아 오히려 모반죄로 몰려 유폐되었고, 그 결과 1786년 음독자살했다. 그 뒤 정국이 바뀌어 홍국영이 세력을 잃어 논죄됨에 따라 일가도 모두 강화에 유배되었다. 어머니 송낙휴宋樂休의 딸과 아내 신오申璈의 딸은 천주교 신자로 1801년 신유박해 때 처형되었고, 이인도 강화 배소에서 사사되었다. 1849년(헌종15) 이인의 손자 원범元範이 왕위에 올랐다(철종).

니, 그가 남몰래 다른 계책을 품었다는 것은 분명하여 가릴 수 없는 것이었다. 성상께서 지극히 밝게 살펴 흉역凶逆을 부리지 못하게 되니 군부君父를 위협하는 데 전혀 거리낌이 없었다. 선왕께서도 깊이 미워하고 통렬히 배척하는 마음으로 두 글자의 차마 듣지 못할 하교를 내리시기까지 하였지만, 조금도 위축됨 없이 아무렇지도 않은 듯이 처신하였다. 이것은 임금을 무시하고 제멋대로 날뛰려는 마음이 속에 있다가 겉으로 드러난 것이었으니, 이것을 가지고 살펴본다면 마음이 어디에 있는지[244] 어렵지 않게 알 수 있다.

及其情跡盡露, 無所逃罪, 則晚後一言, **[44/21b]** 不免於彌縫塞責之歸, 此其潛懷異圖, 昭不可掩者也. 天鑑共昭, 凶逆莫售, 則脅持君父, 專無忌憚, 以先王深惡痛斥之意, 至下二字不忍聞之敎, 而少無畏縮, 處若尋常. 此其無君跋扈之心, 在於中而發於外者. 以此究之, 則其心所在, 不難知矣.

대간의 차자에서 논한 바에 이르러서는 그가 지은 죄 중 한 가지 일이고, 또한 남몰래 품은 다른 계책에서 나온 것이다. '가지와 잎새만 대략 쳐내고 뿌리 뽑지는 못하였습니다'라고 말하였는데, 과연 그 말대로이다. 지금 고유告由를 하고 반포를 해야 할 텐데 이처럼 아뢰어 청하니 체모를 얻었다고 할 수 있다. 이제껏 주저하면서 여론을 어기기도 어려우니, 고 영중추부사 채제공에 대해서는 대신이 회계回啓한 대로 시행하라." 반교문과 주문奏文에 채제공의 일을 첨가해서 넣었다.

윤우열尹羽烈[245]의 상소문과 연명聯名 소차疏箚는 그 말뜻이 같은

---

244 마음이 어디에 있는지: 원문에는 없다. 《승정원일기》 1801년 12월 18일자 기사에 근거하여 '其心所在' 4자를 보충해 번역했다.

지라 다 적지 않는다.[246]

至於臺箚中所論, 卽是負犯中一事, 而亦從潛懷異圖中出來者也. 略除枝葉, 未拔根柢云云, 果若其言, 今當告布, 如是陳請, 可謂得體. 到今咨且難咈群請. 故領府事蔡濟恭, 依大臣回啓施行."頒敎文及奏文, 蔡事添入. 尹羽烈上疏, 與聯箚同其辭意, 不盡錄.

[52]

정승 채제공이 홍익만을 초청하여 정동에다 집을 사주고 양식과 돈을 넉넉하게 대주며 서손이 글을 배우도록 맡겼다. 내가 뒤늦게야 비로소 이 말을 듣고, 놀랍고 괴이함을 이기지 못하고 채 대감께 직언하고자 하였다가, 아마도 그 말이 들어가지 않을 듯하였으므로 교리 이경명李景溟[247]을 찾아가 만나 이렇게 말했다.

"성상께서 이미 사학의 금지를 채 대신에게 위임하였고, 대신 또한 자신에게 맡겨달라고 대답하였으며, 조정 신료들 모두 들어 알고 있습니다. 하지만 홍익만이란 자는 바로 권철신의 외종으로, 어려서부터

---

245 윤우열(1753~1833): 본관은 해평海平, 자는 문서文瑞다. 부친은 윤최동尹㝡東이다. 1784년 문과에 합격해 설서, 정언, 부교리, 수찬, 교리, 헌납, 사간, 집의, 승지, 대사간 등을 역임했다.

246 윤우열의 상소문과 …… 적지 않는다: 윤우열의 상소문은 《승정원일기》 1801년 9월 28일자 기사에 실려 있고, 연명 차자는 《승정원일기》 1802년 11월 27일자 기사에 보인다.

247 이경명(1733~1799): 본관은 한산, 자는 치휘稚暉, 호가 연담蓮潭이다. 이산해의 후손으로, 부친은 이수일李秀逸이다. 1777년 정시 문과에 급제했고, 1796년 중시 문과에 급제했다. 승정원동부승지, 병조참의를 지냈다. 이광건의 백부이고, 이광도의 아버지다.

그 집안에서 사학을 배워 가장 중독된 자입니다. 비록 서손이라고는
해도 홍익만에게 배운다면 대신에게 크게 누를 끼칠 것입니다. 대신
께서는 틀림없이 모르고 그렇게 했을 테니, 노형께서 가서 뵙고 이를
말씀드리지 않으시겠습니까?"

이경명이 이튿날 저녁때 가서 대신을 만나뵙고 역설하였다. 그러
자 대신이 말했다.

"그렇다면 서손을 데려와야지."

과연 그날로 그를 내쳤다. 홍익만의 지친至親들이 채홍원을 현혹시
켜 이렇게 말했다.

"이것은 사람을 훼방하는 음해입니다. 애초에 그런 일은 없었습니다."

蔡相邀洪翼萬, 買舍於貞洞, 優給糧錢, 托其孼孫學書. 余晩始聞之, 不勝
驚怪, 而欲直言于蔡相, 恐其言不入, 故往見李校理景溟, 謂以 "君上旣以禁邪
學, 委諸大臣, 大臣亦對以自當, 朝廷皆聞知. 而所謂翼萬, 乃哲身之外從. 自
幼受學於其家, 最中其毒者也. 雖是孼孫, 受學於翼萬, 則其爲大臣之累, 大矣.
[45/22a] 大臣必不知而然矣. 老兄何不往見而言之?"景溟翌日乘夕往見大臣,
而力言, 則大臣曰: "然則率來矣." 果卽日捨來矣. 翼萬至親輩, 誑誘蔡弘遠曰:
"此是毀傷, 初無是事."云.

채홍원이 그 부친에게 말해, 다시 서손을 그에게 보내 수년간 배우
게 하였더니, 끝에 가서 죄를 성토할 때 이것이 첫 번째 조항이 되었
다. 내가 채제공을 위한 정성이 이와 같았는데, 참으로 이른바 '설거
주薛居州 한 명이 송왕宋王을 어떻게 하겠는가?'**248**라고 하는 격이라

---

248 설거주 한 명이 송왕을 어떻게 하겠는가:《맹자》〈등문공滕文公 하〉에 나온다.

하겠다. 이를 생각하며 혀를 찬다. 채제공을 오도한 자들이 모두 이들 무리였으니, 그 또한 어찌할 수가 없는 셈이다. 대신이 관직이 추탈되기까지 이른 것은, 반드시 사학 하는 무리들을 비호하여 양성하지 않았다고 할 수는 없다.

弘遠言于其父, 復送其孼孫, 而受學數年. 末後聲罪, 此爲第一條件. 余之爲蔡之誠如此, 而眞所謂一薛居州, 其於宋王何者也? 思之咄咄. 誤蔡者, 皆是此輩, 則其亦無可奈何. 大臣之至於追奪, 未必非護邪輩釀成也夫.

[53]
목인수와 한재유의 통문睦仁秀韓在維通文 [249]

성균관에 보냈다.

抵太學.

운운한 내용을 간추리면 이러하다.

설거주가 아무리 훌륭한 선비지만, 왕의 처소에 있는 사람들이 설거주와 같다면 왕이 착하지 않을 도리가 없고, 왕의 처소에 있는 사람들이 설거주와 같지 않다면, 왕이 착해질 수가 없다는 이야기다. 결국 한 명의 설거주만 가지고는 송나라 왕을 변화시킬 수가 없다는 뜻이다. 여기서는 자신을 설거주에 견주어, 바른말로 이야기해도 주변 사람이 바르지 않아 결국 채제공을 그른 길로 끌고 갔다는 뜻으로 말한 것이다.

249 목인수와 한재유의 통문: 성균관 유생 목인수와 한재유가 성균관에 돌린 이 통문은 1801년 3월 말 또는 4월 초에 나왔다. 인용되지 않은 글의 뒤편에 1801년 3월 20일 대왕대비의 전교가 실려 있다. 이 글을 통해 이명호 문제가 본격적으로 제기되었고, 위기를 느낀 이익운과 그의 가족에 의해 이명호가 음독자살했다. 한재유韓在維는 정조의 《홍재전서弘齋全書》에 1791년 《자치통감강목資治通鑑綱目》에 대한 대답을 정리한 〈경사강의經史講義〉에 '성균관 유생(館學儒生)'으로서 대답한 글이 올라 있다. 이 통문은 이기경 편, 양수본 《벽위편》(한국교회사연구자료 제9집, 한국교회사연구소 편, 서광사 발행, 1978), 354~357면의 내용 중에서 간추린 것이다.

"이익운의 아들 이명호는 이가환과 정약종의 요망한 법술을 전해 받아 지켜 남몰래 사학의 우두머리가 되어, 어버이를 버리고 달아나 숨어 유생들의 통문이 성균관에 미치기에 이르렀다. 집을 사서 분가해 살며, 오로지 사학의 부류와 별원別院에서 모임을 가졌다. 젊은 벗들에게는 위세로 위협하고, 무지하고 신분이 낮은 사람에게는 재화를 먹여, 나라에 소문이 떠들썩하게 퍼진 것이 오래되었다. 그의 친부 이정운李鼎運[250]의 초상 때, 이가환은 친척도 아니고 스승도 아닌데도 갑자기 상복을 입었으니, 혈당血黨으로 보아 한 패거리가 된 것을 이로 미루어 알 수가 있다. 이제 이익운은 하늘을 속이려는 것인가? 사람을 속이려는 것인가? 이가환과 정약용의 혈당에게 그가 틀림없는 우두머리라면 그 아비의 죄는 조정에서 공적인 의론이 있어야 할 것이다. 이명호가 이제껏 법의 그물에서 빠져나갔던 것은 실로 사림士林의 수치이니, 이에 통고한다."

云云畧曰: "李益運之子明鎬, 傳護家·鍾之妖法, 隱作邪學之窩主, 棄親逃匿, 至有儒通之及於太學. 買舍分居, 專爲邪類之嘯聚別院. 年小朋儕, 脅以威勢, 無知卑微, 啖以貨財, 國言喧藉, 厥惟久矣. 其父鼎運初喪時, 家煥非親非師, 忽爲加麻者, 視以血黨, 打成一片者, 推此可知. 今者益 [46/22b] 運, 欲欺天乎? 欺人乎? 若於家·鏞血黨, 渠必爲首, 其父之罪, 當有朝廷之公議. 明鎬之尙今漏網, 實爲士林之羞恥. 玆以通告."

---

250 이정운(1743~1800): 본관은 연안, 자는 공회公會, 호는 오사五沙이며, 이조판서 이정대의 맏아들이다. 검열, 정언, 지평, 충청도와 함경도의 관찰사, 형조판서 등을 역임했다. 막내동생 이익운과 함께 채제공의 문인이었다.

[54]

부호군 최중규의 상소문 副護軍崔重奎上疏 [251]

간추리면 이러하다.

"삼가 경기감사 이익운의 상소문을 보니, 대단히 탄식스럽고 몹시 악랄한 점이 있습니다. 그는 한미한 집안 출신으로, 세상에 드문 은혜를 두터이 입었습니다. 성상에게 받은 총애가 하늘과 더불어 다함이 없는데도, 조금이라도 보답하려는 뜻이 아예 없었습니다. 그의 집안은 온통 사학에 물들었다고 세상의 지목을 받은 지 오래되었습니다. 재상의 자식이 어버이를 버리고 달아나 숨었다는 말과, 사대부 여자의 이름이 포청에서 나왔다는 이야기가 유생의 통문으로 성균관에 미치기에 이르렀습니다.

畧曰: "伏見京畿監司李益運疏本, 有所痛惋之切惡者. 渠以寒微之蹤, 厚蒙不世之恩. 闔門恩造, 與天無極, 曾無一半分圖報之意. 渠家盡染邪學, 爲世指目久矣. 卿宰子棄親逃匿之語, 士夫女名出捕廳之說, 至有儒通之及於大學.

그의 아들 이명호가 별도의 장소에다 집을 사서, 사학에 마음껏 빠져든 정황은 전하지 않는 이가 없습니다. 그가 상소하여 스스로 해명코자 한다면, 집안을 다스리지 못하고 자식을 잘 가르치지 못한 죄를

---

251 부호군 최중규의 상소문:《일성록》1801년 4월 2일자 기사에 간추려 수록되어 있고,《승정원일기》1801년 4월 2일자에 자세히 실려 있다. 앞의 통문을 보고 올린 글이다. 위에 인용한 본문은《일성록》수록본이 아닌 이기경 편,《벽위편》(앞의 책, 357~361면)에서 간추린 것이다. 최중규崔重奎(1746~?)는 본관은 전주, 자는 계화季華다. 1783년 증광시 문과에 급제했다. 규규는 문과방목과 족보에 규圭로 썼다. 성균관전적, 예조좌랑, 정언, 지평, 장령, 집의, 사간, 삭녕군수, 부호군, 승지 등을 역임했다.

명백하게 자백하고서 처분을 기다렸어야 합니다. 그런데도 감히 스스로 벗어날 계책을 내어 이렇게 도리어 졸렬한 행동을 하였으니, 이른바 이가환과 정약용이 자기 편으로 끌어당기려고 했다는 주장은 어찌 도둑이 제 발 저린 격이 아니겠습니까? 더욱이 이가환과 정약용의 혈당들이 그 집안에 원한을 품었다고 한 말은 대신 부끄럽게 하기에 충분합니다. 그의 형 이정운의 장례 때 이가환이 스스로 상복을 입었으니, 이른바 혈당은 그가 아니면 누구이겠습니까? 이와 같은 무리를 어떻게 경기감사라는 중임에다 둘 수가 있겠습니까?"

其子明鎬, 買舍別處, 恣意沈溺之狀, 無人不傳. 渠欲上章自明, 則當以不能齊家不善訓子之罪, 明白自列, 以俟處分. 而敢生自脫之計, 爲此反拙之擧, 所謂家·鏞欲爲援引之說, 一何爲春雉之鳴? 尤其家·鏞血黨, 怨毒渠家云者, 足令代羞也. 其兄鼎運之喪, 家煥自爲加麻, 則所謂血黨, 非渠伊誰? 如許邪類, 何可置之畿輔之重任乎?"

또 말하였다.

"지난해 최헌중崔獻重[252]의 상소는, 명분은 비록 척사였으나, 사실은 사학을 비호한 셈입니다.[253] 처음에는 윗사람이 좋아하면 아랫사람은 더 심하다거나, 처음에는 자신을 돌아보고 책망해야 한다는 등의

---

252 최헌중(1745~1809): 본관은 삭녕, 자가 치회稚晦이고, 초명은 현중顯重이다. 부친은 최경崔炅이고, 매부로 홍시보洪時溥가 있다. 1775년 정시 문과에 급제했다. 벼슬은 사헌부지평, 홍문관수찬, 함양군사정어사, 부수찬, 대사간 등을 역임했다.

253 최헌중의 상소는 …… 셈입니다: 최헌중의 해당 상소는 《일성록》 1795년 7월 25일자 기사에 실려 있다. 장문의 상소문 중 서학에 대한 정조의 모호한 태도가 서학의 확산을 방조했다는 취지로 비판한 내용이 나온다.

말로 방자하게도 무함하고 핍박하였고, 끝에 가서는 신기함을 좋아하여 힘쓰신다거나 유방酉房(규장각)에 책이 많이 쌓였다는 말로[254] 은연중에 허물을 돌렸습니다. 속히 유사有司에게 합당한 형률을 의논하도록 명하시어 불선한 이를 멀리 내치는 뜻을 보이소서."

又云:"崔獻重頃年疏, 名雖斥邪, 實則護邪. 始以上好下甚, 反躬責己等語, 肆然誣逼, 末乃以好新務奇, 酉房充棟之說, 隱然歸咎. 亟命有司, 議其當律, 以示不與同中國之意焉."

이익운은 상소를 올려 스스로를 변명하였으나 대부분 부질없이 성상을 번거롭게 한 내용이었다. 체차를 청한 사안은 아뢴 대로 시행하였다.

益運上疏自明, 多漫瀆. 請遞事, 依施.

[55]
교리 박명섭의 상소문 校理朴命燮上疏 [255]
간추리면 이러하다.

"은언군 이인과 임任홍낙임洪樂任[256]은 사형을 집행하였지만 린隣서유

---

254 신기함을 좋아하여 …… 쌓였다는 말로: 원문에는 없다.《승정원일기》1801년 4월 2일자 기사에 근거하여 '末乃以好新務奇, 酉房充棟之說' 13자를 보충해 번역했다.

255 교리 박명섭의 상소문:《승정원일기》와《일성록》1801년 10월 21일자 기사에 실린 상소문이다. 이름 부분의 문장이 다소 차이가 있다. 박명섭朴命燮(1743~?)은 본관은 밀양, 자는 영수永叟, 부친은 박휴익朴休益이다. 1777년 진사, 1783년 문과에 급제하고 주서, 정랑, 하양현감, 칠원현감, 선산부사, 부수찬, 부교리, 공조참의, 승지, 자산부사, 영월부사 등을 역임했다.

린徐有隣 **257**과 익翼김이익金履翼 **258**은 유배형만 시행하였고, 역적 윤행임은 사형을 집행하였으나 강필제姜必齊는 아직까지 머리를 보전하고 있습니다. 이와 같이 하고서 오히려 죄를 지은 역적들이 두려워할 줄 알고 세도世道가 안정되기를 바랄 수 있겠습니까? 삼가 바라건대 명철하신 성상께서는 바른 결단을 크게 떨치시어 서둘러 사람들의 마음을 따라주소서.

[47/23a] 畧曰: "禑·任洪樂任 旣誅, 而隣徐有隣·翼金履翼則只施竄配. 賊恁伏法, 而必齊尙保首領如是, 而尙可望罪賊知懼, 世道底定乎? 伏願聖明廓揮乾斷, 亟循群請.

아아, 애통합니다. 사술邪術의 변고가 처음에는 이가환과 정약용

---

256 홍낙임(1741~1801): 본관은 풍산, 자는 숙도叔道, 호는 안와安窩다. 영의정 홍봉한의 셋째 아들로, 영조 때 문과에 장원해 정언, 문학, 사서, 승지 등의 벼슬을 지냈다. 천주교를 믿은 그는 신유박해로 제주도에 안치되었다가 곧 사사되었다. 《순조실록》 1801년 5월 29일)

257 서유린(1738~1802): 본관은 달성, 자는 원덕元德, 호는 영호潁湖다. 부친은 서효수徐孝修다. 1765년 생원시에 합격하고 1766년 정시 문과에 장원으로 급제했다. 사간원정언, 승지, 대사헌, 전라도관찰사, 병조판서, 한성부판윤, 수원부유수 등을 역임했다. 1800년 이안묵李安默의 상소에 의해 경흥에 유배 갔다가 그곳에서 병사했다.

258 김이익(1743~1830): 본관은 안동, 자는 보숙輔叔, 호는 유와牖窩다. 부친은 김유행金由行이다. 1777년 진사시, 1785년 문과에 급제해 정언, 부교리, 교리, 장령, 동부승지, 대사성, 대사간, 안동부사, 강화유수, 강원도관찰사를 역임하고, 1799년에는 진위겸진향부사陳慰兼進香副使로 청나라에 다녀왔다. 1800년 순조가 즉위한 뒤 벽파가 득세하자 시파時派로 지목되어 진도로 유배되었다. 그 뒤 안동 김씨가 집권하자 방환되어 공조판서, 병조판서, 수원부유수, 대사헌, 형조판서, 한성부판윤 등을 역임했다.

등 여러 역적에게서 나왔고, 유항검과 윤지헌 등 여러 흉적에게서 다시 탄로났으며, 끝에 가서는 역적 황사영의 변고가 있었습니다. 한번 대간의 상소 중에 언급했던 습득한 백서帛書를 가지고 말하자면, 결단코 일개 황사영 혼자 토굴에서 마련한 것이 아닙니다. 연락이 서로 통하지 않았다면 토굴 안에 있는 자가 어떻게 토굴 밖의 소식을 알 수 있단 말입니까?

噫噫痛矣. 邪術之變, 始發於家·鏞諸賊, 再綻於恒·憲群凶, 末乃有嗣賊之變. 試以臺啟中所言, 捉得之帛書言之, 決非一嗣永之獨辦於土窟者也. 若無脈絡之相貫, 聲氣之相連, 則身在窟中者, 何由知其窟外消息乎?

정약전 형제와 이치훈, 이학규, 신여권 세 놈은 따로 의금부에 혹여 허술히 다루거나 누락된 이 없이 형벌하고 사형하여 멸절시키도록 신칙하여, 역모가 다시 치성하는 우환을 영구히 없애야 합니다. 게다가 봄철에 다스린 옥사에는 오로지 관대함을 써서 죄안罪案에 들어가야 하는데도 들어가지 않은 자도 있고, 조사해야 하건만 조사하지 않은 자도 있었습니다. 이명호 같은 자[259]는 선비들의 통문에 나오자 자살하기까지 하였는데, 그 아비인 이익운은 강교江郊에서 편안히 지내며 스스로 보통 사람과 똑같이 처신하였고, 아들이 이런 지경이 되었는데도 집에서만 지내느라 몰랐으니, 어찌 죄가 없다 하겠습니까? 신은 이명호의 아비 이익운은 유배 보내는 형전刑典을 속히 시행해야 한다고 생각합니다.

---

259 이명호 같은 자: 원문은 '李明鎬者'로, '如'가 없다. 《승정원일기》 1801년 10월 21일자 기사에 근거하여 '李明鎬者' 앞에 '如' 1자를 보충해 번역했다.

請若銓兄弟, 致薰·學逵·與權三豎, 另飭金吾, 無或疎漏, 劓殄滅之, 永絶更熾之患焉. 且春間治獄, 專用寬大, 有當入而不入者, 有當覈而未覈者也. 如李明鎬者, 名發儒通, 至於自斃, 則其父益運之偃處江郊, 自同平人, 有子如此, 在家不知, 豈曰無罪? 臣謂明鎬之父李益運, 亟施屛裔之典, 宜矣.

아! 저들은 일종의 흉사凶邪의 무리로 독한 심보를 제멋대로 부려, 자기들을 공격하고 배척하는 사람은 반드시 비방하고 무함하고야 말았고, 간혹 먼 변방에 귀양을 보내 10년간 벼슬길을 막은 경우도 있었으니, 참된 도리를 어그러뜨리는 해악이 마침내 이런 지경에 이른단 말입니까?"

噫! 彼一種凶邪之徒, 咨行肆毒, 攻斥之人, 必欲阻陷乃已. 或有投竄絶塞, 十年廢枳. 其亂眞悖理之害, 一至此哉?"

비변사에서 아뢰었다.

"교리 박명섭의 상소와 관련하여 대신들에게 하문해야 한다고 전교하셨습니다. 원래 상소에서는[260] 이익운에게 병예屛裔[261]의 형전을 시행해야 한다고 청하였는데, 옥당玉堂의 상소에서 논한 바는 공의公議를 통해 나왔으니, 방귀전리放歸田里의 형전을 시행하소서."

備邊 [48/23b] 司啓: "以校理朴命燮疏, 有當詢大臣之敎矣. 其原疏, 請李

260 대신들에게 하문해야 …… 원래 상소에서는: 원문에는 없다. 《승정원일기》 1801년 10월 26일자 기사에 근거하여 '有當詢大臣之敎矣. 其原疏,' 11자를 보충해 번역했다.

261 병예: 죄인의 귀양지 거처 둘레에 담을 쌓아 출입을 못하게 하는 것으로, 위리圍籬보다 가벼운 조치다.

益運屛裔之典云矣. 堂疏所論, 宜因公議而發, 益運姑施以放歸田里之典."

[56]
정묘년(1807) 12월 12일, 이익운이 사면된 뒤 지사가 되어 올린 상
소문丁卯十二月十二日李益運甄後爲知事上疏

간추리면 이러하다.

"신은 본시 자식을 낳지 못하여 신의 형의 아들을 데려다가 아들로 삼았습니다. 예전 선왕께서 이름을 짓고 자字를 지어주셨으니, 이 같은 은혜는 실로 드물게 있는 바입니다. 겨우 약관의 나이에 갑작스레 요절하기에 이르렀으니, 신의 죄가 가득 차고 악이 지극하여 재앙이 자식에게까지 미친 것입니다. 하오나 신의 성품이 본시 고지식하고 꽉 막혀 남에게 미움을 많이 받아, 제 마음의 바른 도리만 믿고 행동하였습니다. 하나 저도 모르는 화란의 낌새가 암암리에 틈을 엿보다가²⁶² 마침내 터무니없는 구렁텅이에 빠지게 하였고, 못하는 말이 없는 참혹한 말에 자식 잃은 원숭이처럼 창자가 마디마디 끊어지는 지경에 이르렀습니다. 이 잔인한 넋이 홀로 구천의 아래에서 원통함을 품고 있음을 슬퍼하니, 신이 만약 차마 말할 수 없다고 여겨 말하지 않는다면, 비록 일월日月처럼 명철하신 우리 전하께서도 무슨 수로 엎어진 동이의 밑까지 모두 환히 아시겠습니까?

畧曰: "臣本不育, 取臣兄之子以爲子. 昔在先朝命名而字之, 似此恩數, 實

---

262 제 마음의 바른 도리만 …… 엿보다가: 원문에는 없다.《승정원일기》1807년
      12월 13일자 기사에 근거하여 '只信吾心之直道以行, 而不覺禍機之暗地傍伺' 19자
      를 보충해 번역했다.

所罕有. 年纔弱冠, 遽至夭折, 臣罪盈惡極, 殃及種子. 而臣性本固滯, 積忤於人, 只信吾心之直道以行, 而不覺駴機之暗地傍伺, 遂使白地坑坎, 無所不至之慘言, 至及於猿腸寸斷之地. 哀此殘忍之魂, 獨抱寃鬱於九泉之下, 而臣若以不忍言而不言, 則雖以我殿下日月之明, 何由畢燭覆盆之下哉?

　　그동안 신에 대해 잡은 꼬투리 중 하나는 신의 자식이 신유년(1801, 순조1)에 거짓 통문에 논핵을 당한 일이며, 하나는 신이 채제공의 심복이라는 점입니다. 신은 채제공에게 어려서부터 수업하여 이 말은 그가 부인을 맞이하러 신창新昌에서 서울로 들어왔으니 한 글자도 수업한 일이 없다. 어쩌다 과문科文과 묘문墓文의 일이 있어 스스로 스승과 제자의 의리에 의지하였으니, 그 또한 잘못이다. 그의 형 또한 이와 같아 매번 스승과 제자라 말하곤 했다. 최현중崔顯重 [263]과 한치응韓致應 [264]도 또한 이와 같았으니, 권세를 따라 붙좇음이 침을 뱉고 더럽게 여기기에 충분하다 그 문하를 출입한 지가 거의 40년입니다. 하물며 또 당색이 같았고, 나아가고 물러남 또한 같았으니, 선왕께서 신에게 취하신 바도 여기에 있었음은 또한 온 세상이 모두 아는 사실입니다.

263　최현중: 최헌중崔獻重의 초명이다.

264　한치응(1760~1824): 본관은 청주, 자는 혜보溪甫, 호는 병산甹山이다. 1784년 정시 문과에 장원으로 급제해 초계문신에 뽑혔고, 1792년 홍문록과 도당록에 이름을 올렸다. 지평을 거쳐 1795년 관동암행어사로 나갔다. 1797년 수찬과 교리를 거쳐, 1799년 사은사 서장관으로 중국을 다녀왔다. 1800년에 동래부사를 지냈으나, 1806년에 신유사옥 당시 관직을 추탈당한 채제공의 신원을 청한 승지 심규로에 동조, 윤필병 등과 함께 연명 상소한 일로 삭출되었다. 이후 비변사제조와 대사성, 대사간, 형조판서를 역임했고 1817년 동지사로 북경을 다녀왔다. 1824년 함경도관찰사로 재직 중 임지에서 세상을 떠났다. 시문詩文에 뛰어나 정약용 등과 함께 죽란시사에서 활동했다.

前後持臣者, 一則臣子之遭辛酉僞通也, 一則臣身之爲蔡濟恭腹心也. 臣於
濟恭, 童年受業此言渠於要婦之時, 自新昌入京, 無一字受業之事. 或有科文考終之事, 而自托師
生之義. 其亦累矣. 其兄如此, 而每曰師生. 崔顯重·韓致應亦如此, 其趨附權勢, 足可唾鄙, 出入
其門, 殆四十載. 矧又秉執所同, 進退亦同, 先朝之所取於臣者在此, 而抑亦擧
世之所共知也.

한漢나라 법이 비록 관대하지만 오히려 문생을 함께 연좌하는 법
률이 있었으니, 채제공이 죄를 입던 날에 신이 어찌 편안할 수 있었겠
습니까? 조만간 재앙과 액운이 혹여 닥칠 줄 진실로 알았지만, 거짓
통문목인수와 한재유의 통문이다이 나온 뒤에 신의 자식이 마침 요절하였
으니, 평소 신을 시샘하고 질시하던 자들이 기화奇貨로 여겨 '이 기회
에 오명을 씌우면 굳이 내 칼날과 도끼에 피와 기름을 묻히지 않아도
악취를 쐬고 오물이 묻은 것처럼 될 테니, 가령 듣는 자들은 사실인지
아닌지 긴가민가할 테지만 이익운은 밝힐 만한 증거도 없고 벗어날
길도 없을 것이다'라고 여겼습니다.

漢法雖寬, 尙有門生隨坐之律, 則濟恭聲罪之日, 臣安得晏然而已乎? 朝暮
禍阸, 固知倘來, 而第臣子之夭, 適在僞通之後睦仁秀·韓在維通文, 則平日
[49/24a] 之媚嫉臣者, 視作奇貨, 以爲 '因此汚衊, 則不待血吾刃膏吾斧, 而如
薰惡臭, 如蒙不潔, 使聽聞者, 似有似無, 其然不然, 無證可明, 無路可脫.'

머지않아 이윤행이 상소하여 오로지 거짓 통문을 증거로 삼았습니
다. 앞에서 거짓 통문을 내고, 뒤이어 대각에서 상소하여 앞뒤로 호응
하는 모양새를 만들려고 한 것입니다. 신의 자식이 모함을 당한 근본
원인은 오로지 이 거짓 통문이고, 거짓 통문으로 폭로한 정상이 또한
이 글 속에 있습니다. 그러므로 이처럼 번거롭게 해드렸으니, 신이 더

더욱 죽을죄를 지었나이다……."

未幾李允行之疏出, 而專以僞通, 把作證左, 其先發僞通, 繼進臺章, 要作
前後照應之茅殿. 臣子之被誣根因, 惟此僞通. 而僞通之呈露情狀, 亦在此書.
故有此煩猥, 臣尤死罪云云."

전교하였다.

"자기를 위해 원통함을 호소하는 것도 좋고, 자식을 위해 억울함을
푸는 것도 괜찮다. 어찌 조정에서 안 된다고 하겠는가? 하지만 이제껏
몇몇 공경과 재신들이 연명으로 상소한 거조채제공을 위해 변명하는 상소
다**265**는 전에 없던 괴이한 습속이다. 그때 처분이 내린 뒤에도 두려워
하며 삼가는 생각도 없이 다시 한 유신儒臣의 상소가 있었으나, 그의
지위가 낮고 생소한 까닭에 특별히 너그럽게 용서하였었다.**266** 이번
글이 또 나오니, 이 사람은 벼슬이 그 사람에 견줄 바가 아닌데도 감
히 이 같은 습속을 한단 말인가? 오늘 연석筵席에서 대신에게 하교한
바가 있으니, 재임용은 재임용이고, 기강은 기강이다. 지사 이익운에

---

265 채제공을 위해 변명하는 상소다: 윤필병, 최헌중, 한치응이 연명하여 채제공의
삭탈관직이 억울하니 풀어줄 것을 청원한 상소를 말한다.

266 몇몇 공경과 재신들이 …… 용서하였었다: 몇몇 공경과 재신들은 최헌중, 한치
응 등을 말하며 한 유신은 유하원柳河源을 가리킨다. 1806년 11월 10일 행도
승지 이조원李肇源과 행호군 윤필병 등이 상소하여 채제공의 억울함을 호소했
는데, 격례에 근거가 없어 이를 퇴각退却했다고 했다.《승정원일기》1806년 11월
10일) 윤필병 등의 상소에는 서너 명의 재신宰臣이 군함軍銜으로 연명했다고 했
는데, 최헌중과 한치응이 이에 포함된 것으로 보인다. 수찬 유하원이 1807년
9월 4일 상소를 올려, 채제공이 죄적罪籍에 오른 지 오래되었는데 신원이 되지
않아 그의 제자로서 얼굴을 들고 관직에 있을 수 없다며 사직을 청했다.《승정
원일기》1807년 9월 4일)

게 간삭의 법을 시행하라."

教曰: "爲己訟冤可也, 爲子伸誣可也. 朝家何爲不可乎? 向來數三卿宰聯疏之擧爲蔡相辨疏也, 卽無前之怪習. 伊時處分之後, 不有悚蹙之意, 復有一儒臣之疏, 而爲其位卑生疎之故, 特爲寬恕. 此章又出, 此人官位非其人之比, 而敢售此習乎? 今筵有所下敎於大臣者, 起廢自起廢, 紀綱自紀綱, 知事李益運施以刊削之典."

[57]
옥당에서 연명으로 올린 차자 玉堂聯箚 ²⁶⁷
이석우 李錫祐, ²⁶⁸ 이지담 李之聃, ²⁶⁹ 서유망 徐有望, ²⁷⁰ 서용보 徐龍輔, ²⁷¹ 홍대호 洪大

---

267 옥당에서 연명으로 올린 차자: 응교 윤정렬, 교리 이석호, 서유망, 부교리 이지담, 수찬 홍대호, 부수찬 서능보, 홍면섭 등이 올린 차자가 《승정원일기》 1807년 12월 15일자 기사에 실려 있다.

268 이석우:《승정원일기》에는 이석호李錫祜(1762~?)로 되어 있다. 이석호는 본관은 용인, 자는 군범君範이다. 부친은 이보천李普天이다. 가주서, 지평, 부사직, 수찬, 장령, 교리, 좌통례, 회양부사, 대사간, 병조참의, 동부승지, 대사간, 우부승지, 병조참판, 호조참판 등을 역임했다.

269 이지담(1741~?): 본관은 연안, 자는 이수耳叟다. 부친은 이만휴李萬庥이며, 장인은 김광우金光遇다. 충주에 거주했다. 1783년 생원시에 합격하고, 1784년 문과에 급제했다. 감찰, 정언, 부사과, 지평, 부교리, 수찬, 교리, 부사직 등을 역임했다.

270 서유망(1766~1813): 본관은 대구, 자는 표민表民이다. 부친은 서형수徐逈修이며, 모친은 김원행金元行의 딸이다. 1783년 생원시에 합격하고, 1803년 문과에 급제해 수찬, 암행어사, 정언, 대사성 등을 역임했다.

271 서용보(1757~1824): 본관은 대구, 자는 여중汝中, 호는 심재心齋다. 판서 서유령徐有寧의 아들이다. 1774년 생원시와 문과에 급제하고, 규장각직각, 사은부사, 경기도관찰사, 규장각직제학, 좌의정, 사은사, 영의정 등을 역임했다.

浩,**272** 윤정렬 尹鼎烈,**273** 홍면섭 洪冕燮,**274** 이정병 李鼎秉 **275**은 이견을 냈다.

李錫祜, 李之聃, 徐有望, 徐龍輔, 洪大浩, 尹鼎烈, 洪冕燮, 李鼎秉立異.

간추리면 이러하다.

"무릇 오늘 전하의 조정에 북면北面한 자라면 누군들 채제공을 역적으로 여기지 않겠습니까? 대저 어찌 공의公議를 등지고 당여黨與를 위해 죽는 습속이 갈수록 더욱 심해지는 것입니까? 처음엔 세 재신宰臣 윤필병 尹弼秉,**276** 최헌중, 한치응이 원통함을 호소하는 일**277**이 있었고, 중

272 홍대호(1755~1818): 본관은 풍산, 자는 강중剛中이다. 부친은 홍철보洪哲輔다. 모친은 강세륜의 아들 강병흠姜秉欽의 딸이다. 정약용은 홍대호의 작은아버지 홍화보洪和輔의 사위로, 홍대호의 종매서從妹壻 관계가 된다. 원주에 거주했다. 1783년 진사시에 합격하고, 1803년 문과에 급제했다. 가주서, 병조좌랑, 지평, 정언, 부교리, 수찬, 집의, 응교, 사성, 사간 등을 역임했다.

273 윤정렬(1774~?): 본관은 해평, 자는 여수汝受다. 증조부는 백하白下 윤순尹淳의 형 윤유尹游이고, 부친은 윤기동尹耆東이다. 1800년 문과에 급제해 부교리, 수찬, 응교, 관서안핵사, 승지, 형조참의, 부제조, 대사간 등을 역임했다.

274 홍면섭(1761~?): 본관은 남양, 자는 원장元章이다. 부친은 홍병적洪秉迪이다. 1803년 문과에 급제했다. 벼슬은 가주서, 전적, 병조좌랑, 정언, 지평, 공충도사, 지평, 수찬, 교리, 사간, 응교, 대사성, 대사간, 경주부윤, 우부승지, 병조참의, 예조참의, 정주목사 등을 역임했고, 1810년에는 동지사 서장관으로 청나라에 다녀왔다.

275 이정병(1759~1834): 본관은 여주, 자는 이집彝執, 호는 금파琴坡다. 부친은 이헌백李憲百이다. 경주 양좌동良佐洞 출신으로 유치명柳致明의 문인이다. 1786년 문과에 급제해 휘릉별검, 원릉별검, 의령고주부, 병조좌랑, 지평, 정언, 병조정랑, 수찬, 현풍현감, 부교리, 집의, 사성, 병조참지, 동부승지, 우승지, 풍천부사, 돈녕부도정, 형조참판, 한성좌윤 등을 역임했다.

276 윤필병(1730~1810): 본관은 파평, 자는 이중彝仲, 호는 무호암無號庵이다. 판서 윤이제尹以濟의 증손으로, 조부는 윤기경尹基慶이다. 부친은 윤사용尹師容이며, 초취는 홍길보洪吉輔의 딸, 재취는 한덕기韓德箕의 딸이다. 1765년 사마시에 합격하고, 1767년 정시 문과에 병과로 급제해 정언, 종부시주부, 성균관직

간에는 유신儒臣이 스스로 선을 그은 상소가 있더니, 이익운의 상소가 나오기에 이르러서는 아무 거리낌 없음이 극도에 달하였습니다. 간삭한 죄인 이익운은 먼저 유배 보내는 법전을 시행하소서."

畧曰:"凡今日北面於殿下之庭者, 孰不以濟恭爲逆? 而夫何背公死黨之習, 愈往愈甚? 始焉有三宰臣尹弼秉·崔獻重·韓致應鳴冤之擧, 中焉有儒臣自劃之章, 至 [50/24b] 於益運之疏出, 而無忌憚極矣. 請刊削罪人李益運爲先施以竄配之典."

[58]
지사 목만중의 상소문 知事睦萬中上疏 278

같은 달 19일

同月十九日

삼가 아룁니다. 신은 나이가 80이 넘고 몸에는 온갖 재앙이 얽혀, 한 줄기 숨이 남았다 하나, 밥 먹는 시체요 말하는 귀신일 뿐입니다.

강, 예조정랑, 지평, 장련현감을 지냈다. 1786년에는 다시 친림춘당대 중시重試에 병과로 급제해 당상관堂上官이 되어, 첨지중추부사, 병조참지, 안악군수, 좌승지, 동래부사가 되었다. 이후 대사간, 형조참판, 강원도관찰사 등을 역임했다. 1801년 신유박해 때 호군의 직책으로 100여 명을 거느리고 척사소를 두 번이나 올렸으며, 서학을 배척해 1802년 이가환과 이승훈의 가족을 노비로 삼아야 한다고 주장했다. 이로 인해 파직, 문외출송되어 서울을 떠나 포천으로 돌아가서 여생을 보냈다. 성재性齋 허전許傳이 행장行狀을 지었다.

277 원통함을 호소하는 일: 원문에는 없다. 《승정원일기》 1801년 12월 15일 기사에 근거하여 '鳴冤之擧' 4자를 보충해 번역했다.

278 지사 목만중의 상소문: 목만중의 《여와집餘窩集》 권14, 〈이익운소후변척소李益運疏後辨斥疏 정묘십이월丁卯十二月〉이다. 글은 1807년 12월 19일에 썼다. 《일성록》 해당 일자에 이 상소문의 핵심 내용을 수록하고, 끝에 비답을 달았다.

세밑에 문후하고 하례 드리는 반열에서 죄와 허물만 쌓았으니, 지금 세상의 중요치 않은 일들이야 어찌 염두에 두겠습니까? 하지만 금번 이익운의 상소는 많은 사람이 떠들썩하게 모두 세상의 변고라고 일컫고 있습니다. 그가 임금은 안중에도 없이 조정을 떠보려 한 죄는 이미 옥당의 차자와 대간의 계사에 자세하오니, 신처럼 늙어빠진 자가 다시 자세히 아뢸 필요는 없을 것입니다. 하나 평소 사학 하는 자들과 가까이 지낸 죄를 덮어 가리고 그 자식이 사학에 빠진 행적을 숨기고자 하여 종이에 가득 장황하게 늘어놓았습니다. 그 구절 중에 신을 꼬집어 나무란 말이 있을 뿐 아니라 실로 세도에 무궁한 근심이 있는지라, 늙고 혼미하다고 자처하면서 말없이 잠자코 있을 수만은 없었습니다. 이에 감히 염치를 무릅쓰고 소장을 올리니, 백성의 뜻을 안정시키고 세도를 하나로 만드는 계책에 작은 도움이라도 되기를 바라나이다.

伏以臣年踰八旬, 身罹百殃, 綫息雖存, 卽一飯屍語鬼. 終歲候賀之班, 罪戾徒積, 當世汗漫之事, 慮念豈到? 而今玆李益運之疏, 萬口譁然, 皆稱世變. 若其眼無君父, 嘗試朝廷之罪, 已悉於堂箚臺啓, 如臣朽敗, 不必更事覼縷. 而至於欲掩平日黨邪之罪, 欲諱其子陷邪之跡, 滿紙張皇. 非但句語之箚着臣身, 實有世道無窮之慮, 不容以老耄自處, 泯默無言. 玆敢冒陳章, 庶幾少補於定民志壹世道之策焉.

그는 상소에서 자식을 위해 원통함을 호소한다고 하였지만, 전체 글의 주된 내용은 죄다 달아나 숨으려는 계획입니다. 그의 아들이 이름이 지목되어 적발된 일을 가지고, 원망을 오로지 신유년의 유통儒通[279]에다 귀결시켰는데, 이때 통문을 낸 두 선비는 모두 신에게 객사를 주고서 수업을 들었으니,[280] 신이 어찌 애초에 들어 알지 못할 리가 있겠습니까?

渠疏稱以爲子訟寃, 全篇主意, 無非逃閃之計. 以其子之指名摘發, 仇怨專
在於辛酉儒通. 而伊時發通兩儒, 皆授館於臣, 受業於臣, 則臣豈有初不聞知之
理乎?

그가 아들을 위해 변명을 펴고자 한다면, 진실로 통문 속에 어떤
일이 원통하고 어떤 일이 무함인지 콕 짚어내어 스스로 해명하는 방
도로 삼아야 했습니다. 만약 스스로 해명할 말이 없다면 그저 허물을
돌이켜 죄를 이고서 스스로 새로워지려는 계획으로 삼아야 하는데,
계책이 여기에서 나오지 않고 한갓 자잘한 지혜와 어쭙잖은 영악함을
믿고 본래의 일은 온전히 묻어버리고 하소연하듯 나무라는 듯 모호하
고 터무니없이 말하였으니, 비록 공교로움으로 자신을 가리고 싶어도
하늘을 속이는 것이 신하로서 가장 큰 죄라고 생각하지 않는단 말입
니까? 아아! 그가 스스로를 반성하지 않음이 심하다 하겠습니다.

渠欲爲子伸辨, 則固當就通文中拈出某事爲寃, 某事爲誣, 以爲自明之道.
如其無辭自明, 唯當追愆戴罪, 以爲自新之圖, [51/25a] 計不出此, 徒恃其小智
細點, 全沒本事, 胡辭譸說, 如訴如詈, 雖欲巧自掩諱, 獨不念欺天爲人臣極罪
乎? 噫噫甚矣, 其不自反也.

279 신유년의 유통: 이익운과 이명호 부자에 대한 유생들의 통문이다. 이명호는 황
사영, 이가환 등과 친밀하여 천주교에 관련되었으며 이익운은 이를 은폐했다
고 지적했다. 상세한 내용은 남아 있지 않으나 여러 상소문에서 이 일을 언급하
고 있다. 《승정원일기》 1801년 4월 2일, 21일, 24일, 10월 21일, 26일, 12월 24일 / 1807년
12월 19일) 이익운은 이 유통이 향리에 있는 유생의 이름을 빌린 거짓 통문이라
고 주장했다.

280 통문을 낸 두 선비는 …… 들었으니: 당시 성균관에 통문을 돌려 이익운 부자의
일을 상세히 논한 두 유생은 목만중의 학도라고 했다. 《여와집》 권23 부록)

신이 먼저 이 일에 대해 변정하여 논파하고 대략 전말과 시비에 대해 언급해보겠습니다. 을묘년(1795, 정조19)에 사학을 다스릴 때,[281] 그 아들은 아비를 버리고 달아났다가 일이 지나간 뒤에야 비로소 돌아왔습니다. 단지 전하는 이야기가 낭자할 뿐 아니라, 이미 호남 유생들의 통문에도 올랐습니다. 두 집에 혼자 살면서 두 집을 서로 연결하고, 별원別院을 사서 차지하고는 날마다 사학 하는 무리와 모임을 갖고 법회法會(미사)를 열었습니다. 사사로이 자신의 표호標號를 가수헌嘉樹軒이라 하였으니, 가수헌이라는 세 글자는 여러 차례 황사영의 공초에 들어 있습니다. 그의 형 이정운은 바로 그 아들의 생부입니다. 그가 죽자 사학의 괴수인 이가환은 친척도 아니고 스승이나 학생도 아닌데도 그를 위해 상복을 입어, 사람들이 모두 놀라 쳐다보았지만, 정작 이익운은 편안하여 괴이하게 여기지 않았습니다. 진실로 혈당이나 죽기로 약속한 벗이 아니라면 어찌 이에 이르겠습니까?

臣請先就本事辨破, 署及於顚末是非焉. 當乙卯治邪之時, 其子棄父逃走, 事過始還. 非但傳說狼藉而已, 已登於湖南儒通矣. 兩家獨身, 二宅相連, 而買占別院, 日與邪徒, 聚會設法. 私自標號曰嘉樹軒. 嘉樹軒三字, 屢入嗣永之招者是也. 渠兄鼎運, 卽其子之生父, 而其死也, 邪魁家煥, 非親戚非師生, 而爲之加麻, 人皆駭矚, 而渠則恬然不怍. 苟非血黨死友, 豈至是乎?

그 아들이 아비로 섬긴 자는 홍낙민이고, 사귐을 맺었던 자는 황사

---

281 을묘년에 사학을 다스릴 때: 을묘년 사옥邪獄 혹은 을묘박해라고도 한다. 을묘년에 청나라 주문모 신부를 체포하려다 놓친 실포 사건을 계기로 전개된 천주교 박해의 옥사다. 이 사건으로 윤유일, 지황, 최인길 등이 순교했다. 《신편한국사》35, 〈조선 후기의 문화〉, 국사편찬위원회)

영과 이학규입니다. 다만 지휘하는 대로 따르고, 기쁨과 슬픔을 같이 하였으니, 이는 실로 귀와 눈이 있는 자라면 익히 알고 있는 바입니다. 무릇 이 몇 가지 일만큼은 그가 비록 교활하고 영리하다 해도 감히 한 마디도 스스로 해명하지 못할 것입니다. 그런데도 유독 거짓 통문이라 지목하여 핑계를 댈 구실로 삼으니, 그 계획이 또한 허술합니다. 그의 아들은 대체로 사학의 우두머리가 체포된 뒤에도 그 아버지가 약간 세력이 있다는 이유로 홀로 법망을 벗어났습니다. 대저 우두머리들이 점차 제거되고 흉악한 무리가 숨을 죽이게 되자, 사람마다[282] 음험한 화기가 시원스레 사라지는 것을 거의 볼 수 있었는데, 스스로 재상의 아들인 점에 기대어 다시 도망자들의 소굴을 만들었습니다. 쥐구멍을 막지 않으면 매서운 불꽃이 장차 집집마다 퍼지게 될 테고, 게구멍을 막지 않으면 큰 물결이 반드시 하늘까지 덮칠 것입니다.

其子之所父事者, 樂敏也. 所交結者, 嗣永‧學逵也. 唯指揮是聽, 唯休戚是同, 此實有耳目者之所稔知也. 凡此數事, 雖以渠之狡黠, 不敢措一辭自明. 而獨指僞通以爲藉口之欄柄, 其計亦疎矣. 蓋當邪魁就捕之後, 以其父之畧有勢力, 獨爲漏網. 及夫巨魁稍翦, 凶黨屛息, 人人庶幾見陰沴之快消. 而自倚宰相之子, 復作逋逃之藪. 鼠竇不塞, 烈焰將至延屋, 蟹穴不防, 洪濤必至滔天.

이러한 때에는 급히 대승기탕大承氣湯[283]을 마시지 않을 수가 없습

---

282 사람마다: 원문에는 없다. 《승정원일기》 1807년 12월 19일자 기사에 근거하여 '人人' 2자를 보충해 번역했다. 이하 원문에 없어 보충한 글자는 [ ], 수정한 글자는 ( )로 표시했다. ( ) 안이 바로잡은 글자다.

283 대승기탕: 주희朱熹가 여조겸呂祖謙에게 보낸 편지 중에 "대승기탕을 써야 할 증세에 사군자탕을 쓰려고 하니, 어떻게 적합한 처방이 될 수 있겠는가(大承氣

니다. 그래서 외부에서 선비를 찾지 않고, 신의 집에 거주하고 있는 문하의 한 유생을 골랐는데, 스스로 통수通首가 되었습니다. 한 유생은 일 때문에 잠시 나갔으나, 바야흐로 그가 집에 있을 때 의견이 모두 부합하였고, 평소에 강론한 내용이었으므로 또한 그 이름을 쓰고는, 즉시 지방에 가는 인편을 통해 편지로 알렸던 것입니다. 저 유생이 조금이라도 다른 견해가 있어 놀라 괴이하게 여겼다면, 어찌 노한 기색과 꾸짖는 말로 즉시 절교를 고하지 않고, 이제 거의 10년이 되도록 신의 집에서 잠자고 머무르면서 조금도 기미가 없었겠습니까?

此時不得 [52/25b] 不急下大承氣湯也. 故士不外索, 取之門下一儒生現住臣家, 自爲通首. 一儒生則因事暫出, 而方其在家時, 意見悉符, 講討有素, 故亦書其名, 卽因鄕便書報. 彼儒生稍有異同, 果爲驚恠, 則豈不怒色誶言, 卽地告絶, 而今幾十年, 宿留臣家, 少無幾微?

이익운이 말한 '소매 속에 넣어와서 보여준 편지가 아직도 있다'라고 한 내용은, 대개 들어보니 그 편지는 이익운이 분주히 자신을 받드는 집안의 문객을 시켜서 속여 낚아채간 것입니다. 그 유생은 끝까지 이익운을 찾아가 본 적이 없고, 유생의 아비가 작년 가을 서울에 들어오자 여러 가지로 유혹하여 그가 와서 조문하도록 하였다 하니, 일의 진행이 비밀스럽고 마음씀이 교활함을 살펴보기에 충분합니다. 그런데도 이제 교묘하게 끌어맞춰 말을 만들어 임금을 속이려 드니, 임금

證, 却下四君子湯, 如何得相當)"라고 한 말을 인용한 것이다. 《회암집晦庵集》 권34, 〈답여백공答呂伯恭〉) 대승기탕은 급한 증세에, 사군자탕은 진기가 허약한 경우 쓰는데, 시사時事가 급박하여 시급한 조처를 취해야 했음을 비유한 것이다.

께 고하는 체모體貌가 과연 이렇단 말입니까? 거짓으로 말을 하여 그런 일이 없었다고 헛소리를 만들어내고, 그런 사람이 없다면서 사칭이라고 하니, 이 일의 본말은 이와 같은 데 불과합니다. 그가 어찌 감히 거짓이란 글자를 여기에다 더한단 말입니까? 그 아들이 죽은 것은 더도 말고 덜도 말고 바로 통문이 나온 이튿날입니다. 아무 병이 없던 젊은이가 아침에 말을 타고 들어갔다가 저녁에 시체로 나왔으니, 사람들이 모두 의아해하였습니다. 그래서 삼사三司 중에 유한녕과 박명섭 같은 이는 상소에서 모두 분명하게 말하고 드러나게 배척하였으며, 호군 최중규 또한 이에 대해 말하였으니,[284] 단지 이윤행 한 사람뿐만이 아니었습니다.[285]

益運所云: '袖書來見, 其書尙在者.' 盖聞, 其書則益運使其客奔走効力者, 賺取攫去, 而其儒生, 則終始不爲往見. 儒生之父, 昨秋入見(京), 則多方句引, 使之來吊. 適足見其做事之詭秘用心之巧黠. 而今乃湊合爲言, 欺罔天聽, 告君之體, 果如是乎? 僞之爲言, 無其事而做謊, 無其人而假稱之謂[也], 此事本末, 不過如此(是). 渠何敢以僞字加之乎? 其子之物故, 不先不後, 正在通文翌日. 無病少年, 朝焉騎馬而入, 暮以屍出, 人皆致訝. 故三司中如兪漢寧·朴命燮之疏, 皆明言顯斥, 而護軍崔重奎亦言之, 不但李允行一人而[已].

---

284 삼사 중에 …… 말하였으니: 교리 박명섭과 대사간 유한녕은 각각 1801년 10월 21일, 12월 24일 이익운을 찬배竄配하라고 상소했다. 《승정원일기》 1801년 10월 21일, 12월 24일) 최중규가 말한 내용은 앞 [54]에 나온다.

285 단지 이윤행 …… 아니었습니다: 지평 이윤행은 상소에서, 유통이 나오자 이명호가 스스로 죄를 피할 수 없어 자폐하였으며, 이익운은 겉으로 사학을 배척하는 척하면서 은밀히 도왔다고 주장했다. 《승정원일기》 1801년 4월 21일)

지금 그가 원망하고 욕하며 원수처럼 보는 사람은 다만 유생의 통문과 관련이 있는데, 유생의 통문에서 죄를 논한 말에 '살殺' 자가 한 번이라도 나온 적이 있었습니까? 당시에 혹 죄수의 공초 때문에 감옥에 붙들려간 자라도 만약 회개하는 뜻으로 공초를 바칠 경우 대부분 감죄勘罪하는 경우가 많았습니다. 가령 그 아들이 끝까지 세력을 믿고 멋대로 굴어 홍낙민과 황사영을 위하였다면 세도世道의 큰 변고였을 테고, 만약 뉘우쳐서 죄가 없음을 밝혀 마침내 벗어날 수 있었다면 그 집안의 큰 다행이었을 것입니다. 홀연히 갑작스레 죽는 경우를 어찌 생각이나 하였겠습니까?

今其怨詈仇視, 獨在儒通, 而儒通論罪之語, 何嘗及一箇殺字耶? 當時或以囚招逮獄 [53/26a] 者, 若以改悔納供, [則]率多輕勘. 苟使其子, 終始怙終(縱), 爲樂敏爲嗣永, 則世道之大變也. 若能悛悔發明, 終至得脫, 則渠家之大幸[也]. 忽然徑斃, 夫豈意慮之所及?

그가 상소에서 '사실인지 아닌지 긴가민가하다'라는 등의 말은 바로 그의 속내를 그려낸 것이니, 어찌 다시 다른 사람이 꼬치꼬치 말할 필요가 있겠습니까? 그가 '여러 번 나왔다〔屢出〕'고 할 때의 '여러 번〔屢〕'이란 글자를 가지고 사실과 어긋난다고 하면서,**286** 오직 흉악한 홍재영의 공초만 끌어대어 스스로 벗어나려는 계획으로 삼았습니다. 홍재영의 공초에는 '서학을 함께 배운 사람은 정동에 사는 이명호인

---

286 그가 '여러 번 …… 어긋난다고 하면서: 1807년 12월 13일 이익운이 올린 상소에서 "신의 자식 이름이 여러 번 옥사의 공초에 올랐다고 하는데, 여러 번이란 말은 사실이 아닙니다. 한 번 홍낙민의 아들 홍재영의 공초에서 나왔는데……" 라고 한 말을 가리키다. (《승정원일기》 1807년 12월 13일)

데, 작년 가을에 가서 이명호를 보았습니다'라고 하였습니다. 이제 앞 구절의 '함께 배웠다'란 말은 잘라내고, 성상에게 아뢰는 상소에서 단지 뒤 구절의 모호한 말만 진달하였으며, 또 황사영의 공초 같은 것은 그냥 두고 논하지 않았으니, 아무리 위로 전하를 속이고자 하지만 유독 천지와 귀신은 두렵지 않다는 것입니까?

渠疏所云: ‘似有似無, 其然不然’等語, 卽是畫出渠心曲, 更何待他人索言也? 渠以屢出之屢字, 謂之爽實, 獨引獰(梓)榮之招, 爲自脫之計. 而梓榮之招, 有曰: ‘同學者貞洞李明鎬, 而上年秋, 往見明鎬.’云云. 而今乃截去上句同學之語, 只陳下句糢糊之語於告君之辭. 又如嗣永之招, 存而不論, 雖欲上欺天聽, 獨不畏天地鬼神乎?

석작石碏이 어찌 어진 아비가 아니겠습니까마는, 아들 석후石厚의 죄악을 감춘 적이 없었고,[287] 치음郗愔도 자식을 아끼지 않은 자는 아니었지만, 아들 치초郗超의 죄를 듣고 덮지 않았습니다.[288] 어찌 이 같은 의리로 그를 꾸짖을 수 있겠습니까마는, 신이 더욱 놀랍고 통분하는 점은 그가 감히 선왕께서 그 아들에게 이름을 내려주고 그 자신이 오래도록 어전에서 모셨던 일을 가지고[289] 명망에 기댈 거리로 삼은

---

287 석작이 어찌 …… 감춘 적이 없었고: 춘추시대 위衛나라 현대부賢大夫 석작의 아들 석후가 공자公子 주우州吁와 함께 위환공을 시해하자, 석작이 치밀하게 계획을 세워 공자 주우와 자기 아들 석후를 잡아 죽인 일을 말한다.

288 치음도 자식을 …… 덮지 않았습니다: 치감郗鑒은 진나라에 충성을 바친 명신이었다. 그의 손자인 치초는 환온桓溫의 참모가 되어 역모에 가담하였으므로, 그의 부친인 치음이 아들의 죽음을 접하고서도 일찍 죽지 않았다고 탄식하며 곡을 하지 않았다는 고사에 나온다. 《진서晉書》 권67 〈치감열전郗鑒列傳〉

289 선왕께서 그 아들에게 …… 일을 가지고: 1807년 12월 13일 이익운은 상소에

것입니다. 그 또한 선왕의 신하인데 어찌 이토록 무엄하단 말입니까? 사리분별을 못하는 어리석은 한 어린아이가 마침내 사학에 물들 줄 어떻게 어릴 적부터 미리 알 수 있단 말입니까? 하나 그는 선왕 때 세상에 드문 은혜를 입었고, 선왕께서 사학을 배척하는 하교를 받들고도, 받자와 선양할 생각은 하지 않고 집안에서 사학을 양성하였으니, 아무리 적발할 수 없었다지만 금지하지도 못하였겠습니까? 아무리 금지할 수는 없었다지만 일이 발각된 뒤에 감히 다시 덮어 가려 지켜 준단 말입니까?

石碏豈非慈父, 而未嘗諱子厚之惡. 郗鑒(愔)非不愛子, 而不聞掩兒超之罪. 豈可以此等義理, 責之於渠? 而臣之尤所駭憤者, 渠敢以先朝錫名於其子, 渠身之久侍香案, 爲藉重之資, 而渠亦先朝臣子, 何乃無嚴至此? 狂騃一童子之終染邪學, 何以預燭於蝌蚪(科斗)時耶(也)? 渠旣荷先朝罕世之恩, 承 **[54/26b]** 先朝斥邪之敎, 而不思對揚, 釀成邪學於家室之內, 雖不能摘發, 獨不能禁止, 雖不能禁止, 忍復掩護於事發之後乎?

행적을 가지고 심보를 논하자면, 그 죄는 몸소 지은 것보다 가볍습니다. 그가 상소에서 심환지와 김관주金觀柱에게 해를 입었다고 말하지만, 심환지가 권세를 잡고 있을 때 처음에는 높은 직임에 발탁되었고 뒤이어 관찰사가 되었으니,**290** 쉬파리처럼 꼬이고 이처럼 빌붙은

서, 정조가 그의 아들 이름을 지어주고 자字를 내려주었으며 오랫동안 어전에서 모시는 은혜를 입었다고 했다. 《승정원일기》 1807년 12월 13일)

290 심환지가 권세를 …… 되었으니: 이익운은 1800년 8월 29일 이조참판에서 공조판서로 승진시켜 발탁되었고, 1801년 1월 27일 한성부판윤을 거친 뒤 2월 4일 경기관찰사에 임명되었다. 《승정원일기》 1800년 8월 29일 / 1801년 1월 27일,

행적은 말하지 않고도 알 수 있습니다. 대간의 상소가 준엄하게 나온 뒤에 비변사에서 성상에게 물어 처리하도록 하였는데, 그의 처지를 곡진하게 헤아려 단지 제일 가벼운 처벌²⁹¹을 청하였고, 지극히 통탄하는 말은 거의 없이 애석해하는 마음만 뚜렷이 있었습니다. 심환지와 김관주에게 질시를 받은 자가 또한 이와 같단 말입니까? 그가 한양으로 더디게 돌아온 점이야 무슨 꼭 그래야만 하는 사정이 있었겠습니까? 죄명이 아주 없어지지도 않았는데 아비가 죽어 막 장례를 치르자마자 바쁘게 와서 한강변 누각을 차지하니, 식자들이 진실로 소란 피우는 습성을 염려하였습니다.

以跡論心, 其罪有浮於身犯矣. 渠疏以見害於煥·觀爲言, 而煥之當路之日, 先之以陞擢, 繼之以按藩. 蠅營蝨附之跡, 不言可知. 臺疏峻發之後, 廟堂稟處, [而]曲爲渠地, 只請末勘, 畧無痛惋之辭, 顯有愛惜之心, 見嫉於煥觀者, 固(亦)如是乎? 渠之遲回京輦, 有何不可但已之事? 而罪名未盡除, 父死纔葬, 忙忙來據江樓, 識者固已慮[其有]不靖之習矣.

얼마 되지 않아 사학의 떨거지들이 날뛰어 인심이 궤멸되자, 이번 달에 통문을 하나 내고, 다음 달에 상소를 하나 올려 온갖 계략을 펼쳤으니, 순전히 모습을 바꿔가며 이가환 등 여러 사적을 비호한 것입니다. 공격당한 자는 모두 평소 사학을 배척하던 사람들이고, 어지러

2월 4일) 이때는 심환지가 영의정으로 있던 기간이다.
291 가벼운 처벌: 이익운의 아들 이명호가 천주교와 관련되었다는 공초가 여러 죄수 사이에서 나왔고, 이익운이 채제공의 조아爪牙였다는 이유 등으로 탄핵을 받아 1801년 4월 24일 경기감사에서 파직되고, 10월 26일 방귀전리의 처벌을 받았다. 《승정원일기》 1801년 4월 24일, 10월 26일, 12월 24일)

송담유록

이 떠들어댄 사람은 모두 그 집안을 따르며 붙좇던 무리들이었습니다. 지목을 한 몸에 받고, 종적을 가리기가 어려워지자, 마침내 스스로 상소를 올려 진짜 속셈이 모두 드러났습니다.

曾未幾何, 邪孽跳踉, 人心潰裂, 今月一通, 來月一疏, 排鋪機括, 純是幻身護法於家煥諸賊. 被攻者, 皆平昔斥邪之人, 噂沓者, 皆渠家趨附之徒. 指目有歸, 踪跡難掩, 畢竟渠自投疏, 眞贓畢露.

그의 상소를 살펴보니, 위로는 선왕께 입은 성대한 총애를 자랑하였으니, 바로 여혜경呂惠卿[292]이 울면서 선제先帝를 일컬어 임금의 마음을 흔들려고 썼던 술수입니다. 아래로는 평소에 사학을 배척한 엄격함을 뽐냈으니, 이는 바로 가계춘賈繼春이 남기南畿에서 상소를 올려 위충현魏忠賢의 당화黨禍에서 벗어나려고 썼던 묵은 지혜입니다.[293] 오욕이 몸에 가득한데도 오히려 스스로 온갖 계교로 나아가려 함은

292 여혜경: 송나라 신종神宗 때의 간신으로, 왕안석王安石에게 발탁되었으나 후에 왕안석을 배척하다가 외방으로 쫓겨났다. 철종이 즉위하자 청대하여 입시한 자리에서 울면서 선제 때의 일을 말함으로써 다시 도성으로 들어오고자 도모하였으나, 철종이 정색하고 대답하지 않아 계획을 이루지 못했다. 《송사宋史》

293 가계춘이 남기에서 …… 묵은 지혜입니다: 가계춘은 명나라 하남 신향新鄕 사람으로, 만력萬曆 38년(1610) 진사가 되었다. 처음 좌광두左光斗, 양련楊漣 등이 광종의 총애를 받았던 선시選侍 이씨李氏가 위충현과 결탁해 조정의 실권을 장악하려 하기에 그들을 건청궁에서 떠나도록 압박한 사건인 이궁안移宮案에 대해 양련을 비난했다. 나중에 공론이 양련을 옹호하는 것을 보고 자신의 글이 본뜻이 아니었다고 해명했지만, 이 일로 제명되어 영구 금고禁錮에 처해졌다. 위충현이 정권을 잡자 소환되어 다시 양련을 극렬하게 비난했는데, 숭정崇禎 초에 남기에서 학교를 순시하던 차 위충현이 필패할 것을 알고 상소하여 엄당閹黨 최정수崔呈秀 등을 탄핵했다. 나중에 역안逆案에 들어 도徒 2년에 처해지자 원한을 품고 죽었다. 《명사》〈가계춘열전〉

예나 지금이나 한가지이니 참으로 가엾습니다.

지금은 신유년(1801, 순조1)에서 오래 지나지 않았는데도 정론이 점차 소멸되어간다는 탄식이 있고, 사학의 불씨는 다시 치성할 근심이 있습니다. 그런데도 조정 신료들과 일반 유자들 사이에서는 '사학 하는 무리가 이미 모두 소탕되었으니 사술이 다시는 유행하지 않을 것이다'라고 여겨, 너그러이 용서하자는 논의를 힘써 주장하면서 그 폐해를 까맣게 잊어버렸습니다. 그래서 저 모종의 사악한 무리들이 남몰래 불어나 은밀히 계책을 꾸몄습니다. 신정神鼎을 주조하지 않자 도깨비가 멋대로 돌아다니고,²⁹⁴ 물소 뿔을 태우지 않으매 수괴水怪들이 모습을 감추어,²⁹⁵ 초목에나 기댔던 부류들이 모두 이익운을 의지처로 삼았으니, 어찌 크게 두려워할 일이 아니겠습니까?

觀其疏, 上誇先朝眷渥之盛, 卽呂惠卿泣稱先帝, 冀動上心之餘術也. 下詫平日斥邪之嚴, 卽賈繼春南畿馳疏, 圖脫鐔禍之故智也. 滓穢滿身, 猶自百計圖進, [55/27a] 今古一轍, 良可哀哉. 今去辛酉未遠, 而正論有漸消之歎, 邪焰有復熾之憂(慮). 朝著之上, 縫掖之間, 謂以邪徒已盡掃蕩, 邪術不復流行, 務主

---

294 신정을 주조하지 …… 돌아다니고:《춘추좌씨전》선공宣公 3년에 "구주九州의 목백牧伯에게 금을 바치게 하여 아홉 개의 솥을 주조해 원방에서 올린 물상을 새겨넣고 백물百物을 새겨넣어, 백성들로 하여금 귀신의 간사한 정상을 알 수 있게 대비했다. 그러므로 백성들이 천택과 산림에 들어가도 불순不順함을 만나지 않았고 도깨비를 만나지도 않았다[貢金九牧, 鑄鼎象物, 百物而爲之備, 使民知神姦. 故民入川澤山林, 不逢不若, 螭魅罔兩, 莫能逢之]"라고 했다.

295 물소 뿔을 …… 모습을 감추어: 진晉나라 온교溫嶠가 적신賊臣들을 토벌하고 우저牛渚에 이르렀는데, 물이 측량할 수 없을 정도로 깊고 물속에는 괴물들이 살고 있다고 했다. 이에 서각에 불을 붙여서 물속을 비추니, 얼마 뒤에 물속에 있던 기이한 모습의 물고기들이 모두 모습을 드러냈다.《진서晉書》권67 〈온교열전溫嶠列傳〉)

寬恕之論, 置之相忘之域. 故彼一種醜類, 潛滋暗售, 神鼎未鑄, 魑魅得以肆行, 通犀不燃, 水怪得以匿形, 依草傳(附)木之類, 皆以益運爲投(依)歸之地, 豈不大可懼哉?

우리 전하께서 이단에 빠진 사람들을 평범한 사람으로 만들려는 의도는 어찌 감화되어 잘못을 뉘우칠 가르침이 아니겠습니까? 덕이 지극히 두텁고, 은혜가 참으로 성대합니다. 진실로 사람의 마음을 가진 자가 이를 듣는다면, 누군들 감격하여 눈물을 흘리지 않겠습니까? 하지만 신의 생각에 이들은 끝내 감화되기 어려울 듯합니다. 지난 잘못을 용서받아 다시금 사람들 무리에 섞여든다면 그들이 끼칠 폐단은 이루 말로 다 할 수 없을 테고, 당시 사학을 일소一掃한 공은 장차 어디서도 찾아볼 수 없게 될 테니, 또한 어찌 거듭 애석하지 않겠습니까? 전하께서 이익운에게서 무엇을 취하셨기에 후환이 없도록 화란의 조짐을 막는 도리를 생각하지 않으십니까? 신은 조만간 땅에 묻힐 사람임에도 여전히 한 줄기 숨결이 끊어지기 전에 차마 평생의 고심을 저버리지 못하여, 감히 세상을 위한 깊고 긴 근심을 잊지 못하여, 주제넘은 말이 여기에 이르렀습니다. 삼가 바라건대, 우리 전하께서는 신을 어리석고 늙었다 하지 마시고 조금이나마 굽어살펴주소서.

我殿下人其人之意, 豈不感懲之論? 德至厚也, 恩至盛也. 苟使有人心者聞之, 則孰不感泣? 而臣恐此輩, 終難率化. 獲蒙湔(劖)拂, 復廁人類, 則其流之弊, 將有不可勝言. 當時廓清之功, 將見無地可尋, 亦豈不重可惜乎? 殿下何取於益運, 而不思防微杜漸之道乎? 臣朝暮入地之人也. 猶且一縷未絶之前, 不忍負平生苦心, 不敢忘斯世深長慮, 妄言至此. 伏願我殿下勿以臣惛耄, 而少垂察焉.

답하였다.

"상소문를 보고 잘 알았다. 이익운의 일은 그 자식을 위한 마음이니 사람이라면 누구나 갖는 정리이고, 경의 말 또한 지나치게 과격하다."

答曰:"省疏具悉. 李益運事, 爲其子之心, 人之常情也. 卿言亦太過激矣."

황사영 백서[296]

黃 嗣 永 帛 書

황사영은 만랑漫浪 황호黃床[297]의 후손이요, 국초의 명장 황형黃

[296] 원본 〈황사영백서〉는 13,384자다.《송담유록》에 실린 원문은 로마 교황청에 소장된 백서 원본과 상당한 글자 차이가 있고, 중간중간 결락된 부분이 적지 않다. 이《송담유록》본은 이만채의《벽위편》에 수록된 것과 똑같다. 이기경이 엮은 원본인 양수본《벽위편》에는 〈황사영백서〉와 〈돈와기문편〉 원문이 빠져 없고, 이만채의《벽위편》에는 들어 있다. 이만채의《벽위편》이《송담유록》본을 베껴쓴 것인지, 두 글이 포함된 이기경의《벽위편》이 따로 있었고, 이것을《송담유록》이 베껴쓴 것인지는 분명히 알기가 어렵다. 이하 원문에서는 로마 교황청에 보관된 원본 〈황사영백서〉와의 글자 출입상 차이를 반영해 교감했다. 번역은 원본 〈황사영백서〉에 따랐다. 원문 중에 표시된 약물의 표시는 이러하다. 첫째, ( ) 안에 든 글자는《송담유록》본과 원본의 글자가 다를 경우 이를 표시한 것이다. ( ) 안이 원본의 글자다. [ ]는 원본에는 있는데《송담유록》본에서 생략한 부분이다. { }는 축약 부분의 문맥 보정을 위해《송담유록》본에서 끼워 넣은, 원본에 없는 글자다.

[297] 황호(1604~1656): 본관은 창원, 자는 자유子由, 호가 만랑이다. 1624년 문과에

衡[298]의 후예다. 노인과老人科로 급제하여 판서에 오른 황준黃晙[299]의 증손이다. 한 자 길이의 백서에서 1만 여 글자가 나왔으니, 또한 기이하다.

[57/28a] 嗣永漫浪黃庿之後孫, 國初名將衡之後. 老人科判書晙之曾孫. 以一尺帛書, 出萬餘言, 亦異哉.

* * *

죄인 다묵多黙[300] 등은 눈물을 흘리며 본 주교 대야大爺 각하[301]{바

급제하고, 이듬해 승정원주서가 되었으며, 다시 문신 정시에 합격해 육품계六品階에 올랐다. 이후 주서, 홍양·배천·평산 등의 외직을 지냈으며, 1636년 통신사의 종사관으로 일본에 다녀왔다. 경성판관, 교리, 영남독운어사, 동래부사, 병조참지, 대사간, 광주부윤, 승지, 대사성을 지냈고 1651년에는 사은사 인평대군과 함께 청나라에 다녀왔다. 김자점金自點의 무리라는 이유로 횡성에 유배되었다가 돌아와 한성부우윤, 홍주목사 등을 역임했다.

298 황형(1459~1520): 본관은 창원, 자는 언평彦平이다. 부친은 선공감정繕工監正 황예헌黃禮軒이다. 1480년 무과에 급제하고 상서원판관이 되었으며, 1486년 무과 중시에 장원으로 급제해 평안도우후, 유원진柔遠鎭과 혜산진惠山鎭의 첨절제사, 훈련원도정, 의주목사, 회령부사, 함경도병마절도사, 평안도병마절도사를 역임하고, 1510년 삼포왜란이 일어나자 방어사가 되어 제포薺浦에서 왜적을 물리쳐 경상도병마절도사가 되었다. 도총관, 지훈련원사, 순변사, 평안도와 함경북도의 병마절도사, 공조판서를 역임했다.

299 황준(1694~1782): 본관은 창원, 자는 백승伯升, 호는 좌은坐隱이다. 1771년 78세의 나이로 문과에 합격했고, 이해에 손자 황석범黃錫範도 25세의 나이로 문과에 급제했다. 승지와 공조판서 등을 역임하고, 기사耆社에 들었다. 1772년 겨울에 지사 이제암李齊嵒, 판서 심각沈䎘, 판서 남태제南泰齊, 판서 심성진沈星鎭, 판서 이익정李益炡, 승지 이규웅李奎應, 참의 홍양보洪亮輔, 동의금 홍성洪晟, 좌윤 이광익李光瀷, 승지 김조윤金朝潤, 사간 이수일李秀逸 등과 함께 유형원의 4대손 유발柳發의 집에서 노인회老人會의 잔치를 벌였다. 이들은 모두 남인 명문가 인물들로, 채제공이 호조판서로 있을 때 이 잔치의 물품을 보조했다고 한다.

로 천주당의 주교이다}께 호소하나이다. 지난봄에 갔던 사람[302]이 잘 돌아와 주교님께서 건강이 두루 편안하시다는 소식을 들었습니다. 세월은 빨리 흘러 한 해가 거의 저물어가는데, 건강은 다시금 어떠하신지요? 삼가 주님의 크신 은혜 덕분에 영육이 모두 편안하고 덕화가 날로 두터우실 테니, 풍도를 우러르고 사모하는 마음에 기쁨과 하례를 이기지 못하나이다.

1[303] 罪人多黙等, 涕泣呼籲于本主敎大爺閣(閣)下{卽天主堂主敎者}. 客春行

300 다묵: 세 차례 북경에 조선 교회의 밀사로 파견되었던 황심黄沁의 세례명 토마스의 한자 표기다. 그는 1796년과 1797년, 1798년 북경에 가서 조선 교회의 소식을 알리고, 북경 교회의 지침과 물품을 받아왔다. 황사영은 자신이 쓴 편지의 서두에 작성자를 대표해 황심의 이름을 적었다. 《추안급국안》의 〈사학죄인 황사영 등 추안〉 중 1801년 10월 10일 황사영의 공초에 심문관이 "너는 흉서에 왜 황심의 이름을 빌렸느냐?"고 묻자, "황심은 본래 서양인과 친했고, 저는 본래 서양인을 몰랐기 때문에 그의 이름을 빌렸습니다"라고 대답했다. 또 "주문모가 살아 있을 때 서양의 천주당과 오고갔던 편지는 모두 주문모가 주관했으며, 주문모가 죽은 후에는 서양인들이 아는 이름은 다만 황심뿐이었으므로, 때문에 황심의 이름을 빌려 편지를 썼습니다"라고도 했다. 1789년 윤유일이 북경에 갈 때 당시 배교한 상태였던 이승훈의 이름으로 된 편지를 들고 갔던 것과 같다.

301 주교 대야 각하: 포르투갈 출신의 프란치스코회 소속 선교사로, 당시 북경교구장을 맡고 있던 고베아 주교를 가리킨다. 고베아 주교는 당시 북경 남당에 머물고 있었다.

302 지난봄에 갔던 사람: 1800년 북경에 가서 1801년 봄에 돌아온 옥천희 요한을 말한다. 그는 황심과 함께 1797년과 1799년 북경에 갔고, 1799년에 세례를 받았다. 1800년에는 조선 교회의 편지를 고베아 주교에게 전했다. 1801년 6월 귀국 도중 책문에서 체포되었고, 11월 5일 지정불고죄知情不告罪로 서소문 밖에서 처형되었다. 여기서 '지난봄'이라 함은 1799년에 갔다가 1800년 봄에 돌아와 들은 소식을 말한다.

303 1 : 원문 중간에 표시된 밑줄 친 숫자는 원본 〈황사영백서〉에서 행이 바뀌는 지점과 행수를 나타낸다. '1'은 원본 〈황사영백서〉 제1행이 시작되는 지점이다.

人利旋, 伏聞[氣]体候萬安. 日月馳駛, 歲色垂暮, 伏未審体內更若何? 伏惟賴主洪恩, 神形兼佑, 德化日隆, 望風馳慕, 不勝忭賀.

저희 죄인들은 죄악이 깊고도 무거워 위로 천주의 노여움을 샀으며, 재주와 지혜가 얕고 짧은지라 아래로 여론興論을 잃었나이다. 이 때문에 박해가 크게 일어나게 되어 재앙이 신부님[304]께 미치고, 저희 죄인들 또한 위험을 앞두고 목숨을 버려 스승과 함께 주님께 보답할 수가 없사오니, 다시 무슨 면목으로 붓을 적셔 우러러 호소하리이까?

罪人等罪惡深重, 上干主怒, 才智淺短, 下失人謀. 以致窘難大起, 禍延神父, [而]罪人等又不能臨危捨生, 借師報主, 2 復何面目, 濡筆而仰訴乎?

다만 삼가 생각건대 성교聖敎는 전복될 위험이 있고 백성은 도탄에 빠져 죽을 고통을 겪고 있습니다. 인자하신 신부님은 이미 잃어 붙들고 호소하려 해도 닿지 않으며, 어진 형제들은 사방으로 흩어져 상의하고 힘써줄 사람이 없나이다. 오직 우리 대야께서는 부모의 은혜를 겸하시고, 사목司牧의 의리를 맡으셨으니, 반드시 우리를 불쌍히 여기시고 구원해주실 것입니다. 지극한 괴로움 속에서 저희가 누구에게 호소하리이까? 이에 감히 박해의 전말을 대략 아룁니다. 하나 일이 빚어진 지 이미 오래되었고 실마리가 제법 많아 단번에 말씀드리기 어

---

304 신부님: 중국인 주문모 신부는 고베아 주교에 의해서 1793년 말 조선 교회 선교사로 임명을 받고, 1794년 12월 3일 지황 등의 안내로 입국했다. 1795년 5월 체포령이 내려졌고, 이후 조심스럽게 사목 활동을 했다. 1801년 3월 12일 의금부에 자수했고, 4월 19일 새남터에서 군문 효수형으로 순교했다. 〈백서〉에 자주 나오는 신부神父, 사탁司鐸, 탁덕鐸德, 신사神師, 신사神司 등은 그를 가리킨다.

려우므로 아래에 갖추어 남겼사오니, 삼가 불쌍히 여겨 살펴주시기
바라나이다.

第伏念聖敎有顚覆之危, 生民罹溺亡之苦, 而慈父已失, 攀號莫逮, 仁昆四
散, 商販(辦)無人. 唯(惟)我大爺, 恩兼父母, 義重司牧, 必能憐我救我. 疾痛之
極, 我將呼誰? 玆敢署奏窘難顚末, 而醞釀旣(已)久, 端緖頗多, 一筆難旣(述),
故具在左方, 伏望哀憐而照察焉.

　바야흐로 지금 교회의 사무는 남김없이 무너졌습니다. 오직 죄인
만이 요행으로 박해를 면하였고, 요한[305]은 아직 정체가 탄로나지 않
았으니, 혹 주님의 은총이 우리나라에 아직 끊어지지는 않은 것인지
요? 아! 죽은 자는 이미 목숨을 바쳐 가르침을 증험하였고, 산 자는 죽
음으로 도리를 지켜야겠지만, 재주가 미약하고 힘이 부족한지라 어찌
해야 할지 모르나이다. 은밀히 두세 명의 교우와 당장에 살펴야 할 일
을 헤아려 흉금을 헤쳐 조목조목 아뢰오니, 삼가 바라옵건대 살펴보
시옵고 이 고단하고 의지할 데 없는 죄인을 불쌍히 여기시어 속히 구
제해주시옵소서.

方今敎務, 板蕩無餘. 唯(惟)獨罪人倖免, 若望不 3 露. 或者主恩未絶於東
國耶[歟]? 嗚呼! 死者旣捐生以証敎, 生者當致死以衛道. 然才微力薄, 不知攸
爲. 密與二三敎友, 商許(量)目下事宜, 披覆(腹)條奏, 伏望閱覽之餘, 哀此煢
獨, 速施拯救.

305 요한: 옥천희를 가리킨다.

저희 죄인들은 마치 양떼가 흩어지듯 산골짜기로 달아나 숨고 길 위를 헤매면서 울음을 머금고 소리를 삼키니, 마음이 시리고 뼛속까지 아프지 않음이 없나이다. 밤낮으로 우러러 바라는 것은, 오직 주님의 전능하심과 주교님의 커다란 인자함뿐입니다. 삼가 바라옵건대, 정성으로 주님의 도우심을 간구하사 연민의 정을 크게 베푸시어, 도탄 속에서 저희를 건져주시고 안락한 자리에다 저희를 놓아주소서.

罪人等如群羊之走散, 或奔竄山谷, 或棲遑道路, 莫不飲泣吞聲, 酸心痛骨, 而晝 [58/28b] 宵肹(盻)望 [者], 惟上主全能, 大爺洪慈. 伏望誠求主佑, 大施 **4** 憐悶(憫), 拯我等於水火之中, 拔(措)我等於袵席之上.

오늘날 성교회는 천하에 두루 퍼져서 만국의 사람들이 거룩한 덕을 노래하고 신통한 교화에 고무되지 않음이 없습니다. 하지만 여기 동해의 창생을 돌아보건대 누군들 주님의 자식이 아니리이까? 하지만 지역이 멀고 외져서 가장 늦게 가르침을 들었고, 기질이 잔약해서 괴로움을 견디기 몹시 어려워하니, 10년의 풍파**306**에 언제나 눈물과 근심 속에 있었습니다. 금년(1801, 순조1)의 잔혹한 박해는 다시금 꿈에도 생각지 못한 데서 나왔으니, 우리가 어쩌다 이런 지경까지 이르렀는지 서럽기만 합니다. 이 고난 뒤에 특별한 은혜가 없다면 예수의 거룩한 이름은 장차 동국의 땅에서 영원히 끊어지고 말 것입니다. 말과 생각이 여기에 미치니 간장이 찢어집니다. 중국과 서양의 교우 선생들께서 이같이 위태롭고 괴로운 사정을 들으신다면 어찌 서글피 상

---

306 10년의 풍파: 조상의 신주를 불태운 윤지충·권상연의 진산 사건으로 촉발된 1791년 신해박해에서 1801년 신유박해에 이르는 10년의 기간을 가리킨다.

심하지 않겠습니까?

如今聖敎, 已遍天下, 萬國之人, 無不歌詠聖德, 鼓舞神化. 而顧此左海蒼生, 孰非上主赤子? 地方遐僻, 聞敎最晩, 氣質屝弱, 耐苦狠難, 而十載風波, 長在淚泣憂愁之中. 今年殘害, 更出夢寐思想之外, 哀我人斯, 胡至此極耶. 此難之後, 倘無特恩, 邪(耶)蘇聖名, 將永 **5** 絶於東土. 言念及此, 肝腸摧裂. 中西敎[友先生]們, 聽此危苦之情, 寧無惻然傷心乎?

감히 바라옵건대 교황님**307**께 펴서 아뢰어주시고, 여러 나라에 포고하여, 진실로 저희를 구원할 수 있는 것이라면 온갖 방법을 다 동원해주십시오. 우리 주님께서 널리 사랑하시는 은혜를 본받고 성교회가 차별 없이 사랑하는 뜻이 드러나게 해주시어, 여기 간절히 바라는 정성에 부응해주소서. 저희 죄인들은 가슴을 치고 눈물을 뿌리면서 깊은 정을 울며 호소하고는 목을 빼고 발꿈치를 들고서 오로지 복된 소식만을 기다리겠나이다. 다만 우리 주교님께서는 깊이깊이 저희를 가련히 여기소서. 글로는 뜻을 다 담지 못하나이다.

敢望敷奏敎皇, 布告各邦, 苟可以救護(援)吾儕者, 靡不用極. 體吾主博愛之恩, 頌(顯)聖敎同仁之義, 以副此切望之誠. 罪人等[捫心揮涕, 哭訴衷情], 引領翹足, 專候福音. 惟我大爺, 千萬可憐[我. 書不盡意.]

을묘년(1795, 정조19)에 신부님을 체포하지 못하고 놓친 뒤로 선왕의 의심과 두려움이 날로 심해져서, 잠시도 쉬지 않고 비밀리에 기찰

---

307 교황님: 251대 교황 비오 7세(재위 1800~1823)를 가리킨다. 황사영은 교황敎皇, 교화황敎化皇, 교종敎宗 등 여러 표현을 썼다.

하였습니다. 하지만 끝내 신부님의 종적을 모르자, 조화진趙和鎭[308]에게 가르침을 받드는 체하며 호중충청도의 별명 지역의 사정을 탐지케 하였습니다. 마침내 기미년(1799, 정조23) 겨울에 청주의 박해[309]가 있게 되자, 충청도의 열성적인 교우들은 대부분 모두 죽게 되었습니다.

6 自乙卯失捕後, 先王疑懼日深, 潛譏密察, 未嘗少間. 而終不知神父蹤跡, 乃使趙和鎭者, 假托奉敎, 探知湖中忠淸道[之]別名事情. 遂有己未冬, 淸州之窘, 湖中熱心敎友, 死亡殆(曇)盡.

최필공 토마스는 중인으로 성품이 강직하고 뜻이 굳세며, 의로움에 기대어 재물을 가벼이 보았습니다. 가장 열성적이어서 일반 신도들보다 우뚝하게 뛰어난 풍도가 있었습니다. 신해년(1791, 정조15)의 박해 때에 불행히도 현혹되어 배교하자, 선왕께서 몹시 기뻐하며 그에게 아내를 얻게 하고 벼슬까지 내렸습니다.[310] 토마스는 마지못해

---

308 조화진: 청교靑橋 조씨의 서출로, 정조의 밀명에 따라 충청도 일대에서 행상이나 필공筆工 행세를 하면서 천주교 신자들을 염탐해 고발했다. 그로 인해 충청도 교회는 궤멸에 가까운 타격을 입었다. 이만채의《벽위편》에 정조가 충청병마절도사로 부임하기 위해 하직인사를 하러 온 정충달에게 밀정 조화진을 소개하는 장면이 나온다.

309 기미년 겨울에 청주의 박해: 1799년 청주에서 일어난 천주교 박해에 대해서는 구체적인 내용이 알려져 있지 않다. 당시 청주 지역의 천주교 지도자는 민도閔𩑛로, 초기 교회에서 활약했다.

310 선왕께서 몹시 …… 벼슬까지 내렸습니다: 이하 정조가 최필공을 위해 결혼을 시키고 벼슬까지 내린 일의 시말은 홍양호(1724~1802)가 쓴 〈최필공전崔必恭傳〉《이계집耳溪集》권27)에 자세하다. 〈최필공전〉 전문의 해석과 내용 소개는 진재교,《이계집》소재 〈최필공전〉,《민족문학사연구》14호(민족문학사연구소, 1999)를 참조할 것.

순순히 받았습니다. 근년에는 집에서 지내면서 지난날의 잘못을 깊이 애통해하며 언제나 몸뚱이를 버려 보속할 생각을 지녔습니다. 기미년(1799, 정조23) 8월에 선왕께서 갑작스레 형조로 불러들여 물으시기를, "네가 여태도 사학을 받들고 있느냐?" 하시므로, 토마스가 마침 바라던 바와 맞아 스스로 틀림없이 죽을 것을 헤아리고는, 마침내 곧바로 성교회의 충효의 도리와 자신이 통렬하게 뉘우치는 심정을 진술하였습니다. 말의 내용이 빛나고 우뚝하여 곁에서 듣던 이들이 감동하였으나, 형조의 관리가 너무나 몹시 놀라고 분개하여 그 말을 들어 선왕께 아뢰자, 선왕께서는 다시 형벌을 더하지 않으시고 예전처럼 풀어 주었습니다. 대신臺臣이 상소를 올려 주벌을 청하였으나, 또한 모호한 말로 비답을 내려 포용하는 뜻을 상당히 보이시므로 일이 마침내 잠잠해졌습니다.

崔多黙必恭者, 中路人也. 性直志敦(毅), 仗義疎財. 熱心最重(盛), 有卓犖不羣之風. 辛亥之窘, 不幸被誘背敎, 先王甚喜之, 爲之娶 **7** 妻拜官, 多黙不得已 **[59/29a]** 順受. 近年家居, 深痛往失, 常思捐軀補贖. 己未八月, 先王忽然招致刑曹, 問: "你尙奉邪學否?" 多黙適中所願, 自知(分)必死, 遂直陳聖敎忠孝之理, 自己痛悔之情. 所言光明俊偉, 感動旁聽, 而刑官駭憤殊甚, 據辭上聞, 先王不復加刑, 因循放釋. 臺臣抗疏請誅, 亦糢糊賜批, 頗示 **8** 包容之意, 事遂寢.

이중배 李中培**311** 마르티노는 소론의 일명一名{사대부의 첩에게서 난 자손

---

311 이중배(?~1801): 여주 출신으로, 처음에는 김건순을 따라 신선술에 빠져 이종사촌인 원경도元景道 등과 함께 둔갑술과 장신술藏身術을 배우며 바다 섬에서 새로운 유토피아를 건설하려는 모의를 꾀했다. 돈과 재물을 모아 큰 배를 만들어 섬에 들어가 장삿배의 물화物貨를 탈취하고, 등주登州와 내주萊州를 취해, 이

을 일명이라 한다}입니다. 그는 경기도 여주에 사는데, 용력이 일반 사람들보다 뛰어났고 뜻과 기운이 호쾌하였으므로, 평소에 김건순과 더불어 생사의 사귐을 맺었습니다. 김건순이 천주교를 받들게 되자 마르티노 또한 믿어서 그를 따라 세례를 받았습니다. 불같이 뜨거운 마음으로 눈을 밝게 뜨고 담대하게 다니면서 남이 알아채는 것을 두려워하지 않았습니다.

李瑪爾定中培者, 少論一名也{士夫妾子孫, 謂之一名}. 居京畿道驪州. 勇力絶倫, 志氣豪快, 素與金健淳爲生死之交. 及健淳奉敎, 瑪爾定亦信從領洗. 熱心如火, 明目張膽而行, 不怕人知覺.

경신년(1800, 정조24) 부활축일에는 개를 삶고 술을 걸러 한마을의 교우들과 함께 길가{산골의 작은 길}에 모여앉아 큰 소리로 〈희락경 喜樂經〉312을 외우며 바가지와 술잔을 두드려 장단에 맞춰 노래를 불렀습니다. 마침내 술 마시고 고기를 먹다가, 마시고 나면 다시 노래를 부르며 이처럼 온종일 계속하였습니다. 얼마 못 가서 원수의 집에서 고발

곳에 눌러살며 무궁한 복락을 영원히 누리자고 다짐했다. 그러다가 김건순이 1797년 가을 주문모 신부를 만난 뒤, 그간의 술법 공부를 다 버리고 천주교도로 거듭났다. 1800년 2월 원경도와 함께 정종호鄭宗浩의 집에서 부활축일을 지내다가 체포되었다. 옥중에서 뛰어난 의술로 포교 활동을 계속했다. 이듬해 경기감영에서 사형을 판결받고, 1801년 3월 13일 여주 관아로 보내져 참수되어 순교했다.

312 〈희락경〉: 망부활절 정오부터 성삼주일 전날 정오까지 올리는 기도로, 〈희락삼종경 喜樂三鐘經〉이라고도 한다. 중국에서는 〈천황후희락경天皇后喜樂經〉이라 한다. "천상의 모후여 기뻐하소서! 알렐루야"로 시작되는 기도로, "동정 마리아여! 기뻐하시며 즐기소서"란 구절에서 따왔다.

하여, 함께 하던 교우 11인[313]과 같이 체포되어 관가로 갔습니다. 교우 중에는 나약한 사람도 있었지만,[314] 모두 마르티노가 고무시키고 권면하여 힘쓴 덕분에 여러 차례 혹독한 형벌을 겪으면서도 모두 다 굳건하였으므로, 마침내 붙잡혀 갇힌 채 풀려나지 못했습니다.

庚申復活占禮, 煮狗釃酒, 與同里教友, 會坐路邊{山僻小路}, 高聲念喜樂經, 擊匏樽按節歌. 竟飲酒嚼肉, 飲訖復歌, 9 如是終日. 未幾爲仇家所告, 與同友十一人, 被捕到官. 友中亦有弱者, 皆賴瑪爾定鼓動勸勉之力, 屢經毒刑, 一幷堅固, 遂拘囚不放.

마르티노는 본래 의술을 대략 알았지만,[315] 그다지 정통하지는 못

---

313 교우 11인: 《순조실록》 1801년 3월 11일자 기사 중 경기감사 이익운의 계청에 여주에서 11인, 양근에서 7인을 취조한 사실이 나온다. 이중배, 임희영任喜永, 유한숙兪汗淑, 원경도, 정종호, 최창주崔昌周, 윤유오尹有五, 조운형趙運亨, 장지의張志義, 원경신元景信, 정종순鄭宗淳, 정종하鄭宗河, 정원상鄭元相, 정형상鄭亨相, 이무李茂, 조해趙海, 장지인張志仁, 김원숭金源崇 등의 이름이 나온다. 여기에는 양근 신자의 이름도 섞여 있다. 이 밖에 1811년 조선 교회에서 북경 주교에게 쓴 〈신미년백서〉 중에 나오는 조상덕趙尙德, 마필세馬必世, 신약봉申若奉, 장재유張在裕, 동정녀 이석혜李碩惠 등 《사학징의》와 실록에 누락된 이름이 추가되어 있는데, 이들이 대부분 11인의 명단 가운데 포함되었을 것이다.

314 교우 중에는 나약한 사람도 있었지만: 조용삼趙龍三(베드로)을 가리킨 것으로 보인다. 〈황사영백서〉 70~72행에 자세한 전후 사정이 나온다. 그는 굳건한 신앙의 모범으로 정약종의 칭찬을 들었으나, 아버지가 체포되어 고문당하자 배교를 약속했다. 하지만 이중배의 권면으로 다시 회개했고, 이듬해 2월 14일에 옥중에서 순교했다.

315 의술을 대략 알았지만: 1801년 2월 19일 형조에서 진행된 권철신의 공초에서 이미 이중배가 의술로 이름이 나서 두 차례 찾아온 일이 있었음을 말하고 있다. 《추국일기推鞫日記》 8책 260면) 이로 보아 이중배는 천주교 신앙을 갖기 전부터 의술에 조예가 있었고, 이는 입교 이전 도교적 술법을 익혔던 것과도 무관치 않을

하였습니다. 감옥에 들어간 뒤에 간혹 병에 대해 묻는 이가 있으면 먼저 주님의 도우심을 구하고 나서, 그 후에 침과 약을 썼는데 병이 낫지 않는 경우가 없었습니다. 이 때문에 소문이 크게 퍼져 원근에서 사람이 몰려드니, 감옥 문이 저자와 같았어도 본관 사또[316]가 금지할 수 없었습니다. 본인 자신도 병이 있으면 도리어 와서 약을 묻곤 하였기 때문입니다. 이 때문에 감옥에서도 일용품이 떨어지지 않았습니다.

瑪爾定本來畧知醫術, 而不甚精工. 入獄後, 或有問疾者, [則]先求主佑, 後施鍼藥, 莫不痊愈. 從此聲名大播, 遠近輻輳, 獄門如市. 本官不能禁. 自己有病, 還來問病(藥), 因此獄中, **10** 日用不匱.

김건순은 이렇게 말한 적이 있었습니다. "사람들이 혹 마르티노의 치료 능력에 대해 물어보면, 명성이 너무 높아질까 염려하여 열에 여덟아홉쯤 낫게 한다고 대답하였지만, 사실은 열이면 열, 백이면 백, 한 사람도 효과가 없은 적이 없었다." 옥리獄吏가 약 처방을 보여달라고 하면 이렇게 대답하였습니다. "내게는 처방서가 없소. 그저 천주님을 공경하는 것뿐이라오. 자네도 의술을 배우고 싶은가? 또한 주님을 믿게나." 옥리가 말했습니다. "서책은 이미 다 불태워버렸거늘, 대체 어디서 배운단 말이오?" 마르티노는 웃으며 말했습니다. "내 가슴속에 불타지 않은 책으로도 오히려 남을 가르쳐 교리를 받들게 하기에 충분하다네."

것으로 보인다.

316 본관 사또: 당시 여주목사는 김희조金熙朝(1750~?)였다. 1799년 8월 22일에 임명되어 1802년 1월까지 자리를 지켰다.

金健淳常(嘗)言："人或問瑪爾定療病之能，懼名稱之太籍，答以爲十之八九. 然其實十之十，百 **[60/29b]** 之百，無一不效."獄吏求見醫方，答曰："我無方書，只是恭敬天主. 汝欲學醫，亦當信主."吏曰："[書冊]已盡燒燬，從何而學?"瑪爾定笑曰："吾胸中不燬之書，猶足以誨人奉教."

함께 갇혀 있던 원경도元景道[317] 요한에게 늙은 여종 한 사람이 있었습니다. 늘상 와서 돌보아 살피면서 집안의 사정을 늘어놓아 반복하여 현혹했지만 요한은 동요하지 않았습니다. 한번은 말이 몹시 처량해서 요한이 근심하는 뜻이 있었습니다. 마르티노가 그녀를 째려보니 늙은 여종은 두려워서 감히 그 말을 끝맺지 못한 채 물러났습니다. 그 후 마침내 감옥에 가지 못하고 이렇게 말하였습니다. "이 생원의 눈빛이 너무 무서워서 다시는 갈 수가 없다." 감옥 안에서도 언제나 책을 베끼고 경문을 외우며 도리를 풀이하여 남에게 권하였습니다. 옥졸 한 사람이 마음이 움직여 믿고 따라, 또한 열성적인 사람이 되었습니다.

同囚之元若望，有一老婢，常來顧視，陳說家中情景，**11** 反復(覆)誘說，若望不爲動. 有一次語甚酸切，若望有慽慽(戚戚)之意. 瑪爾定睨視之，老婢懼怕，不敢畢其說而退. 後遂不往，曰："李生員眼光可畏，不爲(能)復往矣."獄中常鈔書念經，講道勸人. 獄卒一人，動心信從，亦爲熱心之人.

---

317 원경도(1774~1801): 최창주(마르첼리노)의 사위로, 이희영과 함께 김건순을 따라 둔갑술 등 도가의 술법을 익히다가 김건순을 따라 개종했다. 가혹한 고문에도 교우를 밀고하라는 회유를 거부하며 신앙을 지켰다. 1801년 3월 13일 여주에서 참수되어 순교했다.

권철신은 남인{옛날 동인} 대가의 후예로, 경기도 양근군에 살았습니다. 평소에 경학과 예학으로 세상에 이름난 유학자가 되었는데, 성교가 우리나라에 들어오자 온 집안이 믿고 따랐습니다. 본래 이름난 집안에 속하였는데 신자임을 표방함이[318] 또한 심하였습니다. 그의 아우인 권일신이 신해박해(1791, 정조15) 때 죽었으므로, 이 일이 있은 뒤로는 감히 드러내놓고 계율을 지키지 못하였습니다. 하지만 원수처럼 미워하는 자들은 갈수록 깊이 증오하고 유감스럽게 여겼습니다.

權哲身者, 南人{古東人}大家之裔, 居京畿道楊根地(郡). 素以經禮之學, 爲世名儒. 聖敎到東, 全家信從. 本 12 係名家, 標榜(譸謗)亦甚. 其弟日身, 死於辛亥之窘, 自此以後, 不敢顯然守誡, 而仇嫉者之憎恨愈深.

기미년(1799, 정조23) 여름에 본 고을의 괴이한 귀신의 무리가 거짓으로 얽어 관에 고발하자,[319] 권씨 집안의 자제들 또한 맞서 변명하여 일이 장차 크게 되었습니다. 고을 군수가 현명하고 어진 덕분에 분란을 조정하여 풀어내었습니다. 악한 모략을 이루지 못하자 비방하려는 계략이 더욱 비밀스럽게 진행되어, 서울의 간악한 관리와 체결하여

---

318 신자임을 표방함이: 〈황사영백서〉 원본은 '표방譸謗'이다. 의미는 경솔하게 비방한다는 뜻인데, 여기서는 표방標榜, 즉 드러내놓고 내세웠다는 뜻으로 썼다. 백서 중에 이 표현이 모두 다섯 차례 나오는데, 모두 똑같다.

319 본 고을의 …… 고발하자: 양근군 동수면東修面에 사는 서유현徐有炫이 권철신이 신주를 묻고 제사를 폐했다고 통문해 무고한 일을 말한다.《추안급국안》 1801년 2월 11일자 권철신의 공초 중에 나온다. 정약용이 쓴 〈녹암권철신묘지명〉에는 양근에 사는 악당 김모 등이 권철신 집안의 신주를 훔쳐 태운 뒤 죄를 뒤집어씌우려다가 이희사의 귀띔으로 권철신이 신주를 따로 보관해두었는데, 훔치러 갔다가 신주가 없자 이미 태워버렸다고 여겨 무고한 이야기가 나온다.

경신년(1800, 정조24) 5월에는 선왕을 직접 뵌 자리에서 "양근 온 고을에 사학이 성행해서 배우지 않는 사람이 없고, 하지 않는 마을이 없습니다. 그런데도 고을 군수는 편안히 있으면서 살펴보지 않으니, 해당 군수를 경계하여 견책해야 합니다"라고 아뢰었습니다. 선왕께서 그 보고를 옳게 여기니, 양근군수는 책임을 지고 스스로 물러났습니다.[320]

己未夏, 本鄉怪鬼輩, 構誣告官, 權家子弟, 亦爲對卞, 事將張大. 賴本官明良, 調停解釋. 惡謀不遂, 詭計愈秘, 締結京中惡官, 庚申夏(五月), 面奏先王曰: "楊根一郡(鄉), 邪學熾盛, 無人不學, 無村不爲. 而本官恬然, 不加查 **13** 察, 該郡守合當警責." 先王可其奏, 楊根[守]引咎自退.

새 군수[321]가 부임하여 묵은 죄안을 다시 일으켜서 많은 사람을 체포하였습니다. 하지만 권철신은 나이가 많은 데다 겁을 먹어서 서울로 올라가 잠시 피하였습니다. 군수가 그 아들[322]을 대신 가두었습니

---

320 양근군수는 …… 물러났습니다: 당시 양근군수는 정동간鄭東幹(1755~1813)이었다. 1798년 9월 28일 부임해서 1800년 5월 5일에 유한기兪漢紀(1739~?)와 교체되었다. 지평 신귀조申龜朝(1748~?)가 1800년 윤4월 29일에 상소를 올려 여주와 양근의 천주교도를 양근군수 정동간이 전혀 단속하지 않으니 엄중히 죄를 물을 것을 요청하는 상소를 올렸는데, 이로 인해 정동간은 파직되었다. 실록에 나온다.

321 새 군수: 정주성鄭周誠을 가리킨다. 정동간의 후임으로 1800년 5월 5일 양근군수로 임명된 유한기는 이듬해 2월 17일까지 재직했다. 정약용의 〈녹암권철신묘지명〉에 따르면, 유한기 또한 권철신 옥사를 느슨하게 다스렸다 하여 파면당했다고 한다. 이후 부임한 정주성이 조상겸 등 연루자 50여 명을 잡아 가둬 죽이거나 유배 보냈다.

322 그 아들: 권상문權相問(바실리오, 1768~1801)을 말한다. 생부는 권일신인데, 권철신에게 입계되었고, 오석충의 딸과 혼인했다. 1801년 12월 26일 참수형을 선고받고 이튿날 양근에서 참수되어 순교했다.

다. 아들은 아버지의 벌을 대신 받기를 여러 번 청하였지만 본관은 허락하지 않고 반드시 권철신을 부르려 하여 일이 오래도록 결말이 나지 않았습니다.

新官到任, 舊案復起, 逮捕多人. 而哲身則年老胆怯, 上京姑避. 官將其子[代]囚之, 其子屢請代受父 **[61/30a]** 罰. 而本官不許, 必欲招致哲身, 事久不決.

선왕이 비록 몹시 의심하고 두려워했으나, 본래 매사에 본디 크게 벌이지는 않았습니다. 또 신부의 일은 두 나라에 관계되니, 만에 하나 체포하려던 일이 분명하게 드러나면 처리하기가 지극히 곤란해집니다. 그러므로 을묘년(1795, 정조19) 이후 신하들 대부분이 성교를 엄금하도록 청하여도 간섭하지 않으려는 듯 담당 관리에게 이를 모두 맡겼지만, 지방의 박해는 모두 은밀하게 명하였음에도 일부러 모르는 척하였습니다. 이는 아마도 교우들의 마음을 느슨하게 해놓고 몰래 신부를 체포하여 암암리에 마무리 지으려고 했던 것인데, 계획을 이루지 못하고 갑자기 세상을 떠났습니다.

先王雖甚疑懼, 然每事本不欲張大. 且鐸徵(德)[之]事, 關[係]兩國, 萬一顯著, 則處置極難. 故乙卯後, 群臣多請 **14** 嚴禁聖敎, 而一幷委之於有司, 若不欲干涉者. 然外鄕窘難, 莫非暗命, 而佯若不知. 盖欲緩敎友之心, 潛捕神父, 暗地結果, 計未成而遽徂落.

김여삼金汝三이란 자는 본시 충청도 사람입니다. 형제 세 사람이 모두 성세聖洗를 받았는데, 박해를 피하기 위해 서울로 거처를 옮겼습니다. 근년 들어 김여삼은 냉담해져 배교하고, 그릇된 무리와 사귐을 맺으니 두 형이 막을 수가 없었습니다. 이안정李安正이란 자가 있으니, 또한 충청도 사람으로 서울에 삽니다. 얼마간 가산이 있었는데 김여삼의 사돈이 되었습니다. 김여삼은 가난해서 늘 그가 살림을 보태주기를 바랐지만, 이안정은 그의 뜻에 부합할 수가 없었습니다. 이 때문에 유감을 품고 평소에 이를 갈고 있었습니다. 이때 이안정은 항상 성사를 받으니, 김여삼이 이를 눈치채서 알고는 주제넘게도 '신부가 만약 그에게 재물을 베풀어주라고 권한다면 그가 감히 따르지 않을 수 없을 텐데, 신부가 권하지 않아서 그가 재물을 베풀어주지 않는다'라고 여겨, 신부에게로 노여움을 옮겨, 꾀를 써서 해치려는 마음을 먹었습니다. 마침내 신부의 일을 가지고 포도부장에게 밀고하였습니다. 포도부장의 무리가 5∼6년간 염탐하여 살폈지만 끝내 잡을 수가 없다가 이 말을 듣게 되니 어찌 기뻐하지 않았겠습니까? 일이 성사되기만 하면 너를 녹이 후한 자리에 천거하겠다고 허락하고, 이 사람이 지금 어디에 있느냐고 물었습니다.

金汝三[者], 本[係]湖中人. 兄弟(弟兄)三人, 皆領聖洗, 爲避窘難, 移居都下. 近年汝三冷淡背敎, 交結匪類, 兩兄不能禁. 有李安正者, [亦係湖中人居京者,] 署有家産, 而爲 **15** 汝三之姻親. 汝三貧寒, 常望其周(週)給. [而]安正不能稱其意, 因而結恨, [尋常切齒. 時]安正恒受聖事, 汝三揣知之, 妄以爲[若]神父勸他施財, 則他不敢不從. 而因神父不勸, 故他不施[財], 遷怒於神父, 生謀害之心. 遂將神父之事, 密告於捕[盜部]將. 捕[部]將[輩]廉察五六年, 終不[能]得, 及聞此言, [如何不喜歡?] 許以[事成, 則當薦 **16** 汝爲]厚祿之官(任), 究問其[此人方]在[何]處.

이때 신부님은 강완숙 골롬바의 집에 있었는데, 김여삼 또한 짐작하였습니다. 마침내 포도부장과 약속하여 말했습니다. "아무 날 당신이 우리집에 오면 내가 알려주겠소." 약속한 날짜가 되기 전에 김여삼은 다른 사람의 집으로 갔다가 갑자기 병을 얻어 돌아올 수가 없었습니다. 약속한 날짜에 포도부장은 그 집에 갔지만 허탕을 치고 돌아왔습니다. 다행히 한 교우가 이 일을 탐문해 알고는 신부님께 고하였고, 신부님은 피해서 다른 곳으로 갔습니다. 신부님이 이안정에게 명하여 돈 수십 냥을 마련해 찾아가 만나보고 화해하게 하니, 김여삼의 유감과 노여움이 잠시 풀렸습니다. 뜻하지 않게 며칠이 되지 않아 국왕이 세상을 떠났으므로 각 관청에 사무가 많아, 일은 일어나지 않았습니다. 하지만 김여삼은 이미 밀고한 뒤여서 또한 스스로 그만둘 수가 없었습니다. 항상 악한 무리와 주도면밀하게 모의하면서 반드시 독한 심보를 부리고야 말았습니다.

時神父住葛隆巴家, 汝三亦能猜測. 遂與部將約以(曰):"某日你來我家, 我當告之矣." 約日未到, 汝三適往他人家, 忽然得病(疾), [不能還. 約日]部將到家空還. 幸有一教友, 探知此事, 告于神父, 神父避往別所. [命]李安正備錢數十兩(貫), 往見和解之, 汝三狠(恨)怒暫解(緩). 不意(多日), 國王棄世, 各司多事, 事 **17** 得不起. 然汝三[旣有密告之後, 亦不能自已,] 常與惡輩[綢繆]謀議, 必欲肆毒而後已.

본국의 사대부는 200년 이래로 당파를 나눠 저마다 서서 남인과 노론, 소론과 소북 등 사색四色의 명목이 있습니다. 선왕의 말년에 남인이 또 갈라져서 둘로 되었습니다. 한쪽은 이가환, 정약용, 이승훈, 홍낙민 등 몇 사람인데, 모두 전에는 천주를 믿었으나 구차하게 살기를 선택한 배교자들입니다. 겉으로는 비록 성교를 심하게 해쳤지만 속마음에는 아직도 죽기를 각오한 신앙이 남아 있습니다. 그러나 뜻을 같이하는 무리가 너무 적어서 형세가 몹시 고단하고 위태롭습니다. 다른 한쪽은 홍의호, 목만중 등인데 진심으로 성교를 해치는 자들이어서, 10년 이래로 양측에 맺힌 원한이 몹시 깊습니다.

本國士大夫, 二百年 **[62/30b]** 來, 分黨各立, 有南人老論, 少論少北, 四色
之目. 先王末年, 南人又分而爲二. 一邊則李家煥 · 丁若鏞 · 李承薰 · 洪樂敏
[等]若干人, 皆從前信主, 偸生背敎之人. 外雖毒害聖敎, 中心尙有死信. 而同
黨鮮少, 勢甚孤危. 一邊則 **18** 洪義浩 · 睦萬中輩(等)眞心背(害)敎之人, 十年
以來, 兩邊結怨甚深.

노론도 둘로 나뉘었습니다. 시파時派라 하는 이들은 모두 임금의
뜻을 따라 선왕에게 심복하는 신하가 되었고, 벽파僻派라 하는 이들은
모두 힘껏 당론을 고수하여 임금의 뜻에 항거하므로 시파와는 원수처
럼 되었습니다. 하지만 무리가 많고 형세가 커서 선왕께서도 이를 두
려워하니, 근년에는 온 나라가 그들의 말을 듣고 있습니다.

老論又分而爲二. 曰時派, 皆承順上意, 爲先王心腹之臣. 曰僻派. 皆力守
黨論, 抗拒上意, 與時派爲(如)仇讐. 而勢大黨衆, 先王畏之, 近年擧國而聽之.

이가환은 문장이 세상을 덮었고, 정약용은 재기가 남보다 뛰어났
습니다. 을묘년(1795, 정조19) 이전에는 선왕께서 총애하여 그들에게
일을 맡겼으나, 을묘년 이후로는 점차 소외당해 폐출되었습니다. 하지
만 이 두 사람은 벽파들이 매우 미워하였으므로 반드시 해를 입히려
고 하였습니다. 이가환 등이 비록 배교하여 성교를 해쳤는데도, 벽파
의 여러 사람은 언제나 사당邪黨이라고 지목하며 온갖 참소와 공박을
하였지만, 선왕께서 매번 감싸주셨으므로 벽파들이 함부로 해칠 수가
없었습니다.

李家煥文章盖世, 丁若鏞才機過人. 乙卯以前, 先王寵任之, 乙卯以後, 漸
見疎棄. [然]此二人, 爲僻派之所深忌, 故必欲中害. **19** 家煥等雖背敎害敎, 僻
派諸人, 常指斥爲邪黨, 憸(譖)駁備至. 先王每掩護之, 僻派不得肆害.

선왕께서 돌아가시고 뒤를 이은 임금은 어리신지라 대왕대비 김씨[323]가 수렴청정을 하게 되었습니다. 대왕대비는 선왕의 계조모繼祖母로, 본래 벽파에 속한 사람이었습니다. 본가가 일찍이 선왕에게 버림받아,[324] 이로 인해 해묵은 원한을 발설하지 못한 채 품고 있었습니다. 생각지 않게 조정에 임하게 되자 마침내 벽파를 끼고서 독한 심보를 부렸습니다. 경신년(1800, 순조 즉위년) 11월에 선왕의 장례가 끝나자마자 즉각 시파 전체를 모두 내쫓아버리니, 조정의 절반이 텅 비게 되었습니다.[325] 전부터 성교를 박해하던 악한 무리가 평소에 벽파와 서로 이어져 있었는데, 시세가 크게 변한 것을 보고는 일제히 떠들썩하게 일어나 큰일을 일으킬 형세가 있었습니다.

及先王薨, 嗣君幼冲, 大王大妃金氏垂簾聽政. 大王大妃, [卽]先王之繼祖母, 本係僻派中人. 本家曾爲先王所廢, 因此積年懷恨, 而莫能泄. 意外臨朝, 遂挾僻派而肆毒. 庚申十一月, 先王葬禮纔過, 卽將一班時派, 盡行放逐, 朝內 **20** 半空. [從]前日害敎之惡黨, 素與僻派相連, 見時勢大變, 譁然並起, 有大擧之勢.

323 대왕대비 김씨: 정순왕후(1745~1805)를 가리킨다. 노론 벽파 김한구의 딸로, 1759년(영조35) 15세의 나이로 영조의 계비가 되었다. 정조는 1800년 6월 28일 창경궁에서 세상을 떠났고, 정조의 둘째 아들인 순조(1790~1834)가 11세의 어린 나이로 즉위했으므로 대왕대비가 수렴청정하게 되었다.

324 본가가 일찍이 선왕에게 버림받아: 정조는 즉위년인 1776년 9월, 당시 한성판윤으로 있던 정순왕후의 동생 김귀주를 역적으로 지목해 흑산도로 귀양 보냈고, 1779년 6월에는 위리안치를 명했다. 이 일로 정조와는 묵은 유감이 있었다.

325 시파 전체를 …… 텅 비게 되었습니다: 순조 즉위년 11월 정조 국장이 끝난 다음 날, 정조 16년 당시 영남 만인소에 동조했다 하여 이안묵이 서유린 형제를 탄핵하면서 시파에 대한 벽파의 격렬한 공세가 시작되었다. 이후 김이교, 김이재 형제 및 심노영, 박제가 등이 귀양 갔고, 심낙수, 홍국영, 김치묵, 정민시 등이 추탈당해, 조정은 벽파의 세상이 되었다.

황사영백서

경신년(1800, 정조24) 4월 명도회明道會 [326]에 등록한 뒤에 여러 교우가 주님의 사역을 부지런히 하였습니다. 명도회 밖에 있던 사람도 또한 풍조에 따라 움직여서 모두들 남을 교화시키는 것을 책무로 삼았습니다. 가을과 겨울 사이에는 사람들이 왕성하게 감화되어 날마다 하루하루 더해가니, 부녀자가 3분의 2를 차지하고, 어리석고 천한 이가 3분의 1을 차지하였습니다. 사대부 집안의 남자는 세상의 화를 두려워해서 믿고 따르는 자가 아주 적었습니다.

庚申四月, 明會 **[63/31a]** 報名之後, 諸友勤於神工. 會外之人, 亦從風[而動], 皆以化人爲務. [秋冬之間], 蒸蒸向化, 日甚一日. 而婦女居其二, 愚鹵[賤人]居其一. 士夫男子, 懼怕世禍, 信從者狠少.

을묘년 박해 [327] 때 강완숙 골롬바는 신부님을 보호한 큰 공이 있었

---

326 명도회: 1800년 4월에 주문모 신부가 국가의 지속적인 탄압으로 와해 상태에 놓인 신자 조직의 재건과 교리 교육 및 전교 활동을 위해 조직한 신심단체다. 초대 회장은 정약종이 맡았다. 다블뤼 주교도 《조선순교사비망기》에서 1800년 4월에 명도회가 설립되었다고 썼다. 명도회의 조직 구성과 활동 목표는 대만 보인대학輔仁大學 서회신학원徐匯神學院에 소장된 《입성모시태명도회목훈立聖母始胎明道會牧訓》에 자세하다. 1791년 북경 고베아 주교에 의해 출범한 명도회 조직을 그대로 가져왔다. 명도회의 설립 목적은 찬송과 예배, 전교와 교리 교육 및 영혼의 구령 사업을 포함하고 있었다. 명도회는 6회로 구성되었으며, 회합 장소를 정하고 집회를 주관하는 지도자를 임명해 효율적인 조직 체계를 갖추고 있었다. 황사영의 공초에 따르면 홍익만, 홍문갑, 김여행, 현계흠, 황사영 등의 집에서 집회가 이루어졌다. 이후 명도회는 정조 국상 기간 일체의 검거가 멈춘 상황에서 급속도로 확장되어 대성공을 거뒀고, 이것이 결국 부메랑이 되어 신유박해의 탄압으로 돌아왔다.

327 을묘년 박해: 1795년 5월 11일 진사 한영익의 밀고로 포도대장 조규진이 포졸들을 거느리고 주문모 신부가 거처하고 있던 계동 최인길의 집을 덮쳤다가 체

고, 재능이 무리 중에서 뛰어났기 때문에 신부님께서 모든 일을 그에게 맡기셨습니다. 골롬바 또한 열심히 일을 처리해서 감화된 사람이 몹시 많았습니다. 벼슬아치 집안의 부녀자 중에 입교한 사람이 상당히 많았으니, 아마도 나라의 법이 역적이 아닐 경우 사족의 부녀에게는 형벌이 미치지 않아서일 것입니다. 이 때문에 그들은 금지하는 명령을 염려하지 않았고, 신부님 또한 이 점을 빌려 교회를 널리 선양할 바탕으로 삼으려고 특별히 후하게 대우하셨습니다. 교인 중의 큰 세력이 모두 여교우에게 돌아갔습니다. 하지만 이 때문에 소문 또한 널리 퍼졌습니다.

乙卯窘難, 葛隆巴有保護之[大]功, [而]才能出衆. 故神父專任 **21** 之. 葛隆巴[亦]熱心料理, 化人甚衆. 仕宦家婦女, 入教者頗多. 盖國法若非逆賊, 刑不及於士族婦女. 因此, 他們不以禁令爲慮, 神父亦欲藉此, 爲廣揚之根基, 待之特厚. 教中大勢, 都歸女友, [然]聲聞[緣此]亦廣.

성교회가 나라에서 하나의 큰 정치적 문제가 되자, 새 임금이 즉위한 뒤 틀림없이 한차례 처분이 있을 것을 분명하게 알았지만, 어떤 처

포하지 못하고, 그 여파로 인해 일어난 박해를 말한다. 사건 발생 당일 주문모 신부의 입국과 관련된 최인길·지황·윤유일 등 3인을 체포해, 이튿날 새벽에 장살杖殺했다. 이때 주문모 신부는 정약용의 도움을 받아 남대문 강완숙의 집으로 극적으로 피신했다. 달레는《한국천주교회사》에서, 죽은 세 사람 외에 5인의 교인이 같이 체포되었다가 보름간 고문을 당한 뒤에 풀려났다고 했는데,《사학징의》중 허속과 김종교의 공초를 통해 그 5인 중 두 사람이 더 확인된다. 이후 조정에서는 주문모 신부를 체포하기 위해 총력을 기울였으나, 결국 체포에 실패했고, 이 일의 여파로 신부가 피신했을 것으로 보이는 충청도 일대에 거센 박해가 일어났다.

분이 내릴지는 몰랐습니다. 신부님은 더욱더 삼가고 조심하였고, 교우들도 모두 근심과 두려움을 품고 있었습니다. 1800년 12월 17일, 형조에서 포졸을 보내 최필공 토마스를 붙잡아 가두었습니다. 이 사람은 지난해의 옥안獄案이 미결 상태였기에 이번에 체포된 것은 뜻밖의 일은 아니었습니다. 게다가 당시까지만 해도 이때부터 금지한다는 것에 지나지 않았고, 조정에서도 엄한 처분은 없었으므로, 교우들이 비록 몹시 경계하기는 했어도 그다지 놀라거나 두려워하지는 않았습니다.

[聖敎爲國家之一大政], 新君卽位之後, 明知必有一番處分, 而[不知處分之如何]神父愈加謹愼, 敎 **22** 友咸懷憂懼. 十二月十七日, 刑曹發差, 捕崔多黙拘囚. 而此人則去年獄案, 尙在未決, 此番被捕, 不是意外. [且其時不過自此申禁, 朝廷則未有嚴敎. 故敎友們, 雖爲戒嚴, 不甚驚懼.]

1800년 12월 19일, 주님봉헌축일[328] 새벽에 최필공 토마스의 사촌 동생인 최필제崔必悌[329] 베드로가 길가에 있던 약방의 방 안에서 몇 사람과 함께 성경을 외우고 있었습니다. 창밖에 때마침 투전을 단속하는 한 무리의 관원이투전은 잡기의 이름인데, 무뢰배들이 이것으로 돈내기를 하므로 법을 맡은 관청에서 늘 금하는 명령이 있었습니다 창 안에서 가슴을 치는 소

---

328 주님봉헌축일: 원문에는 '성헌당聖獻堂 점례일占禮日'이라 했다. 성모 마리아가 아기 예수를 모세의 율법에 따라 성전에 봉헌한 날을 기념하는 축일을 가리킨다. 예전 명칭은 성모취결례첨례聖母取潔禮瞻禮였다. 오늘날은 '주님봉헌축일(2월 2일)'로 부른다.

329 최필제(1770~1801): 서울의 중인으로, 1790년 이존창의 전교로 입교했다. 세례명은 베드로다. 1791년 배교를 다짐하고 석방되었다가 1793년 교회에 돌아왔다. 큰 길가에 약국을 열어 집회의 장소로 삼았다. 1801년 4월 2일 서소문 밖에서 처형되었다.

리를 듣고는, 투전을 하면서 내는 장단 치는 소리로 생각하여 창문을 밀치고서 뛰어들어왔습니다. 투전이 안 보이자, 각 사람의 몸 주변을 뒤져 첨례표³³⁰ 한 장을 얻었습니다. 하지만 그들은 글자를 몰라서 그것이 무엇에 쓰는 물건인지 몰랐는지라, 마침내 가지고 가서 글자를 아는 관리에게 보이고서야 성교회와 관련된 글임을 알게 되었습니다. 다시 돌아와 사람을 붙잡으려 했지만, 이때는 날이 이미 환하게 밝았고, 다른 교우들은 이미 모두 달아나 흩어진 상태였습니다. 다만 최 베드로와 오현달吳玄達³³¹ 스테파노 두 사람만 체포되어 관가로 들어와 최 토마스와 함께 갇혔습니다.

十九日, 聖獻堂占禮日曉頭, 崔多黙之從弟崔伯多祿, 在臨街藥舖閣子裡, 與數人念公經. [窓外]適有投錢禁亂一 **23** 輩投錢雜技名, [無賴輩以此賭錢, 故]法司 [設][常有]禁[令], 聞窓裡拊心聲, 以爲投錢拍節聲, 排牕(窓)躍入. 不見投錢, 搜各人身邊, 獲一占禮單. [而伊等不識字,] 初不知爲何物. [遂]持去以示識字[之]吏, 始知爲(係)聖敎文字. 復[回]來捉去[人, 時天已大明, 他]敎友, 已盡走[散]. 惟伯多祿及吳斯德望兩人, 被捕入官, 與多黙同囚.

이에 포도부장의 무리가 김여삼과 도성 무뢰배들을 의지하여 귀와 눈으로 삼아, 도처에서 눈을 부라리며 탐문하여 찾아다니는 통에 교우들이 흉흉하여 소란스럽더니, 세밑이 되자 일이 잠시 느슨해졌습니

---

330 첨례표: 교회력에 따른 주요 축일을 월별·날짜별로 한 장에 기록한 표를 말한다. 《사학징의》부록에 실린 〈요화사서소화기妖畵邪書燒火記〉에 나오는 '첨례단瞻禮單'이 그것이다.

331 오현달: 최인철의 생질로 군기시軍器寺 앞에 살았다. 배교를 맹세하고 석방되었다가 나중에 다시 포청에 체포되었다.

다. 1801년 1월 9일에 총회장 최창현 요한이 체포되었습니다. 이후로 포도부장의 무리가 밤낮없이 돌아다니며 곳곳에서 붙잡아들이자, 체포된 사람이 두 포도청에 가득 찼습니다포도청은 좌포도청과 우포도청이 있습니다. 하지만 대부분은 어리석은 새 교우들이거나 뒷골목의 부녀자들이었고, 믿음이 강인하고 굳센 사람은 몹시 적었습니다.

於是, 捕校[盜部將]輩, 挾金汝三及 **24** 都下無賴輩, 以爲耳目, 到處睊盱採訪, 敎中洶洶擾亂, 値歲暮, 事得暫緩. 正月初九日, 總會長崔若望被捕. **[64/31b]** 自後捕校(部將)輩, 晝夜旁午, 處處緝拿. 被捕者塡滿兩廳[捕盜廳有左右兩廳]. 而率皆愚鹵新進, 及閭巷婦女, 剛毅者狠少.

1801년 1월 11일, 대왕대비가 교서를 내려 엄하게 금지시켰습니다. 그 내용의 대략은 이러하였습니다. "선왕께서 매번 말씀하시기를 '정학正學이 밝아지면 사학邪學은 절로 종식된다'라고 하셨다. 이제 들으니 사학이 예전과 같다고 하고, 서울에서부터 경기도와 충청도에 이르기까지 날마다 점점 성대해져간다고 한다. 어찌 두렵고 한심한 일이 아니겠는가? 서울 안과 바깥 고장에 오가작통법五家作統法 **332**을 분명하게 마련해서, 해당 통 안에 만약 사학 하는 자가 있을 경우, 통의 우두머리가 관에 알려 징계하여 다스리도록 하라. 그런데도 뉘우치지 않을 경우 역적을 다스리는 형률로 논죄하여 코를 베고 죽여 자손도 남기지 않도록 할 것이다." **333** 이에 각처가 소란스러워지고 재앙

---

332 오가작통법: 다섯 집을 한 통統으로 삼아 서로 감시하게 하고, 통 안에서 문제가 발생할 경우 연좌제로 책임을 묻는 제도를 말한다.

333 선왕께서 매번 …… 않도록 할 것이다: 대왕대비가 발표한 척사윤음은 《순조실록》 1801년 1월 9일자 기사에 실려 있다.

의 불꽃이 점차 사나워져서, 교우들이 더더욱 몸 둘 곳이 없게 되었습니다.

十一日, 大王大妃殿下教嚴禁. [畧曰: "先王每謂'正學明則邪學自熄.'] 今聞邪學[依舊], **25** 自京至于畿湖, 日漸熾盛, 豈不凜然寒心乎? 京中及外鄕, 修明五家統之法, 統內若有爲之者, 統首告官懲治. 然猶不悛, 當論以逆律, 剿殄滅之, 俾無遺種." 於是各處騷擾, 禍炎愈熾. 教友們尤無所措手足.

명도회 회장 정약종 아우구스티노는 정약용의 셋째 형입니다. 앞서는 양근에 살았다가 경신년(1800, 정조24) 5월의 박해 때 가족을 데리고 상경하였는데, 본래부터 공공연히 신자라고 표방함이 몹시 심하였습니다. 경신년 여름에 한 악한 관리가 이름을 지목하여 선왕의 면전에서 주벌하도록 청하였는데, 선왕께서 꾸짖으신 덕분에 그쳤습니다.**334**

이렇게 되자 시세時勢가 이미 변해 불길이 점점 타오르는 것을 보고는 스스로 화를 면하지 못할까 염려하여, 가지고 있던 성물과 서책 및 신부의 손편지를 가져다가 농짝 하나에 담아 다른 집에 맡겨두었습니다. 얼마 못 가 농짝을 맡겼던 집에 또 화란禍亂의 기미가 있는지

---

334 경신년 여름에 …… 그쳤습니다: 실제로는 1800년이 아니라 1799년 5월 25일 대사간 신헌조가 임금에게 "그 소굴 속에 누구나 다 아는 사람을 말하자면, 조정의 벼슬아치로는 이가환이 있고 경기에는 권철신과 정약종 같은 무리들이 있습니다"라고 하였다. 이에 정조는 도중에 말을 끊고 "중신이야 본디 사람들의 지목을 받고 있는 사람이지만, 그 밖의 많은 사람에 대해서 또 이름을 지적해가며 논열하여 아래 조항의 말뜻이 점점 더 과격해지고 있으니, 장차 세상의 절반을 들어서 강이천이나 김려의 무리라고 몰아붙일 작정인가? 이와 같이 과격한 것은 한갓 조정이 안정되지 못할 단서만 열어놓을 것이니, 대사간의 일은 참으로 생각이 모자라는 것이라고 하겠다"라고 나무란 뒤, 대사간 신헌조를 체차遞差할 것을 명한 일을 말한다.《정조실록》1799년 5월 25일자 기사에 나온다.

라, 본가로 다시 옮기려 하였습니다. 그러나 포도부장 등에게 붙잡힐까 염려하여 임대인 토마스라는 자를 시켜 땔감 파는 사내로 꾸며서 농짝을 마른 솔잎으로 덮도록 하였습니다. 19일 석양 무렵, 큰길을 따라 지고 오는데, 농짝은 큰데 땔감은 얼마 되지 않아, 나무꾼의 짐과 같지 않았습니다. 한성부의 밀도살을 감시하는 자가 이를 보고는 그것을 밀도살한 소고기로 의심하여밀도살 금지가 지극히 엄하였습니다 몰아다그쳐서 관청에 이르러 열어보니, 온통 성교聖敎 관련 서적과 성상聖像 및 신부의 편지였습니다. 한성부 관리가 크게 놀라 마침내 농짝과 사람을 포도청으로 압송하였습니다. 이것이 마치 불 위에 기름을 끼얹는 격이 되어 재앙과 환난이 이로 인해 커졌습니다.

明會長丁奧斯定若鍾, 卽若鏞之第三兄也. 先居楊根, 庚申五月之窘, 率家上京. 本來標榜(謤謗)甚 **26** 盛. [庚申夏,] 有一惡官, 指名請誅於先王面前, 賴先王叱止之. 至是, 見時勢已變, 火色漸熾, 自己恐不[得]免. 取所有聖物書冊, [及神父手札,] 貯之一籠, [寄在他家. 未幾寄籠之家, 又有駭機,] 將欲搬回本家. 而恐爲部將輩所獲, 使任多黙者, 扮作賣柴的, [裏]籠[以枯松葉. 十九日夕陽時,] 從街上負來, 籠大葉(薪)薄, **27** 不類樵擔. 漢城府別肉禁亂見之, 疑其爲私屠牛肉[私屠之禁絶嚴], 驅迫到官, 開看都是聖敎書像, 及神父筆札. 府官大駭, 遂將籠與人, 押送捕廳. 是爲(如)火上添油, 禍亂(難)因此而大.

책롱이 붙잡힌 뒤로는 교우들이 모두 놀라 떨며, 조만간 목숨을 보전하지 못할까 두려워하였지만, 10여 일이 지나도록 적막하게 아무 움직임이 없었습니다. 1801년 2월 초 포도대장 이유경李儒敬 **335**이 자

---

335 이유경(1747~1804): 본관은 함평, 자는 사정士貞이다. 부친은 이창운李昌運이다.

리를 옮기고 신임으로 신대현申大顯 [336]이 공무를 보게 되면서, 감옥에 가득하던 배교한 사람들을 모두 석방하고 최필공 토마스 형제와 최창현 요한, 임대인 토마스만은 석방하지 않았습니다. 어떤 이는 장杖을 쳐서 죽이려 한다고도 하고, 멀리 귀양 보내기로 의논하고 있다고도 하였습니다. 외부적으로 사학쟁이들의 체포가 잠시 정지되자 교우들은 뜻밖의 상황에 기뻐하며 무사하기만 바랐습니다.

書籠被捉後, 教友們莫不震驚, 恐不保朝夕. 過了十餘日, 寂無動靜. 二月 [初], 捕盜大將李儒敬移職, 新官申大顯 [65/32a] 視事, 盡放滿 <u>28</u> 獄背教之 人. 惟崔多黙兄弟, 崔若望, 任多黙等不放. 或云將欲杖殺, 或云方議遠竄. 外間緝捕暫停, 教友們喜出望外, 庶乎其無事.

이때 소북의 박장설朴長卨 [337]과 노론의 이서구李書九, [338] 남인의 최현중이 서로 이어 상소를 올려, [339] 성교를 극력 비방하며 역적을 다스

1800년 9월 27일 좌포도대장에 임명되었다가 1801년 2월 2일에 신대현으로 교체되었다.

336 신대현(1737~1812): 본관은 평산, 자가 회경晦卿이다. 서암恕菴 신정하申靖夏의 손자로 부친은 신상申晌이다. 1759년 알성시 문과에 급제한 뒤 황해·경기수사, 경상·황해병사, 금위·어영·장용대장, 총융사, 포도대장, 한성판윤 등을 역임했다. 1801년 형조판서에 올랐다.

337 박장설(1729~?): 본관은 밀양, 자는 치교稚敎, 호가 분서汾西다. 경기도 통진通津에서 살았다. 1774년 증광시 문과에 급제했고, 장령과 집의를 거쳐 부사직을 지냈다. 1799년 대사간에 임명되었고, 1801년 부호군이 되었다. 노론 벽파 김종수 계열의 인물로, 사학을 공격하는 데 앞장선 공으로 참판에 승진했다.

338 이서구(1754~1825): 노론 벽파에 속한 인물로, 1789년 상계군 이담의 역모 사건에 연루되어 귀양 갔다가 1791년에 복직되었다. 1795년 천주교인을 옹호한다 하여 영해부로 귀양 갔다. 1819년 형조판서, 1822년 대사헌, 1824년 우의정에 올랐다.

리는 형률로 논죄하도록 청하였습니다. 아울러 신대현이 사학쟁이를 가볍게 다스린 죄를 논하자, 대비가 크게 노하여 옥리에게 신대현을 묶어오게 하고, 포도청에 가두어둔 4인을 의금부로 이송하였습니다.[340] 나라의 법에 조정 관리와 역적은 의금부에서 다스리고, 포도청은 오로지 도적만을 관리하며, 서민이 죄를 지으면 형조에서 이를 다스립니다. 교우들은 모두 서민이지만 포도청에 속한 자들은 도적을 다스리는 형률을 적용하고, 의금부로 옮긴 자들은 역적을 다스리는 형률로 논죄하였습니다.

時有少北朴長卨·老論李書九·南人崔顯重, 相繼上疏, 極詆聖教, 請以逆律論罪. 幷論申大顯輕治之罪, 大妃大(震)怒, 繫大顯于吏, 移捕廳[所囚]四人于禁府, [國法 **29** 朝士及逆賊, 禁府治之, 捕廳專管盜賊. 庶民有罪, 刑曹治之. 教友皆庶民, 而屬之捕廳者, 用治盜律也. 移之禁府者,] 論以逆律也.

2월 9일에는 이가환, 정약용, 이승훈, 홍낙민을 의금부에 하옥시키고, 11일에는 권철신과 정약종을 체포하였습니다. 한편으로 포도청에 신칙하여 앞서 놓아준 사람도 모두 다시 체포해오게 하였습니다. 아

339 최현중이 서로 이어 상소를 올려: 최현중은 최헌중의 바뀌기 전 이름이다. 최헌중의 상소는 《정조실록》 1795년 7월 25일자와 8월 4일자에 실려 있다. 1801년 2월 4일의 상소에서도 천주교를 역률로 다스릴 것을 주장했다.

340 대비가 크게 노하여 …… 이송하였습니다: 1801년 2월 9일 사헌부에서 이가환, 이승훈, 정약용 등을 엄중 처벌하지 않고 있으므로, 느슨하게 다스린 포장들을 처벌할 것을 주청하자, 포장 신대현과 전 포장 이유경을 현고現告로 감죄勘罪했다. 이에 2월 10일 신대현이 해임되고 임율任嵂이 좌포도대장에 임명되었다. 《순조실록》 1801년 2월 9일과 10일자 기사에 나온다. 포도청에 가둬둔 4인은 최필공, 최필제, 최창현, 임대인을 가리킨다.

울러 여주와 양근에 가둬두었던 여러 사람을 의금부로 압송해오게 하자, 서울과 지방의 이름 있는 교우는 한 사람도 형벌을 면할 수가 없었습니다. 길 위에는 나졸들이 밤낮으로 끊임없이 마구 날뛰었고, 의금부와 좌우포도청 및 형조의 감옥은 모두 가득 차서 수용할 수가 없었다고 합니다. 24일에는 강완숙 골롬바의 온 가족이 체포되었습니다. 이 뒤로 사족의 부녀자 중에서도 체포된 자가 몹시 많았지만, 모두 상세하게 듣지는 못하였습니다.

二月初九日, 下李家煥·丁若鏞·李承薰·洪樂敏于禁府. [十一日,] 又捕權哲身·丁若鍾. [一邊申飭捕廳, 從前放送之人, 盡行追捕. 並將驪州楊根所囚諸人, 解赴禁府,] 京 30 鄕知名之敎友, 無一人得免刑. [道路上, 邏卒橫馳, 晝夜不絶, 禁府及] 兩捕廳 [及刑曹獄, 皆] 塡塞, 不 [能] 容 [云矣. 二十四日,] 葛隆巴全家被捕. [此後,] 士族婦女, 被捕者甚多, 而皆不得詳聞.

정약종 아우구스티노가 관가에 이르자, 관리는 책롱의 내력에 대해 물었습니다. 아우구스티노가 자기의 물건임을 인정하자, 관장은 책롱 속 서찰에 대해 마침내 하나씩 따져물었으나, 아우구스티노는 입을 닫은 채 대답하지 않았습니다. 관에서 가족에게 사람을 보내 물었습니다. "네 지아비와 네 아비가 신부의 성명과 사는 곳을 고하기만 한다면 결코 사형당할 리가 없을 것이다. 그런데도 독한 형장刑杖을 달게 받으며 끝내 입을 열지 않고 있다. 너희 가족들도 틀림없이 알고 있을 것이다. 너희는 가장의 목숨을 생각해서 사실대로 바르게 고하렷다." 가족들은 모두 모른다고 대답하였습니다.

丁奧沙(斯)定[到官, 官問書籠來歷. 奧斯定認爲己物, 官將籠中書札, 逐一究問. 奧斯定]緘口不答. 官送人問于家屬曰: 31 "[汝夫]汝父只告神父之姓名居住, 則必無死理. 而甘受毒杖, 終不開口. 爾(你)等家屬, 應必知之. 爾(你)等須念家長[之]性命, 從實直告." 家屬俱以不知答之.

이에 공경公卿들은 회의하여 대역부도의 죄로 논하였습니다. 2월
26일에 정약종 아우구스티노와 최창현 요한, 최필공 토마스, 홍교만
프란치스코 하비에르, 홍낙민, 이승훈 등 모두 6인을 나란히 한꺼번에
참수형에 처하였습니다. 그 뒤에 또 9인을 참수하였는데, 그중 여자가
셋이었습니다. 한 사람은 강완숙 골롬바이고, 나머지 둘은 모릅니다.
남자 6인 또한 누구인지 모릅니다.**341** 아마도 최필제 베드로 등인 듯하
나, 전해들은 것이 자세하지 않아 감히 억지로 정하지 못할 뿐입니다.
여주와 양근에 갇혔던 여러 사람은 모두 본읍으로 돌려보내 참수하였
는데, 아직 사실을 조사하지 못해 조목을 갖추어 아뢰지 못합니다.

於是公卿會議, 論以大逆不道. 二十六日, 奧沙(斯)定及崔若望, 崔多黙, 洪
方濟各沙勿畧, 洪樂敏, 李承薰, 共六人, 一幷斬決. 此後又有九人斬決, 而女
子三人, 而[一則]葛隆巴, 其 **32** 二不知. **[66/32b]** 男子六人, 亦不知爲誰. 似是
崔伯多祿等, 而傳聞未詳, [不敢强定]耳. 驪州楊根所囚[諸人], 皆還送本邑斬
決, 而[未及查實,] 不能條奏.

총회장인 최창현 요한은 중인입니다. 을묘년(1795, 정조19)에 순교
한 최인길崔仁吉 **342** 마티아의 집안 조카로, 집안에 진실한 가르침이

---

341 그 뒤에 또 9인을 …… 누구인지 모릅니다: 1801년 5월 23일 서소문 밖에서 참
수된 사람은 여교우 5명과 남교우 4명이다. 강완숙, 강경복, 한신애, 김연이, 문
영인, 최인철, 김현우, 이현, 홍정호 등이다. 이 밖에 고광성, 이국승, 윤점혜, 정
순매 등은 원래 소속된 관아로 압송해 정법했다.《순조실록》1801년 5월 22일
자 기사에 나온다.

203

전해, 성교가 동쪽에 이르자 가장 먼저 성교에 나아갔습니다.³⁴³ 사람 됨이 화평하고 몸가짐이 조심스러우며, 공정하고 밝으면서도 꼼꼼하고 부지런하여 20년이 하루 같았습니다. 모습은 순수했고 말은 간결하면서도 합당하였습니다. 사람들이 간혹 의혹에 사로잡히거나 우환을 만나 마음이 근심하고 번민하다가도, 그의 얼굴을 한번 보기만 하면 스스로 자기가 만난 곤경이 큰일이 아니고 어려운 일이 아님을 깨달았고, 다시 몇 마디 말을 듣기라도 하면 가슴이 후련해지곤 하였습니다. 도리를 강론하면 상세하고 분명한 데다 맛이 있어서, 비록 천연스레 이야기하며 듣기 좋게 하려고 의도하지 않아도 사람들이 모두 즐겁게 들으며 싫증 내지 않아, 사람에게 가장 깊이 스며들었고, 이를 듣는 자는 성령의 충만함이 크게 있었습니다.

摠(總)會長崔若望昌顯(賢), 中路人也. 乙卯致命崔瑪弟亞之族侄(姪). 家傳眞實之訓, 聖敎到東, 首先進敎. [平和謹愼, 公明精勤, 二十年如一日. 表樣純粹, 言辭簡當. 人或攖疑, 或遇患, 心甚憂 **33** 悶, 一見其面, 則自覺所遭之不大不難, 更聞數言, 則胸次釋然. 講道詳明有味, 雖談說天然, 不圖悅聽, 而人皆樂聞, 不知厭倦. 入人最深, 聽之者大有神益.]

342 최인길(1765~1795): 역관 집안 출신으로, 1795년 계동 자신의 집에 천주당을 차려 주문모 신부를 모셨다가 한영익의 밀고로 발각되자, 신부가 달아날 시간을 벌기 위해 스스로 신부 행세를 하면서 포도청에 잡혀갔다가, 열 시간 만에 장살당했다.

343 총회장인 최창현 요한은 …… 나아갔습니다: 최창현은 1784년 겨울 이벽에게서 천주교 서적을 얻어 보았고, 이벽이 "이 책은 모두 도리에 합치된다"고 하니, 그도 또한 "그렇게 생각하였다"고 하였다. 그는 정약전에게 교리를 배웠고, 이승훈에게 세례를 받았다. (《신유사옥 죄인 이가환 등 추안辛酉邪獄罪人李家煥等推案》, 1801년 2월 11일과 13일 최창현 공초)

그가 천명에 순종하고 다른 사람에게 겸손함은 저절로 나온지라 남보다 탁월하고 기이한 모습은 없었지만, 또한 흠잡을 행실이 없었습니다. 덕망이 교우 가운데 으뜸가는 사람이어서 모두들 아끼고 신뢰하였습니다. 집이 입정동笠井洞에 있었기 때문에 교우들은 호를 관천冠泉이라 하였습니다. 조화진이 충청도를 염문廉問하여 이미 최창현이 교우 중에 우두머리임을 알았지만, 그의 이름과 거주하는 곳을 몰랐으므로 체포할 수 없었습니다.

이에 이르러 박해가 장차 커지는 것을 보고, 교우의 집에 피해 지내다가, 신유년(1801, 순조1) 1월 5일에 몸이 좋지 않아 마지못해 집으로 돌아와 조섭하였습니다. 1월 9일 한밤중에 김여삼이 포도부장을 인도하여 집을 덮쳐 체포하여 그를 포도청에 가두었고, 10여 일 뒤에 치도곤治盜棍 13대를 때렸습니다. 매를 맞을 때 그는 마치 죽은 사람처럼 말도 못하며 땅에 엎드려 있었습니다. 매를 맞은 뒤에 관리가 죄를 하나하나 꼽자, 벌떡 일어나서는 성교회의 십계명을 강론하여 밝혔습니다.

관리가 "네가 이미 부모를 효로 공경한다면서 어찌하여 제사를 하지 않느냐?"라고 하자, 이렇게 대답하였습니다. "가만히 생각해보십시오. 잠을 잘 때에는 비록 맛난 음식이 있더라도 맛볼 수가 없습니다. 하물며 이미 죽은 사람이 어찌 음식을 먹을 수 있겠습니까?" 관리가 대답하지 못하고, 마침내 명하여 옥에 가두었습니다. 이 뒤로는 들은 것이 없습니다.[344] 정약종 아우구스티노와 함께 같은 날 참수형을 당

---

344 이 뒤로는 들은 것이 없습니다: 최창현은 2월 11일 배교했다가, 이튿날 배교를 취소하고, "이제 천주님과 예수 그리스도를 위해 전날에 천주를 배반하였던 것을 통절히 뉘우치면서 죽고자 할 따름입니다"라고 했다.《추안급국안》〈죄인

하니, 이때 나이가 43세였습니다.

[順命謙遜, 出於自然. 旣無卓異之表, 亦無瑕玷之行.] 德望爲教中第一人, 人無不愛信. 家居(在)笠井洞, 故教中號爲冠泉. 趙和鎭之廉問湖中也, 已知崔冠泉爲教中 **34** 領袖. 但不知其名與居住, 故不能捕獲. 至是見窘難將大, 避住教友家, 辛酉正月[初五日, 體氣不平, 不得已還家調攝.] 初九日夜半, 金汝三導捕校[盜部將], 到家掩捕, 囚之捕[盜]廳. [十餘日後,] 受治盜棍十三度. 杖時屛氣(言)伏地, 如死人[一]樣. [杖後,] 及官數罪, 蹶然而起, 講明[聖教]十誡. 官曰: "汝旣孝敬父母, 胡不行祭?" 答曰: "[請審思之.] 就寢之 **35** 時, 雖有旨味, 必不能嘗. 況已死之人, 安能享飮食乎?" 官不能答, 遂命下獄. 自後無所聞, 與丁奧斯定, 同日被斬. [時年四十三歲.]

정약종 아우구스티노는 성품이 곧고 뜻이 전일한 데다 꼼꼼하기가 남보다 뛰어났습니다. 일찍이 선도仙道를 배워 장생하려는 뜻이 있어, 엉뚱하게도 천지개벽의 주장을 믿었다가 탄식하며 말했습니다. "천지가 바뀔 때에는 신선 또한 사라질 수밖에 없을 테니, 마침내 장생의 도리가 아니다. 배울 것이 못 된다." 성교를 듣고 나서는 독실히 믿어 힘껏 실천하였습니다.

丁奧沙(斯)定若鍾, 性直[而]志專, 詳密過人. 嘗有學仙長生之志, 誤信天地改闢之說, 歎曰: "天地變改時, 神仙亦不免消瀜(融), [終]非長生之道, 不足學也." 及聞聖教, 篤信而力行之.

이가환 추안〉 1801년 2월 11일과 13일 공초에 나온다. 또《순조실록》1801년 2월 25일자 기사에도 "국청에서 형신을 받기에 이르러 진장眞臟이 죄다 드러나자 도리어 전의 초사招辭를 번복하고, 심지어는 예수를 위해 한 번 죽기를 원한다고 하였다"는 내용이 나온다.

1791년 신해박해 때, 형제와 친한 벗들 중에 신앙을 온전히 간직한 자가 적었는데, 그만은 흔들리지 않았습니다. 세속의 논의에 대해서는 서툴렀지만, 도리를 강론하는 것을 가장 기뻐하여, 비록 병으로 아프거나 굶어 배고플 때도 그러한 괴로움을 모르는 사람 같았습니다. 어쩌다 한 가지 조그만 이치라도 모르는 것이 있으면, 자고 먹는 데 아무 흥미가 없었고, 온 마음과 힘을 다해 따져보아 반드시 환하게 통하고야 말았습니다. 비록 말 위나 배 가운데 있으면서도 온통 묵상 공부가 끊이지 않았습니다. 어리석은 사람과 만나면 힘을 다해 가르쳐, 혀가 지치고 목이 아플 지경이 되어도 조금의 싫증 내는 뜻이 없었으니, 아무리 몹시 어리석은 사람이라도 환히 깨치지 못하는 자가 드물었습니다. 교우 중에 어리석은 이를 위해 동국의 언문으로《주교요지主教要旨》[345] 2권을 저술한 적이 있었습니다. 성교회의 여러 책에서 널리 인용하고 자기의 견해를 더하여 지극히 명백하게 하기에 힘썼으니, 어리석은 부녀자와 어린이라도 책을 펴면 환히 깨달아 하나도 의심스럽거나 모호한 곳이 없었습니다. 본국에서는 요긴하기가《성세추요盛世芻蕘》[346]보다 훨씬 나아, 신부님이 허여하셨습니다.

辛亥之窘, 兄弟親友, 小(少)有全者, 而獨 **36** 不撓動. 拙於俗論, 而最喜講論[道理, 雖]當疾痛飢乏之時, 若不知其故(苦)者然. 或不明一端道理, 則寢食

---

345 《주교요지》: 정약종이 엮은 최초의 한글 교리서다. 상·하 두 권으로 되어 있다. 상권은 천주의 존재, 사후의 상벌, 영혼의 불멸을 밝히고 이단을 배척한 일종의 호교서고, 하권에서는 천주의 강생과 구속의 도리를 설명했다.

346 《성세추요》: 프랑스인 예수회 선교사 마이야Mailla(馮秉正, 1669~1748)가 지은 한문 서학서로, 1733년 북경에서 5권으로 간행되었다. 하층 계급의 사람들이 낭송하는 것만 들어도 이해할 수 있는 일상적 소재와 예시로 교리를 설명했다. 문답식 구어체로 쉽게 쓰여진 교리서로, 조선에서도 초기부터 널리 읽혔다.

無味, 全心全力 [67/33a] 而思之, 必至瀜(融)通而後已. 雖在馬上舟中, 摠(總) 不斷黙想之工. 見有愚蒙者, 盡力訓誨之, 至於舌疲喉痛, 而少無厭倦之意. 雖 甚愚鹵者, 鮮有不明. 嘗爲教中愚者, 以東國諺文, 述主教要旨二卷. 博採聖教 諸書, 參以己 **37** 見, 務極明白, 愚婦幼童, 亦能開卷了然, 無一疑晦處. 緊於本 國, 更勝於蒭蕘, 神父[准]行之.

　오랫동안 해온 학문이 습성이 되어, 매번 교우를 보면 안부를 나 누고는 다른 이야기를 곁들일 겨를도 없이 바로 강론을 펴서 종일 그 치지 않았습니다. 어떤 이가 자기도 아직 몰랐던 점에 대해 한두 가 지 단서를 얻을 경우, 마음 가득 기뻐하며 칭찬해마지않았습니다. 간 혹 냉담하여 태도가 모호한 사람이 강론을 즐겨 들으려 하지 않으면, 아쉬워하고 불쌍히 여기는 뜻을 금치 못하였습니다. 사람들이 각각 의 도리에 대해 묻더라도 마치 주머니를 뒤져 물건을 꺼내듯, 번거롭 게 생각할 것도 없이 끊임없이 도도하게 흘러나왔고, 반복해서 시비 를 논변하여도 조금도 궁색한 적이 없었습니다. 그가 하는 말은 다 차례가 갖추어져 논리가 어지러이 뒤섞인 데가 없었습니다. 정밀하 고 기이하며 빼어나고 오묘한 데다 상세하면서도 정확해서 사람의 믿음을 굳세게 하고, 사람의 사랑을 타오르게 하였습니다. 비록 덕망 은 관천 최창현에게 미치지 못하였지만, 도리에 밝기로는 그보다 나 았습니다.

積年宿學, 習與性成, 每見教友, 寒暄之外, 卽陳講論, 終日娓娓, 無暇旁及 他談. 或得自己所未通者一二端, 則滿心歡喜, 稱讚不已. 或有冷淡糊塗者, 不 肯聽講, 則不勝缺然悶然之意. 人問各端道理, 如探囊取物, 不煩思索, 而滔 **38** 滔不竭, 反覆辨難, 未嘗少窮. 所言皆排比次序, 無或錯亂. 而精氣(奇)超妙, 詳 細的確, 固人之信, 熾人之愛. 雖德望不及冠泉, 明理過之.

또 천주의 여러 덕과 각종의 도리가 본래 너무 방대해서 여러 책에 흩어져 있고 하나로 온전하게 논의한 책이 없다 보니 읽는 자가 깨닫는 데 어려움이 있다고 여겨, 각종 서적을 베껴 모아 갈래를 나누고 종류를 구분하여, 묶어 한 부의 책으로 만들고 이름하여 《성교전서聖敎全書》라 하여 후학에게 주고자 하였습니다. 초고를 쓰기 시작해서 채 절반이 되지 않았을 때 박해를 당해 완성하지 못하였습니다. 체포되어 감옥에 들어가 관리가 왕명으로 나무라며 신문하자, 아우구스티노는 성교의 진실된 이치를 곧장 진술하며 금지하는 것이 부당하다는 뜻을 밝혔습니다. 관리가 크게 노하여 왕명을 따져 반박한다고 여겨 대역부도의 죄로 논하였습니다.

又以爲天主諸德, 及各種道理, 本來浩汗, 而散在諸書, 無一全論, 讀之者難於領會. 將欲抄(鈔)集各書, 分門別類, 彙爲一書(部), 名曰聖敎全書, 以贈後學. 起草未半, 而被難不能成. 被捕入獄, 官 **39** 以王命責問, 奧沙(斯)定直陳 **[68/33b]** 聖敎眞實之理, 明其不當禁之意. 官大怒, 以爲辨駁王命, 論以大逆不道.

옥을 나와 함거에 올라 형장으로 나아갈 때, 바로 큰 소리로 사람들에게 말하였습니다. "너희는 우리를 비웃지 말라. 사람이 세상에 나서 천주를 위해 죽는 것은 당연한 일일 뿐이다. 대심판 때에 우리가 흘린 눈물은 참된 즐거움으로 바뀌고, 너희의 기쁨과 웃음은 진정한 고통으로 변할 것이다. 너희는 반드시 서로 비웃지 말라."

형장에 이르러 구경하던 자들을 둘러보며 말하였습니다. "너희는 두려워 말라. 이는 당연한 일이다. 너희는 반드시 두려워 말고, 이 뒤로는 본받아서 행하도록 하라." 한 번 칼로 찍은 뒤에 머리와 목이 절반쯤 잘렸는데, 벌떡 일어나 앉더니 크게 손을 펴서 성호를 긋고는 가

만히 다시 엎드렸습니다. 최필공 토마스와 함께 처형되니, 이때 나이
가 42세였습니다.**347**

出獄上車, 將就法場, 卽高聲謂人曰:"你等勿笑吾儕. 人生於世, 爲天主死,
卽當行之事耳. 大審判時, 吾儕之涕泣, 變而爲眞樂, 你等之喜笑, 變而爲眞痛.
你等必勿相笑."臨刑顧謂觀者曰:"你等勿怕. 此是當行之事. 你 **40** 等必毋懼
怕, 此後效而行之."一斫之後, 頭頸半截, 蹶然起坐, 大開手畫聖號, 從容復伏.
與崔多黙同斬, 時年四十八(二)歲.

최필공 토마스는 나이가 많고 병이 많아, 옥중에서 오래 있다 보니
몸이 쇠약해져서 수레에 오르고도 인사불성이었는데, 형장에 가까워
지니 그제야 기뻐하는 모습이 드러났습니다. 가장 먼저 참수되니, 이
때 나이가 56세였습니다.

[崔多黙年老多病, 獄中久己委頓, 登車不省人事. 將近法場, 始顯歡容, 首
先被斬, 時年五十六歲.

홍교만 프란치스코 하비에르는 권철신의 외삼촌으로,**348** 경기도 포

---

347 이때 나이가 42세였습니다:《송담유록》본에는 이 대목 이후 원문 1,481자가
　　결락되었다. 백서 원본의 40행 중간부터 53행 하단까지 무려 13행을 건너뛰었
　　다. 결락된 부분은 최필공, 홍교만, 홍낙민, 이승훈, 이가환, 최필제의 신앙생활
　　에 대한 증언 부분이다. 이 대목은 이기경의《벽위편》에도 똑같이 누락되고 없
　　다. 원본 백서를 베껴쓰면서, 단순한 실수가 아니라 천주교 주요 인물의 신앙에
　　대해 어떤 의도를 갖고 배제했음을 짐작할 수 있다.

348 권철신의 외삼촌으로: 권철신의 부친 권암에게 시집간 홍상빈의 딸 홍씨는 홍
　　교만의 고모다. 따라서 권철신은 홍교만과 고종사촌간이다. 그런데《만가보》에
　　서 홍회의 여동생 홍씨를 홍교만의 누이로 잘못 적고, 또 황사영이 〈백서〉에서

천현에 살았습니다. 젊어서 진사에 올랐고, 만년에는 경학을 좋아하였습니다. 권씨 집안이 성교를 받들자 그 또한 믿어 따라, 벼슬길에 뜻을 끊고 고향의 이웃을 권면하여 감화시키니, 온 고을의 영수가 되었습니다. 그의 딸이 정약종 아우구스티노의 아들[349]에게 시집가자, 이로 인해 평소에도 신자라고 표방함이 있었는데, 이때가 되어 체포되어 순교하였습니다.

洪沙勿畧教萬, 權哲身之母舅. 居京畿道抱川縣. 少登進士, 晚好經學. 權家奉教, 他亦信 **41** 從. 絶意仕宦, 勸化鄉隣, 爲一鄉領袖. 其女適奧斯定之子, 因此素有謤謗, 至是被捕致命.

홍낙민 바오로는 본래 충청도 예산현 사람으로, 젊어서 진사에 급제하여 서울로 이사하였습니다. 이승훈·정약용 등과 벗이 되어, 갑진년(1784, 정조8)과 을사년(1785, 정조9) 사이에 성교를 믿어 따라 열심으로 이치에 밝았고 일 처리도 잘한다는 칭찬을 받았습니다. 하지만 사람들의 이목을 가리기 위해 과거시험을 끊지는 않아, 기유년(1789, 정조13)에 급제에 올라 여러 벼슬을 거쳐 사간원정언에 이르렀습니다.

洪保祿樂敏, 本係忠淸道禮山縣人也. 少中進士, 移居都下. 與李承薰·丁若鏞等爲友, 甲辰乙巳之間, 信從聖教, 以熱心明理, 幹事見稱. 而爲遮人耳目,

홍교만을 권철신의 외숙이라고 착각하는 바람에, 홍교만과 권철신의 계보 이해에 얼마간 혼선이 빚어졌다.

349 정약종 아우구스티노의 아들: 정약종의 장남 정철상丁哲祥(?~1801)을 가리킨다. 정하상의 이복형이다. 부친에게 천주교를 배웠고, 20세경인 1801년 신유박해로 부친이 체포되자 감옥 근처에 머무르며 부친을 봉양했다. 부친이 순교한 날 체포되어, 그해 4월 2일 서소문 밖 형장에서 순교했다.

不絶科擧. 己酉年登及第, 屢官至司諫院正言.

신해년(1791, 정조15) 박해에 선왕이 배교할 것을 다그쳐 명하자 상당히 나쁜 모습이 있었습니다.[350] 같은 때에 배교한 자들은 모두 전혀 계명을 지키지 않았지만, 바오로는 경문을 외우고 재를 지키는 것을 그만두지 않았습니다. 을묘년(1795, 정조19)에 성사聖事를 할 적에 보례補禮[351]를 받아 해죄解罪를 미리 준비하다가, 미처 판공[352]하기도 전에 박해가 크게 일어났습니다. 한영익의 고변 가운데 그의 이름이 들어 있어서, 또 선왕의 핍박을 받아 배교하였습니다. 그 뒤로는 집에 있으면서는 온전히 계명을 지키고, 밖에 나가서는 순순히 나쁜 풍속을 따랐습니다.

辛亥之窘, 先王迫令背 42 敎, 頗有壞表. 同時背敎者, 皆全不守規, 而保祿則不廢經齋. 乙卯行聖事時, 受補禮, 預備解罪. 未及辦工, 而窘難大起. 名在韓永益告變中, 又被先王逼迫背敎. 自後在家, 則全守規誡, 出外則隨順壞俗.

기미년(1799, 정조23)에 모친상을 당했는데, 또한 신주에 절하지 않았습니다. 근년 들어 열성이 조금 살아나 장차 마음을 다해 주님께 돌아오려 하였으나, 이 좋은 뜻을 이루지 못한 채 체포되어 함께 참수되

---

350 나쁜 모습이 있었습니다: 공개적으로 배교하는 행동이 있었다는 뜻이다.

351 보례: 세례나 혼인성사 등 성사 예식 집행에서 부족한 부분을 보충함을 말한다. 여기서는 주문모 신부 입국 이후 정식 절차에 따라 이전에 받았던 세례를 다시 받은 것을 의미한다.

352 판공: 교회 용어로, 교우가 1년에 두 번(예수 부활과 예수 성탄 대축일) 의무적으로 받아야 하는 고해성사를 말한다.

었습니다. 감옥의 형편은 엄격한 비밀이어서 자세히 알 수는 없습니다. 하지만 제 생각으로 헤아려보자면, 이 사람은 죄목이 본래 크지 않았습니다. 만약 관가에 가서 배교하였다면 틀림없이 죽음에 이르지는 않았을 텐데 참수되기에 이르렀으니, 그렇다면 그가 성교를 배반하지 않았음을 알 수 있습니다.[353]

己未遭母喪, 亦不拜牌. 年來熱心稍蘇, 將欲全心歸主. 善志未成, 而被捕同斬. 獄情嚴秘, 不能詳 43 知. 而以意度之, 則此人罪名, 本來不大. 若到官背教, 未必就死, 而至於斬首, 則可知其不悖聖教矣.

이승훈 베드로는 이가환의 조카이고 정약종 아우구스티노의 매형입니다. 젊어서 진사에 올랐고, 평소 학문하고 궁리하기를 좋아하였으므로, 포의의 선비 이벽이 크게 기이하게 여겼습니다. 당시 이벽은 성서를 몰래 보고 있었으나 이승훈은 몰랐습니다. 계묘년(1783, 정조7)에 부친을 따라 북경에 가게 되자 이벽이 남몰래 부탁하며 말하였습니다. "북경에 천주당이 있고, 천주당 안에는 전교하러 온 서양 선비가

---

353 성교를 배반하지 않았음을 알 수 있습니다: 《추안급국안》 1801년 2월 홍낙민의 공초를 보면, 홍낙민은 2월 12일과 13일에는 1791년 이후에는 신앙생활을 하지 않았다고 진술했다. 그러다가 21일에는 "저는 이 학문이 옳은 줄을 마음속으로 알고 있는데 억지로 그르다고 한다는 것은 혹 살길이 있을까 해서 그러한 것입니다. 저는 이미 중형을 받고 장차 죽을 것인데, 하필 옳은 것을 가지고 그르다고 하며 교를 배반하리이까?"라고 진술을 바꿨다. 또한 "저에게 죽을죄가 있습니다. 이미 이 학문이 옳은 줄을 알고서도 10년이나 배교하였으므로 이러한 형신刑訊을 받고 있으니, 저는 교를 배반한 죄를 받아 마땅합니다……. 이미 교를 배반하지 않았는데, 이제 당연히 죽어야 할 처지에 어찌 감히 예수를 욕하겠습니까?"라고 했다. 마지막에 그가 신앙을 증거하다가 순교했음을 알 수 있다.

있다네. 그대가 가서 만나보고 〈신경信經〉[354] 한 부를 구하고, 아울러 세례를 청한다면 서양 선비가 틀림없이 크게 아껴 기이한 물건과 진귀한 구경거리를 많이 얻을 걸세. 반드시 그냥 돌아오지는 말게나." 이승훈이 그 말대로 하여 천주당에 이르러 세례를 청하니, 여러 신부가 그가 중요한 교리에 밝지 못하다고 세례를 허락하지 않았습니다. 양동재梁棟材 신부[355]만이 세례를 주자고 힘써 주장하며, 아울러 매우 많은 성서를 주었습니다.

李承薰伯多祿, 李家煥之甥姪, 丁奧斯定之妹兄. 少登進士, 素好學問窮理. 布衣李蘗大奇之. 時李蘗密看聖書, 而承薰不知. 癸卯隨父入燕, 李蘗密托曰: "北京有天主堂, 堂中有西士傳教者. 子往見之, 求信經一 **44** 部. 幷請領洗, 則西士必大愛之, 多得奇物玩好. 必勿空還."承薰如其言, 到堂請洗, 諸位司鐸, 以其不明要理, 不許領洗. 惟梁神父力主授洗, 幷給許多聖書.

이승훈은 집에 와서 이벽 등과 함께 마음을 가라앉혀 책을 보고 비로소 진리에 통하였습니다. 인하여 친구에게 권면하고 교화하니, 당시 이름난 선비 중에 따르는 자가 몹시 많았는데, 이승훈을 밀어 우두머

---

354 〈신경〉: 신앙고백을 담아 그리스도교 교의의 핵심을 간추린 〈사도신경〉을 말한다. 공식적이고 권위 있는 진술이란 의미다. 서방 교회에서는 교황 인노첸시오 3세(재위 1198~1216)가 오래된 로마 신경에서 나온 〈사도신경〉을, 동방 교회에서는 니케아공의회(787)에서 인정된 〈니케아신경〉을 각각 채택했다.

355 양동재 신부: 프랑스 예수회 그라몽De Grammont(1736~1812) 신부다. 그는 1768년 중국으로 파견되어 북경 궁정의 수학자이자 통역관으로 활약했다. 1773년 예수회 해산령이 중국에 선포된 후에도 1785년까지 북당에 머물다가, 그 뒤 광동으로 갔다. 1790년 북경으로 되돌아왔으나 병으로 1812년 북당에서 사망했다.

리로 삼았습니다. 뒤에 그의 아버지가 엄하게 금하고, 나쁜 벗이 어지러이 비방하였지만, 이승훈은 오히려 참아 견디며 성교를 받들었습니다.

承薰到家, 與李蘗等, 潛心看書, 始通眞理. 因而勸化親友, 一時名士, 從者甚多. 推承薰爲首. 隨後厥父嚴禁, 惡友亂謗, 承薰猶忍耐奉 **45** 敎.

선왕은 그의 재주를 아껴 경술년(1790, 정조14) 가을에 음직蔭職으로 벼슬을 내려 관직이 평택현감에 이르렀습니다. 신해년(1791, 정조15)에 체포되어 배교하고 교회를 훼손하는 글을 여러 번 지었으나, 모두 본심은 아니었습니다. 을묘년(1795, 정조19)에 신부님이 동국에 왔다는 말을 듣고는 마음이 움직여 회개하고 미리 은사를 받을 준비를 하였습니다. 얼마 지나지 않아 박해가 일어나니, 이승훈은 인하여 다시 두려워 위축되었습니다. 하지만 최초로 서책을 전했던 까닭에 악당들이 성교를 공격하여 배척할 때면 반드시 이승훈에게로 죄를 돌리곤 하였는데, 선왕이 매번 곡진하게 지켜주곤 했습니다. 이승훈이 겉으로는 비록 세속을 따랐지만, 간혹 예전 가깝던 벗과 만나면 애틋하여 정을 잊지 못하고, 늘 분발하리라 생각하더니, 이에 이르러 화를 입었습니다. 이 사람이 서책을 전한 죄가 있는지라, 비록 다시 배교했다 해도 사형을 면키는 어려웠을 것입니다. 그러므로 그가 바르게 죽었는지의 여부는 천천히 사실을 조사해야 합니다.

先王愛其才, 庚戌秋補蔭仕, 官至平澤縣令. 辛亥被拿背敎, 屢著毀敎文字, 皆非本心也. 乙卯聞司鐸東臨, 動心回頭, 預備沾恩. 不多日窘難起, 承薰仍復畏縮. 而以最初傳書之故, 惡黨之攻斥聖敎也, 必歸罪於承薰, 先王每曲護之. 承薰外雖從俗, 或逢舊時密友, 則繾綣不能忘情, **46** 常思有以振起之, 至是被禍. 而此人有傳書之罪, 雖復背敎, 難免死刑. 故不知其善死與否, 徐當查實耳.

이가환은 어려서부터 재주와 지혜가 남들보다 뛰어났습니다. 자라 서는 풍채와 도량이 우뚝하고 문장이 온 나라에서 으뜸이었습니다. 보지 않은 책이 없었고, 기억력이 귀신같이 뛰어났습니다. 또 천문학 과 기하학에 정밀하여, 한번은 탄식하며 이렇게 말했습니다. "이 늙은 이가 죽으면 동국의 기하학은 씨가 끊어지겠구나." 이기理氣의 학문을 덜 믿어, 매번 하늘을 우러러 가만히 탄식하며 말했습니다. "이렇게 큰 배치인데 어찌 주재자가 없다고 말하겠는가?" 30여 세에 진사에 급제하니, 선왕이 그 그릇을 중하게 여겼습니다.

李家煥自在幼少, 才智超群. 及長, 風度魁偉, 文章冠一國. 無書不覽, 强記 如神. 又精天文幾何之學, 嘗歎曰: "老夫死則東國幾何種子絶矣." 少信理氣之 學, 每瞻天黙歎曰: "這樣大排布, 何謂 **47** 無主宰者?" 三十餘, 登進士及第, 先 王器重之.

갑진년(1784, 정조8)과 을사년(1785, 정조9) 즈음에, 이벽 등이 성교 를 믿고 따른다는 말을 듣고 이를 나무라며 말했습니다. "나 또한 서 양서 몇 권을 보았지만 이가환의 집에 《직방외기職方外紀》와 《서학범西學凡》 등이 있었습니다, 기이한 글과 희한한 책에 지나지 않더군. 단지 나의 식견을 넓힐 수는 있겠지만, 어찌 이것으로 몸을 편안히 하고 명命을 세우기 에 족하겠는가?" 이벽이 이치에 근거하여 대답하자 이가환이 말이 꺾 여 마침내 책을 구하여 자세히 살펴보았습니다. 이벽이 《천학초함天學 初函》**356**의 책 몇 종류를 주었는데, 당시 《성년광익聖年廣益》**357** 한 부

---

356 《천학초함》: 1629년 이지조李之藻(1565~1630)가 펴낸 한문 서학서. 이편理篇
(종교와 윤리 관계)과 기편氣篇(과학과 기술 관계)으로 나뉘어 있다. 즉, 천주교 관

가 있었지만 이가환이 성스러운 기적을 믿지 않을까 염려하여 빌려주려 하지 않았습니다. 이가환이 힘껏 다투어 그때 가지고 있던 성교의 책자를 모두 가져다가 마음을 가라앉혀 반복해 읽고는 뜻을 결심하여 이를 믿으며 말했습니다. "참된 이치요, 바른 도리이다. 진실로 실제 일어난 일이 아니라면 책 속에 말한 것은 모두 하늘을 속이고 하늘을 업신여기는 것일 뿐일 테니, 서양 선비가 반드시 바다를 건너 성교를 전하지 못하고, 우레와 벼락을 만나 죽었을 것이다." 마침내 문생들을 권면하고 교화하며, 남몰래 이벽 등과 아침저녁으로 왕래하면서 상당히 열심히 공부했습니다.

甲乙之際, 聞李蘗等信從聖敎, 責之曰: "我亦見西洋書數卷 李家有職方外記·西學凡等, 不過是奇文僻書. 只可廣吾識見, 安足以安身立命?" 李蘗據理答之, 家煥辭屈, 遂求書細覽. 李蘗與初函書數種, 時有聖年廣益一部, 而恐家煥不信靈蹟, 不肯借看. 家煥 **48** 力爭之, 盡取其時所有聖敎書, 潛心反覆, 決意而信之, 曰: "眞理也, 正道也. 苟非實事, 書中所說, 皆誣天耳. 慢天耳. 西士必不得涉海傳敎, 當遭雷震死矣." 遂勸化門生, 密與李蘗等, 晨夕往來, 頗有熱心.

계의 책인 《서학범》, 《기인십편》, 《교우론交友論》, 《영언여작靈言蠡勺》, 《이십오언二十五言》, 《천주실의》, 《변학유독辨學遺牘》, 《칠극七克》, 《직방외기》 등 아홉 가지와, 서양 과학 관계의 책인 《태서수법泰西水法》, 《혼개통헌도설渾蓋通憲圖說》, 《기하원본幾何原本》, 《표도설表度說》, 《천문략天問略》, 《동평의茼平儀》, 《동문산지同文算指》, 《측량법의測量法義》, 《환용교의圜容較義》, 《흥고의句股義》 등 열 가지, 도합 19종 52권으로 된 총서다.

357 《성년광익》: 예수회 선교사 마이야가 1738년에 한문으로 편찬한 성인전이다. 신자들의 신앙을 깊게 하기 위해 성인·성녀의 전기를 약술한 것으로, 날마다 읽을 성인의 경언警言과 성전聖傳을 열두 달로 나누어 12편으로 엮은 책이다.

이때 이승훈 등이 주제넘게도 세례를 하자, 이가환은 사람들에게 세례를 받을 것을 권하였지만 자신만은 내켜하지 않았습니다. 그 의도는 사신으로 북경에 들어가 서양 선비에게서 세례를 받으려 했던 것입니다. 얼마 못 가서 시세가 어렵게 되자 마침내 공과工課³⁵⁸마저 폐하고 말았습니다. 하지만 성교를 받든다고 표방함을 얻은 자³⁵⁹가 대부분 이가환과 혼사를 맺은 친족붙이들이었으므로, 악당들이 항상 교주라고 가리키며 배척하였습니다.

時李承薰等, 妄行聖事, 家煥勸人領洗, 自己不肯. 其意欲奉使入燕, 受洗於西士 **49** 也. 未幾, 見時勢艱難, 遂廢工課. 而奉敎得謗者, 多係家煥之姻親族屬, 故惡黨常指斥爲敎主.

신해년(1791, 정조15)의 박해 때에는 광주부윤이 되어 성교를 상당히 박해하여 스스로를 변명하는 계책으로 삼았습니다. 교우에게 도적을 다스리는 형률을 쓴 것은 이가환에게서 시작되었습니다. 신해년 이후 선왕이 남인을 상당히 등용하니, 이가환이 시세를 타고 이름난 벼슬을 여러 번 거쳐, 승진하여 공조판서가 되었습니다. 을묘년(1795, 정조19)에 세 사람이 순교한 뒤 악당들이 신부의 일을 모르자 이승훈과 이가환에게 죄를 돌려, 글을 지어 차례로 공격하므로, 선왕이 마지못해 이승훈을 예산에 귀양 보내고, 이가환을 좌천시켜 충주목사로 삼았습니다.³⁶⁰

---

358 공과: 천주교 신자로서 날마다 행하는 기도인데, 여기서 공과를 폐했다는 것은 신앙생활을 그만두었다는 말이다.

359 표방함을 얻은 자: 원문은 '득방자得謗者' 즉 비방을 얻은 자인데, 앞서 보았듯 황사영은 표방誹謗을 여러 차례 표방標榜의 의미로 쓰고 있어, 이에 따라 옮겼다.

辛亥窘難時, 爲廣州府尹, 頗害敎中, 爲自明計. 用治盜律於敎友, 自家煥
始. 辛亥後, 先王頗用南人, 家煥乘勢, 屢歷名宦, 升拜工曹判書. 乙卯三人致
命後, 惡黨不知司鐸之事, 歸罪於李承 **50** 薰及家煥, 交章迭攻. 先王不得已,
謫承薰于禮山, 左遷家煥, 爲忠州牧使.

충주에 한 교우가 있었는데 평소 신자임을 표방하였으므로 이가환
이 엄한 형벌로 다스려, 그가 배교하도록 핍박하였습니다. 도적을 다
스리는 주리형을 써서 교우에게 극형을 가한 것 또한 이가환으로부터
시작되었습니다. 또 관기官妓를 들여 첩으로 삼았는데, 모두 무고와
비방을 벗어나려는 까닭이었습니다. 하지만 그 뒤로는 폐출廢黜되어
다시는 등용되지 못하고, 집에 있으면서 글짓기를 자기 오락거리로
삼았습니다. 그의 처가 평소에 굳건한 믿음이 있는지라 딸과 며느리,
첩과 여종을 권면하여 교화시켰는데, 간혹 서책이 탄로나도 이가환은
조사하여 금지하지 않았습니다.

忠州有一敎友, 謤謗素著, 家煥治以嚴刑, 逼令背敎. 用周紐治盜, 極刑於
敎友, 亦自家煥始. 又納官妓爲妾, 皆所以掉脫譜謗也. 然自後枳廢, 不復進
用, 居家以文章自娛. 其妻素有信根, 勸化女婦妾婢, 或書冊綻露, 家煥不 **51**
爲査禁.

360 이가환을 좌천시켜 충주목사로 삼았습니다:《정조실록》1795년 7월 7일자 기
사에 이가환을 배척한 박장설의 상소가 실려 있고, 7월 24일에도 유생 박영원
등 637명이 연명한 배척 상소가 올라왔다. 공조판서로 있던 이가환은 7월 25일
에 충주목사로 좌천되었다. 충주는 당시 사학이 성행하던 곳이었다. 달레는《한
국천주교회사》에서 그가 일부러 금육일을 골라 선비들을 자기 집에 초대해서
고기를 대접해 천주교 신봉 여부를 알아보았다고도 했다.

무오년(1798, 정조22)과 기미년(1799, 정조23)의 사이에 지방에서 박해가 차례로 일어났다는 말을 듣고 가만히 자기 소신을 말하였습니다. "이 일은 비유하자면 작대기로 재를 치는 것과 똑같아서, 치면 칠수록 더욱 일어날 것이네. 주상께서 아무리 금지하려 하더라도 끝내는 어찌해볼 도리가 없을 걸세."

처음 의금부에 들어가서는 오히려 스스로 변명하고 죄를 승복하지 않았습니다. 옥사를 다스리는 자가 모두 평소에 원수처럼 미워하던 사람들이라 기필코 사지에 몰아넣으려고 하였습니다. 스스로도 끝내 면함을 얻지 못할 것을 알아 마침내 본심을 인정하고는 죽을 때까지 변하지 않았습니다. 독한 매질과 인두로 지지는 형벌 아래에서 목숨이 끊어졌으니, 이때 나이는 60세였고, 6인[361]이 순교하기 며칠 전이었습니다. 권철신 또한 매를 맞고 죽었는데, 그가 바르게 죽었는지는 모르므로[362] 탐문하여 채집하기를 기다려주십시오.

戊午己未之間, 聞外鄕窘難迭起, 密謂其所信曰: "此事譬如以杖擊灰, 愈擊愈起. 主上雖欲禁止, 終當無奈何矣." 初入禁府, 猶自抵賴. 治獄者, 皆平時仇

---

361 6인: 정약종, 최창현, 최필공, 홍교만, 홍낙민, 이승훈을 말한다. 이들은 1801년 2월 26일 서소문 밖에서 처형되었다.

362 그가 바르게 죽었는지는 모르므로: 권철신이 마지막 세상을 뜰 때 배교를 했는지 신앙을 증거하다가 죽었는지 확정할 수 없다는 의미다. 달레는 《한국천주교회사》에서 권철신이 재판관 앞에 끌려가서도 천주교와 신앙의 실천에 대해 용감하게 변호했고, 형벌을 받는 중에도 낯빛이 변하지 않고 침착하게 대답했다고 썼다. 심문관 중 한 사람이 형장을 나서면서 "신문을 당할 때에 다른 죄인들은 몹시 당황하였지만, 권철신은 잔칫상 앞에 조용히 앉아 있는 사람 같았다"고 진술해, 그가 신앙을 지켜 죽은 것으로 기술했다. 《추안급국안》에서는 권철신이 신해박해(1791, 정조15) 이후 천주교를 배척했다고 진술하여 엇갈린다.

嫉之人, 必欲致之死地. 自知終不得免, 遂承認本心, 到死不變. 畢命於毒杖烙刑之下, 時年六十歲. 六人致命前數日也. 權哲身亦杖 **52** 斃, 而不知其善惡死, 容俟探訪.

최필제 베드로는 자가 자순子順이니, 최필공 토마스의 사촌동생입니다. 집이 가난하고 어버이가 늙어서 약을 팔아 생활했는데, 가격이 저렴하고 약재가 훌륭하여 사람들이 모두 믿었습니다. 진실되고 충후한 모습이 얼굴에 순수하게 드러나서, 바라만 보고도 그가 어진 사람인 줄을 알았습니다. 뜻과 기운이 높고 굳센 최필공 토마스지만, 항상 공경하고 어려워하여 자기보다 나이가 적은 아우였음에도 모든 일을 그에게 물은 뒤에 하였고, 감히 자기 멋대로 하지 않았습니다.

崔伯多祿必俤, 字子順, 多黙之從弟也. 家貧親老, 賣藥爲生. 價廉而材精, 人皆信之. 眞實忠厚之表, 粹然見於顏面, 望而知其賢人也. 多黙志氣高邁, 而常敬憚之, 雖係少年之弟, 事皆諮之而後行, 不敢自專.

최필공 토마스에게는 친동생 하나가 있었는데, 성교를 헐뜯고 배척하여 교우를 두루 비방하였습니다. 하지만 오직 최필제 베드로에 대해서만은 감히 비난하여 헐뜯지 못했습니다. 항상 천주교 중에는 오직 자순 한 사람뿐이고 나머지는 취할 만한 사람이 없다고 일컫곤 했습니다. 신부님이 감탄하여 찬미한 적이 있었습니다. "정결을 지키는 부부는 유종의 미를 거두는 경우가 드물다. 그런데 자순 부부는 뜻과 절조가 점점 굳세어지고, 힘든 공과는 더욱 부지런히 하니, 참으로 어진 사람이다."

多黙有一親弟, 毀斥聖教, 歷詆教友. 而惟伯多祿, 則不 **53** 敢譏訕. 常稱天主教中, 惟子順一人, 餘無可取. 神父嘗歎美之曰: "夫婦守貞者, 鮮克有終. 而子順夫婦, 志操愈固, 苦工愈勤, 眞賢人也."

체포된 뒤 그의 아버지는 본래 이교인異教人이었는데 놀라 근심하다가 병이 되었고, 임종 때에 주님을 믿어 세례를 받고 죽었습니다. 베드로가 감옥에 있다가 부음을 듣고 관에 호소하여 말미를 청하였습니다. 관에서는 돌아가 장례를 치를 것을 명하면서 다시금 말로 은근한 뜻을 보여 달아나 피하게 하려 하였지만, 베드로는 따르려 하지 아니하고 장례를 마친 뒤 기한에 맞춰 감옥에 들어와 마침내 참수형으로 순교하니, 나이가 32세였습니다.

被捕之後, 其父本係外教, 驚憂成疾. 臨終信主,]**363** 受洗而死. 伯多祿[在獄]聞訃, 訴官請暇. 官命歸葬, 更以言語, 示其微意, 欲令逃避, 伯多祿不肯從, 葬後趁限入 **54** 獄. 竟以斬首致命, 年三十二歲.

여러 벗과 각자 그 뜻을 말한 적이 있었는데, 그가 말했습니다. "참수되어 순교하는 것이 바로 나의 지극한 소원일세." 마침내 그 말대로 되었습니다. 어떤 이는 베드로가 매를 못 이겨 배교했지만 관에서 오히려 놓아주지 않자, 베드로가 다시금 성교를 설명하고는 사형을 받았다고 전하기도 합니다. 상당히 분명하지 않은지라 우선 의문으로 둘 뿐입니다.

嘗與數友, 各言其志, 曰: "斬首致命, 乃吾至願." 竟如其言. 或傳伯多祿不勝杖, 背教, 而官猶不放, 伯多祿復說明受死云. [頗未的實, 姑以存疑耳.]

---

363 崔多默年老多病 …… 臨終信主: 여기까지의 원문 1,481자가《송담유록》본에는 누락되고 없다.

김건순 요사팟은 노론 대가의 종손으로 집이 경기도 여주에 있습니다. 선조인 김상헌이 국가에 큰 공이 있었기 때문에 벼슬을 세습하여 국내에 으뜸가는 집안이 되었습니다. 요사팟은 나면서부터 영특하고 남달라, 9세에 문득 신선술을 배우려는 뜻이 있었습니다. 어릴 때 서당에서 스승에게 《논어》를 배웠는데, "귀신을 공경하되 멀리한다"는 대목에 이르자, 이렇게 물었습니다. "공경해야 한다면 멀리해서는 안 되고, 멀리해야 한다면 공경해서는 안 됩니다. 그런데 공경하면서 멀리하라는 것은 어째서입니까?" 그 스승이 대답하지 못했습니다.

金若撒法健淳, 老論大家之冑, 家在京畿道驪州. 先祖尙憲, 有大功於國家, 故世襲冠冕, 爲國內甲族. 若撒法生而穎 **55** 異, 九歲便有學仙之志. 幼時受論語於塾師, 至 '敬鬼神而遠之' 之章, 問曰: "當敬則不當遠, 當遠則不當敬. 而敬而遠之, 何也?" 其師不能答.

그의 집에 평소 《기인십편畸人十篇》**364**이 있었는데, 요사팟이 좋아하여 이를 보곤 하였습니다. 10여 세 때 〈천당지옥론〉을 지어, 그것이 틀림없이 있음을 밝혔습니다. 조금 자라서는 문학에 널리 통하였고, 경사자집經史子集과 의학 및 지리 서적에서 불교와 노장 및 병가의 책에 이르기까지 정통하지 않은 분야가 없었습니다. 18세 때 양부養父의 상을 만났는데, 동국의 상복은 송나라 유자의 제도를 따라 써서 옛

---

364 《기인십편》: 마테오 리치가 지은 책으로, 상·하 2권 10편으로 이루어졌다. 1608년 북경에서 간행되었다. 중국 역대 현인 10명과 마테오 리치가 10개의 주제를 두고 문답 형식을 빌려 토론하는 내용이다. 《추안급국안》 〈신유사옥 죄인 이기양 등 추안〉 중 3월 17일 김건순의 공초에 이준신에게서 《기인십편》과 《진도자증眞道自證》을 빌려본 내용이 나온다.

법을 상당히 잃었습니다. 요사팟이 변경하여 이를 바로잡자, 속된 유
자들이 놀라고 의아하여 편지를 보내 이를 꾸짖었습니다. 요사팟이
편지를 써서 답장하니, 온갖 근거를 두루 인용하였고 문장은 거침이
없어, 이가환이 보고는 감탄하며 이렇게 말했습니다. "내가 감히 바라
보지 못하겠다."

其家素有畸人十篇, 若撒法喜看之. 十餘歲, 著天堂地獄論, 以明其必有.
稍長博通文學, 經史子集, 醫經地誌, 以至佛老兵家之書, 莫不精熟. 十
[69/34a] 八遭養父喪, 東國 **56** 喪服, 遵用宋儒之制, 頗失古法. 若撒法變而正
之, 俗儒駭訝, 貽書責之. 若撒法作書答之, 引據該洽, 文辭霶(滂)霈. 李家煥見
而歎曰: "吾不敢望也."

집에 있을 때는 충직하고 신의 있으며 도탑고도 공경스러워 덕망
이 향리에 드러났습니다. 집안이 본래 부유한 데다 재물을 기울여 베
풀기를 좋아하였지만, 자신이 입고 먹는 것은 가난한 사람처럼 담백
하였습니다. 명예가 몹시 대단하여 서울로 놀러 올 때마다 수레와 말
이 몰려들었는데, 다들 한번 보는 것을 특별하게 여겼습니다. 이중배
마르티노 등 5~6인과 생사의 사귐을 맺고, 장차 배를 타고 바다로 나
가 강소성과 절강성에 도달하여, 북경에 이르러 서양 선비와 대면해
서 마음을 터놓아 이용후생의 방법을 많이 배워 본국에 돌아와 전하
려 하였습니다. 하지만 입교로 인해 실현하지 못했고, 이 5~6인은 모
두 천주를 위해 순교하였습니다.

居家忠信篤敬, [德]著鄉里. 家本富饒, [而]傾財喜施, 自己衣食, 泊如貧
者. 名譽藉甚. 每遊都下, 軒馬輻輳, 皆以一見爲奇. 與李瑪爾定等五六人, 結
57 生死之交, 將欲乘舟泛海, 達于江浙, 以至北京, 面晤西士, 多學利用厚生之
方, 歸傳于本國. 因進教不果. 此五六人, 皆爲主致命.

당시 성교를 봉행하는 사람은 대부분 모두 남인이었고, 노론은 아직 한 사람도 없었습니다. 요사팟은 공경하여 흠모함이 깊었지만 들어갈 만한 문로門路가 없었습니다. 우연히 고향의 교우를 통해 총령신總領神, 즉 미카엘 대천사의 상像365을 얻어 보고는, 성교가 기문奇門의 술법과 서로 통한다고 잘못 판단하여 마침내 강이천 등과 기문에 종사하였습니다. 강이천이라는 자는 소북의 명사인데 심술이 단정하지 않았습니다. 본국이 틀림없이 오래가지 못할 것으로 생각하고, 장차 용호龍虎가 풍운風雲을 만날 때, 이 술법을 배워 익혀 때를 타서 나아가 벼슬을 취하려고 도모하였습니다. 요사팟은 이를 모르고서 잘못 그와 사귀었습니다.

時奉教者, 率皆南人, 老論則未有一人. 若撒法歆慕縱深, 無門可入. 偶因鄕間教友, 得見總領天神像, 誤以爲聖教與奇門相通, [遂]與姜彛天等, 從事奇門. 姜彛天者, 少北 **58** 名士, 而心術不端, 以爲本國必不長久, 將有風雲之會, 學習此術, 以圖乘時進取. 若撒法不知而誤交之.

신부님이 그의 어짊을 듣고 편지로 그를 권면하니, 요사팟이 놀라고 감동하여 기쁘게 복종하며 종전에 배운 것을 모두 버리고 온 마음을 다해 천주께 귀의하니, 당시 나이가 22세였습니다.366 동시에 가까

---

365 미카엘 대천사의 상: 구품九品으로 품계가 나눠진 천사들의 총사령관 미카엘 대천사의 신상神像을 말한다. 미카엘 대천사는 천상군대의 우두머리이며 병사들의 수호자로 공경을 받았다. 이때 김건순이 미카엘 대천사의 모습을 그린 상본을 구해 보았던 듯하다.

366 신부님이 그의 …… 22세였습니다: 주문모 신부는 양근을 통해 김건순이 서학에 관심이 높다는 이야기를 듣고 1797년 8월 초에 여주 출신으로 벽동에 살던 정광수 편에 김건순에게 편지를 보냈다. 이에 감격한 김건순이 정중한 답장을

운 벗들도 귀의하여 감화되지 않은 이가 없었는데, 강이천만 온전히 믿으려 들지 않았습니다. 몇 달이 못 되어 강이천의 본래 일이 탄로나, 마침내 옥사가 일어났습니다.³⁶⁷ 공초로 요사팟이 연좌되니, 선왕이 평소 그의 재주를 알아 곡진하게 이를 보호하여, 화를 면할 수 있었습니다.³⁶⁸

神父聞其賢, 以書勸之. 若撒法驚動悅服, 盡棄從前所學, 全心歸主, 時年二十二歲. 同時密友, 莫不歸化. 而惟[姜]彛天不肯[全]信. 不數月, 彛天等 (本)事綻露, 遂起獄事. **[70/34b]** 辭連若撒法, 先王素知 **59** 其才, 曲爲之保護, [獲]免于禍.

보냈는데, 주 신부는 그의 문장에 크게 감탄했다고 한다. 이후 8월 13일경 감시監試에 응시하려고 상경한 그는 남대문 수각교 인근 강완숙의 집으로 신부를 찾아왔다. 이 자리에서 신부의 교리 설명을 듣고 개종했다. 이후 여주로 돌아가 자신을 추종하던 이희영, 이중배, 원경도, 정치상 형제, 김치석 등을 설득해 함께 신앙생활을 시작했다.

367 몇 달이 못 되어 …… 일어났습니다: 1797년 8월 강이천은 김건순으로부터 주문모 신부를 만난 이야기를 들은 뒤 천안 풍서로 돌아왔고, 김이백을 만나 김건순의 해도행 계획을 말했다. 그해 10월 그의 집에 머물고 있던 김신국에게 모반성이 짙은 비어를 발설했고, 김신국과 김정국의 고변으로 강이천은 바다 섬에 사는 진인이 군대를 이끌고 건너와 조선을 멸망시키고 새로운 나라를 세우리라는 유언비어를 퍼뜨린 죄로 제주로 귀양 갔다. 이후 1801년 3월 강이천의 유언비어 사건을 천주교와 관련지어 재심했고, 1801년 3월 29일에 강이천은 처형되었다.

368 선왕이 평소 …… 있습니다: 정조는 형조로 하여금 강이천 등을 체포하게 하면서, "김건순은 김상헌의 봉사손으로서 작고한 참판 김양행의 손자이다. 김건순은 진짜 증거가 없고, 다만 나이가 적고 정해진 뜻이 없어 그렇게 되었을 것이다. 또한 참판 김양행에게 잊지 못할 일이 있으니, 어찌 손자 하나를 보살펴 주지 못하겠는가?"라고 하면서 김건순을 감싸주었다. 《정조실록》 1797년 11월 11일자 기사에 나온다.

영세한 뒤로 뜨거운 마음이 불타올라 마침내 부형까지 알게 되어 엄하게 금지하였습니다. 3~4년 이내로 집안의 박해가 없은 적이 없었으나, 표방함도 이를 따라 성대해졌습니다. 요사팟은 그 모습이 단정하고 겸손해서 마치 어리석어 무지한 사람 같았으니, 이 때문에 사람들이 더욱 공경하고 복종하였습니다.

領洗後, 熱心熾然, 遂爲父兄所知, 嚴加禁止. 三四年內, 家奢無時無之, 標榜(謏謗)從之而盛. 若撒法表樣端正冲謙, 如愚下無知者, 以此人猶(愈)敬服.

체포된 연유와 박해받을 때의 지조에 대해서는 상세하게 모르겠습니다. 다만 듣기로 처형에 임하여 저자 사람들에게 이렇게 말했다고 합니다. "세간의 작위와 명성은 모두 헛된 거짓이오. 나 또한 약간의 명망이 있었고 또 벼슬을 했었지만, 그것이 헛된 거짓이라 여겨 버리고 취하지 않았소. 오직 이 천주의 성교만이 지극히 참되고 지극히 알차니, 이를 위해 죽는 것을 사양하지 않는 것이오. 그대들도 모쪼록 자세히 살펴야 할 것이외다." 마침내 참수형에 처해져서 순교하니, 이때 나이가 26세였습니다. 도성의 백성들이 모두 탄식하며 애석해하였습니다.

被捕之緣由, 臨難之操持, 未能詳知. 但聞臨刑, 謂市人[曰]: "世間爵位聲名, 都是虛假. 我亦薄有名稱, 亦能仕宦, 而爲其 **60** 虛假, 棄而不取. 惟以(此)天主聖教, 至眞至實, 故爲此死而不辭. 你等須仔細." 終以斬首致命, 時年二十六歲. 都民莫不嗟惜.

김백순은 서울 사람으로 김건순의 집안 형님입니다. 집이 본래 빈한하여 공명을 향한 뜻이 간절하였습니다. 선조인 김상용은 벼슬이 정승이 되었습니다. 숭정 병자년(1636)에 청나라 군대가 강화도를 함락시키자 김상용은 의리를 굽히지 않고 스스로 불에 타서 죽었습니다. 이로 인해 사당을 세우고 정려문을 내렸습니다. 본국에서는 대궐 안에 대보단大報壇 **369**을 세워, 명나라 만력萬曆과 숭정崇禎 두 황제**370**를 제사 지냈습니다. 매년 국왕이 병자년에 죽음으로 절개를 지킨 사람의 자손들을 이끌고 전배례展拜禮를 하고, 예를 마치면 과거를 베풀어 제사에 참여한 사람에게 시험을 보게 하니, 이를 일러 충량과忠良科 **371**라 하였습니다. 김백순은 홀로 제사에 참여하지 않고 이렇게 말했습니다. "존주尊周의 정성은 제사에 참여하는 데 있지 않다. 오늘날 제사에 참여하는 자는 오로지 과거 급제를 바라고 하는 것이라 일이 몹시 정성스럽지 못하다. 나는 하지 않겠다."

金伯淳王都人, 健淳之族兄也. 家本貧寒, 志切功名. 先祖尙容, 官爲國相. 崇德丙子, 大淸兵陷江都, 尙容義不屈, 自焚死. 因此建祠旌閭. 本國建大報壇 於闕 **61** 內, 祭祀前明萬曆崇禎兩皇帝. 每年國王率丙子死節人子孫, 行展拜禮, 禮罷設科, 試與祭人, 謂之忠良科. 伯淳獨不與祭, 曰: "尊周之誠, 不在與祭. 今日與祭者, 專爲希覬科名, 事甚不誠. 吾不爲也."

초년에는 남을 따라 성교를 헐뜯고 비방하여 과거 공부에 힘썼는

---

369 대보단: 명나라 태조, 신종, 의종을 제사 지내던 사당. 임진왜란 때 명나라가 원병을 보내주었다고 해서 1704년(숙종30) 10월에 공사를 시작해 12월 21일 창덕궁 금원禁苑 서쪽 요금문曜金門 밖에 준공하고, 기일에 맞춰 제사를 지냈다.

370 만력과 숭정 두 황제: 만력은 명나라 신종의 연호, 숭정은 의종의 연호다.

371 충량과: 1764년(영조40) 현절顯節, 충렬忠烈 양사兩祠에 배향한 충신의 자손과 황조인皇朝人의 자손에게 보인 과거로, 2월에 시행했다. 《영조실록》 1764년 1월 20일자 기사에 나온다. 이 시험에 급제하면 곧장 전시殿試와 회시會試에 응시할 수 있는 특전을 주었다. 1770년 이후 두 차례 실시되었다.

데, 세상길이 위험한 것을 보고는 나아가 벼슬을 취하는 데 마음이 없어져서, 송나라 유자의 책을 읽고 성리학을 궁구하였습니다. 또 도리가 의심스럽고 분명찮아 온전히 믿을 수 없는 것을 보고는 마침내 노장老莊의 글을 읽었습니다. 인하여 사람이 죽더라도 없어지지 않는 것이 있음을 깨달아, 창안하여 새로운 논의로 삼고 벗들 사이에서 강설하자, 벗들이 비난하며 말했습니다. "이 사람의 의론이 새롭고 기이하니, 틀림없이 서교西敎를 따르는 것이다."

初年, 隨人毀謗聖敎, 力爲擧子業, 見世途危險, 無心進取, 讀宋儒書, 窮究性理. 又見道理 **62** 疑晦, 不可全信, [遂]讀老莊之書. 因而悟人死有不滅者存, 創爲新論, 講說於朋儕 **[71/35a]** 之間, 友等誚之曰: "此人議論新奇, 必從西敎矣."

김백순이 듣고 의심하여 말했습니다. "내가 남을 뛰어넘는 견해를 얻었건만 사람들이 서교라고 생각하니, 서교에 틀림없이 묘한 이치가 있겠구나." 마침내 교우와 서로 종유하면서 여러 해를 변론하며 확고하게 믿게 되어 그 규정과 가르침을 엄격하게 지켰고, 그 어머니 또한 열심히 귀화시켰습니다. 다만 그의 아내는 본래 억세고 사나워서 남편이 현달하기를 바라다가 하루아침에 바람이 끊어지자 분하고 원통함을 이기지 못하고 온갖 욕설을 퍼붓기에 이르렀습니다. 이와 함께 집안사람과 벗들도 모두 헐뜯으며 욕을 퍼부었지만, 김백순은 조금도 동요하지 않았습니다.

伯淳聞而疑之, 曰: "我得超人之見, 而人以爲西敎. 則[西敎]必有妙理." 遂爲(與)敎友相從, 數年辨論, 確然信服, 嚴守其(規)誡. 其母亦熱心歸化. 但其妻本來剛(强)悍, 嘗(常)望丈夫之 **63** 顯達, 一朝絶望, 不勝恚恨, 詬辱備至. 兼之族黨親友, 咸加毀罵, 伯淳少不撓動.

그의 외삼촌이 직접 와서 달래고 타일렀으나 끝내 마음을 돌릴 수가 없었습니다. 이에 이렇게 말했습니다. "네가 내 말을 듣지 않는다면, 너와 절교하겠다." 김백순은 이렇게 말했습니다. "차라리 외삼촌과 절교할지언정, 우리 주님과는 절교할 수가 없습니다." 이에 벗들이 모두 편지를 보내 절교를 알렸고, 종중에서도 함께 의논하여 집안에서 내쫓았지만, 김백순은 끄떡도 하지 않았습니다. 항상 이렇게 말했습니다. "내가 스스로 주님을 알게 된 이래로 심지心地가 산처럼 움직이지 않는다."

김건순과 같은 날 참수당하니, 나이가 32세였습니다. 입교한 지가 오래되지 않았기에 아직 세례를 받지 못해 세례명은 없습니다.

其母舅自來誘說, 終不能得. 乃曰: "[汝不聽]吾[言], 當與[汝]絶交." 伯淳答曰: "寧與舅氏絶交, 不可[能]與[吾]主絶交." 於是友人, 莫不貽書告絶, 宗族僉議別族, 而伯淳晏如[也]. 嘗(常)曰: "我自認主以來, 心界不動如山." 與健淳同 **64** 日被斬, 年三十二歲. 奉敎不久, 故未受洗, 無聖名.

이희영 루카는 김건순 요사팟의 가까운 벗입니다. 앞서 여주에서 살다가 뒤에 도성으로 이사 와서 살았습니다. 본래 그림을 잘 그려 성상聖像을 잘 모사하였는데, 또한 참수형으로 순교하였습니다.

李喜英路加, 若撒法之密友. 先居驪州, [後]移居都下. 本來工畵, 善模(摹)聖像, 亦以斬首致命.

홍필주洪弼周 필립보는 강완숙 골롬바의 전실前室이 낳은 아들입니다. 성품이 본래 어질고 착해서 어머니를 따라 성교에 들어왔지만 계명을 삼가는 데 부지런하지는 못했습니다. 신부님과 함께 다니며 모신 뒤로 1년 사이에 완전히 다른 사람이 되니, 사람들이 모두 놀라

기이하게 여겼습니다. 집에 있으면서는 언제나 미사에 복사를 하였고, 체포되어 감옥에 들어가서는 관에서 신부의 일을 물으며 혹독한 형벌로 다스렸지만 필립보는 참아 견디며 자백하지 않아, 마침내 참수형을 당하기에 이르렀습니다. 나이는 28세입니다.

洪斐理伯弼周, 葛隆巴之前室子也. 性本良善, 隨母奉(進)敎, 不(未)能勤謹. 陪奉神師之後, 一年之間, 判作異人, 人皆驚畏(異). 在家常爲輔祭. 被捕入獄, **65** 官問神父之事, 治以毒刑. 斐理伯忍受不招, 竟至斬決, 年二十八歲.

강완숙 골롬바는 서얼 집안의 딸이었습니다. 재간이 있는 데다 굳세고 용감하였으며, 뜻과 취향이 고상하였습니다. 젊어서 규방에 지낼 때도 이미 성인이 될 생각이 있었으나 문로가 분명치 않아 남을 따라 절에서 염불을 하였습니다. 10여 세에 지식이 조금 열리자 그것이 허황하여 믿기 어려운 것을 알고는 다시는 이를 따르지 않았습니다. 자라서 덕산 사는 홍지영洪芝榮의 후처가 되었는데, 남편은 용렬해서 마음에 들지 않았기에, 평소에 우울하고 답답하여 늘 속세를 떠나려는 바람이 남아 있었습니다.

姜葛隆巴, 一名家女子也. 才幹(辨)剛勇, 志趣高尙. 少小閨閣之中, 已有作聖之想. [而]不明門路, **[72/35b]** 隨人念佛. 十餘歲, 知識稍開, 見其謊誕難信, 不復從事. 長爲德山洪芝榮繼室, 丈夫庸下不稱意, 尋常鬱悒, 恒 **66** 存離塵絶俗之願.

충청도에 성교가 처음 열리자, 골롬바는 천주교라는 세 글자를 듣고 혼자 헤아려 이렇게 말했습니다. "천주란 것은 천지의 주인이다. 교의 이름이 이미 바르니 그 도리가 틀림없이 참될 것이다." 책을 구해서 한 번 보고는 마음을 기울여 믿고 복종하였습니다. 그녀는 총명하고 부지런하고 민첩하여, 극기克己 공부를 열심히 하였는데 남이 따라가지 못할 정도로 탁월하였습니다. 온 집안을 권면하여 교화시키고 옆으로 이웃 마을에까지 미쳤습니다.

다만 홍지영은 주견이 전혀 없어서, 그 처가 권하면 '그래, 그래' 하며 따르다가, 악당들이 비방하면 '네, 네' 하며 그들의 말을 믿었습니다. 그 처가 이를 꾸짖으면 눈물을 흘리며 죄를 뉘우치다가, 나쁜 벗이 또 오면 즉시 전처럼 돌아가곤 하였습니다. 골롬바는 아무리 힘을 다해도 효과가 없자 그와 함께 일할 수 없음을 알았습니다. 신해년(1791, 정조15)의 박해로 고향이 소란스러워지자 마침내 남편에게 토지와 집을 부탁하고 자녀를 이끌고서 상경하였습니다.

湖中聖敎初開, 葛隆巴聞天主敎三字, 自忖曰:"天主者, 天地之主也. 敎名旣正, 道理必眞."求書一見, 傾心信服. 其聰明勤敏, 熱心克己, 卓乎難及. 勸化全家, 旁及隣里. [但芝榮全無主見, 其妻勸之, 則諾諾而從, 惡黨毁之, 則唯唯而信. 其妻責之, 則泣涕悔罪, 惡友又來, 則卽 **67** 復如前. 葛隆巴盡力無靈, 知其不可與同事.] 辛亥之窘, 本鄕擾亂, 並(遂)付田庄於丈夫, 挈子女而上京.

지황 사바의 북경행에도 참여하여 찬조한 바가 많았습니다. 을묘년(1795, 정조19)에 세례를 받았는데, 신부님이 한번 보고는 몹시 기뻐하며, 회장으로 정하여 여교우를 담당하는 임무를 맡겼습니다. 5월의 박해 때 달아나 피할 계획을 먼저 주창할 때도 독자적으로 주선하여 신부님을 자기 집에 숨겨두고 힘을 다해 보호하여 포교가 문에 이르고도 허탕 치고 돌아갔습니다. 박해 후에 신부님은 그 집을 거처로 정해, 6년 동안이나 성교의 중요한 사무를 모두 도왔으므로, 신부의 총애와 신임이 몹시 융숭하여 견줄 만한 사람이 아무도 없었습니다.**372**

池撒巴之行, 多所參贊. 乙卯領洗, 神父一見, 甚喜之, 定爲會長, 付以料理女友之任. 五月之難, 首倡躱避之計, 獨自周旋, 藏神父于本家, 盡力防護. 以致捕校(差), 到門空還. 難後神父定居其家, 六年之 **68** 間(內), 敎中要務, 咸厥贊助. 神父寵任甚隆, 無人不疑(可擬).

골롬바는 안으로 신부를 모시면서 기거와 복식을 모두 경우에 맞게 하였고, 밖으로는 교회의 사무를 처리하여 경영하고 수응酬應하는 데 조금도 게으르지 않았습니다. 동정녀를 많이 모아 가르쳐서 성취시켜 각 집마다 나누어 보내 사람들에게 천주를 믿으라고 권하였습니다. 자신 또한 밤낮으로 두루 다니며 권면하고 교화하느라 편히 잘 때가 드물었습니다. 도리를 통달하여 언사가 막힘이 없는지라 가장 많이 사람을 교화시켰습니다. 일 처리는 강단과 위엄이 있어 사람들이 모두 두려워하였습니다. 체포되어 관청에 이르매 관리가 신부의 종적을 물으며 여섯 차례나 주리를 틀었지만 음성과 기운이 흔들리지 않자, 양편의 나졸들이 이렇게 말했습니다. "이건 귀신이지 사람이 아니다." 마침내 참수되어 순교하니 나이가 41세였습니다.

葛隆巴內奉神父, 起居服食, 咸務(稱)其宜. 外理敎務, 經營酬應, 未嘗少懈. 多聚童女, 訓誨成就, 分行各家, 勸人信主. [自己亦周巡勸化, 夜以繼晝, 鮮有安眠之時. 而道理貫通,] 言辭辨給, 化人甚(最)多. [處事剛斷有威, 人皆畏憚.] 被捕到官, 官問 **69** 神父蹤跡, 周紐六次, 不動聲氣, 兩傍(旁)惡役曰: "此神[耳]非人也." 終以斬首致命, [年四十一歲].

372 견줄 만한 사람이 아무도 없었습니다:《벽위편》과《송담유록》본은 '가의可擬'를 '불의不疑'로 변개했는데, 원래 '강완숙에 견줄 만한 사람이 없었다'는 의미를 '의심하지 않는 사람이 없었다'로 바꾼 것이다. 후자의 경우 신부와 강완숙 사이를 남녀관계로 의심했다는 뜻이 되어, 의도적 변개에 해당한다.

선왕에게는 서형庶兄 한 사람373이 있었는데 그의 아들이 역모를 꾀하다가 죽자, 선왕이 그를 강화도로 추방하였습니다. 온 나라가 주륙을 청하였지만 선왕은 허락하지 않았습니다. 그의 처와 며느리는 예전 살던 궁에 남아 있었는데, 신해년(1791, 정조15)과 임자년(1792, 정조16) 사이에 한 여자 교우374가 불쌍히 여겨 권면하여 교화하자, 사람들이 모두 재앙의 기미가 여기에 있다고 여겨 서로 왕래하려 들지 않았습니다. 하지만 골롬바는 그들에게 가서 성사를 받게 하고 명도회에 가입시켰습니다. 그 일을 아는 사람은 모두 근심하고 괴로워하였습니다. 이에 이르러 발각되니, 사약을 내려 자진케 하였습니다. 강화도의 죄인은 성교를 봉행한 적은 없었으나 이 일로 연좌되어 함께 사약을 내려 죽였습니다. 두 부인의 성씨와 세례명375은 자세하지 않고, 최필제 베드로 이하 여러 사람이 순교한 날짜 또한 잘 모르겠습니다.

先王有庶兄一人, 其子謀逆而死, 先王放之江都(島). 擧國請誅, 而先王不許. 其妻及子婦, 留在舊宮. 辛亥壬子 [73/36a] 之間, 有一女敎友, 憐而勸化, 人皆以爲禍機在此, 不欲交通. 而葛隆巴進之, 旣領聖事, 又入明會. 知其事 70

---

373 서형 한 사람: 사도세자의 서자인 은언군 이인李䄄을 가리킨다. 실제로는 정조의 서형이 아니라, 서제庶弟다.

374 한 여자 교우: 홍정호洪正浩 또는 홍시호洪時浩로 불린 이의 어머니로, 초기 교회 조직에 깊숙이 참여했던 이조이李召史다. 이조이는 1755년 나주 괘서 사건 당시 역모 세력에 의해 왕으로 추대되었다가 역적으로 사형당한 여선군驪善君 이학李壆의 서녀다. 이학은 인조의 아들인 낙선군樂善君 이숙李潚의 3세손으로 영조와 항렬이 같았다. 말하자면 그녀는 왕가 혈통의 서녀였다. 뒤에 조봉상과 재혼했으므로 다른 기록에서는 그녀를 조파趙婆라고 했다.

375 두 부인의 성씨와 세례명: 은언군의 부인 송씨와 상계군의 부인 신씨의 세례명은 모두 마리아다. 그녀들은 명도회의 일원으로 적극적인 신앙생활을 하다가 죽음을 당했다.

황사영백서

者, 莫不憂悶. 至是發覺, 賜藥自盡. 江島罪人, 未嘗奉敎, 而因連坐, 幷賜藥殺
之. 兩婦人[姓與]聖名未詳. 趙(崔)伯多祿[以下]諸人並致命[日子, 幷未詳].

조용삼 베드로는 양근 사람입니다. 그의 아비가 홀아비로 지내면
서 곤궁하므로 농사에 힘을 쏟아 먹고 살았습니다. 조용삼 베드로도
나이가 서른에 가까운데 벼슬도 결혼도 하지 않았습니다. 키가 작고
몸이 약해빠진 데다 외모는 볼만한 구석이 없었습니다. 더욱이 세속
일에 어둡기까지 해서 사람들이 모두 그를 조롱하고 비웃으며 사람
축에 끼워주지 않았습니다. 정약종 아우구스티노의 문하에서 배웠는
데, 아우구스티노만은 유독 그가 크게 열심인 것을 칭찬하였습니다.

趙伯多祿, 楊根人也. [其父鰥居窮困, 力農資生. 而伯多祿]年近三十, 不冠
不娶. [疲癃屢弱, 外貌無足可觀. 更兼]昏於俗事, 人皆嘲笑之, [不數之. 遊學]
極厚於 **71** 丁奧沙(斯)定之門, 奧沙(斯)定獨稱其大熱心.

경신년(1800, 정조24) 4월에 아버지와 함께 여주 이중배 마르티노의
마을에 갔다가, 마르티노가 체포당할 때 부자가 함께 붙들려 관청에
이르렀으나 굴복하지 않았습니다. 관리가 성을 내며 말했습니다. "네
가 명령에 따르지 않는다면 네 아비를 때려죽이겠다." 그러고는 그 아
버지를 데려다가 그가 보는 앞에서 지독하게 때렸습니다. 베드르가
마지못해 배교하겠다는 말을 입 밖에 내고 석방되어 문을 나왔습니
다. 마르티노 등이 깨우치고 권면하자, 베드로는 마음을 돌려 죄를 뉘
우치고 다시 관아로 들어가 성교를 설명하니, 관리가 크게 노하여 엄
하게 가두고 놓아주지 않았습니다. 매번 고문을 당할 때마다, 다른 사
람은 간혹 의례적인 매질을 받았지만, 베드로만은 가장 많이 가장 혹
독하게 맞았습니다. 아마도 고을 수령이 그의 사람됨을 보고 마음으

로 몹시 만만하게 여겨, 이 같은 사람은 항복을 받아내기가 쉬울 것이라고 여겼다가, 뜻하지 않게 도리어 신앙이 몹시 견고하였으므로 특히 매우 증오하여 기어코 죽이려고 하였기 때문일 것입니다.

[庚申四月], 與其父, 偕往驪州, [李瑪爾定村], 瑪爾定被捕時, 父子同參, 到官不屈. 官怒曰: "汝不從命, 當搏殺汝父." 取其父, 當面毒打, 伯多祿不得已, 說出背敎言語, 蒙放出門. 瑪爾定[等]提醒勸勉, 伯多祿回心悔罪, 復入官說明, 官大怒, 嚴囚不放. [每經刑訊, 72 他人或受例杖, 惟伯多祿最多最酷. 盖本官見其爲人, 心甚輕之, 以爲如此人, 容易受降, 而不意]堅固反甚[堅固], 故[憎恨特深], 必欲殺之.

그는 감옥에 11개월을 있으면서 아름다운 말과 착한 행실이 몹시 많았습니다. 잊어버려 자세히 적을 수 없지만, 뒤에 사실을 조사하겠습니다. 옥중에서 대세代洗 **376**를 받았습니다. 신유년(1801, 순조1) 2월에 관리가 다시 엄한 형벌로 고문하면서 겁박하여 배교하도록 하자, 이렇게 대답했습니다. "하늘은 두 주인이 없고, 사람은 두 마음이 없습니다. 한 번 죽는 외에 고할 만한 말이 없습니다." 관리가 다시 하옥시키라고 명하니, 며칠 뒤에 옥중에서 죽었습니다. 이때가 2월 14일이었습니다.

在獄十一朔, [嘉言善行甚多. 忘不能細述, 後當査實. 獄中受代洗. 辛酉二月, 官復]嚴刑考(拷)訊, 迫令背敎, 答曰: "天無二主, 人無二心. 一死之外, 無辭可告." [官復命下獄,] 數 73 日[後]絶命[於獄中. 時二月十四日也].

---

376 대세: 사제를 대신해 평신도들이 세례를 주는 의식이다.

이존창 루도비코는 충청도에 전교한 죄로 공주에서 참수되었습니다. 하지만 이 사람은 그때까지 배교 중에 있었기 때문에, 죽음에 임해서 어떠했는지는 아직 모르겠습니다. 혹 그가 바르게 죽었다고 전하나 감히 갑작스레 믿지는 못하겠습니다. 정산과 예산에도 각각 순교한 이가 한 사람씩 있다고 하는데, 그가 누구인지는 또한 모르겠습니다.[377]

李類斯以湖中傳敎之罪, 斬於公州. [而此人尙在背敎中, 未知臨死之如何. 或傳其善死, 而未敢遽信.] 定山[及]禮山, 各有致命者一人云, [而亦不]未知爲誰[某].

전라도의 경우 신해년(1791, 정조15) 이후 10년 동안 박해가 없어 교우가 상당히 많았습니다. 4월 초에 전주의 유항검 아우구스티노와 고산의 윤지헌 프란치스코 등 200여 명이 체포되었습니다. 오직 김제의 가난한 선비로 한씨 성을 가진 이[378]와 전주의 평민인 최여겸[379] 등

---

377 정산과 예산에도 …… 모르겠습니다: 공주의 김정득金丁得과 예산의 김광옥金廣玉으로 추정된다. 《순조실록》 1801년 4월 23일 기사에 형조에서 공주의 무성산에 숨어살며 천주교를 믿은 공주의 김정득과 예산의 김광옥을 정법正法하게 해달라고 계청하여 윤허를 받은 기록이 나온다.

378 한씨 성을 가진 이: 한정흠(1756~1801)을 말한다. 유항검과는 먼 친척으로, 그의 집에 머물며 그 자녀들을 가르쳤다. 유항검에게서 천주교 교리를 듣고 신앙을 받아들였다. 1801년 3월 유항검과 함께 체포, 서울로 압송되었다. 이후 다시 김제로 보내져 7월 18일 47세의 나이로 참수당했다.

379 최여겸(1762~1801): 전라도 무장에서 태어나 윤지충에게 천주교에 대해 듣고, 이존창에게 교리를 배웠다. 신유박해가 일어나자 충청도 한산현의 처가로 피신했으나 한 배교자의 밀고로 체포되어 한산 관아, 전주감영을 거쳐 형조로 이송되었다. 7월 19일 고향인 무장에서 참수되어 순교했다.

두 사람만이 믿음이 강인하고 굳세어 참수형으로 순교하였고, 나머지는 모두 굴복하고 말았습니다.

全羅道[辛亥以後,] 十年無窘, 敎友頗多. 四月初, 全州柳奧斯[定], 高山尹方濟各等二百餘人被捕. 惟金堤[貧士 **74** 姓]韓的, 及全州常人姓崔字汝謙者, 兩人剛毅, 斬首致命, **[74/36b]** 餘皆不(被)屈.

서울과 지방에서 배교한 사람들은 모두 먼 지방에 유배 보냈는데, 그 수가 몹시 많았습니다. 유항검 아우구스티노 형제와 윤지헌 프란치스코는 우두머리였기에 즉각 유배 보내지 않고 서울로 이송하여 가두었습니다. 김유산 토마스는 체포될 때 스스로 왕래한 일을 말하여, 이로 인해 그 또한 서울로 이송하여 가두었는데, 아직껏 죽었는지 귀양 갔는지는 모르겠습니다.

京鄕背敎人, 皆流竄遠方, 厥數甚多. 而柳奧斯定兄弟, 及尹方濟各, 以領袖之故, 不卽定配, 移囚上京. 金多黙被捕時, 自說往來之事, 因此[亦]移囚上京, 亦多(尙未知)或死或竄.

이교인이 전하는 말로, 사형에 처해진 자와 옥중에서 죽음에 이른 사람이 모두 300여 명인데, 지방은 포함하지 않은 수이니, 조선이 개국한 뒤로 사람을 죽인 수가 올해보다 심한 적은 아직 있지 않았다고 합니다. 믿을 만한 말인지는 모르겠고, 또 허망하게 죽은 자가 누구인지, 순교자가 몇이나 되는지도 아직 모르겠습니다. 조정에서 반드시 모두 죽이려는 부류는 지위가 높고 글을 쓸 줄 아는 사람들이고, 어리석은 천인들은 혹 알고도 일부러 놓아주고, 혹 다스리더라도 엄하게 하지 않아서, 도성 안의 평민 중에는 상당히 남은 자가 있습니다.

[外敎]傳言, 正刑及[獄中]致斃者, 合三百餘人, [外鄕 **75** 不與焉. 朝鮮開

國後, 殺人之數, 未有甚於今歲, 未知其信否. 又未知浪死者爲誰, 致命者幾
人.] 朝廷[之]必欲盡殺者, 地位高能文字之人. 愚鹵賤人, {不與焉} [或知而故
遺, 或治而不嚴,] 都下常人, 頗有存者.

2월 15일 이전의 일은 모두 제가 직접 본 것이라 상당히 상세하게
알지만, 그 뒤의 일은 다만 전하는 이야기를 얻어들은 것에 기댄지라
몹시 소략합니다. 순교한 사람의 사적은 분명하게 전해들은 것과 평
소 익히 알던 것은 대략 기술하였으나 대강에 지나지 않을 뿐이고, 그
나머지는 감히 함부로 기록하지 않았습니다. 그러나 그중에도 오히려
사실이 아닌 것이 들어 있을까 염려되니, 다시 상세하게 조사하겠습
니다.

二月望前事, 皆罪人親見者, [頗爲詳悉.] 以後事, 但憑傳[說得]聞, [故甚]
爲疎畧. 致命人事 **76** 蹟, 傳聞的實者, 及平昔稔知者, 畧爲記述, [而不過]梗
槩而已. [其餘不敢妄錄. 然其中尙恐有未實者, 更當詳查.]

주문모 신부님은 을묘년(1795, 정조19) 이후로 늘 강완숙 골롬바의
집에서 지냈습니다.**380** 간혹 다른 곳을 돌기도 했는데 홀로 골롬바만

---

380 주문모 신부님은 …… 지냈습니다: 황사영은 〈백서〉 전체에서 주문모 신부가
    체포당할 뻔했던 사건(6행), 순교자 열전의 마지막 인물로 주 신부의 삶과 순교
    (77행), 순교 이후 교회의 상황(84행)을 기록하면서 개행改行했다. 이것은 주문
    모 신부에 대한 존경을 표시하기 위한 것이다. 개행이란 진전문, 봉교서, 외교문
    서 등에서 황제나 왕, 부처에 대한 존경을 표시하기 위해 글줄을 바꾼 것을 말
    한다. 이 77행에는 특히 주문모 신부의 순교 사실을 전해들은 전후 구분의 의
    미도 담겨 있다. 8월 26일 황심이 배론 토굴로 황사영을 찾아오기 전까지 황사
    영은 주문모 신부의 순교 사실을 알지 못했고, 10월 초에 떠나는 동지사행 편

이를 알았고, 다른 사람은 아는 이가 없었습니다.

　박해가 일어나자, 한 남자 교우가 일의 형세가 위급한 것을 보고 신부님이 목숨을 보전하기 어려울까 염려하여 즉각 지방으로 가서 숨어사는 교우를 찾아보고 피신하기 합당한 장소 두 곳을 미리 마련하였습니다. 다시 상경하여 골롬바를 만나보고 한 차례 신부님을 뵙기를 간청하였으니, 보호하여 달아나 피할 계책을 마련코자 해서였습니다. 골롬바는 "이미 안전한 장소를 얻었으니, 굳이 다시 옮겨 움직일 필요가 없다"고 하였습니다. 이 교우가 여러 번 청하였지만 받아들여지지 못하고 하는 수 없이 그저 돌아오고 말았습니다.**381** 5~6일 뒤에 재앙의 기미가 점점 커지자 이 교우는 파장이 미칠까 염려하여 가족을 이끌고서 멀리 피하였습니다. **382**

에 옥천희를 통해 〈백서〉를 전달할 작정으로 초고를 작성해두었는데, 갑작스레 주 신부의 죽음 사실을 알게 되어, 급히 77행 이후 84행까지 주 신부 순교 전후의 사실을 보충하지 않을 수 없었던 것이다. 이 대목에서 행을 구분한 것은 주문모 신부의 순교에 대한 존숭의 뜻과 함께, 자신의 초고와 이후에 작성된 부분을 구분하려는 의도를 반영한 것으로 보인다. 이후 뒷부분에 이른바 그를 대역부도로 몰리게 만든 여러 제안 또한 신부의 순교 사실을 안 뒤 절망적인 상황에서 다소 과격한 논의를 펼치게 되면서 나왔을 가능성이 있다.

381　한 남자 교우가 …… 말았습니다:《추안급국안》1801년 10월 11일 황심의 공초에 "벽장동 정가가 적당한 한 곳을 얻어서 주문모를 피신시키려고 도모했다. 그런데 강파가 말을 듣지 않는다고 했다"는 내용이 있는 것으로 보아, 글 속의 남자 교우는 정광수 바르나바를 가리킴을 알 수 있다.

382　이 교우는 …… 피하였습니다:《사학징의》1801년 2월 30일 형조에서 경기감영에 보낸 공문 중에, 그를 체포하려고 아전을 보냈더니 이미 여주 부곡면 본가로 달아났다고 한 내용이 있고, 경기감영의 이문移文에는 그가 본가에 내려오지 않았고, 관동 땅으로 내려간 듯하다는 보고가 나온다. 이후 그는 이곳저곳을 떠돌며 피신하다가 9월 초 포도청에 자수해, 12월 26일 순교했다.

77 [本]神父自乙卯以後, 常住葛隆巴家. 間或巡歷各(別)所, 而獨葛隆巴知之, 他無與知者. 及窘難起, 有一男教友, 見事勢危急, 恐難保全, 徑往外鄉, 尋見隱居之敎友, 預備兩處妥當之所. 再上京, 見葛隆巴, 懇請一謁神父, 欲爲保護逃(躱)避之計. 葛隆巴曰: "已得安身之所, 不必更爲遷動." [此友屢請不 **78** 得, 沒奈何空還. 五六日]後恐禍機越大, [此友恐波及,] 挈家遠避.

정약종 아우구스티노는 관청에 와서도 자백하지 않았습니다. 관에서는 또 강완숙 골롬바 모자를 체포해와 엄한 형벌로 심문하였으나, 또한 모두 죽음을 무릅쓰고 자백하지 않았습니다. 관에서 그 여종을 잡아와 주리를 틀며 심문하자, 여종이 형벌을 견디지 못하고 사실대로 바르게 진술하면서 신부의 나이와 생김새를 아울러 고하였습니다. 관에서 골롬바에게 말했습니다. "네 여종이 이미 진술하였으니 네가 끝내 감추지 못할 것이다. 모름지기 이자가 간 곳을 고하라." 그녀가 이렇게 대답했습니다. "이 사람이 앞서는 과연 제 집에 있었습니다. 떠나간 지가 이미 오랜지라 지금은 그가 있는 곳을 모릅니다." 이에 방을 붙여 상금을 걸고 그 얼굴을 베껴그려 지방에까지 두루 구하였습니다.

丁奧斯定到官不招. 官又捕葛隆巴母子, 嚴刑鞫問, 亦皆抵死不招. 官取其婢子, 周紐詰問, 婢子不耐刑, 從實直招, 幷言(告)年甲相貌. 官謂葛隆巴曰: "爾婢已招, 爾不得終諱. 須告此人所往處." 答曰: "[此人]先時, 果在我家. [離去已久,] 今不知 **79** 去(其)處 [75/37a] 矣." 於是出榜懸賞, 摹寫容貌, 遍求於外鄉.

3월 중에 신부님이 자수하셨습니다 누구 집에 머물렀고 어디를 통해 자수하였는지는 아직 모르겠습니다. 아울러 자수한 날짜도 자세하지 않습니다.**383** 곧장 의금부 관아 정문으로 들어가자, 아전과 군졸이 놀라 웬놈이냐고 물으니, 이렇게 대답하였습니다. "나도 주교를 받드는 사람입니다. 이제 들으니 조정에서 엄하게 금하여 죄 없는 사람을 많이 죽인다 하므로, 살아도 유익한 것이 없는지라 스스로 와서 죽기를 구합니다." 붙잡아 관리 앞으로 데려가서야 그가 신부인 줄을 알았습니다. 마침내 옥에 넣어 가두어두었는데, 단지 두 다리에만 차꼬를 채우고, 형신刑訊하지는 않았습니다. 감옥에 있을 적에 서면으로 문답한 것이 몹시 많았다고 하나, 모두 얻어 보지는 못하였고, 다만 이교인이 전하는 말을 들어보면, 자수한 사람은 서양 사람으로 자칭했다고 합니다.

三月中, 神父自首. [未知住於誰家, 因何自首. 幷未詳自首日字.] 直入禁府 [衙門], 吏卒驚問何人, 答曰:"我亦奉主敎之人. 今聞朝廷嚴禁, 多殺不辜, 生旣無益, 故自來求死." 擁入官前, 知係神父. 遂下獄拘囚, 只鎖兩足, 不加刑訊. [在獄之時, 文字問答甚多云, 而皆不得見. 但聞 **80** 外敎]傳聞(言), 自首者, 自稱西洋人.

이에 앞서 여섯 사람[384]이 죽을 때는 역적을 다스리는 형률로 논죄하였습니다. 신부님이 자수한 뒤에 도성 백성들이 서로 '서양 선비가 옥에 있으면서 천주교인은 역적이 아니라고 변명한다'고 전하였습니

---

383 자수한 날짜도 자세하지 않습니다 : 《추안급국안》의 〈사학죄인 이기양 등 추안〉 중 1801년(순조1) 3월 15일자 주문모의 공초에는 그의 자수 날짜가 3월 12일로 나온다.

384 여섯 사람: 1801년 2월 26일 서소문 밖에서 참수된 정약종, 최창현, 최필공, 홍교만, 홍낙민, 이승훈 등을 가리킨다. 〈백서〉 31행과 《순조실록》 1801년 2월 26일자 기사에 보인다.

다. 또 전하기를, '서양 선비가 죽음에 나아가려 하지 않고, 자기가 말하고 싶은 것을 다 말한 뒤에, 그제야 죽음을 받기를 청한다'고 하였습니다. 이러한 전하는 말은 거짓이 아닌 듯합니다. 4월 15일 이후 조정에서 어영대장에게 명하여 군문軍門에 목을 매달게 하자사형죄 중 두 번째 형벌입니다. 어영대장은 병을 핑계 대고 사흘이나 출근하지 않았습니다. 사흘 뒤에 그가 병들었다 하여 체직·파면하고, 새로운 관리가 와서 형을 집행하였습니다.

先此, 六人之死, 論以逆律. 神父自現之後, 都民相傳, 西士在獄, 辨明天主教人之非逆賊. 又傳, 西士不肯就死, 盡說自己所欲言者, 然後方請受死. [此等傳說, 似不虛矣. 四月望後,] 朝廷命御營 [大將], 行軍門梟示 [死罪次刑, 大將稱病, 三日不出. 三日後, 遞罷病官, 出新官行刑.

장차 옥을 나서면서 처음으로 형문刑問을 한 차례 하였습니다무릎에 30대를 때렸습니다. 들것에 실어 저잣거리를 지나는데 구경꾼을 두루 돌아보시고는 목이 마르다며 술을 찾았습니다. 군졸이 술 한 잔을 받들어올리니, 이를 다 마셨습니다. 마침내 성 남쪽 10리의 연무장演武場[385] 강가의 모래사장으로, 지명은 노량露梁입니다에 도착하자, 화살을 귀에다 꿰고, 군졸이 죄목을 적은 문서를 주어 이를 살펴보게 하였습니다. 쓴 내용이 상당히

385 연무장: 성 밖 남쪽 한강변에 있던 새남터를 말한다. '노들' 또는 '사남기沙南基'라고도 불렸다. 군사들의 연무장과 중죄인의 처형장으로도 사용되었다. 1839년 기해박해 때 파리 외방선교회의 앵베르 주교, 모방과 샤스탕 신부, 1846년 병오박해 때 김대건 신부와 현석문, 1866년 병인박해 때 파리 외방선교회의 베르뇌 주교, 브르트니에르, 볼리외, 도리, 푸르티에, 프티니콜라 신부, 정의배, 우세영 등이 이곳에서 처형되었다.

많았으나 조용히 살펴보기를 마치고는 목을 늘여 형을 받았습니다.

81 將出獄, 始加刑問一次杖膝三十度. 舁過市曹, 遍顧觀者, 稱渴索酒. 軍卒
捧上一盃, 飮之盡. 遂赴城南十里]於演武場[江上沙場, 地名露梁. 貫矢於耳, 軍卒
授罪案, 使之看. 所書頗多, 而從容看畢, 引頸受刑.

　　이때는 4월 29일, 천주성삼天主聖三 첨례일**386** 신시申時(오후 4시경)
였습니다. 목 베기를 마치자 갑자기 큰 바람이 일어나고 먹구름이 허
공을 덮더니만, 우레와 번개가 요란하게 번쩍번쩍하므로, 도성의 백성
들이 놀라 두려워하지 않는 이가 없었습니다. 이때 한 교우는 300리
밖에서 길을 가고 있었고, 또 한 교우는 400리 밖에 피난 가서 있었는
데, 바람과 우레가 보통 때와 다른 것을 보고는, 이날 틀림없이 괴이한
일이 있었으리라 여기고는 날짜를 잘 기억해두었습니다. 나중에 들으
니, 신부님의 치명致命이 바로 이날 이 시간이었다고 합니다.

　　時]四月二十九日, 天主聖三占禮日, 申時也. 斬訖, [忽然]大風驟起, 黑雲
滿(漫)空, 雷電轟燁, 都民莫不驚惶. 時一 **82** 敎友在三百里外行路, 一敎友在
四百里外避難, 見風雷異常, 意者此日必有怪事, 牢記日子. 後聞[神父致命,
正]果此日此時也.

　　닷새 동안 머리를 매달아둔 채 밤낮으로 지키면서 사람들이 가까
이 오지 못하게 하였습니다. 그 뒤에 어영대장이 이를 땅에 묻으라고
명하고 이전처럼 엄하게 지켰으나, 교우들은 가만히 묻힌 장소를 알
아두고는 나중에 옮겨서 묻으려고 하였습니다. 한 악한 관리가 있어,

386　천주성삼 첨례일: 삼위일체대축일을 말한다.

"이 사람은 땅에 묻어서는 안 되니, 시신을 드러내놓도록 명하소서"라고 하자 대비가 이를 윤허하였습니다. 앞서 묻을 것을 명했던 어영대장이 간하기를, "이미 땅에 묻었는데 어찌 그렇게 할 필요가 있겠습니까?"라고 하여, 일이 그치게 되었습니다. 하지만 무덤을 지키던 군졸이 힘들게 파수하는 것이 지겨워, 몰래 다른 곳으로 옮겨버렸습니다. 교우들이 가만히 두루 찾아보았지만 지금껏 찾지 못하고 있습니다. 형을 집행할 때 "이자는 제주 사람이다"라고 드러내놓고 말하였는데, 대개 중국 조정에 보고하지 않아 자취를 덮기 위해서였습니다.

신부님이 돌아가신 뒤로 박해의 큰 형세는 조금 수그러들었지만, 기찰하고 체포하는 일은 끊이지 않았습니다. 옥중에 갇힌 사람도 아직 많은데, 어떤 이는 목을 베야 할 사람이 다시 9인이 있다고 말하기도 합니다. 전해들은 말이어서 사실인지 아닌지는 모르겠습니다.

懸首五日, 晝夜防守, [不許人近傍. 隨後大將命瘞之, 依舊嚴守.] 教友潛識葬處, 以圖[日後遷]窆葬. 有惡官奏曰: "[此人]不當瘞, 請命暴露." 大妃允之. [先時命瘞之大 83 將, 諫曰: "旣已瘞之, 何必乃爾." 事得已. 而守墓軍卒, 厭其苦守, 潛移別處. 教友們暗地遍尋, 至今不得.] 行刑時, 宣言曰: "此濟州人也." 盖不奏聞中朝, 所以掩跡也. 神父致命後, 窘難[大勢]稍減, 而譏捕未[嘗斷]絶. 獄中拘囚[者]尙多. [或言]當斬[者], 復有九人矣, [傳聞之言, 未知虛實.

신부님이 동국으로 오신 초기에 바로 고변한 자가 있어서,**387** 선왕

---

387 신부님이 동국으로 …… 있어서: 1795년 5월 한영익이 주문모 신부의 입국 사실과 거처, 인상 등을 이석에게 밀고했다. 이석은 채제공에게, 채제공은 정조에게 보고함으로써 체포령이 내려졌던 것이다.

께서 이미 알게 되었습니다. 그래서 7년 동안 조심하며 두려워 움츠러들지 않은 때가 없었고, 감히 성사를 널리 하지도 못하였습니다. 은혜를 입은 자가 본래 많지 않았던 데다, 절반이 넘게 여자 교우였습니다. 지방의 교우와 서울의 평민들 중에 열성적인 자가 적지 않았으나, 은혜를 받은 자는 극히 드물었습니다. 이들은 모두 많은 고통을 참아 받으며 여러 해 동안 간절히 바랐지만, 때의 형세가 편치 않았기 때문에 아무리 자기 집일지라도 감히 입을 열어 신부라는 두 글자를 말하려 하지 않았습니다. 뜻하지 않게 도리어 악인들이 해쳐서 머리가 매달린 뒤에야 얼굴을 뵙게 되었으니, 10년간 고생했던 정성이 하루아침에 허망하게 되어, 정신과 육체가 아울러 망하는 지경에 이르고, 생사를 의탁할 만한 장소조차 없게 되었습니다. 마음과 뜻을 모두 잃어버렸으니 어찌할 바를 모르겠습니다.

84 本]神父到東之初, 便有告變者, 已爲先王所知. 故七年之中, 無時
[76/37b] 不小心畏約, 未敢廣[行]聖事. 沾恩者本不多, 而太半是女友. 外鄕敎友, 及都下常人, 熱心者不小(少), 受恩者絶稀. 此輩皆忍受多苦, 積年殷望, 時勢不便. [故]雖私室之中, 不欲[敢]開口說神父二字. 不意反爲惡人所害, **85** 承顔於懸首之後, 十載苦誠, 一朝歸虛, 神形至並亡之境, 生死無可依之所, 莫不喪性(情)失志, 不知所爲.

저희 죄인들은 비록 위안하며 이렇게 말하곤 합니다. "신부님께서 오신 것은 오로지 사람을 구하기 위해서이니, 어찌 널리 베풀고 구제하려 하지 않으셨겠는가? 하지만 온갖 장애 때문에 참고 아껴 드러내지 못하시다가 이제 이미 순교하여 천주께서 보우하는 힘 아래 있으니 세상에 계실 때보다 틀림없이 훨씬 나을 것이다. 우리의 의지와 너희의 갈망이 지난날보다 배나 더할 테니 추호라도 실망하는 뜻이 있어서는 안 된다." 하지만 이들은 장차 믿을 듯 의심하고, 슬퍼하면서 또 위안하니, 이와 같은 광경은 아마도 예전에도 없었던 바일 것입니다.

罪人等[雖]安慰之, 曰:"父師之來, 專爲求(救)人. 豈不欲博施廣濟? 奈緣阻碍之多端, 忍愛莫發. 今旣致命, 在天主保之力, 必大勝於在世時. 吾儕之托賴, 你等之肦(盼)望, 正該加倍 **86** 於前日. 不可有絲毫失望之志." 爾(伊)等將信將疑, 且悲且慰, 如此光景, [恐是]振古所無.

예전 서양의 박해는 그 참혹하고 독랄하기가 오늘날 이 땅보다 심하였습니다. 하지만 신부님이 서로 이어져 성사가 끊어지지 않았기 때문에 성교가 없어지지 않고 산 영혼을 모두 건져 구제하였습니다. 이 땅에서는 그때와 시세가 전혀 달라 이 같은 희망이 만에 하나도 없습니다. 양들은 목자를 잃었어도 자라날 수 있고, 젖먹이는 어미를 잃어도 오히려 목숨을 보전하려고 하지만, 저희는 백번을 헤아려보더라도 실로 살아날 길이 없습니다.

太西昔年之窘, 其慘毒, 則有甚於今日[此土]. 然神司相繼, 聖事不絶, [故]聖敎不爲淪亡, 生靈盡行拯濟. 東土則時勢逈異, 萬無此望. 綿羊失牧, 猶能苗長, 乳兒喪母, 尙冀生全, 罪人等則 **87** 百爾思之, 實無生路矣.

저희는 예로부터 구석져 어두운 지역에서 태어나 다행히 천주의 사람이 되었으니, 언제나 마음과 힘을 다 쏟아 천주의 이름을 드러내어 특별한 은혜를 만에 하나라도 갚고자 생각하였습니다. 어찌 중도에 이 같은 경우를 갑작스레 만나게 될 줄 알았겠습니까? 일찍이 들으니, 순교의 피는 이 가르침의 씨앗이 된다고 하였습니다.**388** 하지만 이 나라가 불행히도 동쪽으로 일본과 이웃하였는데, 섬 오랑캐가 잔인하고 독하여 스스로 주님을 끊었습니다. 우리 조정의 의론은 도리어 잘

했다고 여겨 장차 이를 본받으려 하니, 어찌 한심하지 않겠습니까?

罪人等生於終古幽暗之區, 幸爲天主之人, 常思殫竭心力, 顯揚主名, 以報特恩之萬一. 那知中道, 遽遭此境? 曾聞致命之血, 爲斯道(敎)之種. 然敝邦不幸, 東隣日本, 島夷殘毒, 自絶於主, 而我 **[77/38a]** 朝議論, 反以爲然(能), 將欲效之, 寧不寒心哉?

우리 동국은 인품이 유약한 데다 법령이 느슨해서 반드시 일본의 각박하고 잔혹함 같지는 않겠지만, 오늘날 교우 중에 고명하면서도 신앙이 굳센 사람은 남아 있는 이가 몇 안 됩니다. 어리석고 천한 사람과 부녀자와 어린이는 대략 헤아리더라도 수천 명 이상이지만, 보살필 사람이 없고 일으킬 방법이 없으니, 이 같은 형세로야 어찌 오래갈 수 있겠습니까? 10년이 되지 않아서 비록 다시 관가의 박해가 없다 하더라도 장차 저절로 사라져 없어지고 말 것입니다. 아, 애통합니다! 죽기 전에 어찌 차마 성교가 끊어져 없어지는 것을 본단 말입니까?

我東人品柔弱, 法令懈弛, **88** 未必如日本之刻酷. 然現今敎中, 高明剛毅之人, 存者無幾, 愚鹵賤人, 婦女孩童, 約畧計之, 尙不下數千. 而料理無人, 興起無方. 似此形勢, 其何能長久乎? 不出十年, 雖更無官窘, 將自歸消亡. 嗚呼痛矣! 未死之前, 何忍見聖敎之絶滅乎?

388 순교의 피는 …… 하였습니다: 197년 말 교부 테르툴리아노Tertullianus가 《호교론護敎論(Apologeticum)》에서 한 말에서 따왔다. "여러분의 불의한 박해와 잔인성은 아무 소용이 없습니다. 그것은 오히려 우리에게 매력을 줍니다. 여러분이 우리를 죽이면 죽일수록 우리는 더욱 많이 불어납니다. 피는 바로 그리스도인들의 씨앗입니다."

저희가 금년에 화를 면한 점에 대해 감사와 두려움이 나란히 절실합니다. 자비로운 은혜로 곡진히 보살핌을 받아 특히 목숨을 보전하게 된 데 감사하고, 죄악이 너무 많아 간택을 입지 못한 점이 두렵습니다. 진실로 이 남은 생애를 주님을 위해 다 바치고자 하오나, 다만 지혜가 부족하고 또 다시금 힘도 다하였으니 원망을 품고 땅에 묻혀 한스러움을 품고 세상을 마쳐야 하는 것인지요? 애통하고 답답하며 절박한 가운데 누가 저희를 불쌍히 여기고, 뉘라서 저희를 위로해주겠습니까? 비록 주교님의 인자하신 자리 앞에서 울며 호소하고자 하나, 관문과 강으로 가로막혀, 우러러 바라보아도 미치지 못해 번민과 답답함만 더할 뿐이니, 장차 어찌하리이까?

罪人等之今年免禍, 感懼交切. 感慈恩之 **89** 曲庇, 特荷生全, 懼罪惡之偏多, 未蒙簡選. 誠欲以此餘生爲主盡瘁, 而不但智乏, 又復力窮, 其將含寃而入地, 抱恨而終天乎? 哀痛悶迫之中, 誰爲憐我, 誰爲慰我? 雖欲哭訴於大爺慈座之前, 關河阻隔, 瞻望靡及, 尤增煩鬱, 將如之何?

저희가 신부님께서 자수하셨다는 소식을 듣고 놀라 애통해하는 외에 또 크게 두려운 점이 있으니, 혹여 중국 조정에 보고가 들어갈 경우 틀림없이 북경 천주당에 누가 미칠까 하는 것입니다. 이렇게 된다면 동국의 교회 일은 더 이상 남은 희망이 없겠기에, 이 때문에 밤낮으로 본국의 일보다 더욱 깊이 근심하고 염려합니다. 다행히 주님께서 보우하심이 망극하와, 근본이 흔들리지 아니하고 아울러 저도 죽지 않고 요한[389]도 무고합니다. 주님의 뜻이 분명하니, 동방의 일을 주

---

389 요한: 옥천희를 가리킨다.

교님께 맡기신 듯합니다. 저희가 어찌 감히 속마음을 곡진히 모두 호소하며 우러러 이 은혜를 받들지 않으리이까? 청컨대 모두 말씀드리오니, 굽어살펴주시옵소서.

罪人等聞神父自現之消息, 驚痛之 **90** 外, 又有所大惶懼者, 如或奏聞中朝, 必然累及本堂. 似此則東國敎務, 無復餘望, 爲此夙宵憂慮, 更深於本國之事. 幸而庇佑罔極, 根本不動, 兼之罪人不死, 若望無故. 主旨昭然, 如以東方之事, 屬之於大爺也. 罪人等何敢不訴盡衷曲, 仰承此恩耶? 請悉言之, 願曲察之.

수많은 나라 가운데 동국은 가장 가난하고 이 나라 안에서도 교우들이 특히나 가난해서, 굶주림과 추위를 겨우 면하는 자는 10여 명에 지나지 않습니다. 갑인년(1794, 정조18)에 일을 할 때도 접대하는 범절조차 모두 기일에 앞서 미리 준비할 수가 없어, 신부님이 이곳에 이른 뒤에야 겨우 애써 마련하여 모든 일이 군색하게 되었습니다. 이는 비록 생소하여 겪어보지 못한 일인 탓이지만, 사실은 가난하여 힘이 미치지 못해 그랬던 것입니다.

萬國之 **91** 中, 東國 **[78/38b]** 最貧. 東國之中, 敎友尤貧, 僅免飢寒者, 不過十餘人. 甲寅做事時, 接待凡節, 都不能先期預備, 司鐸到東之後, 方纔拮据, 以致每事窘束. 此雖生疎未經事所致, 實係貧寒, 力不逮而然.

근년에 입교하는 자가 조금 많아져서 재력이 전보다는 조금 나아졌습니다. 하지만 해야 할 일을 처리하지 못하고 합당하지 않은 사람을 끌어들여서 이처럼 혹독한 화란이 이르도록 한 것은 태반이 재정적 어려움 때문입니다. 올해 박해가 일어난 뒤로 박해받은 사람은 온 가산이 탕진되었고, 살기를 도모한 자는 제 한 몸만 도망쳐 빈곤한 형편이 도리어 갑인년(1794, 정조18) 이전보다 더 심해졌으니, 설령 계책이 있다고 해도 시행할 길이 없습니다. 지금 교세가 다 무너지고 남은 뒤지만, 진실로 재물이 있다면 그래도 해볼 만합니다.**390**

近年進敎者稍多, 財力少勝於前矣. 然未辦當行之事, 引接未妥之人, 至使

92 禍難若(如)此其酷, 則太半由於財難矣. 今年窘難之後, 被難者, 全家蕩盡, 圖生者, 隻身逃命. 貧困之形, 反甚於甲寅以前, 縱有計策, 無路施行. 今雖破殘之餘, 苟有財物, 尙可有爲.

교우에 대해 논하자면, 아직 발각되지 않은 사람 중에 아직 쓸 만한 사람이 얼마간 있어서 수습할 수가 있습니다.**391** 시세에 대해 논한다면, 을묘년(1795, 정조19) 이후 해마다 박해가 많았던 것은 대개 두 가지 원인이 있습니다. 하나는 선왕이 신부님을 의심하고 두려워하여 반드시 찾아내려 했기 때문이고, 하나는 노론이 남인을 꺼리고 미워하여 죄의 구렁텅이에 힘껏 밀어넣으려고 했기 때문입니다. 지금은 선왕이 의심하던 바도 이미 타파되었고, 노론이 미워하던 자가 이미 없어졌으며, 교우 중 발각된 사람도 모두 죽었으니, 금년만 지나가면 잠잠하게 가라앉을 것입니다.

論敎友, 則未曾顯著之中, 猶有若干可用者, 可以收合矣. 論時勢, 則乙卯以後, 年年多難者, **93** 盖有二故. 一則因先王之疑懼司鐸, 必欲搜覓也. 一則因老論之忌嫉南人, 力圖坑陷也. 今也, 先王之所疑者已破, 老論之所嫉者已盡, 敎中之表著者皆死, 過了今年, 可以寢息矣.

390 진실로 재물이 있다면 그래도 해볼 만합니다: 재정 지원이 있을 경우, 신부를 다시 영입해 교회를 재건하는 일을 해볼 수 있다는 의미다.

391 아직 쓸 만 …… 있습니다:《추안급국안》〈사학죄인 황사영 등 추안〉1801년 10월 10일자 황사영 공초에 따르면, 황심과 김여행을 염두에 두고 한 말이다.

지방에 대해 논하자면, 도성에는 비록 오가작통의 법이 있어, 교우가 살고 있는 마을에는 작통법이 상당히 엄하지만, 교우가 살지 않는 곳에는 작통법이 유명무실하여 사람들이 모두 편안하게 발을 붙일 수가 있습니다. 경로에 대해 논하자면, 경기도와 충청도, 전라도 등 3도는 본래 교우가 많고, 경상도와 강원도 두 곳은 근년 들어 난리를 피한 자들이 간혹 살고 있습니다. 그래서 염탐하는 관리가 이 5개 도를 두루 다닙니다. 황해도와 평안도 두 곳은 본래 교회를 받드는 사람이 없고 또한 흘러들어간 사람도 없어 소문이 잠잠하므로 속인들이 의심스럽게 여기지 않습니다. 변문邊門[392]에 비록 기찰이 있다 하나, 1~2년 이내로 의심할 만한 사람이 없을 경우 점차 허술해져 느슨하게 될 것이니, 손을 쓸 수가 있을 것입니다.[393]

論地方, 則都城雖有五家統之法, 敎友所居之里, 則統法頗嚴, 敎友不居之處, 則作統有名無實, 人皆晏如, **94** 可以着脚矣. 論經路, 則畿忠全三道, 素多敎友, 慶尙江原兩道, 近年避亂(難)者或居之. 故 **[79/39a]** 廉探之官差, 遍行於此五道. 黃海平安兩道, 本無奉敎者, 亦無流入者, 聲聞寂然, 俗人不以爲疑. 邊門雖有譏察, 一二年內, [絶]無可疑之人, [則]漸當疎緩, 不可[以]容手矣.

경영에 대해 논하자면, 종전의 사람들은 모두 가르침을 널리 펴는 데 힘을 쏟았지만, 이제는 끝났으니 보존하는 것을 힘써야 합니다. 도랑을 깊게 파고 보루를 굳세게 하여 신중하고 엄격하게 스스로를 지

---

392 변문: 국경인 의주성 밖 압록강 기슭에 설치한 관문. 중국과 내왕하는 유일한 공식 관문인데, 이 문을 나서서 120리를 가면 책문에 이른다.

393 손을 쓸 수가 있을 것입니다: 〈백서〉 원문에 '可以容手矣'라 했는데,《송담유록》본에는 '不可容手矣'로 바꿔놓았다.

켜서, 이미 교회에 들어온 자는 성취시키고 아직 자라지 못한 자는 가르쳐 일깨우면서, 주님의 도우심을 경건하게 기도하고, 가만히 기회를 기다린다면 근심 없이 보존할 수 있을 것입니다.

論經綸, 則從前之人, 皆以揚廣(揚)爲 <u>95</u> 務, 今焉已矣, 當以保存爲務. 深溝固壘, 謹嚴自守, 成就已進教者, 訓誨未長成者, 虔祈主佑, 靜待機會, 則可保無虞矣.

갑인년(1794, 정조18)의 일[394]을 교우들이 몹시 기뻐하며 다행으로 여겨, 엄격하고 신중함은 미치지 못해, 첫 단추를 잘못 맞춰 점차 어찌해볼 수 없는 지경에 이르렀습니다. 지난 일은 실패하였지만 귀감으로 삼기에는 오래되지 않았으니, 이번에는 진실로 더 신중하고 더 조심하여 스스로 파탄이 나지 않는다면 환난이 일어날 수 없을 것입니다. 눈앞의 사세가 이와 같더라도 반드시 가만히 앉은 채로 죽기를 기다리겠다는 것은 아닙니다. 하지만 이는 모두 재물이 있은 뒤라야 논할 수가 있으니, 한 지역 성교의 존망과 생령의 생사가 사악한 마몬[395]에 달리게 될 줄이야 생각지도 못했습니다. 하나 재물이 없다는 이유만으로 성교가 망하고 생령이 죽기까지 한다면, 그 원한이 얼마나 심하겠습니까?

甲寅之事, 教友們歡幸之極, 嚴愼未至, 誤了初頭一着, 馴致無奈何之境.

394 갑인년의 일: 주문모 신부가 고베아 주교의 명으로 1794년 12월 24일 지황의 안내를 받아 의주를 통해 입국한 일을 말한다. 〈백서〉 91행 참조.

395 마몬Mammon: 재산이나 재물 또는 돈을 뜻하는 그리스어. 여기서는 '탐욕'으로, 천주교에서 멀리하는 7대 죄악 중 하나인 부유함을 갖춰야 교세가 회복된다는, 황사영의 자조적인 말이다.

前車旣覆, 殷鑑不遠, 今誠加謹加愼, 不自破綻, 則患難無由而起矣. 目下事勢如此, 未必 **96** 坐而待死. 然此皆有財而後可論也. 不料一方聖敎之存亡, 靈命之生死, 懸於惡瑪滿矣. 只緣無財, 至於敎亡而靈死, 則寃恨當復如何?

이에 감히 어리석음을 무릅쓰고 청합니다. 삼가 바라건대 우리를 위해 서양 여러 나라에 애걸하여 동방에서 성교를 붙들어 지키고 생령을 구제할 수 있도록 해주십시오. 그러면 꼼꼼하게 운영하고 합당하게 미리 준비하겠으니, 그런 뒤에 되살려주는 은혜를 이어서 청하겠습니다. 주교님께서는 불쌍히 여기시어 사랑을 내려주십시오. 진실로 이 같은 요청이 번거롭고 귀찮게 해드리는 주제넘은 짓인 줄을 잘 압니다. 하지만 침묵하며 구하지 않는 것과, 구하여서 얻지 못하는 것은 똑같이 영원한 죽음일 뿐이나, 구해보고 얻지 못한다면 죽어도 남는 한이 없겠기에 감히 이렇게 입을 떼는 것입니다.

[玆敢冒昧陳請,] 伏望爲之乞哀於太西諸國, 以爲東方扶持聖敎, 救濟生靈之資本. 則當密勿(密)經營, 妥當預備, 然後續請再生之恩. 願大爺矜憫而 **97** 垂憐焉. [固知此請之煩瀆猥濫. 然黙而不求, 求而不得, 等是永死耳. 求而不得, 則死無遺恨, 故敢此發口.]

저희 죄인들은 육체와 정신을 드러내놓고 온전히 우러러 부탁드립니다. 원컨대 주교님께서 위로 자애롭고 선하신 은혜로운 주님을 본받고, 아래로는 가난하고 박해에 시달리는 연약한 자녀를 생각하시어, 저희의 간절한 바람을 위로하여 채워주시고, 저희의 바람을 이루어주신다면 성교에나 생령들에게나 크게 다행스러울 것입니다. 저희 죄인들이 혹 버리지 않으시는 은혜를 입어 되살아나는 길을 다시 허락받는다면 온 힘을 다해 응답하여 받들겠습니다. 하지만 가까운 시일 안에 기약할 수는 없으니, 경영하며 주선하는 데는 적어도 3년 이상이 걸릴 것입니다.

罪人等形神赤光, 全口(全)仰托. 願大爺上体慈善之恩主, 下念貧窘之弱息, 慰滿我之盼望, 成就我之志願, 則聖敎幸甚, 生靈幸甚. 罪人等倘 **[80/39b]** 蒙不棄之恩, 復許再生之 98 路, 當竭力以應承之. 然不可以日月期也, 經營 [周旋], 少不下三數歲.

그리고 국경을 넘는 길에는 두 가지 어려움이 있습니다. 하나는 두발이고, 하나는 언어입니다. 두발이야 쉬 자라지만, 말씨는 바꾸기가 어렵습니다. 만약 언어가 유창하다면 그다지 위태롭거나 곤란할 일이 없습니다. 저희 생각으로는 본국의 한 사람을 미리 먼저 천주당에 들어가게 하여 나이가 젊은 분들에게 동국의 언어를 가르치게 해서, 훗날의 쓰임에 대비하게 하는 것이 지극히 타당하리라 봅니다. 주교님의 뜻은 어떠신지요?

而越境之行, 難者有二. 一則頭髮, 一則口舌. 頭髮易長, 口舌難變. 若言語便利, 無甚危難. 罪人之意, 欲以本國一人, 預先入堂, 敎成[年少]相公們, 以東國言語, 以備後日之用, 極爲妥當. 未審鈞意若何?

만약 허락하신다면, 피차간에 두드리는 횟수를 암호로 삼도록 약속하여 동문多門**396**이 열릴 때를 기약하거나, 동문이 불편하면 다시

---

396 동문: 조선에서 중국으로 들어가는 사신이 겨울에 책문을 통과하는 것을 말한다. 춘문은 중국에서 조선으로 돌아가는 사신이 봄에 책문을 통과하는 때를 가리킨다.

춘문春門이 열릴 때를 기약하면 순조롭게 이루어질 가망이 있을 것입니다. 또 가장 편리한 방법이 있으니, 중국 교우 중에 열성적이고 조심스러운 사람 하나를 소리소문도 없이 매우 엄격하고 신중하게 책문柵門**397** 안으로 이주시키고서 점포**398**를 열어 행인을 접대하게 한다면, 서신을 주고받을 때 그다지 힘이 들지 않을 테니, 이 가운데 묘한 점은 말로 다 할 수가 없을 것입니다. 이것은 동국 교우들의 생명이 달린 것이나 이를 하기는 그다지 어렵지가 않습니다. 만약 신부님처럼 동국을 불쌍히 여기는 분이 있다면 틀림없이 기꺼이 따를 것입니다. 삼가 바라옵건대 열성적이고 신중한 사람에게 널리 물어보시어, 반드시 이룰 수 있도록 해주심이 어떠하신지요?

397 책문: 의주에서 120리 거리인 만주 구련성과 봉황성 중간에 설치한 중국 측 관문을 뜻한다. 중국인들은 이 문을 '변문邊門' 또는 '가자문架子門'이라고 했고, 조선인들은 '책문' 또는 '고려문'이라고 불렀다. 여기서 입국 절차를 밟고 들어가게 되며, 이곳에 서는 시장을 통해 무역도 이루어졌다.

398 점포: 개시開市가 열릴 때마다 이용하는 상점이다. 1811년의 〈신미년백서〉에서도 교회의 재건을 위해 다섯 가지를 청원했는데, 그중 다섯 번째가 이 방안이다. 이 서한의 이탈리아어 역문에는 "북경 주교좌에 속한 작은 집이었는데, 여러 해 동안 교우에게 세를 주어 담배를 팔게 하였다. 조선에 첫 번째 박해가 시작된 이래 사신의 일행으로 북경에 간 조선인들에게는 유럽인의 집을 방문하는 것이 금지되었다. 그러나 일행 안에 숨어 온 조선 신자들은 담배를 사는 것처럼 하여 그 가게에 들어가서는 교회의 일을 보거나, 적어도 다른 곳에서 만날 약속을 하였다"라는 주석이 있다(윤민구, 《한국 초기 교회에 관한 교황청 자료 모음집》, 가톨릭출판사, 2000, p.264 각주 298). 북경에 있는 점포를 통해서 조선 신자들과의 만남이 이루어진 것을 설명한 것이다. 1830년 10월 유진길 등이 선교사의 육로 입국 경로를 동봉한 서한(원본은 SOCP vol. 76, ff.22 소장)에서도 "봉황성에서부터 책문까지의 30리 안에는 비록 약간의 점포가 있지만 평소에는 별로 매매가 이루어지지 않는 곳이며 사람도 적게 삽니다. 오직 조선 사신이 중국의 조정에 들어가는 행차가 있을 때에만 약간의 매매가 이루어집니다"라고 했다.

如蒙允許, 則彼此 **99** 打箇暗號, 約束丁當. 以冬門爲期, [冬門]不便, 更以春門爲期, 可望其順成. 而又有極便者, 中國敎友熱心謹愼者一人, 移家於柵門之內, 務極嚴愼, 不出聲聞, 開了店舖, 接待行人, 則往來通信之際, 甚不費力, 其中妙處, 不可勝言. 此是東國生命關頭, 而爲之不甚難. 如有矜念 **100** 東國, 如[本]神父者, 必然樂從. 伏望博詢于熱心愼密者, 以圖必成如何?

본국은 바야흐로 위태롭고 어지러운 시기에 놓인지라, 어떤 일이고 할 것 없이 황제의 명이 있을 경우 틀림없이 감히 따르지 않을 수가 없습니다. 이 같은 때를 틈타, 교황께서 황제에게 글을 보내어 이렇게 말씀해주십시오. "내가 조선에 성교를 전하고자 하는데, 그 나라는 중국에 속해 있어서 외국과는 교통하지 않는다고 들었습니다. 그래서 이를 청하니, 폐하께서 따로 그 나라에 칙서를 내려 서양 선비들을 맞이하도록 하십시오. 충성과 공경의 도리를 가르쳐서 중국에 충성을 다하여 폐하의 은덕을 갚도록 해야 합니다." 이렇게 간청한다면 황제는 평소 서양인의 충성스럽고 근엄함을 알고 있으므로 윤허하여 따르기를 바랄 수 있을 것입니다. 이는 이른바 천자를 끼고서 제후를 호령한다는 것이니, 성교를 편안하게 전파할 수 있습니다. 중국의 현재 형편으로 보아 이 계획을 할 수 있을지는 잘 모르겠사오나 유념해주시기 바랍니다.

本國方在危疑乖亂之際, 無論某事, 皇上有命, 必不敢不從. 乘此之時, 敎宗致書皇上曰: "吾欲傳敎朝鮮, 而聞其國, 屬在中朝, 不通外國. 故以此相請, 願陛下另飭(勅)該國, 使之容接西士, 當敎之以忠 **101** 敬之道, 盡忠於皇朝, 以報陛下之德." 如是懇請, 則皇上素知西士之忠謹, 可望 **[81/40a]** 其允從. 是所謂挾天子以令諸侯, 聖敎可以安行. 未知(審)中國時勢, 可行此計否, 願留意焉.

동국에서 주님의 은혜는 너무나 대단하다고 할 수 있습니다. 애초에 전교하는 사람이 온 적이 없었는데도 천주께서 특별히 이 도리를 들어 친히 내려주셨고, 이어서 또 성사를 베풀어줄 사람을 주셨으니, 여러 가지 특별한 은혜가 이루 다 손꼽을 수조차 없습니다. 금년의 이 박해는 진실로 저희가 잘못을 저지른 탓인 줄 압니다. 하지만 천주의 인자하심으로 그래도 전부 버리지는 아니하시고, 이렇듯 잔혹하게 부서진 가운데서도 다만 한 줄기 길을 남겨두신 듯하니, 동국을 기꺼이 구하시려는 표징임이 분명합니다. 주께서 이미 이처럼 도와주시는데, 만약 중국과 서양 여러 나라에서 주를 섬기는 사람들이 마음을 합쳐 전심전력으로 이를 도모한다면, 어찌 재앙이 복으로 변하여 이 손바닥만 한 땅을 구하여 살리지 못하겠습니까? 저희는 이것으로 스스로를 위로하고 남을 위로하며 죽음을 참고 목숨을 이어가렵니다. 원컨대 주교님께서 주님의 뜻을 받들어 시행하여 속히 구원을 펴주시옵소서.

主恩之於東國, 可謂逈越尋常. 初未嘗有傳敎者來, 而主特擧斯道而親畀之, 繼又以授聖事者予 **102** 之, 種種特恩, 指不勝屈. 今年此罰, 固知罪人等辜負之[攸]致. 然主之仁慈, 猶未全棄, 似此殘破之中, 特留一線之路, 明係背敎(肯救)**399**東國之表証. 主佑旣如此, 若中西諸國事主之人, 合心全心全力而圖之, 豈不能化殃爲吉, 救活此手掌之地耶? 罪人等以此自慰而慰人, 忍死延生. 願大爺承行主旨, **103** 速施申敎(救).

---

399 背敎(肯救): 긍구肯救를 배교背敎로 바꿔 쓴 것은 다분히 의도적이다. "동국을 즐겨 구하시려는 표징과 분명히 관계된다"가 "동국이 배교하려는 표징과 분명히 관계된다"는 뜻으로 바뀌었다.

삼가 들으니, 근년에 중국은 서쪽 지방의 도적이 창궐하여 관군이 여러 번 패하고, 강토가 날로 오그라든다 하니,[400] 황제는 반드시 근심하고 고민하는 마음이 있을 것입니다. 혹 말솜씨가 능하고 꾀를 잘 내서 황제가 평소에 가까이 두고 신임하는 자가 있거든, 이 틈을 타서 이렇게 말을 올려주십시오. "편안할 때 위태로움을 잊지 않고, 안전할 때 망함을 잊지 않는 것이 나라를 오래 유지하는 방법입니다. 우리 청나라가 동쪽 땅에서 일어나 어느덧 천하를 소유한 지가 이제 200년이 되어갑니다. 천하의 대세는 뒤집어지고 엎어짐이 일정하지 않지만, 후세에 만약 불행함이 있을 경우 영고탑寧古塔[401]으로 돌아갈 텐데, 토지가 치우치고 좁아 천하를 도모하기에 부족합니다.

伏聞近年中國, 西賊猖獗, 官軍屢敗, 疆土日蹙, 皇帝必有憂悶之心. 倘有能言善謀, 皇帝素親[信]者, 乘此進言曰: "安不忘危, 存不忘亡, 長久之道也. 本朝起自東土, 奄有海內, 垂二百[年]于今矣. 天下大勢, 翻覆靡常. 後世脫有不幸, 當以寧古塔爲歸. 而土地偏隘, 不足以有 **104** 爲.

조선은 영고탑에서 단지 강 하나를 사이에 두고 있어, 밥 짓는 연기가 서로 바라다보이고 부르고 대답하는 소리가 서로 들립니다. 땅이 사방 3천여 리인데, 동남쪽은 토지가 비옥하여 기름지고 서북쪽은

---

400 근년에 중국은 …… 오그라든다 하니: 귀주 지역에서 일어난 묘족苗族의 난 (1795~1798)과 백련교도의 난(1796~1804)으로 시국이 어지러웠던 것을 두고 한 말이다.

401 영고탑: 청의 발생지로 오늘날 흑룡강성 영안현에 해당한다. 당시 조선에서는 청나라가 머잖아 쇠퇴할 경우 발상지인 영고탑 지역으로 돌아올 것으로 생각했다.

군사와 말이 정예롭고 강합니다. 산이 1천 리에 이어져 재목을 이루다 쓸 수가 없고, 바다가 3면을 둘러싸서 고기와 소금을 아무리 써도 다하지 않습니다. 경상도에는 인삼이 너무 흔하고, 탐라도에는 좋은 말이 지극히 많으니, 이 또한 하늘이 내린 나라입니다. 하지만 이씨 왕조는 미약하여 실오라기같이 끊어지지 않고 있을 뿐이고, 여왕이 조정에 임하매**402** 강한 신하가 권세를 가지고 놉니다. 정사는 어그러져 어지럽고, 백성의 마음은 탄식하고 원망합니다. 진실로 이러한 때에 내복內服**403**이 되기를 명하여, 그 의복을 함께 입고 출입을 통하게 하여 영고탑에 복속시켜서 황가의 뿌리가 되는 땅을 넓히십시오. 안주安州와 평양 사이에 무안사撫按司**404**를 열어, 친왕親王에게 그 나라를 감독하고 보호하게 명하여, 은혜와 덕을 두터이 심고 사람의 마음을 굳게 단결시키게 한다면, 천하에 변고가 있더라도 요동과 심양 동쪽을 차지하고 거점으로 삼아, 험준한 지형을 보장保障으로 삼고 산자를 모아 가르치고 틈을 타서 움직인다면, 이는 진실로 만세의 터전일 것입니다.

朝鮮之於寧古塔, 只係(隔)一水. 烟火相望, 呼應相聞. 而地方三千餘里, 東南則土地肥饒, 西北則士馬精强. 山連千里, 材木不可勝用, 海環三面, 魚鹽用之不竭. 慶 **[82/40b]** 尙道之人蔘至賤, 耽羅島之良馬極多. 此亦天府之國. 而

---

402 여왕이 조정에 임하매: 영조의 계비인 정순왕후의 수렴청정을 두고 한 말이다.

403 내복: 왕기王畿 안쪽의 땅을 가리킨다. 여기서는 중화와 차별하지 않는 신하가 되기를 명한다는 의미다.

404 무안사: 변란이나 재난 지역에 황명으로 파견되어 백성을 위무하는 역할을 맡은 임시 관청을 말한다. 청나라가 조선에 관할 관청을 두어 조선의 내정을 간섭케 한다는 의미로 썼다.

李氏微弱, 不絶如縷, 女君臨朝, 强臣弄權. 政事乖亂, 民情嗟怨. 誠以此時,
105 命爲內服, 混其衣服, 通其出入, 屬之於寧古塔, 以廣皇家根本之地. 開撫
按司於[安州]平壤之間, 命親王監護其國, 厚樹恩德, 固結人心, 天下有變, 割
據遼[藩]以東, 保其巖阻. 生聚教訓, 乘釁而動, 則此固萬世之基[也].

　또 들으니 국왕은 나이가 어려 아직 왕비를 취하지 못하였다고 합
니다.**405** 만약 한 황실의 여인을 취하여 이름을 공주라 하고 시집보내
왕비로 삼는다면, 지금의 임금은 부마가 되고 그다음 왕은 외손이 될
것이니, 절로 황제의 조정에 충성을 다할 것이고, 또한 몽고를 견제하
기에 충분할 것입니다. 지금을 놓치고 도모하지 않으면, 하루아침에
다른 사람이 불쑥 일어나 이곳을 차지하여 나라가 다스려지고 군대가
강성해지면, 다만 우리에게 쓸모없을 뿐만 아니라 도리어 우환이 가
까이에 위치하게 될 것입니다. 때가 이르렀는데도 시행하지 않으면
후회해도 어쩌지 못할 것입니다. 원컨대 황상께서 판단하여 이를 시
행하시기 바랍니다." 이것으로 대의를 삼되 말하는 시기는 지연시켜, 반드시 중국 조
정의 시세에 맞도록 기약하소서.

　又聞其國王年少, 未及聚妃. 若取一宗[室]女, 名爲公主, 嫁爲國后, 則
106 今上(王)爲駙馬, 後王爲外孫. 自當盡忠於皇朝, 亦足以牽制蒙古. 失今
不圖, 一朝他人堀起, 據而有之, 國治兵强, 則非徒不能爲我用, 恐反爲肘腋
之患. 時至不行, 後悔莫追. 願皇上斷而行之." 以此大意, 遷就爲(其)說, 務期合[於]大
國(中朝)時勢.

405 국왕은 나이가 어려 …… 못하였다고 합니다: 순조의 비 순원왕후는 이듬해인
　　1802년 9월 6일에 삼간택三揀擇되어 10월 13일에 책비례冊妃禮를 행했으므로,
　　아직 결혼하지 않은 상태였다.

만일 황제가 들어서 따른다면 성교의 사람들이 중간에서 일을 시행하여, 점차 크게 유행하여 막을 수 없는 형세에 이르는 것을 볼 수 있겠습니다. 중국은 교우가 이미 많고 문로 또한 넓으니, 어찌 진언할 지름길이 없겠습니까? 곁으로 들으니 연전에 칙령을 전한 영학사英學士⁴⁰⁶는 황후의 친척이 된다고 하니, 또한 주교님과도 좋은 사이일 것입니다. 그 집 하인 중에 교우가 있다고 얼핏 들었으니, 어쩌면 그를 통해 계획을 시행할 수 있을는지요? 이 같은 사람이 있어서 이 논의를 힘껏 주장한다면 황상께서 듣고 받아들이기를 기대할 만합니다. 그렇지만 아무 단서도 없이 내복이 되라고 명할 수는 없으니, 반드시 한두 죄과가 있은 뒤라야 이를 구실로 계획을 시행할 수 있을 것입니다.

萬一皇上聽從, 則聖教之人, 於中取事, 庶可望其漸次大行, 至於莫邊之勢 107 矣. 中國教友旣多, 門路亦廣, 豈無進言之蹊逕耶? 仄(側)聞年前宣勅之英學士, 爲[皇上]椒房之親, 亦與大爺相好. 其家丁有教友云. 或可以夤緣行計耶? 若有如此人, 力主此論, 則可期皇上之聽納矣. 雖然不可無端, 而命爲內服, 必有一 **[83/41a]** 兩件罪過, 然後可以藉口而行計.

본국에는 공정하지 않은 불법적인 일들이 허다하지만 감히 모두

---

406 영학사: 1799년에 온 부사副使인 내각학사겸예부시랑內閣學士兼禮部侍郎 영화英和를 가리킨다. 당시 상사上使는 산질대신散秩大臣 전국영田國營이었다. 이들은 1799년 12월 11일 북경을 출발해 1800년 1월 15일 압록강을 건넜고, 1월 26일 서울에 도착했다. 그해 1월 29일 회정에 올라 2월 11일 압록강을 건넜다. 의주부윤 김기상金箕象은 "부사 영화는 나이가 올해 30세인데, 고 예부상서 덕보德保의 아들로서 성품이 명민하고 문필에 익숙하여 본래부터 이름이 나서 꽤나 총애를 받는다고 합니다"라고 했다. 《정조실록》 1800년 1월 19일자 기사에 보인다.

말씀드리지는 못하겠습니다. 다만 사사로이 시헌서時憲書를 만든 것과 몰래 상평통보常平通寶를 주조한 이 두 가지 일은 바로 중국 조정에서 평소 알면서도 불문에 부친 일입니다.[407] 한차례 조사를 거친다면 죄를 성토하기에 충분합니다. 이 계획은 진실로 황실에 보탬이 있고, 또한 본국에도 해가 없습니다. 현재 나라의 형세가 위급하여 결코 오래 버티기가 어렵습니다. 만약 내복이 된다면 간신의 정탐이 절로 없어져서, 이씨 왕조의 형세가 배는 좋아질 것입니다. 어찌 다만 성교의 안전뿐이겠습니까? 또한 이것은 국가의 복일 것입니다. 청컨대 물정 모른다 여기지 마시고 채택하여 받아들여주십시오.

本國有 **108** 許多不恭(公)不法之事, 而不敢盡說. 惟私造時憲曆(書), 及私鑄(造)常平通寶, 此二事, 卽中朝之素知, 而不問者. 一經案覈, 足以聲罪. 此計誠(固)有益於皇朝(家), 亦無害於本國. 觀(現)今國勢危岌, 決難久支. 若爲內服, 則奸臣之睥睨自息, 李氏之形(聲)勢倍勝. 奚但聖敎之安? 亦是國家之福, 請 **109** 勿以爲迂濶而采(採)納焉.

---

407 사사로이 시헌서를 …… 부친 일입니다: 1752년(건륭17) 장친왕 윤록 등이 예수회 선교사인 남회인南懷仁(Ferdinand Verbiest)이 저술한 《영대의상지靈臺儀象志》에 기재된 별들 대부분 순서가 맞지 않는 것을 수정해, 30권 분량의 《의상고성儀象考成》을 편찬했다. 이를 1755년(영조31) 관상감원 이동량李東樑이 사재를 들여 구입했다. 이후 1782년 서운관에서 자체적으로 천세력千歲曆을 만들어 썼다. 역법 제작은 예부의 감독 아래 흠천감欽天監에서만 할 수 있는 일이었고, 시헌력은 중국에서 조공국에 상징적으로 내려주는 것이어서, 자칫 외교적 문제로 비화할 소지가 있었다. 또한 상평통보는 1633년 처음 만들어, 1678년(숙종4)에 영의정 허적 등의 건의에 따라 주조했다. 임의로 자국 화폐를 만든 것을 문제 삼아 압박하라는 의미로 한 말이다.

지난해 유시하신 글**408**에서 몇 년 뒤에 큰 배를 차출하여 보내겠다는 분부를 받았습니다. 지금은 시세가 이미 변해서 무턱대고 그저 오기만 한다면 성공을 바라기가 어려울 것입니다.**409** 여기에 조선 사람이 어찌할 수 없이 속수무책으로 명을 따르게 할 계책이 한 가지 있는데, 다만 실행하기가 상당히 어렵습니다. 그렇지만 자세하게 아뢰도록 하겠습니다.

去年論(諭)帖, 獲承數年後, 差送大舶之命. 今也則時勢已變, 徒然而來, 則難望有成. 此有一策, 可使朝鮮人, 奈何不得, 束手從命. 而但行之頗難. [雖然請細陳之.]

본국의 병력은 본래부터 잔약해서 모든 나라 중에 가장 끝이 됩니다. 하물며 이제 태평한 시절이 200년이어서, 백성은 군대의 위력을 알지 못합니다. 위에는 훌륭한 임금이 없고, 아래에는 어진 신하가 없어, 자칫 불행함이 있게 된다면 머지않아 흙더미나 기와처럼 산산이 무너지는 것을 볼 수 있을 것입니다.

---

408 지난해 유시하신 글: 《추안급국안》의 〈사학죄인 황사영 등 추안〉 중 1801년 10월 11일자 황사영 공초에, 고베아 주교가 동국 교우에게 보낸 유첩諭帖을 가져왔다는 이야기가 보인다. 다만 윤유일이 이를 가져왔다고 썼는데, 윤유일은 이미 죽은 지 6년이 지난 시점이었으므로, 의도적으로 다른 이름을 댄 듯하다. 천주교인의 공초에는 이렇듯 이미 죽은 사람의 이름을 대는 경우가 많았다.

409 지금은 시세가 …… 어려울 것입니다: 《추안급국안》의 〈사학죄인 황사영 등 추안〉 중 1801년 10월 10일자 공초에서 황사영이 이렇게 말했다. "작년에 보내주신 문서에 '수년 후에 큰 배를 파견하겠다'는 지시를 받았습니다. …… 그러나 지금은 일의 형세가 크게 변해서, 큰 배가 비록 오더라도 한갓 그 힘만 허비하고 쓸모가 없기 때문에 '성과가 있기를 바라기는 어렵다'고 말했던 것입니다."

本國兵力, 本來孱弱, 爲萬國最末. 而況今昇平二百年, 民不知兵. 上無長君, 下無良臣, 脫有不幸, **110** 土崩瓦解, 可立而待也.

혹시 바다 배 수백 척과 정예군사 5만~6만 명을 얻어 대포 등 살상력이 좋은 병장기를 잔뜩 싣고, 아울러 글에 능하고 사리를 잘 아는 중국 선비 서너 명을 데리고 올 수 있다면, 곧장 바닷가에 이르러 국왕에게 글을 보내 이렇게 말하십시오. "우리는 서양의 전교하는 배입니다. 자녀나 옥과 비단을 위해 온 것이 아니고, 교황에게 명을 받아 이 지역의 생령들을 구하려는 것입니다. 귀국이 선교사 한 사람을 기꺼이 받아들인다면 우리는 많은 요구를 하지 않겠습니다. 반드시 총알 한 방, 화살 한 대 쏘지 않고 반드시 티끌 하나, 풀 한 포기 건드리지 않고 영구히 화친과 우호를 맺어 북을 치며 돌아갈 것입니다. 혹 천주의 사자를 받아들이지 않는다면, 천주의 벌을 받들어 거행하여 죽더라도 발을 돌리지 않을 것입니다. 왕께서 한 사람을 받아들여 온 나라의 벌을 면하시렵니까? 아니면 온 나라를 잃더라도 한 사람을 받아들이지 않으시렵니까? 왕께서 선택하십시오. 천주의 성교는 충효와 자애를 힘써야 할 일로 여기니, 온 나라가 흠숭한다면 실로 나라에는 한없는 복이요, 우리에게는 이로움이 없습니다. 왕께서는 의심하지 마십시오."

倘得海舶數百艘, 精兵五六萬, 多載大砲等利害之兵器, 兼帶能文解事之中士三四人, 直抵海濱, 致書國王曰: "吾等卽西洋傳敎舶也. 非爲子女玉帛而來, 受命于敎宗, 要救此一方生靈. 貴國[肯]容一介傳敎之事(士), 則吾無多求, 必不放一丸一矢, 又(必)不動一塵 **111** 一草, 永結和好, 鼓舞而去. 倘不納天主之使, 則當奉行主罰, 死不旋踵. 王欲納一人, 而免全國之罰乎? 抑欲 **[84/41b]** 喪全國, 而不納一人乎? 王請擇之. 天主聖敎, 以忠孝慈愛爲工務, 通國欽崇, 則實國王[國]無疆之福, 吾無利焉. 王請勿疑."

또 서양의 여러 나라가 참 천주를 흠숭하여 오래도록 편안하고 길이 다스려진 공효와, 동양의 각 나라가 서양 선비를 받아들이는 것이 유익함은 있고 해로움은 없는 일임을 되풀이해서 일깨워주신다면, 틀림없이 온 나라가 놀라고 두려워하여 감히 따르지 않을 수 없을 것입니다. 선박과 사람의 수는 말씀드린 대로 할 수 있다면 가장 좋겠고, 만약 힘이 미치지 못할 경우 수십 척에 5천~6천 명도 쓸 만할 것입니다. 수년 전에 서양의 상선 한 척이 우리나라 동래에 표류하여왔는데, 한 교우가 배에 올라 자세히 보고는 돌아와 하는 말이, 이 배 한 척이면 우리나라 전선 100척을 대적하기에 충분하다고 하였습니다.**410**

更將太西諸國, 欽崇眞主, 久安長治之效, 及東洋各邦, **112** 容接西士, 有益無害之事, 反覆曉諭. 則必然全國震駴(駭), 不敢不從. 舶數人數, 能如所說則大善, 若力不逮(及), 則數十艘五六千人, 亦可用矣. 數年前, 大西洋商舶一隻, 漂到我國東萊, 有[一]敎友, 登舟細見, 回言, 卽此一隻, 足敵我國戰船百數(艘)云.

410 수년 전에 서양의 …… 하였습니다: 동래에서 표류선에 올랐던 사람은 현계흠이다. 그는 역관 출신으로 서울에서 약방을 경영했다. 1797년 8월에 아우 현계탁이 살던 동래에 갔다가 용당포에 표류해 정박한 영국 배 프린스 윌리엄 헨리호를 보았다. 당시 함장은 윌리엄 로버트 브로턴William Robert Broughton(1762~1821)이었다. 배는 1797년 8월 24일 부산 용당포에 표착해 9월 2일에 떠났다. 현계흠은 1801년 4월 6일 포도청에 자수했다가 배교를 다짐하고 석방되었는데, 황사영의 이 진술로 인해 그해 10월 10일 다시 체포되어 황사영과 대질신문했고, 11월 5일 사형에 처해졌다.

동국 사람이 성교를 독하게 해치는 것은 성품이 잔혹해서가 아닙니다. 사실은 두 가지 이유가 있습니다. 하나는 당론이 몹시 치성해서 이것을 빌미 삼아 상대를 죄과罪科에 밀어 빠뜨릴 거리로 삼기 때문입니다. 다른 하나는 듣고 보는 것이 고루하여 아는 것이라곤 오직 송학宋學뿐이기 때문입니다. 조금이라도 자기들과 다른 행실이 있으면 천지간의 큰 변괴로 보곤 하니, 비유컨대 외진 시골의 어린아이가 방안에서만 자라 바깥사람은 보지 못하다가, 우연히 낯선 손님을 만나면 반드시 크게 놀라 우는 것과 한가지입니다. 오늘의 광경이 참으로 이와 같으니, 실은 의심과 두려움이 많고 어리석으며 유약하기가 천하에 짝이 없습니다. 이런 까닭에 신부님이 자수한 뒤에 교우들이 난리를 일으킬까 두려워하여 오래도록 감히 형을 집행하지 못하다가, 교우들이 어찌하지 못한다는 것을 분명히 알고 난 뒤에야 감히 큰마음을 먹고 살육하였던 것입니다. 하지만 의심하고 두려워하는 마음은 여태도 아직 풀리지 않았습니다.

東人之毒害聖教, 非人性之酷虐也. 實有 113 二故. 一則由黨論甚盛, 藉此爲擠陷之資也. 一則由聞見孤陋, 所知者惟宋耳. 少有不同之行, 則看作天地間大變怪, 譬如窮鄕少孩, 生長室中, 不見外人, 偶逢生面之客, 則必大駭而啼. 今日光景, 正猶是也, 其實多疑多懼, 愚蒙柔弱, 天下無雙. 是故神父自首之後, 懼教衆之興 114 亂, 許久不能(敢)行刑, 的知教友們之無能爲, 然後乃敢大着膽(胆)戮殺之. 然疑懼之心, 尙未解釋者.

이렇듯 놀라움과 의심이 가라앉지 않은 때를 틈타, 반드시 쳐부술 기세로 임하여 그 마음을 동요시키고, 반드시 근심이 없으리라는 이치로 일깨워 그 어리석음을 열어 이끌어주신다면, 받아들이고 받아들이지 않는 사이에 이로움과 해로움이 명백하여, 위엄을 두려워하고 편안함을 원하여 틀림없이 감히 거절하지 못할 것입니다. 이 계획이 비록 어렵기는 해도 시행한다면 틀림없이 만전을 기할 수 있을 것입니다. 만약 해볼 만한 형세가 있을 경우 힘을 다해 이를 도모해주신다면 너무도 다행이겠습니다.

乘此驚疑未定, 臨之以可(必)破之勢, 震動其心, 諭之以必無虞之理, 開導其愚, 則納與不納之 **[85/42a]** 間, 利害較然, 畏威懷安, 必不敢拒絶. 此計雖難, 行之則必然萬全. 如有可爲之勢, 極力圖之, 幸 **115** 甚[幸甚].

어떤 이는 이 같은 거동은 실행이 쉬운지 어려운지를 막론하고 성교의 모습에 맞지 않음을 염려합니다. 저는 이렇게 말하겠습니다. "그렇지 않다. 본국은 10년 이래로 순교한 사람이 너무도 많다. 성교의 신부와 국가의 중신에 이르기까지 또한 모두 속수무책으로 죽음을 당하였다. 악한 무리가 비록 역적이란 이름을 뒤집어씌웠지만, 실제로는 터럭만큼의 불충한 증거를 얻지 못했고, 어질고 착한 모습은 이미 사람들 마음에 믿음을 주고 있다. 만약 본국의 교우가 시끄럽게 떠들어 난을 일으킨다면, 실로 이것이야말로 성교의 모습을 무너뜨리는 것이다. 서양은 성교의 뿌리가 되는 땅이다. 2천 년 이래로 만국에 전교하여 귀화하지 않은 곳이 없었다. 그런데 이 콩알만 한 동쪽 땅만큼은 즉각 명을 따르지 않을 뿐 아니라, 도리어 자꾸 강경해져서 성교를 해치고 신부를 살육하니, 이는 동양에서 200년 이래로 없던 일이다. 군사를 일으켜 죄를 묻는 것이 어째서 안 된단 말인가?"

或言如此擧動, 毋(無)論行之之難易, 恐不合於聖教表樣. 罪人則曰: "不然. 本國十年以來, 致命者甚多. 至於聖教之司鐸, 國家之重臣, 亦皆束手就死. 惡輩雖勒加以逆賊之名, 實不得絲毫不忠之症(証), 良善之表, 已孚於人心矣. 若本國教友, 鼓謀爲亂, 則實是壞表樣. 太西則 **116** 乃聖教根本之地, 二千年

來, 傳教萬國, 莫不歸化. 而獨此彈丸東土, 不但不卽順命, 反來梗化, 殘害聖
敎, 戮殺神司, 爲此東洋二百年來所無之事. 興師問罪者, [有]何不可?"

예수님의 거룩한 가르침에 따르면, 전교를 용납하지 않는 죄는 소
돔〔索多瑪〕과 고모라〔惡木辣〕보다도 더욱 무겁다 하였습니다.**411** 비록
이 나라를 모조리 멸망시킨다 하더라도 또한 성교의 모습에는 해로움
이 없을 것입니다. 이는 소문과 위세를 크게 펴서 전교를 받아들이게
하려는 데 불과할 뿐입니다. 백성에게는 해로운 바가 없고, 재물도 취
하는 바가 없다면 또 인의의 극치요, 탁월한 모습이 될 것입니다. 어찌
모습이 아름답지 않음을 근심하겠습니까? 다만 힘이 여기에 미치지
못함을 염려할 뿐입니다.

據耶蘇聖訓, 則不容傳教之罪, 更重於索多瑪惡不辣(木辣)矣. 雖殄滅此
邦, 亦無害於聖教之表, 此不過 **117** [大張]聲勢, 以納傳教而已. 人民無所害,
財物無所取, 則又仁義之極, 而卓異之表也. 何患表樣之不愛(美)? 但恐力不
及此耳.

어떤 이는 또 이렇게 말합니다. "이렇게 하면 중국 조정에 보고되
어 북경 천주당에 해를 끼칠 것이다." 저는 이렇게 말하겠습니다. "이

---

411 예수님의 거룩한 …… 무겁다 하였습니다: 소돔과 고모라는 사해死海 남쪽 지
방의 옛 도시로, 부정한 행위 때문에 아브라함과 롯 시대에 유황불로 멸망했다
고 한다. 황사영의 이 대목에 이어진 구절에 대해《추안급국안》의 〈사학죄인 황
사영 등 추안〉 중 1801년 10월 10일의 심문에서 "흉악한 편지에 '군대를 동원
해 죄를 묻는다고 한들 어찌 안 될 일이 있겠습니까?'라고 했고, 또 그 아래 한
구절은 더더욱 차마 들을 수도 없고 차마 꺼낼 수도 없는 이야기이다"라며 추궁
하는 대목이 나온다.

것은 쉽다. 편지에다 '교황께서 아무개 신부에게 명령하여 귀국에 전교하도록 한 적이 있었는데, 귀국은 다만 용납하지 않았을 뿐 아니라, 도리어 살육을 자행하였다. 이제 또 전교를 받아들이지 않는다면, 내가 사절 한 명을 급히 보내서 귀국의 죄를 중국 조정에 알려, 우리가 백성을 위로하고 죄지은 자를 토벌하려는 뜻을 밝히겠다'고 말하면 된다. 본국은 사사로이 중국 선비를 죽인 죄가 드러나 중국 조정에 견책을 당하게 될까 염려하여 반드시 감히 아뢰지 못하였을 테니, 이는 또한 염려할 것이 못 된다."

或又曰: "如此則恐奏聞中朝, 貽害本堂." 罪人曰: "此則容易. 書中說教宗曾命神父某, 傳教貴國, 貴國不惟不容, 反行戮殺. 今又不納傳教, 則吾當馳一介 **118** 之使, 布告貴國之罪於 **[86/42b]** 中朝, 以明我等吊民伐罪之意. 本國恐露私殺中士之罪, 見責於中朝, 必不敢奏聞, 此又不足慮[也]."

책문 안에 점포를 여는 일은 지금에 가장 요긴한 급선무입니다. 빠르게 이루어질수록 다행스러운 마음이 커질 것입니다. 그 밖의 계책 또한 수삼 년 내로 시행되어야 합니다. 그런 뒤라야 성공이 있기를 바랄 수 있습니다. 이런 때를 그저 지나보내면 세상이 또 어떻게 변할지 모릅니다. 저희는 하루가 1년 같건만, 스스로 하기에는 아무 힘이 없는지라 바라는 마음만 너무도 큽니다. 간절히 원하옵건대 불쌍히 여기시어 속히 구원해주소서.

柵內開舖事, 爲當今[最要緊]急[先]務. 逾速成, 則逾大幸. 其他計策, 亦當趁數三年來(內)施行, 然後可望有成. 過了此時, 則又不知世變之如何. 罪人等 **119** 度日如年, 自行無力, 朌(盼)望甚殷. 切願哀憐, [而]速救焉.

금년의 박해에 이름이 알려진 교우는 화를 면한 자가 드물고, 살아 남은 사람은 숨죽이고 엎드려 완전히 사라진 모양을 보인 뒤라야 성교를 보전할 수 있겠기에, 교우들은 혹 장사에 몸을 의탁하거나 살던 곳을 피해 다른 데로 이사하느라 길 위에 있는 자가 상당히 많습니다. 그런데 매번 재일齋日이 되면 쉬 탄로가 납니다. 이에 감히 우러러 청하오니, 무릇 오늘날 길을 다니는 동국 교우들이 대재大齋와 소재小齋 할 것 없이 재일을 지내지 않음을 너그러이 용서해주셔서, 자취를 감추어 목숨을 보존하도록 하심이 어떠하겠습니까?**412**

今年窘難, {如右之極,} [知名之]敎友, 鮮有免者. 餘存者, 當屛氣潛伏, 以示滅絶之樣. 然後聖敎可以保全, 而敎友們, 或托跡商買, 或避地遷徙, 在路者頗多. 每當齋日, 易致綻露. 敢此仰請, 凡今日東國敎友行路者, 無 **120** 論大小齋, 槩行寬免, 以爲韜晦保存之地, 如何?

한 사람**413**은 먼젓번 고해성사 때 다음번 고해성사 때까지 일주일에 이틀간 대재를 지키기로 허원許願하였는데, 박해가 일어난 뒤 이 사람은 집을 버리고 도망쳐 산골을 떠돌았습니다. 산속이라 먹고 마시는 것이 형편없는 데다, 더욱이 객지의 형편이 편치 않다 보니 어쩔 수 없이 지키지 못하였습니다. 허원하고도 지키지 않은 죄가 있을까 염려하니, 감히 너그러이 용서해주소서. 아울러 이왕에 지키지 못한

---

412 대재와 소재 할 것 없이 …… 어떠하겠습니까: 교회법에서는 모든 금요일에는 고기와 고깃국을 먹지 않는 소재를 지키고, 사순절 기간에는 하루에 한 끼만 먹고 두 끼는 굶거나 요기만 하는 대재를 지켜야 했다. 이 밖에 재의 수요일, 사순절 기간의 금요일과 토요일, 성령강림 주일, 성모승천 주일, 모든 성인의 날, 성찬축일 전날에는 대재와 소재를 함께 지켰다. 당시 천주교 신자들이 대재와 소재를 엄격하게 지키고 있었음을 보여주는 내용이다.

413 한 사람: 황사영 자신을 두고 한 말이다.

것도 혹 죄가 되지는 않을지 여쭙습니다.

有一人, 上次告解時, 許願一主日內, 守兩日大齋, 限後便(次)告解矣. 窘難後, 此人棄家躲避, 流落[山]鄕. 山間飮啄(食)菲薄, 再者客中事勢非便, 不得已不能守. 而恐有許願不守之罪, 敢請寬免. 幷請問已往之不 **121** 能守, 或不爲罪耶.

천주 강생 후 1801년 되는 해, 시몬 타대오 첨례 후 1일**414**에 죄인 다묵(황심) 등은 두 번 절하고 삼가 갖추어 아룁니다.

天主降生後一千八百一年, 西滿達陡瞻禮後一日, 罪人多黙等再拜謹具.

---

414 시몬 타대오 첨례 후 1일: 시몬 타대오 축일은 9월 22일(양력 10월 29일)이다. 황심은 1801년 8월 말 배론 토굴로 황사영을 찾아왔다. 이때 황사영은 종이에 쓴 〈백서〉 초고를 그에게 보여주었는데, 이때 황사영은 황심에게서 주문모 신부의 순교 소식을 들었다. 당초 황사영은 자신이 작성한 〈백서〉를 황심을 통해 옥천 희에게 전달해 북경 교회에 보내려고 했는데, 주문모 신부의 순교 사실을 확인한 후 〈백서〉에 이 부분을 보완하려 했으므로 9월 그믐 전에 다시 와서 찾아갈 것을 요청한 사실이 《추안급국안》의 〈사학죄인 황사영 등 추안〉 중 10월 10일 황사영의 공초 속에 나온다.

돈와기문편

遯窩紀聞編

　돈와遯窩는 신후담愼後聃(1702~1761)의 자이니, 호는 이로耳老다. 선생은 숙종 임오년(1702)에 태어나서, 22세 나던 계묘년(1723)에 사마시에 급제하였다. 인하여 과거 공부를 버리고 위기지학爲己之學에 온 마음을 쏟았다. 이듬해인 갑진년(1724)에 성호 이익 선생을 뵙고 처음으로 서양학이 있다는 말을 들었다. 그 책을 구해 보고 나서는 단번에 이미 그것이 삿된 학문임을 알아, 바로 〈서학변西學辨〉을 지어 이를 배척하였다. 이때는 서학이 성행하기 전인데도 선생이 먼저 그 해로움이 장차 홍수나 금수보다 심할 것을 알았으니, 어찌 위대하지 않겠는가? 영조 신사년(1761)에 세상을 뜨니, 누린 해가 예순이었다. 일찍이 저술로 100여 권이 있었는데, 모두 육경의 뜻을 펴서 밝힌 것이었다. 서종숙庶從叔 되는 신무愼懋[415]에게서 수학하였는데, 신무는 바로 관설觀雪 허후許厚[416]의 문인이다. 남대南臺 허미옹許眉翁(허목)의 종형으로, 그에게서 수학한 사람이다

[87/43a] 遯窩愼後聃字, 耳老號也. 先生以肅廟壬午生. 年二十二癸卯, 中司馬, 因棄擧業, 專心爲己之學. 越明年甲辰, 見李星湖瀷, 始聞有西洋學. 求見其書, 一見已知其爲邪學. 卽著西學辨, 以斥之. 此在西學未盛之前, 而先生先識其書, 將甚於洪水猛獸, 豈不偉乎大哉? 卒於英廟辛巳, 壽六十. 嘗有著述百有餘卷, 皆所以發揮六經也. 受學於其庶從叔懋, 懋卽實觀雪許厚門人也. 許南埨眉翁從兄, 而受學者

*　*　*

1724년 봄 성호 이익 선생을 뵈었을 때 들은 것을 기록함甲辰春 見李星湖紀聞 **417**

이름이 瀷이니, 안산에 산다.

名瀷, 居安山.

갑진년(1724) 3월 21일에 내가 성호 이익 선생을 아현鵝峴**418**의 지

---

415 신무(1625~1699): 본관은 거창, 호가 만호晚湖다. 숙종 때의 학자로, 저술로《보민편保民篇》이 있다. 성호 이익이 〈만호신선생전晚湖愼先生傳〉을 지었다. 이익은 《성호사설》중 〈만호시晚湖詩〉에서 그에 대해 "신씨의 서출로 식견이 고명하고 행실이 높아 당세에 이름이 있었다. 일찍이 글을 올려 국가의 대계를 논하자 벼슬을 내렸는데, 나아가지 않고 돌아가 영동에서 늙었다〔愼徵士懋, 愼氏之庶出也. 識明行高, 有名當世. 嘗上書論國家大計, 拜之官, 不起歸老於嶺東〕"고 썼다.

416 허후(1588~1661): 본관은 양천, 자는 중경重卿, 호가 관설이다. 미수 허목의 사촌형으로 장현광張顯光의 문인이다.

417 《송담유록》에는 각 편의 제목 없이 원문만 잇대어 썼는데, 편의를 위해 원본의 제목을 가져다 붙였다. 본문도 중간중간 생략한 곳이 적지 않다. 원본에 따라 옮기고, 축약된 부분은 [ ]로, 교체된 부분은 ( )로 병기했다. ( ) 안이 교체된 글자다.

내시던 집으로 찾아가 뵈었다. 선생은 바야흐로 다른 사람과 이서태利西泰, 즉 마테오 리치의 일에 대해 논하고 계셨다.

甲辰三月二十一日, 余往拜李星湖丈於(于)鵝峴寓舍. 李丈方與人論利西泰事.

내가 물었다.

"마테오 리치는 과연 어떤 사람인지요?"

성호 선생이 말했다.

"이 사람의 학문은 허투루 볼 수가 없네. 이제 그가 지은 글 중《천주실의》와《천학정종天學正宗》[419] 같은 여러 책을 볼 것 같으면, 비록 그 도리가 우리 유가에 꼭 맞는지는 모르겠네만, 그 도에 나아가 그가 이른 바를 논한다면 또한 성인이라 말할 수 있을 것이네."

余問曰:"西泰果何如人?"星湖曰:"此人之學, 不可歇看. 今以其所著文字, 如天主實義·天學正宗等諸書觀之, 雖未知其道之必合於吾儒, 而就其道, 而論其所重(至), 則亦可謂聖人矣."

418 아현: 서대문 밖 아현阿峴, 즉 애오개의 다른 명칭이다.《한경지략漢京識略》에 따르면, 아현에 도암陶菴 이재李縡(1680~1746)의 고택 취백당翠白堂이 있다고 한다. 이익은 평생 안산安山에 살았던 것으로 나오지만, 아현은 한 번씩 상경할 때 머물던 집이었던 듯하다. 신후담은 1724년 3월과 7월에 이루어진〈돈와기문편〉의 처음 두 문답이 모두 아현 우사寓舍에서 이루어졌고, 이후 1725년 7월과 1726년 11월에 이루어진 세 번째와 네 번째 문답은 안산 농막[庄舍]에서 이루어졌다고 밝혔다.

419 《천학정종》: 마테오 리치의 저술 중에 같은 이름의 책은 전하지 않는다. 책 제목은 천주학의 핵심 내용을 담은 으뜸이 되는 책이란 뜻이니, 아마도《천학초함天學初函》의 다른 이름인 듯하다.

내가 물었다.

"그의 학문은 무엇을 종지宗旨로 삼는지요?"

성호 선생이 말했다.

"그는 '머리란 것은 생명을 받는 근본이다. 머리에는 뇌낭腦囊 즉 뇌주머니라는 것이 있어 기억을 주관한다'[420]고 하였고, 또 말하기를 '초목에는 생혼生魂이 있고, 금수는 각혼覺魂이 있으며, 사람은 영혼靈魂이 있다'[421]고 했네. 이것이 그가 학문을 논한 큰 요지일세. 이것이 비록 우리 유가의 심성心性에 대한 주장과는 같지 않지만, 또한 꼭 그렇지 않을 줄 어찌 알겠는가?"

余[問]曰: "其學以何爲宗?" 李丈曰: "其言云: '頭者, 受生之本也. 頭有腦囊, 爲記含之主.' 又云: [88/43b] '草木有生魂, 禽獸有覺魂, 人有靈魂.' 此其論學之大要也. 此雖與吾儒心性之說不同, 而亦安知[其]必不然也?"

내가 물었다.

420 머리에는 뇌낭 …… 주관한다: 뇌낭은 두뇌를 말하니, 인간의 지각과 기억을 보관하는 장소다. 스콜라철학에서는 이성적 판단 능력은 영혼에 부여해, 인간의 기억과 판단을 이원화해 설명했다. 《영언여작靈言蠡勺》에서는 뇌낭을 기함記含, 즉 기억의 주체로 파악했다. 이 인용은 마테오 리치의 말을 직접 인용한 것이 아니고, 서학의 종지가 되는 기본 개념을 성호가 설명한 내용이다.

421 초목에는 생혼이 …… 영혼이 있다: 삼혼설三魂說 즉 생혼, 각혼, 영혼에 대한 설명이다. 삼혼설은 아리스토텔레스에서 토마스 아퀴나스를 거쳐 형성된 개념으로, 가장 낮은 단계의 생혼은 식물혼이라고도 한다. 소화 및 생식 활동에 해당하는, 생명체가 자기 존속을 위해 보유하는 의식이다. 각혼은 동물혼이라고도 한다. 감각과 욕구, 공간 이동, 상상 같은 능력들이 여기에 해당한다. 영혼은 인간만이 지닌 능력으로, 생혼과 각혼의 능력 위에 지성과 추리력을 포함하고, 육체와 관계없이 작동할 수 있는 독자적 존재로 설정했다.

"일찍이 한 책을 보았는데, 마테오 리치의 학문이 대개 천신天神을 높여 받드는 것을 종지로 삼는다고 했더군요. 그래서 일본의 고니시〔平行長〕**422**가 일찍이 그 학문을 하면서 거처에 반드시 천신상을 두었다던데, 이 주장은 믿을 만한지요?"

성호 선생이 말했다.

"《천주실의》에 실려 있는 것도 또한 천신을 높여 받드는 주장일세."

余問曰: "嘗見一書, 言西泰之學, 盖以尊奉天神爲宗. 故日本平行長, 嘗爲其學, 而所居必置天神像云, 此說信否?" 李丈曰: "如天主實義中所載者, 亦是尊奉天神之說也."

내가 물었다.

"이것이 불교에서 말하는 천당·지옥의 주장과는 어떠합니까?"

성호 선생이 말했다.

"천당과 지옥의 주장은 이 책에도 이미 나온다네."

余問曰: "此與佛氏天堂地獄之說, 何如?" 李丈曰: "天堂地獄之說, 其書亦已有之."

내가 말했다.

"그렇다면 그 학문의 귀결처가 또한 불교와 차이가 없을까 염려됩

---

422 고니시: 임진왜란 당시 천주교 신자로 조선에 온 왜장倭將 고니시 유키나가小西行長(1555?~1600)를 말한다. 포르투갈 신부 세스페데스와 함께 조선으로 건너와 미사를 집전했다. 전쟁 후 귀국해 할복을 명 받았으나 천주교 교리를 지켜할복을 거부하고 효수당했다.

니다."

성호 선생이 말했다.

"이런 대목은 비록 불교와 대략 같네만, 불교는 허무적멸일 뿐인
데, 마테오 리치의 학문에는 실용實用의 지점이 있다네."

余曰: "然則其學歸趣, 恐亦與佛氏無異也." 李丈曰: "此等[處], 雖與佛氏
略同. 而佛氏則寂滅而已, 西泰之學, 則有實用處."

내가 물었다.

"만약 실용의 지점이 있다면 그 말 중에 백성을 다스리고 나라를
안정시키는 방법을 언급한 부분이 어찌 있었습니까? 그들의 선대에
또한 능히 다스리는 도리가 요순堯舜이나 우탕禹湯처럼 성대한 자가
어찌 있었습니까?"

성호 선생이 말했다.

"그 글을 살펴보면 또한 다스림의 도리를 논한 부분이 있고, 성군
과 어진 임금의 일을 기록해둔 부분이 있다네. 내가 이른바 실용이라
고 한 것은 그의 《천문략天問略》[423]과 《기하원본》 등의 여러 책 가운
데서 논한 천문과 수학의 법을 취한 것일세. 앞선 사람이 미처 발견하
지 못한 점을 발견하여 세상에 크게 보탬이 된다네."

423 《천문략》: 포르투갈 출신 예수회 선교사 디아즈Emmanuel Diaz(陽瑪諾, 1574~1659)
가 저술한 천문서天文書로, 1615년 북경에서 1책으로 간행되었다. 《천학초함》
에도 수록되어 있다. 《천주실의》와 마찬가지로 중국 선비와의 문답 형식으로,
크게 여섯 범주로 나눠 서양 중세의 천동설과 그 이후 지동설의 중간적 체계에
입각해 서양 천문학을 소개했다. 디아즈는 서문에서 "이 책이 천문론의 입문서
인 동시에 천당으로의 길잡이가 되기를 바란다"고 썼다.

余問曰: "若有實用處, 則其言豈有及於治民定國之術者? 而其先亦豈有能與治道, 如堯舜禹湯之盛者乎?" 李丈曰: "考其文字, 亦有論治道者, 亦有記聖君賢主之事者. 而若吾之[所]謂實用者, 取其天問畧·幾何原本等諸書中所論天文籌數之法. 發前人之所未發, 大有益於世也."

1724년 가을 성호 이익 선생을 뵈었을 때 들은 것을 기록함_{甲辰秋}見李星湖紀聞

갑진년(1724) 7월 17일, 내가 성호 이익 선생을 아현의 지내시던 집으로 찾아가 뵈었다.

甲辰七月十七日, 余往拜李星湖丈于鵝峴[寓舍].

내가 물었다.

"지난번에 선생께서 마테오 리치의 학문을 깊이 취하시는 것을 보고, 제가 가만히 마테오 리치가 지은 《직방외기職方外紀》를 살펴보았습니다.[424] 그랬더니 그의 도는 온통 불교를 답습하여, 그것이 사학邪

---

424 마테오 리치가 지은 …… 살펴보았습니다: 《직방외기》는 이탈리아 출신 예수회 신부 알레니P. Giulio Aleni(艾儒略, 1582~1649)가 1623년 8월에 간행한 책으로, 여러 대륙의 역사와 기후, 풍토와 민속, 대양의 해로 및 해산물, 섬 등과 남극에 대해 서술하고 지도를 첨부해 만든 인문지리서다. 신후담과 이익의 이 문답에서는 알레니의 이름으로 간행된 《직방외기》를 마테오 리치의 저작으로 인식한 것을 알 수 있는데, 이지조의 〈각직방외기서刻職方外紀序〉에 자세한 경위가 나온다. 중간에 "나의 벗 마테오 리치는 《만국도지萬國圖誌》를 가져왔고, 나의 벗 판토하는 서양에서 새긴 지도를 번역하라는 황제의 명을 받들어, 보고 들은 것을 근거로 책을 번역해 황제께 바쳤다. 왕도의 교양 있는 선비들 가운데 이것을 즐겨 이야기하는 이가 많았다. 그러나 아쉽게도 그것은 각본되지 않은 채 전해오고 있다." 알레니는 기존에 최종 간행되지 않은 채 원고 상태로 있던 《직방외

279

學임을 의심할 나위가 없는데, 선생께서 그를 취하시는 뜻을 제가 알지 못하겠습니다."

성호 선생은 그렇지 않다고 하며 이렇게 말했다.

"마테오 리치의 학문을 허투루 보아서는 안 되네."**425**

問曰: "頃見先生深取西泰之學. 竊 **[89/44a]** 嘗求西泰所撰職方外記觀之, 則其道全襲佛氏, 其爲邪學無疑. 先生取他之意, 竊所未曉." 李丈不以爲然曰: "西泰之學, 不可歇看."

1725년 가을 성호 이익 선생을 뵈었을 때 들은 것을 기록함乙巳秋 見李星湖紀聞

을사년(1725) 7월 27일, 내가 성호 이익 선생을 안산의 농막으로 가서 뵙고 이틀을 머물렀다.

乙巳七月二十七日, 余往拜李星湖丈于安山[庄舍], 留二日.

성호 선생이 물었다.

"내가 일찍이 윤유장尹幼章윤동규尹東奎**426**의 자이니, 성호의 문인으로 호가

기》를 보완해 이 책을 펴냈다. 이익과 신후담은 이 책의 실제적인 저자가 마테오 리치라고 보았던 듯하다.

425 허투루 보아서는 안 되네: 이익은 첫 번째 문답에 이어 두 번째 문답에서도 이 표현을 반복해서 썼다. 원문 '불가헐간不可歇看'은 우습게 보아서는 안 된다는 의미로, 신후담이 마테오 리치에 대해 함부로 평가하는 것을 안타깝게 여긴 표현이다.

426 윤동규(1695~1773): 본관은 파평, 자가 유장이고, 호는 소남이다. 성호 이익의 제자다. 17세에 이익의 문하에서 강학했고, 안정복·이가환·권철신 등과 교유했다. 성호의 제자 중 최연장자로, 만년에 성호의 병구완과 임종까지 지켰다. 스

소남邵南이다의 말을 들으니, 자네가 마테오 리치의 학문을 배척하는 데 전력을 다한다고 하더군. 자네는 마테오 리치의 학문이 어떠한지 아는가? 내가 장차 자네를 위해 말해보려네. 서학에서 천당과 지옥의 주장 같은 것은 진실로 불교에 물들었다고 할 수밖에 없네. 하지만 천문과 역법의 수를 논한 것은 실로 전고에 미처 발견하지 못한 점이 있다네. 요컨대 천당·지옥의 주장 또한 그 견해가 이르지 못한 지점이니, 불교에서 하듯이 일부러 세상을 속이는 뜻이 있는 것은 아닐세.

李丈問曰: "吾嘗聞尹幼章東奎氏字, 星湖門人, 號邵南[之言], 則君斥西泰之學, 不遺餘力云. 君知西泰之學爲何如也? 吾且爲君言之. 西學如天堂地獄之說, 固未免染於佛氏, 而其論星曆之數, 則實有前古之所未發者. 要之[天]堂[地]獄之說, 亦是其見不到處, 非故有誣世之意, 如佛氏之爲也.

대저 서양 나라에서 중국까지의 거리는 8만여 리인데, 저 예수회의 여러 사람은 홀로 세상을 구하려는 마음을 먹고 그곳을 조금도 얽매어 그리워하는 뜻도 없이 바다를 배로 건너 멀리까지 왔네. 중국에 도착해서는 벼슬을 주어도 받지 않고, 봉록을 주어도 받지 않으며, 홀로 그 도리를 펴고 천하를 가르치는 데에만 마음을 쏟았으니, 그 가슴의 광대함과 품은 생각의 드넓음을 생각할 때, 세속의 악착같고 좁아터져 남과 나를 헤아려 비교하는 사사로움을 깨뜨리기에 충분하다네. 그러나 사람들은 혹 그들이 멀리서 온 뜻이 사실은 거짓된 가르침을 펴서 온 세상을 빠뜨리려 한다고 말하네만, 내가 장차 온갖 반론으로

승 사망 후 문인들을 이끌었다. 저서에 《사수변泗水辨》과 《소남문집邵南文集》이 있다. 서학에 대해서는 안정복과 함께 비판적 입장을 취했다.

그들이 반드시 그렇지 않음을 보증하겠네.

　大抵西國去中國, 八萬餘里, 而彼耶蘇會諸人, 獨以救世爲心, 航海遠來, 少無拘戀之意. 及達中國, 見官之而不拜, 祿之而不受, 獨眷眷於揚其道而教天下. 想其胸次之廣大, 意思之宏濶, 足以破世俗齷齪卑狹, 物我計較之私. 而人或謂其遠來之意, 實欲張僞教而陷一世, 則吾將以百口保其必不然也.

　그 천주에 대한 주장에 이르러서는 어리석은 자가 눈이 휘둥그레 지겠지만, 이제 경전에 실려 있는 상제上帝와 귀신의 말을 가지고 본다면, 그들의 주장 또한 묵묵히 서로 맞아떨어지는 것이 있다네. 이것이 중국 선비가 천주에 대한 주장을 배척하다가 서양 선비에게 굴복하게 된 까닭이기도 하지. 그렇다면 자네가 오늘 배척하는 것이 또한 깊이 생각하지 않은 점이 있을까 염려스럽네."

　至 [90/44b] 其天主之說, 昧者瞪焉, 而今以經傳所載上帝鬼神之語觀之, 則其說亦有黙(嘿)相契者. 此中士斥天主之說, 而所以見屈於西士者也. 然則君之今日之斥, 亦恐有未深考者也."

　내가 대답했다.

　"서양 선비의 책은 진실로 아직 깊이 살펴보지는 못했습니다. 《직방외기》에 실린 내용만 봐도, 황당하고 허탄한 것이 너무 많아서, 일찍이 윤동규 형과 마주하여 이야기를 나누었습니다. 이제 가르침을 받고 나서야 비로소 서학의 옳고 그름이 갑작스레 주장을 세워 깨뜨릴 수 있는 바가 아님을 알았습니다. 하지만 제 견해로 논한다면, 저들은 대개 재주가 있어 술법에 높은 자들입니다. 그러므로 그들의 별자리와 역법의 주장은 정묘하지 않은 곳이 없습니다. 그러나 그 도리를 논함이 황당하고 허탄함에 이르러서는 '현자賢者와 지자智者는 중용中

庸보다 지나치다'라는 경우입니다. 다만 저들이 별자리와 역법을 논한 점은 고인과 어떤 차이가 있습니까?"

余對曰: "西士之書, 固未深考之矣. 獨見職方外記所載, 多涉荒誕, 嘗對尹兄, 有所云云. 今者奉教, 始知西學之是非, 有非[猝然]立說之所可破者也. 然以鄙見論之, 彼蓋有才而高於術者也. 故其星曆之說, 容不無精妙處. 而至其論道之荒誕, 則所謂賢智之過也. 抑彼之所以論星曆者, 其與古人, 同異何如?"

성호 선생이 말했다.

"중국의 별자리와 역법의 학문은 진한秦漢 이후 실전失傳되었는지라, 여러 학자가 서로 이야기하여 어지러이 뒤섞여 정하기가 어려웠는데, 소요부邵堯夫의 세차설歲次說 **427**만이 천고에 가장 뛰어났었지. 그런데도 오히려 정밀하지 못한 점이 있었다네. 원나라 때 조파양趙鄱陽**428**에 이르러서는 더욱 정밀해졌지만, 서학의 역학曆學으로 본다면 또한 수준이 한참 못 미칠 수밖에 없네. 대개 마테오 리치의 역학이란, 천중天重의 계산은 12중천重天을 궁리하여 곧장 천주가 머물고 계시

---

427 소요부의 세차설: 소요부는 송대의 이학자 소옹邵雍(1011~1077)이다. 《황극경세서皇極經世書》와 《이천격양집伊川擊壤集》 등의 저술을 남겼다. 세차설은 4계절의 순환 원리로 원회운세元會運世의 이치를 밝혀 천지가 순환하고 운행하는 법도를 밝힌 것이다. 일원一元은 129,600년인데, 이 기간에 천지는 춘하추동의 개벽을 진행하고, 이를 12회로 나눈 10,800년마다 소개벽이 일어나 선천과 후천의 대개벽이 순환한다는 이론이다.

428 조파양: 원나라 때 역상가 조우흠趙友欽을 가리킨다. 파양은 그의 출신지다. 천문과 경위經緯, 지리와 수학에 정통해 소옹의 선천상수학을 이어 천지사시의 변화 규칙을 탐구한 《혁상신서革象新書》, 《금단정리金丹正理》, 《추보입성推步立成》 등의 저술을 남겼다.

는 종동천宗動天에 이른 뒤에 그쳤고,**429** 천도天度의 계산은 복도福島의 거리를 추산推算하여 곧장 온대와 냉대, 평분平分과 양극兩極에 이른 뒤에야 그쳤다네.**430** 지평地平의 계산은 동서남북으로 에워싸는 일체一體임을 증험하여 곧장 지상과 지하 사람의 발자취가 마주 만나는 곳까지 이른 뒤에야 그쳤고,**431** 세서歲序의 계산은 해와 달의 운행 도수를 관측하여 거리가 얼마나 되는지 끝까지 측정해서, 곧장 6개월을 하루 낮으로 삼고, 6개월을 하루 밤으로 삼은 뒤에 그쳤다네. 지구가 달보다 몇 배나 더 큰지, 태양이 지구보다 몇 배나 더 큰가 하는 경우에 이르러서는, 이는 모두 증명할 수가 있는 숫자이고, 태양이 몇 번째 하늘에서 운행하고, 달이 몇 번째 하늘에서 운행하며, 경성經星**432**이 몇 번째 하늘에서 운행하고, 위성緯星이 몇 번째 하늘에서 운행하는지도 모두 고찰할 수 있는 차례가 있다네.

李丈曰: "中國星曆之學, 自秦漢以後, 失其傳. 諸家互說, 紛錯難定, 獨邵

---

429 천중의 계산은 …… 그쳤고: 12중천은 여러 겹의 하늘이 지구를 둘러싸고 회전한다는 것이니, 프톨레마이오스의 이론에 바탕을 둔 유럽의 천문 모델이다. 디아즈도《천문략》에서 12중천에 대해 각각의 명칭까지 소개하며 설명했다. 우주의 중심에 지구를 두고, 그 바깥에 종동천, 그리고 마지막으로 천주가 계신 천당인 영정부동천永靜不動天이 있다고 했다. 성호 이익은 〈발천문략跋天問略〉에서 12중천설의 우수성에 대해 높이 평가한 바 있다.

430 천도의 계산은 …… 그쳤다네: 복도는 경도의 기준점이 되는 이른바 자오선 섬을 가리키는데, 카나리아제도 최서단에 위치한 작은 섬 페로Ferro의 음차로 보인다. 마테오 리치의 《건곤체의乾坤體義》와 알레니의 《직방외기》에서 소개한, 경도와 위도를 설정하는 방식을 말한 것이다.

431 지평의 계산은 …… 그쳤고: 북극 고도에 맞춰 고정된 관측 지역의 지평선을 대척점과 비교해 살핀다는 의미로 보인다.

432 경성: 항성恒星의 다른 표현이다.

돈와기문편

堯夫歲次說, 冠絶千古, 而猶有未精處. 至於元人趙鄱陽, 而益加精矣. 然視西
學之曆學, 則亦不免下風. 盖西泰之爲曆學也, 籌天重, 則窮其十二重天, 直至
天主所住之宗動天然後已. 籌天度, 則推其福島之遠近, 直至溫帶凉帶平分兩
極然後已. 籌地平, 則驗其東西南北, 周圍一體, 直至 **[91/45a]** 地上地下, 人踵
對遭之處然後已. 籌歲序, 則測其日月行度, 去極遠近之數, 直至六箇(個)月爲
一晝, 六箇(個)月爲一夜然後已. 至如地大於月幾倍, 日大於地幾倍, 此皆可徵
之數, 日之行於第幾天, 月之行於第幾天, 經星之行於第幾天, 緯星之行於第幾
天, 皆有可考之次.

　　금성의 곁에는 두 귀(위성)가 있고, 은하에는 별들이 매우 많은데,
망원경으로 그 사실을 모두 징험할 수 있다네. 또 제가諸家의 일식과
월식에 대한 논의 같은 경우도 모두 '일식과 월식이 일어나야 하는데
일어나지 않고, 일어나지 않아야 하는데 일어났다'라고 하였지만, 마
테오 리치는 이렇게 말했다네. '일식과 월식은 그 수가 이미 정해지면
일어나야 할 때 일어나지 않는 이치는 절대로 없고, 일어나지 않아야
할 때 또한 일어나는 이치도 없다. 다만 일식이나 월식이 동쪽에서 일
어나면 동쪽에서는 보이지만 서쪽은 보이지 않고, 일식이나 월식이
서쪽에서 일어나면 서쪽에서는 보이지만 동쪽은 보이지 않는다. 그
보이고 안 보임으로 인하여 일어나거나 일어나지 않는다고 여길 뿐이
다.'**433** 마침내 일경도日景圖**434**를 만들어서 그렇게 되는 까닭을 밝혔

---

433 일식과 월식은 그 수가 …… 여길 뿐이다: 마테오 리치의 말로 인용했는데, 《천
　　학초함》에 수록된 디아즈의 《천문략》의 일식과 월식에 관한 내용을 인용한 것
　　으로 보인다.
434 일경도: 일식에 의해 해 그림자가 잠식되는 과정을 도면으로 풀이한 것으로 보

다네.

金星之旁, 有兩耳, 天河之特多列宿, 皆以觀天鏡, 驗其實. 又如諸家之論
日月食, 皆云有當食而不食, 有不當食而食, 西泰則曰: '日月 [之]食, 其數已
定, 則於其當食也, 必無不食之理, 於其不當食也, 亦無見食之理. 但其食之在
東, 則東見而西不見, 其食之在西, 則西見而東不見, 因其見不見, 而爲食不食
耳.' 遂爲日景圖以明其所以然.

무릇 이러한 여러 주장은 지금 중국의 역서로 징험해보면 옛날에
는 없던 것일세. 하지만 그것은 서양국에서는 오래전부터 내력이 있
었으니, 아마도 하루아침에 만들어낸 것은 아니라네. 내가 일찍이 그
책에서 그 이치를 징험해보니 하나하나가 진실로 옳아 믿지 않을 수
가 없었네. 내가 위서緯書 중에서 정강성鄭康成의 주장 하나를 보았는
데, '땅의 두께는 3만 리이다'라고 하였네.[435] 이것은 마테오 리치가 말
한, 땅의 둘레가 9만 리라고 한 것과 암암리에 서로 부합하는 것이지.
요컨대 정강성의 주장은 틀림없이 상고한 바가 있을 텐데, 그렇다면
중국의 옛 역상가도 마테오 리치와 합치되는 점이 땅의 두께와 같은
한 가지 주장에 그치지는 않을 것으로 보네. 다만 책에 실려 있는 것
이 완전치가 않아서 전하는 바가 단지 이것뿐이었던 것일세. 하지만

이나, 분명치 않다.

435 정강성의 주장 하나를 …… 하였네: 정강성은 한나라 학자 정현鄭玄(127~200)
을 가리킨다. 강성은 그의 자다. 경학 외에 고대 역법 건상력乾象曆에 관한 글을
남겼다. 땅의 두께가 3만 리라고 한 정강성의 주장은《성호전집》권43에 수록
된〈황도변黃道辨〉에서, "땅은 하늘 안에 탄환처럼 자리 잡고 있다. 사면이 둥글
며 그 두께는 3만 리이다"라고 한 데서도 나온다.

이미 그 말이 이치에 합당한 줄 알았다면, 어찌 옛것과 다르다고 해서 이를 취하지 않는단 말인가?"

凡此諸說, 今以中國曆書驗之, 則古所無也. 而其在西國, 遠有來歷, 盖非一朝之所刱(創). 吾嘗卽其書而驗其理, 則一一良是, 不得不信. [抑]吾於緯書中, 得鄭康成一說, 而 '地厚三萬里', 此與西泰所謂地圍九萬里者, 暗相符合. 要之康成之說, **[92/45b]** 必有所稽, 則中國之古曆家, 想不無與西泰合者, 不止地厚一說而已. [而]特其載籍不完, 所傳者, 只有此耳. 然旣知其言之當理, 則豈以其異於古, 而不取之乎?"

내가 대답했다.

"제가 역학에 대해서는 아직 공부하지 않아, 진실로 그 말의 진위에 대해 판단할 수가 없습니다. 하지만 그것이 아득하여 근거를 찾기가 어려운 줄을 알았으니, 훗날 더욱 생각해보겠습니다. 일식과 월식을 논한 부분만은 가장 이치에 마땅한 듯합니다. 다만 그 일어나고 일어나지 않음이 똑같이 계산에 달려 있어서 사람의 힘으로 할 수 있는 바가 아니라면,《춘추》에서 이것으로 사람을 경계했던 것은 어째서입니까?"**436**

[余對曰]: "某於曆學未有工夫, 固無以辨其言之得失, 然覺其倘恍而難據, 當俟異日, 更[加商]諒(量). 獨其論日月之食, 最似當理. 但其食與不食, 一係

---

436 《춘추》에서 이것으로 …… 어째서입니까:《춘추》에서는 일식이나 월식 같은 재이災異를 국가 통치 질서와 관련된 것으로 보아, 하늘의 경고를 인간에게 보이는 것으로 인식했다. 이에 반해 성호는 정상적인 도수의 변화에 따라 일어나는 자연현상으로, 역법 계산을 통해 충분히 예측할 수 있으므로, 이를 인간의 일과 연결지을 수 없다는 생각이었다.

於數, 而非人力所能爲, 則春秋之書, 以戒人者, 何也?"

성호 선생이 말했다.

"이것이 비록 사람의 힘에서 비롯하지는 않지만, 진실로 또한 천지를 증험할 때는 애초에 하늘이 사람에게 징험하지 않음이 없고, 사람이 처음부터 하늘에게 징험하지 않음이 없다네. 그렇다면 사람이 일식과 월식이 일어날 때 경계하는 도리가 없을 수 있겠는가? 이것은 성인께서 경계를 드리우시는 뜻인 것일세."

李丈曰: "是雖不由於人力, 良亦天地之左際, 而天未始不驗於人, 人未始不驗於天, 則人之當此, 可無儆戒之道乎? 此聖人垂戒之旨也."

내가 대답했다.

"이처럼 설명하시니 또한 이치에 막히지 않습니다. 그렇지만 마테오 리치가 역학을 논할 적에 중국 선비가 믿어 따라 듣고서 받아들인 사람은 과연 몇이나 되는지요?"

余對曰: "如此[爲說], 亦不礙理. 抑西泰之論曆學也, 中士之信從, 而聽受之者, 果有幾人乎?"

성호 선생이 말했다.

"당시 중국 선비 중에 그 이론에 접한 자들은 대개 믿고 따른 이가 많았다네. 이지조李之藻는 특별히 이를 깊이 믿어 마침내 그 법을 전하였지. 일찍이《혼개통헌渾盖通憲》한 책을 저술하고는 그 법이 혼천설渾天說, 개천설盖天說과 서로 증명해준다고 하였다네."**437**

李丈曰: "當時中士之接其論者, 盖多信聽, 而李之藻尤酷信之, 終傳其法. 著渾盖通憲一書, 謂其法與渾天, 盖天相發也."

1726년 겨울 성호 이익 선생을 뵈었을 때 들은 것을 기록함丙午冬

見李星湖紀聞

병오년(1726) 겨울 11월 25일, 내가 안산의 농막으로 성호 선생께 가서 절하였다.

丙午冬十一月二十五日, 余往拜李星湖丈于安山庄舍.

내가 물었다.

"마테오 리치의 천문 역법과 상수象數의 학문을 일찍이 칭찬하셨지요. 게다가 그들이 추보推步하여 징험해 맞추는 오묘함은 진실로 선명하게 징험할 만한 것이 있습니다. 이것으로 마테오 리치 등이 또한 세상에 드문 이인異人인 줄을 알겠습니다. 하지만 그가 지은 《천학정종》과 《영언여작》 등의 책을 보면, 그가 학문에 대해 논한 주장은 온통 불교를 답습하여, 취할 만하기에 부족합니다. 또 그가 전한 신령스러운 응험의 기적 같은 경우도 대부분 거짓으로 속여 이치에 가깝지 않으니, 세상을 미혹시키려는 뜻이 뚜렷합니다. 저는 속으로 그 학술이 비록 간혹 취할 만해도 그 도리는 배척하지 않을 수 없다고 여기는데, 선생께서는 어찌 생각하시는지 모르겠습니다."

余問曰: "西泰星曆象數之學, 嘗贊之[矣]. 且其推步符驗之妙, 誠亦[有]鑿

---

437 《혼개통헌》한 책을 …… 하였다네: 《혼개통헌》은 1607년에 이지조가 저술한 《혼개통헌도설渾盖通憲圖說》을 말한다. 서양 천문학의 이론을 바탕으로 중국 전통의 혼천설과 개천설을 해석했다. 개천설은 둥근 삿갓 모양의 하늘이 네모난 땅을 덮고 있다는 설로, 북극이 갓의 중심이 된다는 학설이다. 혼천설은 우주가 마치 계란 같아서 하늘이 땅을 덮고 있는 것은 계란 껍데기가 노른자위를 싸고 있는 것과 같은데, 하늘이 끊임없이 돌고 그 위에 일월日月과 성신星辰이 실려 있다고 보는 관점이다. 혼천설이 개천설보다 일보 진전한 우주관이라 할 수 있다.

鑿可徵之者, 是知瑪竇輩亦間世之異人也. 然觀其所著天學正宗·靈言蠡勺等書, 則其所論學之說, 全襲佛氏, 無足 **[93/46a]** 可取. 且其所傳靈應之蹟類, 多矯誕而不近理, 顯有惑世之意. 某窃謂, 其術雖或可取, 而其道不可不斥. [未知先生以爲何如.]"

성호 선생이 말했다.

"서양 선비가 어찌 반드시 세상을 속이려는 자들이겠는가? 다만 귀신을 깊이 믿어 그런 것일 뿐일세."

星湖曰:"西士豈必欲誣世[者]哉? 但酷信鬼神而然耳."

내가 대답했다.

"귀신을 믿는 폐해는 진실로 허황한 데 이르지만, 이른바 천주가 강생했다는 주장 같은 경우는 그 허황함이 또한 너무 심합니다. 여기 그들이 예전에 천주에 대해 논한 주장에서, '하늘의 차사次舍(멈추는 곳)는 각각 그 장소에 의거하고, 도수度數는 각각 그 규칙에 의지하는 것은 천주가 이를 주재하기 때문이다'⁴³⁸라고 하였습니다. 그렇다면 천주는 하루라도 하늘을 떠날 수가 없음이 또한 분명합니다. 하지만 서양 땅에 강생한 것을 살펴보면 33년이라는 긴 시간 동안이었으니, 그렇다면 하늘의 차사와 도수가 문란해져 어그러지거나 무너져서 실추되는 폐단이 없었습니까?

余對曰:"信鬼之弊, 固至於誕[然]. 如所謂[天主]降生之說, 其誕亦太甚. 且[此]其[嘗論]天主之說曰:'天之次舍, 各依其所. 度數各依其則者, 由天主之

---

438 하늘의 차사는 …… 주재하기 때문이다:《천주실의》권1에 나온다.

爲之主宰也'云, 則天主之不可一日離天也, 亦明矣. 而顧及降生西土, 至於三十三年之久, 則天之次舍度數, 能無紊舜壞墜之弊乎?

또 그《천학종정》제3편의 첫머리에, 이른바 유학에서 성誠이라고 하고 유有라고 하는 것에 대해 그 해석을 모두 듣지 못했다고 한 부분은, 애초에 마치 유가의 서적이 있음을 모르는 듯이 하였는데, 아래 문장에서 논한 내용은 경전을 출입하며 꿰뚫고 있지 않음이 없었으니, 그는 유가서에 대해서도 또한 몹시 잘 알고 있습니다. 이는 진실로 앞뒤가 맞지 않아 의심할 만한 곳입니다. 그가 태극에 대해 변정하여 배척한 주장에 이르러서는 온통 육상산과 왕양명이 남긴 이론을 답습하였으니, 제 생각에는 아마도 이것은 틀림없이 서양 선비가 한 것이 아니고, 혹 중국의 호사가가 덧붙여서 이루어진 것인가 싶습니다."

且其正宗第三篇篇首, 所謂儒之曰誠曰有, 未盡聞其釋者, 初若不知有儒家書, 而下文所論, 出入經傳, 無不貫穿, 其於儒家書, 亦甚熟矣. 此固牴牾可疑處也. 至其辨斥太極之說, 則全襲陸王氏餘論, 鄙意則竊恐此未必西士所爲也. 或者中國之好事者, 傅會而成之也."

성호 선생이 말했다.

"그들이 천신의 일을 말한 부분은 비록 허황하지만, 서양 선비가 어찌 반드시 세상을 미혹시키고 사람을 속이려는 자들이겠는가? 그들이 태극의 주장을 변정하여 배척한 것에 이르러서는 비록 육상산, 왕양명과 우연히 합치되지만, 그 주장 또한 본디 견해가 있는 것일세."

星湖曰:"[其言]天神之事, 雖涉荒誕, 然西士豈[必]欲惑世而誣人者哉? 至其辨斥太極之說, 雖與陸[王]偶合, 然其說亦自有見."

1728년 봄 익위 이식 선생을 뵈었을 때 들은 것을 기록함 戊申春

見李翊衛紀聞

이름은 식栻이니 이천에 산다. 우담愚潭 정시한丁時翰 **439**의 제자이다.

名栻, 居利川, 丁愚潭弟子.

무신년(1728) 1월 6일, 내가 익위翊衛 이식李栻 **440** 어른을 성 동편 남정동 집으로 가서 뵈었다.

[94/46b] 戊申[正月初六日, 余]往拜李翊衛丈于[城東之]藍井[洞]寓舍.

이식 선생이 말했다.

"일찍이 심心과 신腎의 주장을 가지고 안산과 편지를 주고받은 적이 있었네만, 피차간에 하나로 결론 낼 수가 없더군. **441** 억지로 변론하

---

439 정시한(1625~1707): 본관은 나주, 자는 군익君翊, 호가 우담이다. 이현일李玄逸, 이유장李惟樟과 교유하며 후진 양성에 전념했다. 1690년(숙종16) 〈만언소萬言疏〉를 올려 삭탈관직되었고, 1691년 기사환국 당시에도 인현왕후 폐위의 잘못을 간하다가 삭탈관직되었다. 일생 당파를 떠나 의리론의 입장을 견지해 칭송을 받았다.

440 이식(1659~1729): 본관은 연안, 자는 경숙敬叔, 호는 외암畏庵이다. 소북 가문이나 남인 학자 등과 학술적 교유를 가졌다. 이황李滉의 학통에 따라 이기이원론理氣二元論을 지지해 《사칠부설四七附說》 1권과 《외암선생일기畏庵先生日記》 등을 남겼다. 숙종 때 학행으로 천거되어 세 고을의 수령을 지냈고, 1722년(경종2) 세제익위사익위에 임명되었다.

441 심과 신의 주장을 …… 수가 없더군: 1700년 12월 이식이 〈당실명堂室銘 삼장三章〉을 지어 마음이 신장腎臟과 심장心臟을 오가며 대본大本과 대용大用으로 삼는다는 주장을 폈는데, 1718년 38세의 성호가 이 글에 대해 편지를 보내 의문을 제기하고, 이식이 답장하자 다시 그해 4월에 15조목에 걸친 편지로 문답한 일을 말한다. 토론에 대한 이익의 입장은 《성호사설》 권20, 〈경사문〉, 〈신입우신神入于腎〉에 보인다.

는 게 싫어서 혼자 그만두고 말았지. 자네가 이미 안산을 통해 그 대략의 내용을 들었으니, 그 잘못된 곳을 변정하고 논척해서 그가 잘못을 알게 해주기를 바라네."

[李丈曰: "嘗以心腎說, 與安山有往復, 而彼此不能歸一. 嫌於强辨, 而自止. 吾子旣因安山, 聞其大略, 幸望辨斥其乖謬處, 使得知過."

내가 대답했다.

"이러한 미묘한 지점은 저 같은 말학이 가볍게 의론할 수 있는 바가 아니어서, 변정하여 논척하라는 분부는 감히 받들어 따르지 못하겠습니다. 하지만 일찍이 안산을 따를 적에 서양의 아니마의 학문[442]에 대해 언급하였었지요. 안산은 이렇게 말하더군요. '지난번에 보니 고성高城 어르신이 콩팥이 큰 근본이 되고 심장은 큰 쓰임이 된다는 주장을 하기에 그것이 그르다는 것을 밝혔다네.[443] 이제 아니마에 관한 글을 보니, 뇌낭이 두개골 안에 있으면서 기억하는 주체가 된다고 했더군. 그 주장이 비록 경전에는 보이지 않지만, 또한 자못 깨달은 바가 있으니, 절로 일반적 이치가 되기에 해가 되지 않을 걸세. 이로 인해 반대로 고성 어르신의 심신의 주장을 생각해보니, 또한 근원과 내력이 있는 듯하였네.'[444] 안산께 들은 것은 이와 같지만, 대개 능히 깊

---

442 아니마의 학문: 아니마亞尼瑪(anima)는 스콜라철학에서 말하는 영혼의 개념을 음차해 표기한 용어다. 삼비아시가 《영언여작》에서 처음으로 썼다. 삼비아시는 이 책에서 영혼이란 한역어를 쓰지 않고 '아니마'를 그대로 음역해 썼다.

443 고성 어르신이 …… 밝혔다네: 이익이 《성호사설》 권20의 〈경사문〉, 〈신입우신〉에서 이식과의 논쟁 경과에 대해 설명했다. 당시 이익의 도전적 문제 제기에 이식은 정면 대응하지 않았다.

이 그 주장을 점검해볼 수는 없었습니다."

余對曰: "此等微妙處, 非末學之所可輕議, 辨斥之教, 不敢奉承. 抑嘗從安山, 言及西洋亞尼瑪之學. 安山云: '嚮見高城丈, 腎爲大本, 心爲大用之說, 而卞其非矣. 今見亞尼瑪文字, 謂有腦囊, 顖顁之際, 爲記含之主云云. 其說雖不經見, 亦頗有會, 自不害爲一般道理. 因此而反思高城丈心腎之說, 亦似有苗脈來歷.' 所聞於安山者如此, 盖未能深扣其說也."] **445**

이식 선생이 말했다.

"아니마의 학문은 지금 처음 들었네. 그 학문이 과연 어떠한지 모르겠군. 안산성호를 말한다 의 주장은 어떠하던가?"

李丈曰: "亞尼瑪之學, 今始聞之矣. 未知其學果[爲]何如. 安山之說星湖也, 以爲何如?"

내가 대답했다.

"아니마란 말은《천학정종》과《영언여작》등의 책에서 그 학문의 대략을 볼 수가 있습니다. 예를 들어, 앞서 말한 뇌낭설과 삼혼설 등 같은 것은 안산께서 취하신 바이지만, 천당과 지옥의 주장 같은 것은 안산께서도 배척하신 바입니다. 이른바 삼혼이란 것은 생혼과 각혼,

---

444 고성 어르신의 …… 듯하였네: 이식과 심신설心腎說로 토론한 후 서학의 뇌낭설과 삼혼설을 접하고 당초 마음이 심장에 바탕을 두고 있다는 자신의 견해를 재고하게 하면서 이 같은 말을 한 것으로 보인다. 뇌낭, 즉 두뇌가 기억의 주체로 정신활동에 관여할 경우, 신장을 마음의 근거로 볼 수 있다는 이식의 주장 또한 고려할 만한 것으로 생각했다는 의미다.

445 이 첫 번째 문답은《송담유록》본에는 빠지고 없다.

영혼을 말합니다. 초목의 부류는 단지 생혼만 있고, 금수는 생혼이 있고 또 각혼이 있지만, 사람은 생혼과 각혼이 있고 또 영혼이 있습니다. 이것이 그 대략의 내용입니다.

余對曰: "亞尼瑪文字, 如天學正宗·靈言蠡勺等書, 可見其學之大畧. 而如上項腦囊說及三魂等說, 安山之所取也. 如天堂地獄之說, 安山之所斥也. 所謂三魂者, 曰生魂, 曰覺魂, 曰靈魂. 草木之屬, 只有生魂, 禽獸之屬, 有生魂又有覺魂, 人則有生魂有覺魂, 又有靈魂, 此其畧也.

그 천당과 지옥에 대해 논한 것은 불교와 더불어 같습니다. 이 밖에 또 성력星曆과 주수籌數의 주장이 있는데, 《천문략》과 《기하원본》 같은 책에 나옵니다. 안산께서 모두 깊이 취하신 바입니다. 그 역학을 칭찬하여 만고에 가장 으뜸이라고 하셨지요. 하지만 《천학정종》의 한 곳에서 주렴계의 〈태극도〉와 〈태극도설〉의 그름에 대해 논한 곳이 있는데, 육상산 무리의 이야기와 그대로 똑같습니다. 이 같은 종류는 아마도 중국의 육상산의 학문을 하는 무리가 견강부회하여 만든 것인 듯합니다."

其論天堂地獄, 則與佛氏同. 此外又有論星曆籌數之說, 見於天問略及幾何原本等書. 安山之所皆深取之. 稱其曆學, 冠絶萬古. 抑其天學正宗, 有一處論濂溪太極圖及圖解之非, 與象山輩說話, 依然一套. 若此之類, 似是皇朝陸學之徒, 傅會而爲之也."

1729년 가을 식산 이만부 선생을 뵈었을 때 들은 것을 기록함 己酉秋 見李息山記聞

이름이 만부萬敷[446]이니, 식산息山은 호다. 이옥李沃[447]의 아들이다.

名萬敷, 息山號也, 李沃之子.

기유년(1729) 윤7월 그믐날, 내가 이식산 어른을 서울 서쪽 강촌의 사시는 집으로 찾아가 절을 올렸다.

[己酉閏七月晦日, 余]往拜李息山[丈]于[京西之]江村[寓舍].

이만부 선생이 말했다.

"마테오 리치의 학술이란 것은 과연 어떻던가?"

내가 대답했다.

"마테오 리치의 주장은 '초목의 혼은 살아 있을 뿐이고, 짐승의 혼은 살아 있고 또 감각을 느낀다. 사람의 혼은 살아 있고 감각을 느낄 뿐 아니라 또 영명하다'고 합니다. 또 '사람에게는 뇌낭이 있는데 두개골 안에 자리 잡았고, 기억의 주체이다'라고 하였습니다. 안산의 성호 선생이 그 말이 일리 있다며 칭찬한 적이 있습니다."

이만부 선생이 말했다.

"삼혼의 주장이 비록 새로운 것 같지만, 등급을 나누는 뜻을 살펴

---

446 이만부(1664~1732): 본관은 연안, 자는 중서仲舒, 호가 식산이다. 조부는 이조 판서 이관징李觀徵, 부친은 예조참판 이옥이다. 1678년 예송논쟁 당시 송시열의 극형을 주장하다가 북청에 유배된 부친을 따라가 학문을 닦고, 이후 벼슬길을 포기하고 학문에 전념했다. 이황을 정주학의 적전嫡傳으로 높였고, 만년에는 역학에 깊은 연구가 있었다. 저서에 《식산문집息山文集》 20책 외에 《역통易統》 3권, 《대상편람大象便覽》 1권, 《사서강목四書講目》 4권, 《도동편道東編》 9권, 《노여론魯餘論》 1권 등이 있다.

447 이옥(1641~1698): 본관은 연안, 자는 문약文若, 호는 박천博泉이다. 예조좌랑, 우부승지, 부제학 등의 관직을 거치고, 1678년 예송논쟁이 일어나자 부친 이관징과 함께 허목·윤휴와 입장을 같이해 송시열의 극형을 주장하다가 북청에 유배되었다. 1689년 기사환국으로 풀려나 승지, 경기도관찰사, 예조참판을 지냈다. 저서에 《박천집博泉集》 33권과 《역대수성편람歷代修省便覽》이 있다.

보니, 실은 우리 유가에서 사람과 사물이 통하고 막히고를 논한 것에서 나온 것일세. 뇌낭에 대한 주장은 또 의서醫書에서 이른바 '수해髓海'를 논한 것448과 더불어 서로 맞아떨어진다네. 이것은 그 이름을 새롭게 바꾸고 그 학술을 기이하게 만든 것에 지나지 않으니, 굳이 대단히 특출한 견해가 있는 것은 아닐세그려."

李丈曰: "[所謂]西泰之學, 果何如[也]?" 余對曰: "西泰之說[曰]: '草木之魂, 則生而已. 禽獸之魂, 則生而又覺. 人之魂, 則生覺矣, 而又靈.' 又曰: '人有腦囊, 在顚息(恩)之際, 記含之生(主),' 安山嘗稱其言有理." 李丈[曰]: "[三魂之說,] 雖若刱新, 而觀其分等 **[95/47a]** 之意, 實出於吾儒家人物通塞之論. 腦囊之說, 又與醫書之所以論髓海者相契. 此不過新其名奇其術, 而未必有絶出之見也."

내가 이편을 살펴보건대, 혼인을 끊는 한 가지 일, 이것은 진실로 불교가 우리 유학에 죄를 얻은 까닭이다. 그리고 선유先儒들이 변정하여 배척한 까닭이 또한 이미 자세하니, 이제 번거롭게 설명하지 않는다.449

遯窩按此篇, 絶婚一事, 此固佛氏之所以得罪於吾道. 而先儒之所以辨斥者, 亦已詳矣. 今不煩說.

---

448 의서에서 이른바 '수해'를 논한 것: 수해髓海는 《동의보감》 등 여러 의서에서 백회혈百會穴 자리에 위치한 뇌를 가리켜서 쓴 표현이다.

449 내가 이편을 …… 설명하지 않는다: 이 단락은 신후담의 《서학변》 중 《천주실의》의 제8편, 〈전도사傳道士가 결혼하지 않는 까닭과 함께 천주 강생의 이유를 풀이함[論傳道之士所以不娶, 而幷釋天主降生來由]〉 항목을 아무런 설명 없이 따로 옮겨적은 것이다. 앞서 예수 강생과 천당·지옥에 대한 논의를 보충하기 위한 의도로 보이나, 맥락이 동떨어진 인용이다.

저들이 '하늘의 도수는 각기 그 법칙에 따르고, 차사도 저마다 조금
도 어긋남 없이 제 위치에 안착하는 것은 천주의 주재에서 비롯하여
서인가?'라고 하였었는데, 하늘이라면 천주가 하늘을 떠날 수 없는 것
이 분명하거늘, 이제 세상에 내려온 지가 혹 33년이라는 긴 시간 동안
에 이르렀으니, 이 33년 사이에 하늘은 진실로 주인 없는 일개 대수롭
지 않은 물건이 되었다. 도수와 차사가 어긋날 근심이 없겠는가?

彼嘗謂上天之度數, 各依其則, 次舍各安其位, 而無所差忒者, 由天主之主
宰乎? 天則天主之不可離天也明矣. 今乃降生于或間至於三十三年之久, 是其
三十三年之間, 天固爲無主之一閑物矣. 度數次舍, 能無差忒之患乎?

저들은 일찍이 천주가 고금의 큰 아버지요, 우주의 공평한 임금이
라 하는데, 그렇다면 이는 틀림없이 사해의 안을 온통 덮어서, 사사로
운 은혜와 작은 혜택으로 한 지역의 사람에게만 치우쳐 베푸는 것은
부당하다. 서양 외에도 천하의 나라가 1만의 구역 정도가 아닌데, 어
느 것 하나 상제의 자녀가 아님이 없거늘, 천주가 각국에 강생했다는
말은 들리지 않고, 유독 서양의 나라에만 강생했으니, 천주가 은혜를
베푸는 도리는 너무 편애한다고 할 수 있다. 어떻게 큰 아버지와 공평
한 임금이란 말인가? 단지 이 두 단락만으로도 이미 허위가 모두 탄로
됨을 볼 수 있으니, 그 주장이 족히 믿을 것이 못 됨은 여러 말을 기다
리지 않더라도 분명한 것이다.

彼嘗謂天主爲古今大父, 宇宙公君, 則是必偏覆四海之內, 而不當以私恩小
惠, 偏施於一方之人也. 西泰之外, 天下之國, 不啻萬區, 莫非上帝之所子也.
而不聞天主之降生於各國, 獨生於西泰之國, 則天主施恩之道, 可謂偏私之甚.
而惡在其大父公君也. 只此二段, 已可見虛僞之竭露, 而其說之不足憑, 不待多
言而明者矣.

안정복 서간

安鼎福書簡

순암 안정복은 자가 백순이니, 광주 사람이다. 처음에 후릉참봉에 제수되었고, 뒤에 익찬翊贊에 배수되고, 목천현감이 되었다. 신유사옥이 일어난 뒤, 선견지명으로 연신筵臣이 임금께 아뢰어 좌참찬에 추증되었다.

[96/47b] 安順庵鼎福, 字百順, 廣州人. 初除厚陵參奉, 後拜翊贊, 除木川縣監. 辛酉邪獄後, 以先見之明, 筵臣奏達, 贈左參贊.

* * *

성호 선생께 올리는 글 上星湖先生書(1757년)[450]

근래 서양 책을 살펴보니, 그 주장이 비록 정밀하고 자세해도 끝내는 이단의 학문이었습니다. 우리 유가에서 자기를 닦고 성품을 길러 선을 행하고 악을 버리는 것은 당연히 해야 할 것으로 삼은 데 불과하고, 죽은 뒤의 복을 구하려는 뜻은 터럭만큼도 없습니다. 서학에서 몸을 수양하는 것은 오로지 하늘의 심판 때문입니다. 이것이 우리 유학과 크게 다른 점입니다.

近觀西洋書, 其說雖精覈, 而終是異端之學也. 吾儒之所以修己養性, 行善去惡者, 是不過爲所當爲, 而無一毫徼福於身後之意. 西學則其所以修身者, 專爲天臺之審判. 此與吾儒大相不同矣.

《천주실의》에는 이렇게 말하였습니다. "천주께서 베엘제불에게 노하여, 그를 마귀로 변화시켜 지옥에 내려보내두었다. 이로부터 하늘과 땅 사이에 비로소 마귀와 지옥이 있게 되었다."[451] 이 같은 말을 살펴볼 때 틀림없이 이단입니다. 천주가 만약 베엘제불을 위해 지옥을 만들었다면, 지옥이란 것은 도리어 천주의 사사로운 감옥이고, 또 그 이전에 악을 도운 자는 지옥의 고통을 받지 않은 셈입니다. 천주의 상벌을 살펴보면, 그 사람의 선악을 가지고 내리지 않고, 혹 사사로운 청탁을 가지고 상벌의 경중을 정하는 점이 있으니, 그 심판이 옳다고 할수 있겠습니까? 만약 그렇다면 굳이 선행할 필요가 없고, 천주 한 사람을 아첨하여 섬기기만 하면 될 것입니다.

其天主實義曰:"天主怒輅齊拂兒, 變爲魔鬼, 降置地獄. 自是天地間, 始有

---

450 성호 선생께 올리는 글: 《순암집》 권2의 〈상성호선생별지上星湖先生別紙 정축丁丑〉에서 앞뒤로 상당 부분을 잘라내고 핵심만 간추린 내용이다.

451 천주께서 베엘제불에게 …… 있게 되었다: 《천주실의》 제4편의 7번째 문답 중 "其間有一鉅神, 名謂輅齊拂兒, 其視己如是靈明, 便傲然曰: '吾可謂與天主同等矣.' 天主怒而並其從者數萬神變爲魔鬼, 降置之於地獄. 自是天地間始有魔鬼, 有地獄矣"라고 한 대목을 간추렸다. 베엘제불은 악마의 우두머리로, 원래 케루빔에 속한 천사가 타락하여 흑화한 마귀다.

魔鬼地獄." 按此等言語, 決是異端. 天主若爲輅齊拂兒設地獄, 則地獄還是天主私獄. 且此前人之助惡者, 不受地獄之苦. 按天主之賞罰, 不以其人之善惡, 而或以私囑, 有所輕重. 則其於審判, 可謂得乎? 若然, 不必做善, 諂事天主一私人可矣.

또 《변학유독辯學遺牘》[452]은 바로 연지화상蓮池和尙이 마테오 리치와 학문에 대해 토론한 책입니다. 그 변론이 정밀하고 자세하여 이따금 새로운 경지를 열었으니, 마명馬鳴이나 달마達摩 같은 이들과 함께 진영을 마주하고 기치를 세워 서로 쟁변시키지 못함이 유감스럽습니다.[453] 선생께서도 이미 보셨겠지요? 《천주실의》 제2편에서는 또 이렇게 말하였습니다. "임금이 있다면 신하가 있겠으나, 임금이 없다면 신하도 없다. 사물이 있다면 사물의 이치가 있겠으나, 이 물건의 실상이 없다면 이 이치의 실상도 없다." 이는 이른바 기氣가 이理에 앞선다는 주장이니, 이것은 과연 어떠합니까?

又辯學遺牘者, 卽蓮池和尙, 與利瑪竇論學書也. 其辨論精覈, 往往操戈入室, 恨不與馬鳴達摩諸人, 對壘樹幟, 以相辨爭也. 先生其已見 **[97/48a]** 之否?

---

452 《변학유독》: 마테오 리치가 불교도인 우순희虞淳熙와 그의 스승인 연지화상 주굉袾宏(1535~1615) 등과 주고받은, 서학에 대한 비판과 논박을 담은 왕복 서신을 엮어 1609년에 발간한 책자다. 처음 우순희가 마테오 리치에게 서학을 비판하는 서한을 보내자, 마테오 리치가 반박하는 글을 보냈고, 이후 불교와 서학의 살생 등의 개념 및 천설天說을 두고 논쟁한 내용을 담았다.

453 마명이나 달마 같은 …… 유감스럽습니다: 마명은 인도의 고승으로, 대승불교의 개론서인 《대승기신론大乘起信論》을 저술했다. 달마는 인도 승려로, 북위 때 중국으로 건너와 소림사에 머물며 선종禪宗을 알렸다. 여기서는 서로 입장이 확연히 다른 양측이 각각의 주장을 내세워 끝까지 토론한다는 의미로 썼다.

實義第二篇又曰: "有君則有臣, 無君則無臣. 有物則有物之理, 無此物之實, 卽無此理之實." 此所謂氣先於理之說, 此果如何?

《칠극》 같은 여러 책은 뼈를 찌르는 말이 많아도 의심할 만한 것이 있습니다. 사람 마음의 욕심은 자기의 형기形氣에서 나오는 것이지 밖에서 오기를 기다리지는 않습니다. 하지만 이 책에서는 모두 사람이 악을 하는 것이 마귀가 인도하여서라고 할 뿐입니다. 우리의 논의와 같지 않을 뿐 아니라, 이단임이 분명합니다.

七克諸書, 語多刺骨, 然有可疑者. 人心之欲, 出於自己之形氣, 不待外來. 而此書皆以爲人之爲惡, 魔鬼導之耳. 非但與吾之論不同, 明是異端.

성호가 말했다.**454**

"서양의 여러 책은 실로 기뻐할 만한 것이 많다. 그중 역수曆數를 추보推步하거나 기계를 제조하는 것 같은 것은 중국 사람이 미칠 바가 아니다. 다만 그 학문은 비록 오묘한 이해가 많지만, 이단의 문자임이 분명하다. 《칠극》은 격언이 정말 많지만, 또한 〈사물잠四勿箴〉의 주석

---

454 성호가 말했다: 끝에 실린 이 한 단락은 위 안정복의 편지에 대한 이익의 답장처럼 행을 바꿔서 수록했다. 그 내용은 안정복의 〈천학문답天學問答〉에서 끝에 실린 〈부록〉 중 자신과 이익이 주고받은 문답을 소개한 대목에서 절록해 편집한 것이다. 즉 "西洋之人, 大抵多異人. 自古天文推步, 製造器皿, 筭數等術, 非中夏之所及也. …… 余因問, '洋學有可以學術言之者乎?' 先生曰: '有之矣.' 因言三魂之說及靈神不死天堂地獄之語. 曰: '此決是異端.' 又曰: '七克之書, 是四勿之註脚, 其言盖多刺骨之語, 是不過如文人之才談, 小兒之警語. 然而削其荒誕之語, 而節略警語, 於吾儒克己之功, 未必無少補. 異端之書, 其言是則取之而已.'"이라 한 대목에서 간추렸다.

안정복 서간

에 지나지 않는다. 공의 판단이 실로 옳다."[455]

星湖曰: "西洋諸書, 實多可喜者. 若其推步曆數, 製造器械, 非中國人所及. 但其學, 則雖多妙解, 分明異端文字. 七克儘多格言, 亦不過四勿之註脚. 公之辨良是."

사진 윤신에게 답하다 答尹士眞(1786년 2월)[456]
윤신은 소남 윤동규의 손자이다.

尹愼邵南尹東奎之孫.

뜻밖에 새로운 학문이 우리 유학의 바른 도리를 해쳐서, 성호 문하성호 이씨이다의 일파가 온통 여기로 몰려드는 바람에, 혹자는 우리 선생님 또한 일찍이 이를 하셨다고 말하니, 내가 죽기 전에 어찌 이런 말이 있단 말인가? 이것이 어찌 우리 유학을 어지럽히고, 돌아가신 스승을 모함하며, 후생을 그르치게 만드는 한 가지 큰 사건이 아니겠는가? 이 때문에 은미한 뜻이 남아, 공맹孔孟과 정주程朱의 바른 가르침 등의 말로 글을 맺어 이 도리의 원류가 바른 것임을 보이려는 것이라네. 이것은 군더더기 말이 아니나, 이 두 구절을 어떻게 말을 만들어야 좋을지 모르겠네. 알려주어 깨우쳐주기를 바라네.

意外新學, 爲吾(此)道之紫鄭, 星門星湖李氏一派, 率歸於此, 而或謂吾先生

---

455 《칠극》은 격언이 …… 실로 옳다: 이 단락은 황덕일黃德壹의 〈삼가략三家略〉 중 '서학가西學家'에 보인다.

456 사진 윤신에게 답하다: 《순암집》 권7에 실린 〈답윤사진신서答尹士愼書 병오丙午〉를 일부분만 간추렸다. 한편, 여기 수록된 글의 뒷부분은 오히려 문집에는 빠지고 없다. 윤신尹愼(1738~1812)은 성호의 제자인 윤동규의 손자다. 벽사의 입장을 고수했던 집안으로, 그의 아들 윤극배尹克培(1777~1839) 또한 벽사의 선봉에 서서 신서파를 사형에 처할 것을 주장했다.

亦嘗爲之云, 我死之前, 旣(豈)有是語? 此豈非亂吾道, 誣先師, 誤後生之一大
事乎? 是以微意有在, 以孔孟程朱正訓等語結之, 以示此道源流之正. 此非剩
語, 未知此兩節, 何以措辭而後可乎? 幸乞示破.

근래 꿈에도 생각 못한 뜻밖의 일이 있으니, 이사흥李士興 이기양의
자이 나를 끊겠다고 하였다네. 이 사람이 어찌 차마 자기를 금옥金玉
이나 기린과 봉황처럼 아낀 사람인 나를 끊는단 말인가? 또한 어찌 감
히 수십 년 동안 스승의 예로 대하던 사람인 나를 끊는단 말인가? 혼
인으로 이어진 가까운 사이임은 굳이 말하지도 않겠네. 그의 절교하
는 편지라는 것은 그의 자제들이 만류하여 못하게 하는 바람에 비록
얻어 보지는 못했네만, 그 편지 가운데 죄를 하나하나 손꼽으며 한 말
은 친구들이 보고서 외워 전해준 것이 있었네. 80의 나이에 뜻하지 않
게 이 같은 수치스러운 일을 젖비린내를 면치 못한 무리에게서 받고
보니, 또한 부끄러워할 만한 일이라 피곤하고 피곤하네그려.

　　近有夢 [98/48b] 裏意外事, 李士興 基讓字 絶我云. 此人豈忍絶我愛渠如金
玉獜鳳之人, 亦豈敢絶我數十年師禮相待之人乎? 連姻之切緊, 不須論也. 其所
謂絶交書, 爲其子弟之所挽止, 雖不得見, 而其書中臚罪之語, 親舊之見而誦傳
者有之. 不意八十之年, 値此羞媿之事於未免乳臭之輩, 亦可羞也, 困哉困哉.

"과거시험을 볼 때 영남의 유생이 표문表問에서 '근래 새로운 학문
이라는 것을 이익이 창도한 점이 있다'라고 했다는데, 이것이 어떤 학
문입니까?"라는 말에, 내가 웃으며 이렇게 대답해주었다네. "이것은
서양학이라는 것이니, 본디 있던 일종의 이단 학문일세. 내가 어찌 이
를 창도한단 말인가? 올해 들어 권기명권철신과 이사흥이기양이 천주
학을 하면서 나를 우두머리라고 하였기 때문에 이 말이 필시 전파된

것일 뿐일세."**457**

"科時嶺儒表問, 近來有所謂新學, 吾丈倡導云, 未知此爲何學乎?" 余笑答
曰: "此所謂西洋學, 自有一種異學. 吾豈爲之倡導乎? 年來旣明權哲身·士興基
讓字爲天學, 而以我爲魁云. 故此言必傳播耳."

권철신에게 답하다 答權哲身(1784년) **458**

보내온 편지에서 이렇게 말했더군요.

"지난번 '경전과 예학을 담론하려는 마음이 운무가 흩어지듯 사라
졌구려'라는 편지를 받자옵고, 저도 모르게 속으로 놀랐습니다. 철신
은 전날에 문의文義에만 얽매여 실제 소득은 없으니 큰 죄를 얻었습니
다. 혼자 생각해보니 아침저녁으로 허물을 고치기에도 겨를이 없거늘,
어찌 감히 또다시 논설하겠습니까? 이번 기회에 이제껏 미혹된 견해
로 기록해둔 것을 죄다 없애버리고 죽기 전까지 오직 침묵으로 스스
로를 닦아 큰 죄악에 빠지지 않는 것을 최상의 방법으로 삼겠습니다."

原書云: "向承談經論禮, 雲消霧散之敎, 不覺惕然于中. 哲前日之繳繞文
義, 無所實得, 得爲大罪. 自念朝夕救過不暇, 何敢更有論說乎? 以此向來迷見
箚錄者, 一幷毀棄, 未死之前, 惟默以自修, 毋陷大惡, 爲究 **[99/49a]** 竟法耳."

공의 편지를 받아보니 지난날의 규모와는 크게 달라져서 상당히

---

457 근래 꿈에도 생각 못한 …… 전파된 것일 뿐일세: 이 두 단락은 문집에 나오지
　　 않는 내용이다.
458 권철신에게 답하다: 이 편지는 《순암집》 권6에 실린 〈답권기명서答權旣明書 갑
　　 진甲辰〉의 한 대목을 인용한 것이다. 앞쪽에 실린, 권철신이 안정복에게 보내온
　　 편지의 한 단락도 원래 편지에 포함된 것이다.

이포새伊蒲塞[459]의 기미를 띠고 있군요. 공은 어찌하여 이 같은 말을 하는 겁니까? 성인은 멀어지고 말은 끊어져 남은 것이라곤 유훈遺訓뿐이니, 후학들이 이를 읽고 그 의리를 궁구하여 실천하는 실질로 삼는 것이 바로 우리 유가의 법문입니다. 문의에만 얽매여 실제 소득이 없는 것은 선을 밝히고 몸을 성실하게 하는 의리에 실다운 공부를 못해서 그런 것입니다. 그 병통을 알았다면 훈고訓詁만 따지던 데서 시원스럽게 벗어나, 실질적으로 사물四勿과 삼귀三貴의 조목[460]에 힘을 쏟아야 합니다. 그래서 공부가 오래 쌓이면 절로 마음이 이치와 하나가 되어, 성인에 가깝게 될 것입니다. 어찌 경학 공부를 버리고서, 큰 죄인으로 자처한단 말입니까? 보내온 편지에 또 "죽기 전까지 다만 침묵으로 스스로를 닦아 큰 죄악에 빠지지 않는 것을 최고의 방법으로 삼겠습니다"라고 했으니, 이것이 어찌 소림사에서 면벽하며 아침저녁으로 아미타불을 외우면서 지난 잘못을 참회하고, 부처님 앞에 간절하게 빌어 천당에 태어나고 지옥에 떨어지지 말게 해달라고 하는 것과 다르겠습니까? 제가 여기에서 진실로 공이 이 같은 말을 하는 까닭을 모르겠습니다.

承喩公書, 大異前日規模, 頗帶伊蒲塞氣味. 公何爲而有此言耶? 聖遠言

---

459 이포새: 범어梵語 '우바새優婆塞(Upāsaka)'의 이역異譯으로, 속세에 있으면서 오계五戒를 받은 남자 불교도를 가리킨다.

460 사물과 삼귀의 조목: 사물四勿은 《논어》〈안연〉에서 제자 안연顏淵이 인仁의 조목에 대해 묻자, 공자가 "예가 아니면 보지 말며, 예가 아니면 듣지 말며, 예가 아니면 말하지 말며, 예가 아니면 움직이지 말라"고 한 것을 이르고, 삼귀三貴는 《논어》〈태백泰伯〉에서 증자가 "군자가 귀중히 여기는 도가 세 가지 있으니, 용모를 움직일 때에는 사나움과 태만함을 멀리하며, 얼굴빛을 바르게 할 때에는 성실함에 가깝게 하며, 말과 소리를 낼 때에는 비루함과 도리에 어긋나는 것을 멀리하여야 한다"고 한 대목을 이른다.

湮, 惟有遺訓, 後學讀此, 而窮其義, 爲踐行之實, 自是吾儒法門也. 繳繞文義, 無所實得, 於明善誠身之義, 不加實功而然矣. 若知其病, 則只當灑脫於考求訓詁之間, 實然用力於四勿三貴之目. 而積累之久, 自當心與理一, 庶乎其近之矣. 豈可以此棄經學之工, 而自分爲大罪耶? 來書又云:"未死之前, 黙以自守, 毌陷太惡, 爲究竟法."此何異於少林面壁, 朝夕念阿彌陁佛, 懺悔前過, 懇乞佛前, 得生天堂, 求免墮落地獄之意耶? 愚於此, 誠不知公之有此言也.

그 두 번째 보낸 편지[461]를 간추리면 대략 이러하다.

"근래 들자니 서양학이 크게 일어나, 아무개와 아무개가 우두머리이고, 아무개와 아무개가 다음이며, 그 나머지 따라서 교화된 자는 얼마나 되는지도 모른다고 합디다. 놀랍고 괴이함을 이기지 못하겠소. 지금 말하는 천주학天主學이란 불씨佛氏의 이름만 바꾼 것으로, 나도 그 대의를 대략 봤었는데, 천당과 지옥이 똑같고, 마귀가 똑같으며, 재계齋戒도 똑같고, 군신과 부자, 부부의 윤리가 없는 것도 똑같더군요. 십계와 칠극은 다르지 않고, 사행四行은 사대四大와 크게 보아 같습니다. 그 나머지는 일일이 다 거론할 수 없지만 대체로 세상을 구한다는 명분으로 여러 큰 바다를 건너서 중국에 도착해 그 교화를 펴는 것입니다.

其再書畧曰:"近聞洋學大熾, 某某爲首, 某某次之. 其餘從而化者, 不知幾何. 不勝驚怪. 今所謂天學, 是佛氏之變其名者爾, 愚亦畧觀大意, 天堂地獄一也, 魔鬼一也, 齋素一也, 無君臣父子夫婦之倫一也. 十誡七克不異, 四行與四大同. 其餘不能枚擧. 而大抵以 [100/49b] 救世爲名, 涉重溟到中國, 以宣其化.

---

461 두 번째 보낸 편지:《순암집》권6에 실린 〈답권기명서 갑진〉의 한 대목을 간추려 소개한 내용으로, 앞서 보낸 편지의 답장을 받고 다시 보낸 내용이다.

듣자니 덕조德操이벽의 자가 얼마간의 책을 안고서 공이 있는 곳으로 갔다더군요. 그리고 지금 이곳을 지나가면서도 나를 찾아보지 않으니 그 까닭을 모르겠습니다. 어찌 그 도가 다르다고 해서 논의하지 않으려는 것입니까? 천주가 사람을 착한 일을 하도록 인도하는 이치는 틀림없이 이와 같지는 않을 겝니다."

聞德操李檗字抱多少書而進去公所云. 而今者過此不見, 未知其故也. 豈以其道不同, 而不相謀耶? 天主導人爲善之理, 必不如此也."

천주학이 크게 성행한다는 말을 듣고 절구 한 수를 읊어 원심 정시복에게 보여주다 天學大熾口號一絶 示元心鄭時復 [462]

천당이니 지옥이니 애기가 황당하니	天堂地獄說荒唐
우리에겐 변치 않는 처방이 따로 있네.	自有吾家不易方
만약에 이 말이 허망하지 않으려면	若使此言眞不妄
악한 이는 지옥 가고 선한 이 천당 가야 하리.	惡歸地獄善天堂

도학 갈래 나뉘어져 저마다 따로 가니	道術派分各自逃
서양서 온 한 학문이 또 횡행하는구나.	西來一學又橫豪
바람 불자 어지런 잎 분분히 날려가고	風吹亂葉紛紛去

---

462 천주학이 크게 …… 정시복에게 보여주다: 이 시는 《순암집》 권1에 수록된 두 작품을 나란히 실었다. 첫 수는 〈천주학이 크게 성행하여, 우리 중에 재기로 자부하는 자들이 모두 그 속에 들어갔다는 말을 듣고, 마침내 절구 한 수를 읊어서 원심에게 보여주다(聞天學大熾, 吾儕中以才氣自許者, 皆入其中, 遂口號一絶, 示元心)〉이고, 둘째 수는 〈유감有感〉이라는 별도의 작품이다. 특히 둘째 수는 문집과 여섯 글자가 차이 난다. 문집본에 따라서 고쳤다.

달빛 비친 외론 나무 적막하게 우뚝하다.	月照孤株子子高
단조丹竈 연기 스러지매 어찌해볼 길이 없어	丹竈煙消無可奈
흰 수염에 힘 다 빠져 다만 그저 울부짖네.	白鬚力盡但嘷咷
술잔에 술을 따라 거나하게 마시면서	不如且進杯中物
성인聖人 되든 광인狂人 되든 내맡김만 못하리라.	爲聖爲狂任爾曹

권철신과 이기양에게 주는 세 번째 편지 與權哲身李基讓三書 463

지금 들으니, 공이 아무래도 경박한 여러 젊은이를 창도하고 있다고 하더군요. 지금 세상에서 사문斯文이 기대하고, 친구들이 두텁게 신뢰하며, 세상 사람들의 눈길이 쏠리고, 젊은이들의 종주宗主가 될 사람이 공 말고 누가 있습니까? 그런데 갑작스레 이단의 학문으로 귀화하니, 과연 어찌하여 그런 것입니까? 그것은 성문聖門의 도깨비요 유림의 해충이니, 속히 내쫓아야 할 것입니다.

今聞公未免爲浮躁諸少輩之所倡導云. 今世斯文之期許, 知舊之倚重, 世人之屬目, 少輩之宗主, 捨公而誰? 忽焉爲異學之歸, 是果何爲而然乎? 其爲聖門之怪魅, 儒林之蟊賊, 亟黜可也.

이제 정조庭藻 이가환의 자, 천전天全 정약전의 자, 자술子述 이승훈의 자, 덕조의 무리들이464 서로 약속을 맺고서 새로운 학문을 열심히 익힌다

---

463 권철신과 이기양에게 주는 세 번째 편지: 이 편지는 《순암집》 권6에 수록된 〈여권기명서 與權旣明書 갑진甲辰〉을 중간의 일부 내용만 발췌해 인용한 것이다. 1784년에 썼다. 《순암부부고》 하권 10책(p.64)에는 〈권기명에게 주는 세 번째 편지, 아울러 사흥에게 준다(與旣明第三書, 兼呈士興)〉라고 했는데, 1784년 12월 14일에 쓴 것이다.

는 말이 사람들의 입을 어지러이 오갑니다. 또 들으니 문의文義 이기양이 당시 문의군수가 되었다에서 보낸 한글 편지 가운데, '그 집안의 두 소년이 모두 이 공부를 한다며 칭찬해마지않았다'고 하니, 이 어찌 크게 놀랄 만한 일이 아니겠습니까?**465** 이는 모두 공의 가까운 벗과 문생들입니다. 공이 만약 금지하여 억제시킬 방법이 있다면, 어찌 이렇게까지 횡행하는 것입니까? 그리고 금지하여 억제시키지 않을 뿐 아니라, 따라서 파란을 더 키우는 것은 어째서입니까?

聞今庭藻 家煥字 · 天全 若銓字 · 子述 承薰字 · 德操輩, 相與結約, 攻習新學之說, 狼藉去來之口. 又聞文義 基讓, 時爲邑守 諺札中, 言其家二少年, 皆爲此工, 稱賞不已云. [101/50a] 豈非大可駭者乎? 此皆公之切友門生也. 公如有禁抑之道, 豈至此橫騖? 而不惟不能禁抑, 又從而推波助瀾, 何哉?

지난번에 국손菊孫 권일신의 아들이자 안정복의 외손이다 이 이곳에 들렀다가 그 일을 대략 말해주기에, 내가 그렇지 않을 거라고 말하니 쉬지 않고 강하게 변론하더이다. 그래서 나는 집안에서 나온 논의인 줄 이미 알고 있었습니다. 공들은 중국 선비의 학문을 따르지 않고 이에 어리석은 백성과 같은 꼴이 되었으니, 어찌 부끄러운 일이 아니겠소?

向者菊孫曰身之子, 順庵外孫 過此, 畧道其事, 余語其不然, 强辨不已, 余已

---

464 정조, 천전 …… 무리들이: 이가환, 정약전, 이승훈, 이벽의 이름이 나열된 대목이 《순암부부고》와 《순암집》에는 단지 '某某輩'로만 나오고 구체적인 이름은 지웠다. 이만채가 엮은 《벽위편》(열화당 영인본) 상편 108면에는 '某某輩'로 적고 나서 위 글의 내용을 인용한 뒤, 초본初本에는 이렇게 적혀 있다고 썼다. 이로 보아, 강세정은 초고본 《순암집》을 보고 위 글을 인용한 것임을 알 수 있다.

465 또 들으니 …… 아니겠습니까: 원문의 '又聞 …… 豈非大可駭者乎'는 《순암집》에서는 지워졌고, 《순암부부고》에는 그대로 나온다.

知其出於家庭之論耳. 公輩不能從中國儒士之學, 而乃與其愚氓同歸, 豈不羞吝哉?

옥경 유신에게 주는 글 與柳玉卿書書 [466]

근자에 들으니 서양학이 크게 성행해서 지구知舊 중에 재주와 식견을 자부하는 자들이 모두 그 속으로 들어갔다고 하더군요. 공은 틀림없이 이를 들었을 겝니다. 공의 뜻은 과연 어떠합니까? 내가 볼 때는 이는 오로지 불교의 잔챙이로 그들의 주장을 조금 바꾼 것일 뿐입니다. 본디 우리 유가의 법문이 있거늘, 어찌 여기에서 취하고 그런단 말입니까? 혹시 제 견해가 닿지 않은 부분이 있어서 그런 것일까요? 알려주시면 고맙겠습니다. [467]

近聞洋學大熾, 知舊中以才識自許者, 皆入其中. 公必聞之. 公意果何如耶? 以愚觀之, 專是竺乾之緖餘, 稍變其說耳. 自有吾儒法門, 奚取於斯而然耶? 是或吾見未至而然耶? 幸示之也.

이기양에게 답장한 글 答李基讓書(1785년 봄) [468]

편지 중에 침상 아래에서 힘써 행한다는 말씀은 누가 전한 것이오?

---

466 옥경 유신에게 주는 글: 이 편지는《순암집》에서는 빠졌고,《순암부부고》하권 10책 60쪽에 실려 있다. 여기서는 앞쪽 절반을 잘라내고 뒤쪽도 끊어내 중간 부분만 인용했다.

467 근자에 들으니 …… 고맙겠습니다: 원래 편지 중 위 대목에 바로 이어 안정복이 유신에게《기인십편》과《영언여작》을 빌려달라고 하는 내용이 나온다.

468 이기양에게 답장한 글: 이 편지도《순암집》에는 없고,《순암부부고》하권 10책 70쪽에 실려 있다. 전체 내용이 아닌 발췌본이다.

내가 성품이 어둡고 저열한 데다 떨쳐 일어나는 용기가 부족하다 보니, 먼저 익힌 공부를 위주로 묵은 학설을 힘껏 지킵니다. 방향을 바꾸고 싶어도 연자매 돌리는 나귀의 처지임을 어찌하겠습니까? 이제껏 성오省吾권일신의 자가 이 학문을 힘껏 권하였어도 저는 마치 귀를 스치는 바람으로만 들었습니다. 그 뒤에 또 편지를 보내 권면하면서, 이 학문이 참되고 진실하다면서 천하의 큰 근본이요 통달한 도리가 오로지 여기에 있다고 말하기까지 하였지요. 옛 성인께서 비록 아침에 도를 들으면 저녁에 죽겠다고 하신 가르침이 있지만, 이 학문에 이르러서는 80 노인이 능숙히 익힐 수 있는 바가 아니니, 공 또한 필시 이에 대해 걱정스러울 것입니다.

일전에 계선繼善이 이곳에 들렀다가, 공이 처음엔 이 학문을 익혔지만 지금은 이전 견해를 크게 바꾸어 이단을 물리치는 글 2편을 지어 서울의 젊은이들에게 전하였다던데, 정말 그러합니까? 만약 그렇다면 부쳐서 보여주지 않겠습니까? 공이 겉으로는 억누르면서 속으로는 북돋우는 계획을 위해 이 같은 주장을 하여 덮어 보호한다면, 이 어찌 우리 유학의 광명정대한 도리이겠습니까? 서학에서 이른바 세상을 구한다는 말 또한 이렇지는 않을 겝니다.

書中床下力行之論, 誰人傳之耶? 鄙性昏劣, 乏奮勇之氣. 故先入爲主, 力守舊說, 雖欲改步, 其於磨驢之迹何? 向來省吾權日身字力勸此學, 余聞若過耳之風. 其後又貽書勸之, 語此學之眞眞實實, 至謂天下之 **[102/50b]** 大本達道, 專在於是. 古聖雖有朝聞夕死之訓, 至於此學, 則非八十老人所可服習, 公亦必爲之悶然耳. 日前繼善過此, 謂公初習此學, 今則大變前見, 作闢異文二篇, 傳于京少輩, 其信然否? 若然則何不付示耶? 公爲陽抑陰扶之計, 而爲此說以掩護, 則此豈吾儒光明正大之道? 西學所謂救世之語, 亦不如是.

시절을 탄식하며 쓴 절구 2수歎時二絶⁴⁶⁹

봄 숲의 온갖 꽃들 한창 향기로운데	春林百卉正芬菲
자줏빛 붉은빛 꽃 저마다 기이하다.	吐紫含紅各衒奇
다만 늙은 소나무는 바위 아래 남아서	惟有老松巖下在
푸릇푸릇 세한歲寒 자태 능히 보존하는도다	靑靑能保歲寒姿

순암일기順菴日記

을사년(1785, 정조9) 10월 9일, 양지현감 유순柳詢⁴⁷⁰이 와서 보고는 이렇게 말하였다.⁴⁷¹ "머잖아 문산 사또가 틀림없이 양근에서 와서 찾아뵐 것입니다." 내가 기뻐 대답하고 난 뒤인 이튿날, 집 하인 아이가 들어와 관원의 행차가 앞에 왔다고 알렸다. 내가 바깥채로 나가보니 과연 관리의 행차가 들어오는데, 권마성勸馬聲이 마을에 온통 진동하였다. 곧장 뜨락 앞까지 이르더니, 한 관장이 교의를 탄 채로 들어오는데, 과연 사홍이기양의 자이었다. 몹시 기쁘고 위로가 되었으나, 체면이 그래서는 안 되겠기에 피하여 안채로 들어갔다. 조금 있다가 사홍이 조금 쉬고 나서 와서는 날씨와 안부를 물은 뒤에는 나와 기명권철신의 자을 언급하였는데, 불평한 기색이 많았다.

---

469 시절을 탄식하며 쓴 절구 2수:《순암집》권1에 수록된 시 2수 중 첫 수만 적은 것이다.《순암부부고》하권 11책 100쪽에도 실려 있다.

470 유순(1737~?): 본관은 문화, 반계 유형원의 5대손이다. 생부는 유광위柳光渭이며, 유명위柳明渭에게 입양되었다. 1765년 진사시에 합격했다. 경릉참봉, 동부봉사, 희릉직장, 활인서별제, 한성부주부, 형조좌랑, 돈녕판관, 양지현감, 서부령, 화순현감, 제용감판관, 호조좌랑, 한성부서윤 등을 역임했다.

471 을사년 10월 …… 말하였다: 여기서부터 다음 〈권숙겸에게 주는 두 번째 편지〉 전까지 실린 내용은 어디에도 없고, 안정복의 초고본《순암일기》에만 나온다.

乙巳十月初九日, 陽智倅柳詢來見曰: "非久, 文山倅必自楊根來謁." 余欣對之餘, 翌日家僮入報, 有官行前來. 余出外舍, 果有官行入來, 而勸馬聲震動村閭. 直至庭前, 有一官長乘轎而來, 果士興也基讓字. 雖甚欣慰, 體面不可, 避入內舍. 俄而興也, 少休而來, 寒暄後, 言及余與旣明哲身字, 多有不平之色.

이어서 이렇게 말했다.

"편지 중에 문의文義 언찰諺札이란 네 글자는 바로 내 어머님의 편지였습니다. 어찌하여 남에게 대놓고 보여주는 것입니까?"

내가 그 말과 기세를 살펴보니, 모습이 전날과는 달랐다. 내가 웃으면서 천천히 이렇게 말했다.

"내 집과 자네 및 기명 일가는 문득 한집안과 같다네. 권기명에게 준 편지에서 그대 집안의 한글 편지를 언급한 것이 어찌 죄란 말인가?"

그가 또 정색을 하고 말했다.

"일이 이래서는 안 되지요."

또 말했다.

"그 한글 편지를 손님이 올 때마다 매번 보여준 것은 어째서입니까?"

내가 말했다.

"누가 그러던가? 누가 보았단 말인가? 내가 비록 늙었지만, 어찌 남에게 드러내놓고 보여줄 수 있겠는가?"

그가 들은 체도 않고 또 말했다.

"일이 이래서는 안 됩니다."

내가 웃으며 말했다.

"설령 그렇다고 치세. 노망이 난 것에 불과한데 어찌 이다지도 깊이 책망하는가?"

그가 또 말했다.

"있을 수 없는 일입니다."

내가 말했다.

"그렇다면 나는 해명할 도리가 없네. 내가 과연 경망스러운 행동을 했네. 시쳇말로 항복하는 자는 죽이지 않는다 하니, 잠시 가라앉히는 것이 좋겠네."

그러자 그가 말했다.

"제가 어르신께 마음을 기울여 향모함이 지극하지 않은 적이 없었습니다. 그런데도 매번 나무람만 받은 것이 한두 번이 아닙니다. 어찌 분하지 않겠습니까?"

仍曰: "書中文義諺札四字, 是家慈之書也. 何其發露於人耶?" 余觀其語智氣, 貌異於前日. 遂笑而徐謂之曰: "我家與君及旣明一家, 便同一家. 與旣明書, 而言及君家諺札, 是何罪也?" 渠又正色而言曰: "事不當若此." 又曰: "以其 [103/51a] 諺札, 賓客之來, 逐一示之, 何也?" 余曰: "誰人言之? 誰人見之乎? 我雖老耄, 豈可宣露於人乎?" 渠若不聞, 又曰: "事不當若是." 余笑曰: "假使若是, 不過老妄之致, 何是深責?" 渠又曰: "事甚不可." 余曰: "然則我無分疏之道. 我果妄作矣. 俗云降者不殺, 姑徐之可也." 渠因曰: "我之於丈, 傾心嚮昂, 無所不至. 而每每受責, 非一非再. 豈不慨然乎?"

내가 평소 성품이 겸손하고 졸박하여 본디 집안의 자제가 아니고서는 아무리 미천하고 신분이 낮아도 꾸짖은 적이 없었다. 하물며 그처럼 금옥이나 기린, 봉황처럼 아끼는 사이에 어찌 꾸짖고 욕함이 이처럼 많기야 했겠는가? 이 말을 듣고는 나도 몰래 한심해져서 이렇게 말했다.

"내가 어리석어서 모르겠는데, 어떤 일들인가?"

그가 말했다.

"병신년(1776, 정조 즉위년) 7월, 어르신께서 정산貞山에게 준 편지를 자목子木과 함께정산은 이병휴李秉休, **472** 자목은 이삼환李森煥**473**이다 열어보고는 서로 통곡하셨다지요. 어찌 차마 이같이 하신단 말입니까? 병신년 7월에 정산 이병휴에게 준 편지에서 내가 말했다. "사흥 이기양이 처소를 잃고 남의 집에 부쳐산다니 보기에 참 걱정입니다. 하지만 우리 무리 중에 이 사람이 나온 것은 실로 우연이 아닙니다. 근래 그가 말하는 습관을 보니 전과는 점점 다르더군요. 존형의 가르침에서 말미암아 그렇게 된 점이 있는 것입니까? 예로부터 진정한 큰 영웅은 모두 전전긍긍하며 살얼음을 밟은 듯 조심하는 가운데서 나오는 법입니다. 이 친구가 이쪽의 분수에 대해 소홀히 여기며 잘하려 들지 않으니, 제 졸렬한 헤아림으로 살펴보건대 크게 근심스러워 탄식하게 됩니다. 재주와 식견이 그보다 못한지라 졸렬한 말로 꽤나 바로잡아 경계하였지만 돌로 돌을 치는 것과 다를 바가 없었습니다. 선유先儒들의 정설 이외에 성립될 만한 별다른 의리가 또 있어서가 아니겠습니까? 이것은 형의 가르침과도 다른데, 어찌하여 정문일침의

---

472 이병휴(1710~1776): 본관은 여주, 자는 경협景協, 호가 정산이다. 성호 이익의 넷째 형 이침李沉의 셋째 아들로 태어나 이익의 둘째 형인 이잠李潛에게 출계했다. 예산군 덕산현 장천리에서 태어나 이익에게 학문을 익혔으며, 과거에 뜻을 버리고, 이익의 경학과 예학을 계승했다. 윤동규에게도 배웠으며 신후담, 안정복과 교유했다. 제자로는 권철신과 이기양 등이 있다. 이병휴의 묘지명은 이남규李南珪가 썼다.

473 이삼환(1729~1813): 본관은 여주, 자가 자목, 호는 목재木齋 또는 소미少眉다. 생부는 이광휴李廣休이고, 모친은 정덕녕鄭德寧의 딸이다. 이병휴에게 입양되었다. 종조부가 성호 이익이다. 1729년 경기도 안산의 첨성리에서 이익으로부터 교육을 받았다. 이병휴의 양자로 입적되면서 거주지를 충청도 덕산으로 옮겨 생활했으며, 이병휴가 주도한 성호 문집 간행을 도왔다. 1786년에는 〈양학변洋學辨〉을 지어 천주교를 비판했다. 1795년 충청도 온양의 서암西巖 봉곡사鳳谷寺에서 금정찰방으로 부임해온 정약용 등과 함께 강학 모임을 개최했다.

가르침을 내리지 않으십니까?"**474** 우중愚仲에게 주신 편지를 권철신이 베껴 왔던데, 이것이 무슨 일입니까?"

내가 일에 따라 하나하나 대답해주었다. 하지만 내가 중풍에 걸린 사람도 아닌데, 어찌 이런 말이 있단 말인가?

余素性謙拙, 自非家庭子弟之外, 雖至微至卑之未嘗以詬責相加. 況於渠如金如玉如獜鳳相愛之間, 有何詬詈至於如是之多乎? 聞之不覺寒心, 仍曰: "余昧不知, 未知何事何事耶?" 渠曰: "丙申七月, 丈與貞山書, 與子木貞山李秉休, 子木李森煥 圻見相與痛哭, 豈忍爲此乎? 丙申七月, 與貞山書曰: "士興失所, 寄寓他人, 看甚悶. 然此人之生於吾黨, 實非偶然. 近來觀其言論氣習, 漸異於前, 未知尊兄之敎導, 或有所由而然耶? 從古眞正大英雄, 皆從戰兢臨履中出來. 此友於此邊分數, 忽畧而不屑爲, 弟拙規觀之, 大爲憂歎. 才識出於渠之下, 故頗以拙語規警, 而無異於以石投石, 豈非更有別種義理, 出於先儒已定之外, 而可以成立耶? 此與兄之法門不同, 則何不施以頂針耶? 與愚仲書, 旣明謄來, 是何事也?" 余隨事答之. 而我非病風之人, 則豈有此言乎?

그가 또 말했다.

"먼젓번 권철신에게 준 편지를 두고 사람들이 모두 화심禍心에서 나왔다고들 말합니다. 어찌 차마 이런 일을 하십니까?"

내가 그가 하는 말을 듣고 깜짝 놀라며 대답했다.

"이번의 서학이 어찌 사군자가 배울 만한 것이겠는가? 내가 깊은 우려가 있어 이처럼 경계하는 말이 있었던 것이지, 이것이 어찌 화심으로 그런 것이란 말인가?"

---

474 사홍 이기양이 …… 않으십니까?: 이 편지는 《순암집》 권4에 수록된 〈여이경협서與李景協書 병신丙申〉의 뒷부분이다. 문집본과 문장이 다소 차이 난다.

끝에 가서 옥사가 있었으니, 내가 선견지명이 있었던 것인데, 그렇다면 이를 두고 화심이라고 말하는 것이 옳겠는가?

내 이 편지는 갑진년(1784, 정조8) 2월에 있었고, 을사년(1785, 정조9) 3월 12일에 천주학으로 옥사가 있었다. 그들의 무리가 대놓고 말하기를, 광주廣州 오는 길에 정鄭아무개라는 문관이 내가 이 편지를 썼다는 말을 듣고 진신縉紳들 사이에 전파하였는데, 형조판서가 이 말을 듣고 이 옥사를 만들어냈다고 했다. 나의 권력이, 알지도 못하는 재신宰臣이 길에서 주워들은 내 이야기를 믿어 이 일을 하도록 할 정도란 말인가? 이들 무리들이 함부로 무함하는 말을 하니 어찌 두렵지 않겠는가? 이 일은 서울 밖의 여러 사람조차 몰랐으니, 어찌 괴이하지 아니한가?

渠又曰: "向者與旣明書, 人皆謂之禍心, 豈忍爲此?"余聞答驚駭而答曰: "今番西學, 豈士君子所可學者乎? **[104/51b]** 余有深慮, 有此規警之語, 此豈禍心然乎?"末梢有獄事, 而我有先見之明, 則可謂之禍心, 可乎? 余此書在甲辰二月, 而乙巳三月十二日, 有天學獄. 其類倡言, 廣州中路, 文官鄭姓人, 聞我有此書, 傳布於縉紳間. 秋判聞之, 致成此獄. 我之權力, 能使所不知之宰相, 信我塗聽之說, 而爲此擧乎? 此輩之妄加誣辭, 豈不懼哉? 此事京外諸人亦不知, 豈不怪哉?

그가 말했다.

"사람들이 다들 이야기합니다."

내가 웃으며 말했다.

"내가 모르는 자는 틀림없이 이 말을 하지 않았을 테니, 분명 아주 가까운 사이에서 나왔음을 굳이 듣지 않아도 그런 줄 알 수 있네. 양숙자가 친구에게 독을 먹일 리 있겠는가?"**475**

---

475 양숙자가 친구에게 독을 먹일 리 있겠는가: 양숙자는 진晉나라 장수인 양호羊祜

내가 또 말했다.

"내가 성품이 거침없고 솔직하니, 모든 일이 다 곧은 성품에서 나온 것일세. 그래서 이렇게 뜻밖의 일이 있었네그려."

그가 말했다.

"어르신이 어찌 솔직하실 리가 있습니까?"

그 의도는 아마도 나를 입에는 꿀을 바르고 뱃속에 칼을 품은 소인으로 몰고 싶어서 그렇게 말한 것이었다.

渠曰: "人皆言之." 余笑曰: "吾所不知者, 必無此言, 是必出於切緊之間. 不必聞而知之然, 豈有酖人羊叔子哉?" 余又曰: "余性坦率, 凡事皆出於直性. 故有此意外之事." 渠曰: "丈豈有坦率之理?" 其意盖欲驅我於口蜜腹劍之小人而云然.

내가 웃으며 말했다.

"내가 화심이 있었다면 참으로 남곤南袞이나 심정沈貞 같은 소인의 부류일세. 하지만 우리나라의 일은 오래 전하는 일이 없네. 나는 얼마 안 가 죽을 테니, 죽은 뒤에는 절로 아무 근심이 없을 걸세. 무슨 염려가 있겠는가?"

그가 말했다.

"어르신의 말이 한번 나오면 100년은 전할 수 있습니다."

로, 숙자는 그의 자다. 양호는 오吳나라 장수 육항陸抗과 절친했는데, 각각 적국의 장수로서 국경에서 마주 대하고 있을 때, 육항이 양호에게 술을 보내니 양호는 의심 없이 마셨고, 육항이 병이 들자 양호가 약을 보내니 육항은 "어찌 사람을 독살하는 양숙자이겠는가?" 하며 의심 없이 마셨다는 고사다. 《삼국지三國志》 권58 〈육항전陸抗傳〉)

내가 웃으며 말했다.

"자네들처럼 서로 알고 지내는 사람이 이런데, 누가 나를 존중해서 내 말을 전하겠는가?"

내가 또 말했다.

"이제 자네가 와서 내 집 마당에 이르러서야 가마에서 내리니, 어른을 섬기는 예법이 또한 때에 따라 낮추고 높임이 있는 것인가?"

그러자 입을 다물고 대답하지 않았다. 그는 갈 때도 또한 이처럼 하였다. 내가 그들과 나이가 같은 무리와는 크게 차이가 나서 수십 년 동안 스승의 예로 서로 예우한 사이인데 하루아침에 이처럼 하니, 이것이 천주학의 예법이란 말인가? 그의 편지에는 매번 대인군자니 성덕군자니. 선생이나 장석丈席, 사문師門 같은 말이 들어 있었던 것이 한두 번 정도가 아니었다.

余笑曰:"我有禍心, 果是袞·貞之流也. 然我國事, 無久傳之事. 我且死矣, 死後自當無憂, 何慮之有?"渠曰:"丈言一出, 可傳百年."余笑曰:"相知如君輩, 如此則有誰尊我, 而傳我之言乎?"余又曰:"今君之來, 至我庭而下轎, 事長之禮, 亦有隨時而低仰者乎?"嘿不答. 其去時, 亦如之. 余與渠輩年歲等輩絶然, 數十年師禮相待之間, 而一朝如此, 此是天學之禮耶? 渠之書每有大人君子·成德君子·先生·丈席·師門之語, 非止一再.

권숙겸에게 주는 두 번째 편지 與權叔謙再書(1784년) **476**

첫 번째 편지는 적지 않는다. 이름은 익언益彦이니, 상국 권대운權大運 **477**의 현손이다.

初書不錄. 名益彦, 相國大運之玄孫.

해가 바뀌기 전후로 몇 사람이 문의 관아로부터 와서이기양이 당시 문의현감을 지냈다 그 말을 전하는데, 열에 하나에 지나지 않았고, 서두를 감추고 말하지 않는 것이 많았소. 그가 한 말을 가지고 말하자면, 죄다 폄훼하고 구박하며 조롱하고 업신여겨 허무맹랑하게 날조한 말이었

안정복 서간

소. 하지만 그 죄의 뿌리를 따져보면 기명旣明 권철신의 자가 기명이다 에게 준 편지에 지나지 않았다오. 이 편지를 그대 또한 보았을 게요. 무슨 큰 죄안이라고 이 지경에 이른단 말이오?

[105/52a] 歲前後, 有數人自文衡來基讓時爲文義守, 傳其言, 不過十分之一, 而多有藏頭不發者. 以其所言言之, 莫非貶薄嘲侮, 構虛捏無之語. 而究其罪根, 則不過與明也哲身字旣明書也. 此書公亦見之矣. 有何大罪案, 至於此境耶?

저들은 학술이 상당히 치우치고, 큰 허물을 옳다고 여기며 천고를 우습게 보고 온 세상이 눈에 뵈지 않아, 남들이 자기만 못하다고 말을 하지요. 그래서 내가 만나거나 편지를 주고받을 때마다 허락하지 않는 뜻이 많이 있어 아첨하여 잘 보이려는 태도를 짓지 않았더랬소. 저

---

476 권숙겸에게 주는 두 번째 편지: 이 편지는 《순암집》과 《순암부부고》에도 빠지고 없다. 숙겸은 권익언(1740~1787)의 자다. 본관은 안동, 증조는 남록南麓 권규權珪, 조부는 권서경權敍經, 부친은 권세욱權世頊이다. 《순암집》권20에 그의 죽음을 애도하는 〈제권숙겸문祭權叔謙文〉이 실려 있다. 다만 안정복이 그에게 보낸 두 통의 편지는 나오지 않는다.

477 권대운(1612~1699): 본관은 안동, 자는 시회時會, 호는 석담石潭이다. 조부는 예조판서 권협權悏, 부친은 권근중權謹中, 어머니는 이유혼李幼渾의 딸이다. 1642년 진사, 1649년 문과에 급제해 정언, 지평, 헌납, 이조정랑, 응교, 사간, 승지, 형조참의, 병조참의, 예조참의, 한성부우윤, 형조참판, 개성유수, 평안도관찰사, 대사간, 함경도관찰사, 호조판서를 역임했다. 1670년에는 동지사로 청나라에 다녀왔으며, 형조판서와 의금부판사를 지냈다. 1674년 숙종이 즉위하자 예조판서, 병조판서, 우의정이 되었다. 1680년 경신대출척으로 남인이 실각하자 중추부사로 좌천되었다가 파직당하고 영일에 위리안치되었다. 1689년 기사환국으로 풀려나 영의정에 등용되었다. 1694년 갑술환국으로 관직이 삭탈되고 해남현에 안치되었으나 1699년에 나이가 많다 하여 풀려나 금양衿陽에 살다 죽었다. 이만부李萬敷와 오광운吳光運이 묘지명을, 채제공이 신도비명을 썼다.

들의 행적이 이상한 지는 몇십 년이 되었소. 아마도 쌓인 유감이 있어서 그런 것이지, 하루아침 하룻저녁 사이의 이유 때문이 아닐 것이라오. 모두 가까운 인척간이고, 또 수십 년 동안 스승의 예로 서로 대접해온 사람인데, 갑작스레 천만부당하게 의심하니 굳이 원망할 일도 못 된다 하겠소. 일이 이 같은 지경에 이른 것은 모두 내가 자초하였으니, 누구를 원망하고 누구를 허물하겠소? 비록 내 두 눈을 찔러 알지도 못하는 사람의 죄를 씻고 싶어도 그럴 수가 없구려. 뜻하지 않게 저런 선비가 또 우리 무리에서 나왔으니, '어느 시대인들 어진 이가 없겠는가?'**478**라고 말할 만하오. 이 일은 그대가 알아두지 않으면 안 되겠기에 이렇게 속마음을 털어놓는 것이오.

渠輩學術頗僻, 自用大過, 低視千古, 眼空一世, 謂人莫已若. 故僕每於相逢, 或書尺之間, 多有不許之意, 不爲諛佞之態. 渠輩形迹之異, 幾十年矣. 盖有積憾而然, 非一朝一夕之故也. 皆是切姻之間, 又數十年師禮相待之人, 而猝然以千萬不當疑, 不必怨之. 事至於如此, 莫非滄浪之取耶. 誰怨尤? 雖欲刺我兩目, 以贖不知人之罪, 而不可得也. 不意那士, 又出吾黨, 可謂何代無賢. 此事公不可以不知. 故布此衷曲.

---

478 어느 시대인들 어진 이가 없겠는가: 당나라 태종에게 봉덕이封德彝가 "지금 살펴본 바로는 기이한 재능을 지닌 자가 없습니다(今所見未有奇才異能)"라고 하니, 태종이 "전대의 밝은 임금은 사람을 부리기를 그릇 쓰듯 하였다. 그리하여 다른 시대에서 인재를 빌려오지 않고 모두 당시에서 인재를 취하였다. 어찌 부열을 꿈꾸고 여상을 만나기를 기다린 뒤에야 정치를 할 수 있는 것이겠는가? 어느 시대인들 현사가 없겠는가? 다만 내버려둔 채 모르는 것을 걱정해야 할 것이다(前代明王使人如器. 不借才於異代, 皆取士於當時, 豈得待夢傳說逢呂尙, 然後爲政乎? 且何代無賢? 但患遺而不知耳)"라고 말한 고사가 전한다.《정관정요貞觀政要》권3〈택관擇官〉에 나온다.

벽에 걸어 스스로 경계를 삼다揭壁自警[479]

붉은 마음 화심禍心이라 지목을 하니	赤心目以禍心
내 차마 덕을 바라 이런 말을 했겠는가.	余忍爲此德報
도리어 원망으로 보답을 하니	反以怨報
그대 또한 어질지 아니하도다.	君亦不仁
심판이야 하늘에 달려 있으니	審判有天
모름지기 남 탓은 할 것이 없네.	不須他咎
해명할 말은 다름 아니라	分疏無他
다만 스스로를 닦아보세나.	但當自修

재상 채제공께 드림與蔡台濟恭(1786년 6월)[480]

상사上舍 홍석주洪錫疇[481]가 와서 헌기軒記를 찾아가라는 말씀을 전하더군요. '불쇠不衰'라는 두 글자를 대감께서 어디서 듣고 아셨습니까? 이것은 과연 성상의 은총과 포장褒獎에서 나온 것입니다. 자상子尙 정지검鄭志儉[482] 대감과 조성주曹星州[483]는 편액을 써서 보내

---

479 벽에 걸어 스스로 경계를 삼다: 이 글은 문집에는 빠졌고,《순암부부고》하권 11책 123쪽에 실려 있다.

480 재상 채제공께 드림:《순암집》에 실린 〈여번암서與樊巖書 병오丙午〉를 간추린 내용이나, 중간중간 표현이 달라, 원본을 보고 옮겨적은 것임을 알 수 있다.

481 홍석주(1757~1813): 본관은 부계缶溪, 자는 계도繼道, 호는 방와方窩다. 홍여하洪汝河의 현손으로, 부친은 소헌蘇軒 홍우길洪羽吉이다. 1780년 생원시에 합격했으며, 함창에 거주했다.《기주발휘箕疇發揮》,《용학전의庸學傳疑》,《성학전수도聖學傳受圖》등의 저술을 남겼다.

482 정지검(1737~1784): 본관은 동래, 자가 자상, 호는 철재澈齋다. 영의정 정광필鄭光弼의 후손이며, 부친은 정석범鄭錫範이다. 1771년 생원, 1776년 문과에 급제하고 정언, 의주부윤, 대사헌, 규장각직제학, 대사성, 부빈객副賓客, 강화부유수,

주기까지 하였습니다. 이처럼 더 이상 남김없이 노쇠하고 잔약해진 몸이니, 성상의 유시가 이와 같았지만, 끝내 사실은 아닙니다. 문득 생각해보니 지금 말할 만한 것이 있더군요. 지금 스스로 힘쓸 점은 뜻과 기운뿐인데도 뜻과 기운 또한 쇠하게 마련이니, 이것이야 장차 어찌하겠습니까?

[106/52b] 洪上舍錫疇來, 傳軒記推去之論. 不衰二字, 台監何以聞知耶? 此果出於聖上之寵褒. 鄭台子尙及曹星州書扁額而送之. 顧此衰癃孱質, 更無餘地, 而聖諭如此, 終非實事. 旋念今有可言者. 今之所自勵者, 唯在志氣. 而志氣亦衰, 此將奈何?

근래 평소 재기才氣를 자부하던 우리 무리의 젊은이들이 대부분 새로운 학문으로 귀화합니다. 진리가 여기에 있다고 여겨 휩쓸리듯 따르니, 어찌 한심하지 않겠습니까? 그 자빠지고 엎어질 듯 빠져드는 모양을 차마 눈 뜨고 보지 못하겠기에, 아주 가깝게 지내는 사람에게 경계하는 말을 지어 대략 보여주었습니다. 이는 진심에서 나온 말인데 도리어 화심이라고 지목하여, 감히 절교 못할 사이인데도 감히 절교

부제학, 이조참판 등을 역임했다.

483 조성주: 성주목사를 지낸 조윤형曺允亨(1725~1799)으로 추정된다. 1782년에 성주목사에 제수되어, 1783년 조장진趙長鎭으로 갈렸다. 본관은 창녕, 자는 치행穉行, 호는 송하松下다. 부친은 조명교曺命敎이며, 자하紫霞 신위申緯의 장인이다. 문음門蔭과 학행學行으로 천거되어 선공감주부, 상의원주부, 장악원주부, 선공감부정, 부호군, 호조참의, 도총부부총관, 동지중추부, 의금부부사, 돈녕부부사, 병조참판, 호조참판 등과 외직으로 보은·금천·임피·청도·가평·성주 등 3현, 2군, 1목의 수령을 역임했다. 그림과 글씨에 능했는데, 글씨는 초서와 예서를 잘 썼다.

하는 자가 있기에 이르렀으니, 용감하기는 하지만 또한 한세상의 변고입니다. 원래부터 우리 남인은 박복해서 한집안의 싸움이 이에 이르렀으니, 이처럼 당론이 횡행하는 때를 맞이하여 곁에서 지켜보다가 돌을 던질 자가 없을 줄 어찌 장담하겠습니까? 그 형세는 반드시 망하고 말 것입니다.

近來吾黨小子之平日以才氣自許者, 多歸新學, 謂以眞道在是, 靡然從之, 寧不寒心? 不忍目睹其顚倒陷溺之狀, 屢示規箴於切緊之間. 是出於赤心, 反以禍心目之, 至有不敢絶而敢絶者, 勇則勇矣, 亦一世變. 原來午人福薄, 同室之鬪至此, 當此黨議橫流之時, 安知無傍伺而下石者乎? 其勢必亡而後已.

지금은 내버려두고 벼룻갑 표면에 '마도견磨兜堅'이란 세 글자[484]를 써서 스스로를 경계할 뿐입니다. 이제부터 이후로 남인은 한 사람의 유자도 없을 것입니다. 어찌 통탄스럽지 않겠습니까? 지난번 성도聖道 오석리吳錫履[485]의 말을 들으니, 대감의 기문 중에 천주학을 배척하는 말이 있는데, 젊은 친구들이 지목할까 염려해서 가볍게 내보이려 하지 않으신다던데, 과연 그렇습니까? 아! 이것이 무슨 말입니까? 우리 두 사람이 이를 배척하지 않고, 그 누가 이를 한단 말입니까? 어른이 되어서 통렬하게 배척하여 금하며 나무라야지, 어찌 굳이 눈치보며 두려움에 굴복하는 태도를 한단 말입니까? 어찌 모진 풍상風

---

484 '마도견'이란 세 글자: 말을 조심하라는 뜻이다. 주나라 때 사당에 금인상金人像을 세워두었는데, '말을 조심하는 사람(愼言人)'이라고 새겨져 있었다고 한다.

485 오석리(1730~1800): 본관은 동복, 자가 성도다. 부친은 오규운吳奎運(후에 심운心運으로 개명)이다. 오석리의 딸이 안정복의 손자 안철중安喆重과 결혼했다. 작은아버지 오기운吳箕運의 아들이 오석충吳錫忠이다. 1765년 진사시에 합격했다.

霜을 겪은 뒤에 또 하나의 적이라도 생길까 염려하여 그런 것이 아니 겠습니까? 절대 그렇지 않습니다. 절대 그렇지 않습니다.

今則任之, 而硯匣面書磨兜堅三字, 以自警耳. 從此以後, 午人無一箇儒者, 豈不痛恨? 向聞吳聖道言, 台監以記中有斥天學之語, 恐爲少輩之所指目, 而 不輕出示, 果然否. 噫! 是何言也? 非吾二人斥之, 而有誰爲之耶? 爲長者當痛 斥而禁呵之, 何必爲顧瞻畏屈之態耶? 豈非風霜震剝之餘, 恐生一敵而然耶? 大無是也, 大無是也.

간옹 이헌경에게 답하다 答艮翁 **486**

간옹은 판윤 이헌경李獻慶 **487**의 호다. 자는 몽서인데, 문장으로 세상에 이름이 났다.

[107/53a] 李判尹獻慶號也, 字夢瑞, 以文章鳴世.

"〈천학문답〉을 보내주어 단정하게 앉아 반복해서 읽어보니 말이 엄격하고 뜻이 바르며 문장이 간결합니다"라고 하시니, 감사하기 짝이 없습니다. 저들은 '그 묘처를 모른다'라고 말하지만, 그 묘처가 무슨 일을 가리키는 것이겠습니까? 천당과 지옥, 현세와 후세에 불과할 뿐입니다. 우리 성인께서는 괴력난신怪力亂神을 말하지 않으셨으니,

---

486　간옹 이헌경에게 답하다:《순암집》권5에 수록된 〈간옹 이참판 몽서 헌경에게 답하는 편지[答艮翁李參判夢瑞獻慶書] 기유己酉〉를 간추렸다. 뒷부분은 잘려나갔다. 중간중간 문집과 다른 표현이 있고, 마지막 문장은 다른 글로 대체되었다.

487　이헌경(1719~1791): 본관은 전주, 초명은 성경星慶, 자는 몽서夢瑞, 호가 간옹艮翁 또는 백운정白雲亭 또는 현포玄圃다. 부친은 이제화李齊華다. 1743년 문과에 급제해 정언, 사서, 지평, 사간원사간, 사헌부집의, 홍문관수찬, 교리, 동부승지, 북청부사, 삼척부사, 회양부사, 형조참의, 대사간, 호조참판, 예조참판, 한성부 판윤 등을 역임하고 기로소耆老所에 들었다.《천학문답》을 지어 천주학을 비판 했다.

어찌 이 같은 이야기가 있었겠습니까? 우리 유자의 학문은 광명정대해서 현세에서 해야 할 일을 할 뿐이었지, 어찌 황홀하고 느닷없는 말을 해서 어리석은 속인들의 이목을 덮어 가린 적이 있었습니까?

俯示天學問答, 莊玩重複, 辭嚴義正, 文章簡潔, 不任欽賞. 彼所謂不知其妙處者, 妙處指何事? 不過堂獄現世後世而已. 吾聖人不語怪神, 何嘗有此等說話? 而吾儒之學, 光明正大, 當於現世, 爲所當爲而已. 曷嘗爲惝怳倏忽之言, 塗蔽愚俗乎?

대저 기수氣數의 흐름이 이미 오회午會를 지났으니,**488** 하늘과 땅 사이에 음기가 점차 성해져서, 별종의 이단이 우리 도를 해치는 것이야 본디 그러한 법입니다. 애석한 점은, 재주와 학문이 총명하여 장래를 짊어지고 메고 가야 할 희망이 있는 자들이 거의 그 속에 빠져들어 현혹되어 깨닫지 못하는 상태가 굳어져 몽매함을 타파할 수 없는 것입니다. 우리 선생님께서도 또한 말씀하신 적이 있다고 하면서, 사문師門을 속이기에 이르렀으니, 어찌 한심하지 않겠습니까? 이 어찌 정이천程伊川이 승려 영원靈源에게 배우고, 한퇴지韓退之가 승려 태전太顚의 말을 스승으로 삼았다는 말과 다르겠습니까?**489** 이제 굳이

---

488 기수의 흐름이 이미 오회를 지났으니: 송나라 때 소옹이 수리로 천지 순환의 단위를 추정한 원회운세元會運世에서 12회會인 129,600년의 한가운데 위치해 양의 기운이 왕성하면서도 일음一陰이 처음 생겨 양이 쇠퇴하기 시작하는 기간을 가리킨다.

489 정이천이 승려 …… 다르겠습니까: 영원은 송나라 때 승려로 정이程頤가 그에게 배웠다는 말이 있었다. 《주자어류朱子語類》권126에 "영원이 반자진潘子眞에게 보낸 편지를 지금 사람들은 모두 이천에게 보낸 편지로 보아 이천의 학문이 영원에게서 나왔다고들 한다"고 이를 부정했다. 태전은 당나라 때 한유韓愈가

이들과 시끄럽게 쟁변할 것 없이 잠시 도외시하고서, 구양수歐陽修가 '근본을 닦아서 이겨내야 한다'[490]라고 한 말이 최선이겠습니다.

大抵氣數流行, 已過午會, 天壤之間, 陰氣漸盛. 別種異端之賊吾道, 固其然矣. 所可惜者, 聰明才學, 有擔負之望者, 率入其中, 迷而不悟, 牢不可破. 至以爲吾先生亦嘗云爾, 誣及師門, 豈不寒心? 是何異於伊川學於靈源, 退之師太顚之語乎? 今不必與之呶呶爭辨, 姑置之度外, 莫若歐公所謂脩其本, 而勝之.

하지만 한강 이북의 우리 무리 일환으로는 저들을 이길 수는 없으니 이것이 한탄스럽습니다. 주신 글에서 '이른바 이 학문에 숭상하는 자들은 도의를 해칠 뿐 아니라, 수명에 전념하는 도리도 아니다'라고 하셨던데, 이 뜻이 진실로 그러합니다. 언제나 아득히 텅 빈 땅에 마음을 쏟아 우리 유가의 조존操存 공부와는 같지 않으니, 넋이 집을 지키지 못하는데 수명이 장구할 수 있다고 말할 수 있겠습니까?[491] 또한 이 학문에 힘쓰다가 젊은 나이에 갑자기 세상을 뜬 사람도 한두 명 있으니, 형의 말에 부합합니다. 제가 과연 이 학문을 배척한 글이 있습니다만, 남의 비방만 샀지 효과는 하나도 없어 금세 혼자 후회하였습니다. 나중에 쓴 정본은 영남의 유생이 빌려갔고, 초본만 여기에 있습니

조주자사潮州刺史로 좌천되어 갔을 때 그곳에서 교유한 승려다.

490 근본을 닦아서 이겨내야 한다: 송나라 때 구양수가 불교의 폐단을 극복하는 방법을 쓴 〈본론本論 중中〉에 나오는 표현이다.

491 넋이 집을 …… 있겠습니까: 삼국시대 관로管輅가 하안何晏이 패망한 이유를 설명하면서, "하안의 문후를 살펴보면, 혼이 집을 지키지 못하고, 혈색은 빛나지 않으며, 정신은 들떠 있고, 용모는 고목과 같으니, 이는 귀유鬼幽이다. 이 두 가지는 모두 오래 복을 누릴 관상이 아니다"라고 한 데서 끌어온 말이다. 《자치통감》 권75에 보인다.

다. 그러므로 이번에 보내드리니, 그 대강을 알 수 있을 겝니다. 이번에 온 당신의 글은 제 초고와 함께 한 권의 책으로 묶어 보관하겠습니다.

然漢北吾儕一環,**492** 無可以勝彼者, 是可歎也. 盛論所謂右此學者, 非但冒道賊義, 又非一意壽命之道, 此意誠然. 常常注心於蕩蕩虛空之地, 與吾儒操存之工不同, 可謂魂不守宅, 而壽命能久 **[108/53b]** 乎? 亦有一二人力行此學, 而玅年奄忽, 兄言符矣. 弟果有斥此學之文字. 徒取人言, 而無其效, 旋自悔恨. 後來正本, 嶺儒借去, 初本在此. 故玆以奉呈, 可知其槩矣. 盛撰當此, 與鄙草同付一冊, 以爲藏弄之地.

간옹 이헌경을 애도한 시**493**에 말했다 挽艮翁詩曰

하루아침 갑자기 신선 준마 멀어지매	一朝倐忽仙駿遠
죽지 못한 외론 신세 눈물만 쓰리구나.	不死踽涼淚眼辛
이단이 떠들썩해 이제 점차 치성하니	異教喧豗今漸熾
정론으로 물리칠 이 다시금 누구이리?	正論闢廓更誰人
쓸쓸타, 나만 홀로 벙어리가 되었는데	寥寥獨我成喑嘿
수많은 어진 이들 참된 도라 말하누나.	濟濟羣賢說道眞
어이 생각했으리, 삼한 땅 군자국이	豈意三韓君子國
갑자기 서쪽 천축天竺 백성으로 변할 줄을.	居然化作竺西民

---

492 環: 원문은 '還'인데, 오자로 보아 바로잡았다.

493 간옹 이헌경을 애도한 시: 《순암집》 권1에 수록된 〈간옹 이판윤 헌경의 죽음을 애도함〔挽艮翁李判尹獻慶〕신해辛亥〉 2수 중 제2수를 옮겼다. 문집과는 몇 글자가 다르다.

이휴길에게 답하다 答李休吉 **494**

휴길은 이기경의 자이니, 서학을 공격한 것으로 이름난 사람이다. 벼슬은 교리다.

李基慶字, 以攻西學名者也. 官校理.

대저 지금 세상은 학술이 둘로 갈라졌습니다. 옛사람은 불교와 노자의 폐해가 양주楊朱와 묵적墨翟보다 심하다고 했지요. 지금은 천주학의 해로움이 불교와 노자보다 심하고, 속된 학문의 폐해가 천주학보다 더 심합니다.

大抵今世學術岐貳. 古人云, 佛老之害, 甚於楊墨. 今則天學之害, 甚於佛老, 俗學之害, 甚於天學.

---

494 이휴길에게 답하다: 이 편지는 《순암집》과 《순암부부고》에 보이지 않는다.

아들 강준흠을 향한 비방에 대해 해명하는 글[495]

家兒浚欽卞謗錄

강세정 지음

아들 강준흠은 대단히 어질고 착하지만 종합하여 밝히는 것은 부족하다. 너무 지나치게 더뎌 과감함이 부족하다. 사무에 있어서는 느슨하고 덤벙대고, 세상 물정은 생경하고 소원하다. 말수는 적고 어눌해서 능히 옳고 그름을 따져 분별할 수가 없고, 기운과 힘이 부족하고 졸렬하여 계획을 모의함을 펼쳐 베풀지 못한다. 평소에는 그저 책상 앞에 앉아 책만 보면서 밤낮 애를 쓰며 조금도 게을리하지 않는다. 나이가 쉰인데 일 처리를 할 줄도 모르고, 돈이나 곡식도 몰랐다.

兒子浚欽, 良善有餘, 而綜明不足. 遲緩太過, 而剛果不足. 事務則弛泛, 物

---

495 아들 강준흠을 향한 비방에 대해 해명하는 글: 이 글은 연세대학교 학술문화처 도서관 홍이섭문고에 소장된 강세정의 필사본 문집 《송담유고松潭遺稿》제3책, 장8b에서 장17a까지에 실려 있다. 아들 강준흠이 척사의 입장으로 인해 반채 제공 전선의 선봉으로 오해받는 것을 해명하기 위해서 쓴 글이다.

情則生疎. 言辭寡訥, 不能卞柝是非. 氣力短拙, 不能設施謀畫. 平居惟對案看讀, 日夕孶孶, 未嘗少懈. 行年五十, 不知幹蠱, 不識錢穀.

겸손하고 공손한 것은 그의 천성이고, 조용하고 문아文雅한 것은 그의 본색이다. 정성스럽고 두텁지 않은 것은 아니나, 남을 대할 때 덤덤하여 갑작스레 기쁨이나 노여움을 드러내지 않는다. 하지만 사물을 포용함은 도량이 있다. 사람을 상하게 하거나 사물을 해치는 일에 생각이 미치지 않고, 잡스럽게 시시덕거리는 일은 성품상 할 수가 없다. 재간이 적다 보니 통변通變할 줄 모르고, 고집과 집착이 심한지라 툭 트여 시원스러운 점이 아예 없다. 이것이 평생의 장점과 단점이다. 옛말에 '자식을 아는 것은 아비만 한 이가 없다'고 했다. 아비가 어찌 알지도 못하면서 이런 말을 하겠는가?

謙恭乃其天性, 恬雅卽其本色. 非不欵厚, 而待人無味, 不遽喜怒, 而容物有量. 傷人害物, 念不到, 浮雜喜事, 性不能. 才氣少而不識通變, 執滯甚而全欠疎朗. 此是平生長短也. 古語曰: '知子莫如父.' 父豈不知而爲此言乎?

사학을 배척하는 한 가지 일에 이르러서는, 약관으로 가죽띠에 베옷을 입고 있을 때부터 몸과 마음을 다해 원수처럼 미워하였다. 대개 전부터 알고 지내던 사람 중, 대대로 벼슬한 이름난 집안의 10여 명 가운데 조금 명망이 있는 자들이 갑자기 빠져들어 사학에만 매진하면서, 이것이야말로 참되고 바른 학문이라 말하며 후생들을 현혹하였다. 거짓말로 오도誤導하는 일이 점점 더 심해지자, 총명하고 재주와 지혜를 지닌 인사들이 휩쓸리듯 그림자처럼 따랐다. 이승훈과 정약용은 성균관에서 공부한다는 핑계로 반인泮人 김석태의 집에서 사학을 익히다가, 이기경에게 증거를 잡히게 되자 그날로 놀라서 달아났다.

至於斥邪一款, 自在弱冠韋布時, 苦心血誠, 疾之如仇. 蓋其知舊中, 故家名族十餘人, 稍有聲望者, 忽然陷溺, 專治邪學. 謂以此其眞正學問, 誑誘後生. 訛誤轉甚. 聰明才智之士, 靡然影從. 李承薰·丁若鏞, 稱以居齋, 習邪於金石太沜人家, 爲李基慶所執贓, 卽日驚走.

이벽이석의 둘째 형이다은 여러 사람을 창도해 이끌어, 그가 그들의 우두머리가 되어, 김범우중인 중 사학 하는 무리이다 의 집에서 설법하다가 형조판서김화진에게 붙잡히게 되었다. 사족土族에 속한 여러 사람은 불문에 부치고, 단지 김범우만 귀양을 보냈다. 권일신고故 참판 권흠權歆 **496**의 후손이다 등 5인이윤하와 이총억이 함께 형조의 마당에 섰다이 추조의 뜨락에서서, 예수의 요망한 화상을 돌려줄 것을 청하였다. 형조판서가 밝게 깨우치고 엄하게 꾸짖어 돌려보냈다. 전후로 저지른 죄가 공사의 참 증거로 남김없이 탄로나서 열 사람의 손가락이 모두 이들을 가리키니, 그 누구를 속이겠는가?

李蘗 李晳之仲兄, 倡率諸人, 渠作渠帥, 說法於金範 **[19/9a]** 禹中人中邪徒 之家, 見捉於秋判金華鎭. 士族諸人勿問, 只範禹定配. 權日身故參判權歆之孫 等五人李潤夏·李寵億, 同爲立庭, 立庭於秋曹, 請推邪穌妖像. 秋判曉諭, 峻責退送. 前後所犯, 公私眞贓, 綻露無餘, 十手皆指, 其誰欺乎?

그러고 나서 윤지충고산 윤선도의 후손이다 과 권상연탄옹 권시의 후손이

---

496 권흠(1644~1695): 본관은 안동, 자는 자형子馨, 호는 학산鶴山이다. 조부는 권 척權惕, 부친은 권적權蹟이다. 권적의 생부는 지봉 이수광의 사위 권경이다. 아들 권돈權敦, 손자 권암權巖이 있다. 1675년 생원, 1678년 문과에 급제해 정언, 부교리, 이조좌랑, 대사간, 대사성, 이조참의, 승지, 함경감사 등을 역임했다.

—————— **333**

다이 사당의 위패를 불에 태워 훼손하는 변고가 일어나 온 나라가 시끄러웠다. 성영우 군이 와서 이렇게 말했다.

"사학은 이전에는 없던 큰 변고인데, 불행하게도 우리 무리 가운데서 나왔습니다. 만약 먼저 통문을 보내 통렬하게 배척하지 않을 경우, 이렇듯 당론이 서로 다르게 갈라져 있는 때 죄과에 빠져들게 되는 근심이 있을까 걱정입니다."

날짜를 약속해서 통문을 내고, 최조崔照의 집에서 일제히 모이면서, 우리집 아이와 함께 가려고 하였다. 그래서 내가 말했다.

"우리 집안에는 선대의 가르침이 있어서, 근 100년간 사론士論에는 참여하지 않았지만, 사학을 배척하는 것은 정론正論일세. 유자儒者의 관을 쓰고 유자의 복장을 한 자라면 어찌 참여하지 않을 수 있겠는가?"

그래서 아들에게 같이 가게끔 하였다.

旣而尹持忠尹孤山後孫·權尙然炭翁後孫, 燒毀祠版之變出, 京鄕波蕩. 成君永愚來語曰:"邪學前古所無之大變, 不幸出於吾儕之中. 若不先發痛斥, 則當此黨論歧異之時, 恐有胥溺之患."約日發文, 齊會於崔照家, 欲與家兒同往. 故余曰:"吾家有先訓, 近百年不參士論. 而至於斥邪, 正論也. 冠儒服儒者, 豈可不參乎?"使之同往矣.

공분에 격동되어 중론이 들끓자, 앞서 홍희운은 대책을 통해 서양학이 아비도 없고 임금도 없음을 깊이 배척하였다. 이때 또 채제공에게 글을 올려 사학을 배척해야 하는 뜻을 통렬하게 진술하여 온 세상이 베껴 전하자 그 주장이 크게 일어났다. 이승훈참판 이동욱의 아들이다과 홍낙민모당慕堂 홍이상洪履祥[497]의 후손이다이 가장 교활하고 약삭빨라서, 협잡으로 화를 일으키려는 마음이라는 명목을 만들어내 목인규와 성영우, 강준흠에게 원망을 귀결시켰다. 아무것도 모르는 목조원을 사주해서 이원규에게 편지를 보내 이야깃거리로 삼게끔 하였다. 또 사학을 공격하는 사람들이 노론의 지휘를 받아 일제히 채제공을 해치고 10여 명의 대가를 도륙하려 한다면서 속임수를 펴 두려움에 떨게 하는 등 못하는 짓이 없었다.

公憤所激, 衆論崢嶸, 前時洪羲運因對策, 深斥洋學之無父無君. 至是又上書于蔡相, 痛陳斥邪之義, 一世傳謄, 辭說繁興. 李承薰參判東郁子·洪樂敏慕堂後孫, 最爲巧黠, 刱出狹雜禍心之目, 歸怨於睦仁圭·成永愚·姜浚欽. 嗾出沒覺之睦祖源, 抵書于李遠揆, 以爲口實. 又以攻邪之 [20/9b] 人, 受老論指揮, 一以戕害蔡相, 一以屠戮十餘大家, 譸張恐動, 無所不至.

이에 사학을 편드는 자들이 어지러이 한꺼번에 일어나 서로 화답하며 거짓말을 지어내 비방을 만들어냈다. 모사에 능한 자는 교묘하게 피하였고, 강한 주장을 펼친 사람은 두려워 위축되어, 이들로 하여금 입을 열어 사학을 배척할 수 없게 만드니, 그 기염이 또한 두려워할 만하였다.

於是右邪者, 紛然幷起, 雄唱雌和, 興訛造訕. 工謀者巧避, 峻論者畏縮, 使不得開口斥邪, 其氣焰, 呀亦可怕也.

채제공은 남인 내부의 영수이면서 대가들과도 잘 알고 지내는 사

---

497 홍이상(1549~1615): 본관은 풍산, 초명은 인상麟祥, 자는 군서君瑞 또는 원례元禮, 호가 모당이다. 부친은 홍수洪修이며, 혜경궁 홍씨의 7대조이기도 하다. 1579년 문과에 장원으로 급제해 직제학, 동부승지, 이조참의, 예조참의, 병조참의, 대사간, 좌승지, 경상도관찰사, 청주목사, 대사헌 등을 역임했다.

이였다. 애당초 사학을 배척하는 사람들에게 은원恩怨 관계가 조금도 없었으니, 무슨 고충으로 채제공을 해치고 도륙할 계획을 세웠겠는가? 사람의 정리로 따져보더라도 참으로 이치를 벗어난 일이다. 채제공은 의심하지 않았지만, 사학 하는 무리는 수가 많은 데다 강하고, 배척하는 쪽은 수가 적은 데다 힘이 약했으니, 때에 따라 형세를 살피던 자들이 한쪽 편을 심하게 들어, 시비가 뒤집어지는 경우는 본디 그러한 법이다.

蔡相是自中領袖, 大家知舊也. 初無毫分恩怨於斥邪諸人, 則何苦爲戕害屠戮之計耶? 揆以人情, 萬萬理外. 蔡相則不以爲疑, 而邪徒則衆且强, 斥邊則寡且弱. 趨時覘勢者, 扶抑太偏, 是非顚倒, 固其然矣.

게다가 사학 하는 무리들 스스로도 그 죄를 알아, 채제공이 돌봐주는 힘이 없고는 기댈 곳을 잃고 쫓겨날까 염려하여, 날마다 가서 곁에서 살피며 모셨다. 채제공 또한 사적으로 안면 있는 사이라는 점에 얽매여 중망衆望을 저버리게 될까 염려하였다. 간혹 진짜로 정의情誼가 있는 자도 있었고, 혹 모호하게 수응하는 자도 있었는데, 이것을 가지고 사학을 비호해주었다고 말하는 것은 옳지 않다. 하지만 속됨을 면할 수 없었던 점은 분명히 있었다.

且邪徒自知其罪, 若無蔡相顧藉之力, 則恐失依歸之所逐, 日往候左右侍傍. 蔡亦拘於顔私, 恐負衆望. 或有眞箇有情者, 或有依違酬接者. 以此謂之護邪, 則非矣. 不能免俗, 則誠有之矣.

우리집 아이 같은 경우는 소년 문학으로서 집안이 깨끗했으므로 마음으로 정성껏 아껴주셨다. 이따금 가서 절을 올리면 그릇으로 기대하는 뜻이 말과 낯빛에 드러났다. 아이 역시 향모하는 정성이 보통 사람에게 하는 정도가 아니었지만, 가법이 권문權門을 싫어하여 피하였기 때문에, 그저 인사나 하였을 뿐이었다. 하지만 교분은 끝까지 쇠퇴하지 않았다. 사학 하는 무리가 반드시 홍희운과 이기경에게 붙이려고 하여 절로 소외된 것이지, 별달리 뚜렷하게 틈이 벌어진 것은 없었다.

至若家兒, 則以少年文學, 家世淸明, 故心誠愛之, 有時往拜, 器待之意, 發於辭色. 兒亦嚮慕之忱, 不啻尋常, 而特以家法厭避權門. 故只修人事, 而交分終始不替矣. 邪徒必欲附麗洪 · 李, [21/10a] 自然疎外, 別無釁隙之顯著矣.

신유년(1801, 순조1) 봄에 사학 하는 무리가 스스로 하늘의 주벌誅伐을 건드려 옥사가 크게 일어나, 여러 사적邪賊이 사형을 당하였다. 대간의 논의가 매섭게 일어나 채제공을 사학의 우두머리로 여겨 관작을 추탈하기에 이르렀다. 이는 조정의 처분에서 나온 것이었지, 홍희운과 이기경이 간여한 바는 아니었다. 내 아들은 홍희운과 이기경이 사학을 공격하는 논의에는 함께 따랐어도, 채제공을 공격하는 논의와는 멀리 떨어져 있었다. 이 점은 채제공 쪽 사람들도 아주 잘 알고 있는 내용이다.

辛酉春, 邪徒自干天誅, 獄事大起, 諸賊就戮. 臺論峻發, 以蔡相爲邪魁, 至於追奪. 此則出於朝家之處分, 非洪 · 李之所干也. 兒則與洪 · 李攻邪之論隨同, 而攻蔡之論迴殊. 此則蔡邊人知之稔矣.

사학 하는 종자 1인이 몹시 심하게 사달을 냈음에도 스스로 반성할 생각은 않고 사학을 배척한 몇 사람에게 기필코 앙갚음을 하려고 하였다. 먼저 이남규李南圭**498**를 사주하여 이기경을 참혹하게 공격했고, 두 번째로는 권홍을 사주해서 홍희운을 또 공박하였다. 세 번째로 이만영李萬榮⁴⁹⁹을 사주해서 또 우리집 아이를 공격하였다.⁵⁰⁰ 그 말이 "이자 또한 채제공을 공격했으므로 어쩔 수 없어서 그렇게 했다"고 하였다.

邪孽一人, 釁累甚重, 不思自反, 必欲甘心於斥邪數人. 先嗾李南圭, 慘駁李基慶, 再嗾權伈, 又駁洪義運, 三嗾李萬榮, 又駁家兒. 其言曰: "此亦攻蔡, 故不得不然." 云.

우리집 아이는 애초에 채제공을 공격한 행적이 없으니 터무니없는 헛소리라고 할 수 있다.⁵⁰¹ 다만 홍희운과 이기경으로 말하자면, 정언

---

498 이남규(1765~1837): 본관은 전주, 부친은 이일회李日會다. 충주에 거주했다. 1794년 문과에 급제해 사변가주서, 숭릉별검, 전적, 예조좌랑, 예조정랑, 지평, 장령, 헌납, 사간, 동부승지 등을 역임했다. 지평 벼슬에 있던 1806년 4월 27일자 《순조실록》에 신귀조와 이기경을 저격한 상소문이 나오고, 1806년 8월 20일에 올린 상소에서도 이기경과 신귀조를 귀양 보낼 것을 말한 내용이 보인다. 《눌암기략》에서는 채제공의 외가 쪽 당질인 이주명李柱溟이 음죽현감 재임 시 사주했다고 언급했다.

499 이만영(1736~1809): 본관은 전주, 자는 중안仲安이다. 부친은 이순형李純馨이다. 이수영李守榮에게서 이주록李周祿을 양자로 들였다. 이주록은 무명자無名子 윤기尹愭의 셋째딸과 결혼했다. 또 서자 이주봉李周鳳은 이기양의 딸과 결혼했다. 1777년 문과에 합격해 집의, 사간 등을 역임했다.

500 두 번째로는 권홍을 …… 공격하였: 권홍의 상소는 1806년 7월 12일에 있었고, 1807년 1월 19일 사간 이만영이 상소를 올려 역적 권유에 대해 전계를 정지한 일로 귀양 간 현중조와 정언인을 풀어주라는 명에 대해 복역覆逆치 않은 교리 강준흠을 처벌할 것을 요청한 일이 있다.

501 터무니없는 헛소리라고 할 수 있다: 원문 '毛將焉傅'는 《춘추좌씨전》에 "가죽이 남아 있지 않은데, 털이 장차 어찌 붙겠는가〔皮之不存, 毛將安傅〕"라고 한 데서 나온 말이다. 터무니없다는 의미로 썼다.

인鄭彦仁**502**이 채제공을 탄핵한 글**503**과 이은유李殷儒**504**와 한석민韓錫敏**505**이 출향黜享해야 한다고 한 통문을 홍희운과 이기경이 어찌 모를 수 있겠는가? 이전에 소원해져서 관계를 끊었던 저편 사람들도 죄다 한통속이 되어 허물없이 왕래하며 채제공을 공격한 것을 죄로 여긴 적이 없었다. 그것이 길게는 6~7년이나 되자 영남 사람마저 함께 바람에 쏠리듯 휩쓸리니, 내가 대신 부끄러울 지경이다.

吾兒則初無攻蔡之跡, 可謂毛將焉傳. 但**506**以洪 · 李言之, 鄭彦仁彈蔡之章, 李殷儒 · 韓錫敏黜享之通, 豈洪 · 李之所不知? 彼邊人前之疎絶者, 莫不附合, 過從無間, 未嘗以攻蔡爲罪. 至於六七年之久, 並與嶺人, 而從風而靡, 令人代羞.

병인년(1806, 순조6)에 정순왕후께서 돌아가시자, 노론 벽파는 홍희운과 이기경을 멀리 내쳤다. 이때 삼사三司를 출입하던 사람들이 엉뚱

---

502 정언인(1753~1820): 본관은 동래, 자는 관지寬之, 호는 낙산樂山이다. 조부는 정이주鄭履周다. 부친은 정대서鄭大瑞이며, 모친은 이발李渤의 딸이다. 처부는 강우흠姜禹欽과 이후진李厚鎭이다. 1789년 문과에 급제하고, 의정부사록, 정언, 고산찰방, 지평, 장령 등을 역임했다. 1804년에는 권유 등에 대한 기록을 누락했다는 이유로 전라도 흥양현으로 유배되었다. 1805년에 사면을 받아 유배지에서 풀려났다.

503 정언인이 채제공을 탄핵한 글: 지평 정언인이 1803년 1월 17일에 상소해 채제공을 극렬하게 탄핵하고, 그를 추존코자 한 심달한을 유배하라는 청원을 올렸다.

504 이은유(1758~1820): 본관은 연안, 자는 중호仲皓다. 박천博泉 이옥李沃의 현손이며, 부친은 이경연李絅延이다. 1795년 진사시에 급제했다.

505 한석민(1748~?): 본관은 청주이고, 자는 이정而政이다. 부친은 한덕기韓德箕다. 1783년 생원시에 합격했다.

506 但: 원문은 '且'이나 문맥에 맞춰 수정했다.

하게 소외되어 배척되었다. 한쪽 사람들이 다시 일어나 날뛰면서, 은연중에 마치 채제공을 위하는 듯 명분을 세워 홍희운과 이기경을 공격하였는데, 신유년(1801, 순조1) 이전보다도 더 심하였다. 그 남은 여파가 우리집 아이에게 뒤섞여 닥치자, 물리쳐 배척하느라 여력이 없었다. 그 심보를 살펴보면, 채제공을 공격하기 위해서가 아니라, 실은 오로지 사학을 공격하는 사람을 배척하려는 것이었다. 그렇지 않다면 어찌 앞에서는 붙좇지 못할까 걱정하고, 뒤에서는 끊지 못할까 염려하겠는가? 그사이에 홍희운이 갑자기 죽고, 이기경은 귀양 가서 폐출되니, 오직 우리집 아이만 조정의 자리에 발붙이게 되었다. 그래서 또 밀쳐서 죄과에 빠뜨리려고 미치광이인 정홍경鄭鴻慶**507**에게 공격하여 기필코 죽이고 말도록 사주하였다. 미워함이 이다지도 심하니, 아! 또한 잔인하다 하겠다.

及丙寅, 貞順聖母禮陟, 僻派老論, 屛逐洪·李. 以伊時, 出入三司之人, 橫被疎斥. 一邊人更起跳踉, 隱然若爲蔡樹立攻洪·李, 反甚於辛酉以前. 餘波混及於吾兒, 擯斥之不遺餘力. 究其 **[22/10b]** 心跡, 則非爲攻蔡也, 其實專斥攻邪人也. 不然, 豈於前則惟恐不附, 於後則惟恐不絶乎? 其間洪義運奄忽, 李基慶枳癈, 惟家兒寄跡朝行, 故又欲擠陷, 嗾出癲狂之鄭鴻慶, 搏擊之, 必殺乃已. 疾之已甚, 吁亦慘矣.

507 정홍경(1768~?): 본관은 초계草溪, 자는 치영穉永, 호는 운강雲岡이다. 부친은 정찬흠鄭纘欽이다. 1807년 진사시에 합격하고, 1813년 증광시 문과에 을과로 급제했다. 지방 수령으로 내려가서는 백성들에게 종자를 빌려주는 등 선정을 베풀어 칭송을 받았다. 청요직淸要職인 홍문관수찬에 제수되었으며, 이어 홍문관교리로 승진했다. 그 후 성균관사성을 거쳐 1827년 승정원좌부승지와 공조참판에 이르렀다. 채제공의 문인이다.

금번 양종륜梁鍾倫이 공사에서, 이를 짓고 쓴 것이 윤효식尹孝植[508]과 강준흠이라고 했다는데, 지은 것이 누구를 가리키고 쓴 것이 누구를 가리키는지 모르겠다.[509] 하지만 그는 제 눈으로 보았다고는 말하지 않고 그저 전해들었다고만 하였으니, 과연 어떤 사람에게 이를 들었더란 말이며, 이를 전한 사람은 누구였더란 말인가? 한 번만 따져물어본다면 남김없이 드러날 수 있을 것이다.

그의 아비인 양규梁珪[510]의 통문은 누구의 주장이 옳은지 모르면서 사학을 배척한다는 명분을 꾸몄다. 하지만 채제공을 두드려 흔들려 하는 자라면, 이익운은 구실일 뿐이고, 채제공이 핵심일 것이다. 그 일은 은밀하고 비밀리에 얽혀 있어, 틀림없이 마음 맞는 사람과 함께 머리를 맞대고 몰래 준비하여, 혹 다른 사람이 알까 염려했을 것이다. 게다가 한 장의 통문쯤이야 누군들 지을 수 없으며 누군들 쓸 수가 없겠는가? 그런데도 무슨 고충으로 동떨어진 사람에게 청하여 그 은밀한 일을 알게끔 한단 말인가?

今番梁鍾倫之供辭, 作之書之, 尹孝植·姜浚欽, 未知作者指誰, 書者指誰.

---

508 윤효식(1773~?): 본관은 파평, 자는 치준穉準이다. 부친은 윤심尹沁이다. 1792년에 진사, 1798년 문과에 급제했다. 양주에 거주했다. 성균관전적, 병조좌랑, 부사과, 지평, 보령현감, 장령 등을 역임했다.

509 금번 양종륜이 …… 모르겠다: 《순조실록》 1818년 2월 25일자 기사에 양규의 아들 양종륜이 상언上言하여 자신의 아비가 예전 통문을 발송할 때 윤효식과 강준흠 등이 주장했으므로 이들과 대질시켜 아비를 설원雪冤해달라고 한 내용이 나온다. 이에 "그의 아비가 이미 통문을 내고, 조사할 때 한 마디의 발명도 없었는데, 무슨 억울한 것이 있단 말인가? 이 공사는 시행치 말라"는 하교가 내렸다.

510 양규(1768~?): 본관은 남원, 자는 공신公信이다. 부친은 양세로梁世老다. 1801년 생원시에 합격했다. 지평砥平에 거주했다.

而渠不曰目擊, 而只憑傳聞, 果聞於何人, 傳之者誰某也? 一番究問, 則可以綻露無餘矣. 渠父珪之通文, 未知孰主張是, 而假斥邪之名, 而欲敲撼大臣者, 則李益運是影子也, 大臣乃精神也. 其事陰秘回互, 必也與意中之人, 聚首綢繆, 或恐他人之知. 且通文一張, 何人不能作, 何人不能書? 而何苦遠請異趣之人, 與知其陰事乎?

우리집 아이로 말하자면, 몸이 이름난 관리가 되고 선비라 일컬으면서, 어찌 기꺼이 머리를 숙여 초고를 얽고, 굽실거리면서 베껴써서, 스스로 그 몸을 가볍게 하여, 그 이름과 행실을 허물어뜨리겠는가? 모든 일은 사리를 벗어나지 않으니, 진실로 조금이라도 지각을 지닌 자라면 결단코 옳다 여기지 않을 것이다. 이 일의 실상은 마치 불을 보듯 분명하다. 이는 다름이 아니라 작년에 정홍경의 상소[511]에서 통문을 지었다고 지목한 것을 그 말대로 돌려주려는 것이다. 저 양종륜을 구실로 삼고, 이 정홍경을 풀이로 삼은 것이니, 그 싹이 어디서 나왔는지 어렵지 않게 살필 수 있다.

以家兒言之, 身爲名官, 稱以士子, 豈肯屈首構草, 俯伏繕寫, 以自輕其身, 以自虧其名行也哉? 凡事不出事理之外, 苟有一分知覺者, 決不爲是. 此箇事面, 明若觀火. 此無他. [23/11a] 昨年鴻慶之疏, 以製通之指目, 有歸如言. 彼鍾倫以爲口實, 而爲此鴻慶之註脚也. 其苗脈不難覰得矣.

내가 비록 늙어 주책없고, 올바른 도리의 가르침이 없긴 해도, 집안에서 대대로 청론淸論을 지켜왔고, 선대를 거슬러 살피더라도 비천한

---

511 작년에 정홍경의 상소: 1817년 1월 29일에 정홍경이 올린 상소를 말한다.

짓을 해서 신세를 망친 일은 없었다. 또 저 젊어서부터 장자의 문하남대南臺[512] 정종로鄭宗魯[513]이다에 출입하면서 성현의 글을 외워 읽고, 40년간 삼가며 스스로를 닦았다는 사람이 어찌 남의 지시와 사주를 받아 이처럼 비루하고 패려궂은 행동을 한단 말인가?

余雖老耄, 曾無義方之教, 而家世世守淸論, 溯考先代, 無卑賤陷身之事. 且渠於早歲出入於長者之門南臺鄭宗魯, 誦讀聖賢之書, 四十年謹飭自修者, 豈爲人指使爲此鄙悖之擧乎?

생각해보니, 예전 선왕 정조께서 경연 중에 말씀하시다가 바르게 교시하시기를, "강아무개는 어질고 착하다"고 하셨다. 그래서 양선良善 두 글자를 가지고 그의 두 아들의 이름으로 삼아, 선왕의 칭찬을 기록해두었다. 이는 '지금처럼 신하를 알아본 적이 없다'라는 말이다. 뒤미처 생각해보니 감격의 눈물이 얼굴을 적신다.

대감 김근순金近淳[514]이 한번은 사람들에게 이렇게 말했다.

---

512 남대: 학식과 덕망으로 추천되어 사헌부의 지평持平, 장령掌令, 집의執義 등 대관臺官으로 임용된 관원을 이르는 말로, 과거를 단념하고 초야에서 학문을 닦던 산림山林들에게 제수되었다.

513 정종로(1738~1816): 본관은 진주, 자는 사앙士仰, 호는 입재立齋 또는 무적옹無適翁이다. 정경세鄭經世의 6대손이며, 부친은 정인모鄭仁模, 모친은 홍익구洪益龜의 딸로, 목재木齋 홍여하洪汝河의 증손이다. 이상정李象靖, 최흥원崔興遠의 문인으로 영남학파의 학통을 이었다. 유일遺逸로 천거되어 벼슬이 지평에 이르렀다.

514 김근순(1772~1820): 본관은 안동, 자는 여인汝仁, 호는 십청十青 또는 귀연歸淵이다. 부친은 김이규金履鉒다. 대산臺山 김매순金邁淳의 사촌형이다. 1794년 문과에 장원급제해 병조좌랑, 부사과, 수찬, 교리, 규장각직각, 동부승지, 우부승지, 직제학, 대사성 등을 역임했다.

"내 집안의 김희순金義淳515 씨를 두고 세상에서는 문좨주文祭酒라 일컫는다. 강준흠 또한 문좨주이다."

우리집 아이가 현풍현감이 되었을 때 윤광안 대감이 사람들에게 이렇게 말했다.

"현풍현감은 평범한 유자가 아니라, 학문하는 선비다."

정대용鄭大容516 대감이 건릉에서 제사 모시는 일을 맡았을 때, 함께 일을 살피고 돌아와 사람들에게 이렇게 말했다.

"문아文雅함이 얼굴에 환하고 등까지 가득하다."

김희순 대감이 성시省試를 함께 진행하고 나서 사람들에게 이렇게 말했다.

"사람이 문아한 데다 시원스럽고 공정하니, 사람들을 승복하게 만

---

515 김희순(1757~1821): 본관은 안동, 자는 태초太初, 호가 산목山木 또는 경원景源
이다. 김시발金時發의 증손이다. 1783년에 생원이 되고, 1789년 식년시 문과에
갑과로 급제, 같은 해에 초계문신에 뽑혔다. 1792년 사간으로 이가환의 부당함
을 상소하다 삭직당했다. 그 뒤 전라도관찰사, 승지를 거쳐 1800년 이조참의가
되었다. 1809년 병조판서, 이조판서, 이듬해에 호남관찰사, 1812년 광주유수,
이조판서 겸 세자빈객을 지냈다. 문사에 능했고, 경술經術에도 조예가 깊었다.
시호는 문간文簡이다.

516 정대용(1749~1805): 본관은 동래, 자는 도이道以, 호가 기호耆湖다. 문음으로 입
사해 형조정랑으로 재직 중 1785년 정시 문과에 을과로 급제하고, 이듬해 규장
각직각이 되었다. 1789년 감진어사가 되어 진곡賑穀을 늘려줄 것을 상소했고,
이어 승지가 되었다. 1791년에는 경상도관찰사가 되어 환곡의 폐해를 시정하
는 데 노력했다. 1793년 이조참의를 거쳐 대사성을 지냈다. 1799년에는 예조참
판을 역임했으며, 1801년 고부겸청시청승습부사告訃兼請諡請承襲副使로 청나라
에 다녀왔다. 이듬해 수원부유수를 거쳐 이조판서가 되었고, 1804년 검교직제
학에 이어 한성부판윤이 되었으며, 이듬해 전라도관찰사를 역임하다가 임소에
서 죽었다.

든다."

이 네댓 분이 틀림없이 본 것이 있어서 그럴 것이다. 그 인품을 논하건대, 재능을 갖춘 것은 그의 장점이 못 되고, 문아하고 조용한 것은 바로 그의 평소 성품이었다.

記昔先王於筵中, 因言端敎曰: "姜某良善." 云云. 故以良善二字, 字其二子, 以識華袞之褒. 此所謂知臣, 莫如至今. 追思感淚被面. 金令近淳, 嘗謂人曰: "吾家羲淳氏, 世稱文祭酒. 姜伯源亦是文祭酒." 兒爲玄風倅, 尹台光顔語人曰: "玄風非凡儒, 乃學問士也." 鄭台大容於健陵享役, 同周旋歸語人曰: "文雅粹面盎背." 金台羲淳, 同事於省試, 謂人曰: "文雅恢公, 令人可服." 云. 此四五人者, 必有所見而然. 論其人品, 才能幹辦, 非其所長. 文雅恬靜, 乃其素性.

이번에 당한 일은 말로 다 할 수가 없으니 사대부의 지극한 수치이다. 그의 평생을 살펴보건대 이 같은 행동은 하지 않음은 확실히 안다. 이 때문에 증삼曾參의 어머니가 아들이 사람을 죽였다는 말을 세 번 들은 뒤에는 베 짜던 북을 던졌다고 하지만, 나는 스스로 의심할 나위 없다고 여긴다. 이를 보는 사람은 혹 사랑에 빠져서 믿지 않는 거라고 나무랄 테지만, 또한 어찌하겠는가? 하지만 나는 본래 곧은 성품을 지닌 사람이다. 그가 만약 진짜로 이런 일이 있었다고 한다면, 이보다 심하게 선대를 욕보일 수 없다. 비록 욕을 보는 지경을 당하더라도 어찌 애석히 여겨 거짓말로 꾸며, 자신을 속이고 남까지 속이겠는가?

今者所遭, 罔有紀極, 士夫之極羞. 跡其平生, 決知不爲此等擧措. 故曾母投抒於三至之後, 而余則自以爲無疑也. 見此者, 或譏其溺愛而不信, 亦奈何? [24/11b] 然余本直性人也. 渠若眞有是事, 忝先莫甚. 雖有辱境, 何可愛惜, 而甘言粧撰, 自欺而欺人乎哉?

내가 약관의 나이에 충청도에서 북쪽으로 서울로 올라왔다. 당시
채제공 대감은 집이 약현에 있었는데, 지위가 재상의 반열에 이르렀
다. 영조께서 아껴 예우하심이 특별해서 남인 중에서는 선왕의 지우
를 가장 입었고, 당시의 중망이 대단했던지라 남인 내부의 영수가 되
었다. 대감이 심상心喪 중인 사람으로서 한가로이 지내며 일이 없었을
때, 젊은이들에게 일과로 시부詩賦를 권한 일이 있었다.

余於弱冠, 自湖鄉, 北遊京師. 時蔡台濟恭, 家在藥峴. 位至宰列. 英廟眷遇
非常, 午人中最被主知, 時望蔚然, 爲自中領袖. 以心喪人, 閒居無事, 有少年
勸課詩賦之事.

내가 집안 손자뻘인 강운영姜運永[517]과 벗인 권영權煐[518] 및 10여
사람과 함께 시사詩社에 들어가서, 10여 차례 시험을 쳐 점수를 받았
는데, 상당히 칭찬을 받았다. 시사에 참여한 사람 중에 간혹 문장의 고
과를 가지고 문생門生이라 자칭하곤 했다. 하지만 나와 몇몇 벗은 이
렇게 말했다.

"잘 아는 선배 중 글에 능한 사람이 젊은이의 글을 검토해주는 것
은 일상적인 예이거늘, 어찌 한때 문장을 평가해주었다고 해서 갑작
스레 스승과 문생의 예를 차릴 수 있겠는가? 선비의 출처는 또한 이렇

---

517 강운영(1742~1773): 본관은 진주, 자는 회여會汝, 호는 오주梧洲다. 부친은 강왈
흠姜曰欽이다.

518 권영: 박지서朴旨瑞(1754~1819)의 〈종유제현유사從遊諸賢遺事〉(《눌암집訥菴集》 권
7)에 이름이 올라 있어 참고가 된다. 본관은 안동, 자는 용겸用謙이다. 단계丹溪
에 거주하던 오담梧潭 권필칭權必稱의 조카이며, 구담龜潭에 거주하여 자호로
삼았다 한다.

게 가벼워서는 안 된다. 크게 불가한 일이다."

남들 또한 그 고집스러움을 나무랐지만, 장로들은 상당히 견식이
있다고 허락해주었다.

余與族孫運永, 權友煐及十餘人, 同入詩社, 十餘次考文計劃, 而頗加奬詡.
其社中人, 或以考課, 自稱門生. 而余與數友則曰: "知舊先進, 能文之人, 少輩
考文, 自是常例. 豈可以一時考課, 遽爲師生之禮? 士子出處, 亦甚不輕. 大爲
不可." 人亦譏其固執, 而長老頗許, 以有見識.

이정운 또한 시골에서 상경하여, 그저 몇 편의 시에 등수 매긴 것
을 가지고, 과거에 급제하게 되자 스스로 문생의 반열에 의탁하였다.
그의 아우 이익운 또한 문인으로 자처하였으니, 그 시세에 붙좇는 모
양새가 또한 비루하였다. 그 뒤 경재卿宰 중에서도 상소에 간혹 어렸
을 때 수업받았다고 말하는 경우가 있었다. 또 경연經筵 중에도 스승
입네 문생입네 하면서 대답하여 임금에게는 영예를 구하는 매개로 삼
고, 세상 사람들에게는 빛남을 뻐기었으니, 한차례 웃음거리조차 되지
않는다.

李鼎運, 亦自鄕上京, 只以數篇詩考課, 而及其登第, 自托於師生之列. 其
弟益運, 亦以門人自處. 其附麗時勢, 亦可陋也. 其後卿宰中疏章, 間有以童穉
受業爲辭. 又有筵中, 以曰師曰生爲對, 其媒榮於君上, 誇燿於世人, 不滿
[25/12a] 一笑.

대저 채제공의 사람됨을 살펴보면, 용모와 행동이 묵직하고, 기개
가 호방하였다. 앉으면 태산과 같아서 그 중후함을 범하기가 어려웠
다. 목소리는 큰 종소리와 같았고, 말에는 힘이 있어 사람을 압도하는
모습이 많았고, 겸손하여 공손한 모습은 적었다. 문장은 빼어났고 필

법은 화려하였다. 관직에 있을 때는 자못 볼만한 것이 있어서, 명성을 저버리지 않았으니, 참으로 세간의 영걸스러운 사람이었다. 다만 학문에서 나오는 공부는 부족했다.

大抵觀其爲人, 容儀沈重, 氣岸豪邁. 坐如泰山, 凝重難犯. 聲若洪鐘, 言語有力, 多壓頭之象, 少謙恭之容. 文章俊逸, 筆法華麗. 居官頗有可觀, 不負聲望, 眞世間英傑之人. 而但欠學問中工夫也.

그 뒤로 연거푸 등급을 건너뛰어 발탁되어 청화淸華의 요직을 두루 거쳤고, 정조 초년에 이르러서도 총애가 이전과 같아 지위와 명망이 상당히 무거웠다. 갑자기 당시 사람들의 비방을 당해, 6~7년간 초야로 쫓겨났고, 외직의 보임 또한 여러 곳이었다. 정조께서 특별히 정승에 임명한다는 명을 내리시어, 우의정과 좌의정부터 영의정으로 임명하시니, 두 임금에게 지우를 입은 감격은 실로 이전 세대에도 드물게 있는 일이었다.

其後連被超擢, 遍歷淸華, 至正宗初, 寵遇如前, 位望頗重. 忽被時人齮齕, 擯斥田間六七年, 外補亦數處. 正廟特授大拜之命, 自右左相, 轉拜領相, 兩聖朝知遇之感, 實前世之罕有也.

그가 초야에 쫓겨나 지낼 적에, 내가 증왕고曾王考이신 진선공晉善公**519**을 위해 비문을 청하였다. 이에 사실에 근거하여 지극히 찬양하

---

519 증왕고이신 진선공: 강세정의 증조부인 강석빈姜碩賓(1631~1691)을 가리킨다. 자가 위사渭師다. 목만중이 쓴 〈진선군행장晉善君行狀〉이 《여와집 餘窩集》 권 21에 수록되어 있다.

였으니, 비록 공론이라고는 해도 어찌 사사로운 마음이 없었겠는가? 교분交分의 경우, 우리 집안의 가법에 권세가를 좋아하지 않고 삼가고 졸렬함을 그런대로 지키는 것이었으므로 세시 때면 나아가 문안하였고, 일이 있을 경우 가서 물어보았다. 1년을 통틀어 헤아리더라도 대여섯 차례에 지나지 않았을 뿐이다. 내가 나이 마흔을 넘긴 뒤에야 비로소 작은 성취를 얻어, 얼마 안 있어 음직蔭職에 올랐다. 나를 보고는 상당히 기뻐 축하하는 기색이 있었는데, 내가 취할 만해서가 아니라 가법 때문이었다.

其屛逐林下也, 余爲曾王考晉善公, 墓道爲請. 爰據事實, 極其贊揚, 雖是公論, 而豈無私感乎? 交分則吾家家法, 不喜權勢, 粗守謹拙. 歲時則進候, 有事則往問. 通計一年, 不過五六次而已. 余於四十後, 始得小成, 旋通蔭籍. 見我頗有欣賀之色, 非余之可取, 以其家數也.

경술년(1790, 정조14) 겨울에 의금부의 문서를 승정원에 늦게 올린 일 때문에 승정원승지가 의금부에 책임을 물었다. 승정원의 초기草記에서 죄를 논하기를, 먼저 파직시키고 나서 그 후에 잡아오라는 명이 있었다. 며칠 뒤 주임 아전 김태현金台鉉이 와서 말하였다.

"오늘 아침 채제공 대감께서 부르시기에 가서 기다렸더니, 대감께서 강도사姜都事가 무슨 까닭에 파직되었는가 물으시고는, 전체 통문을 세세히 묻고 나서 돌려보냈습니다."

그 뒤에 들어보니, 연석에서 나의 직책을 돌려줄 것을 청하려 했는데, 마침 강화도 죄인(은언군 이인)의 일 때문에 성상의 하교가 엄중하였고, 감히 다른 일을 언급할 겨를도 없이 물러가라고 명하셨으므로 결국 말을 못 한 채로 나왔다고 한다. 그 또한 정이 있음을 알 만하다.

庚戌冬, 因金吾文書, 遲滯於政院, 院吏推委於禁府. 政院草記論罪, 有先

罷後拿之命. 數日執吏金台鉉來言:"今朝蔡相大監招之, 故往待, 則大監問以
姜都 [26/12b] 事, 何故罷職耶? 細問一通, 而退送."云. 伊後聞之, 則欲因筵
對, 請還職, 而適因沁都罪人事, 上敎嚴重, 未敢拖及他事而命退, 故未果而出
來云. 其亦有情可知.

아들 강준흠은 성년이 된 이후로 문사文辭에 상당히 성취가 있어,
성균관에서도 또한 이름이 일컬어졌다. 이경명과 이주명을 통해 그가
고문에 뜻이 있다는 말을 들었고, 이가환 또한 소년 문장이라고 일컬
으며, 나를 보면 '그대의 아들은 크게 진보할 가망이 있다'고 하면서
상당히 기대하는 기색이 있었다. 우리집 아이가 25~26세 때 연거푸
대과와 소과에 급제하자, 채제공이 크게 기대하였다. 매번 나아가 문
안할 때는 문득 자주자주 와서 보자고 말하였고, 나를 보면 꼭 아들의
안부를 묻곤 했다. 아마 오랫동안 교유한 명문가를 아끼고 인재를 애
호함이 본성에서 나왔을 것이었다.

家兒浚欽, 自勝冠以後, 文辭頗有步驟, 庠塾亦有名稱. 因李景溟・李柱溟,
聞其有意於古文. 家煥亦稱小年文章, 對余稱君之子, 有大進之望. 頗有器待之
色矣. 兒於卄五六, 連捷大小科, 蔡相大加倚仗. 每於進候時, 輒以頻頻來見爲
言. 對余必問兒寒暄. 蓋惜故家愛人才, 出於本性也.

신해년(1791, 정조15) 가을 사이에 진산의 사적 윤지충과 권상연이
그 조상의 사판祠版을 불태워버리는 변고가 일어나니, 경향 사람의 말
이 떠들썩하기 짝이 없었다. 성영우 군이 마침 한마을에 살았는데, 하
루는 내게 이렇게 말했다.

"사학이 불행하게도 아는 이들 사이에서 나왔습니다. 이렇듯 당론
이 다르게 갈라져 있는 때를 당하여, 우리가 함께 사학에 빠졌다는 지

목을 면치 못할까 걱정스럽습니다. 마땅히 먼저 통문을 내서 분명하게 털어버리시지요."

내가 대답했다.

"내 조부께서 젊은 시절에 삼종조 되시는 정랑공 강영姜楧 **520** 씨와 더불어 사론을 주장하여 세상에서 양강兩姜의 사론이라고 일컬었었네. 말년에 미쳐 당시 세도가 점차 낮아지고 당론이 점점 고질이 되어 가는 것을 보고는 자제들을 경계하여 사론을 하지 못하게 하였었지. 이 때문에 우리 집안은 근래 100년 가까이 사론에 참여하지 않아, 이미 가훈이 되었다네. 연전에 조상겸趙尙謙이 모종의 일을 가지고 소청疏廳을 설치해, 우리집 아이를 소색疏色으로 뽑았더랬지. 당시 아들의 나이가 20세였으므로 내가 편지를 써서 면하게 하였었네. 하지만 사학에 이르러서는 만세토록 우리 유학의 도적이니, 유관儒冠을 쓰고 유복儒服을 입은 자로서 진실로 떳떳한 성품이 있는 자라면 어찌 통렬하게 이를 배척하지 않겠는가?"

辛亥秋間, 珍山賊尹持忠·權尙然, 燒燬其父祖祠版之變生. 京鄕人言不勝喧藉. 成君永愚, 適在同闬, 一日語余曰: "邪學不幸出於知舊之間, 當此黨論歧異之時, 吾儕恐不免同被陷邪之目. 宜先發通, 而的廓之."云. 余對曰: "吾王考少時, 與三從祖正郎公楧氏, 主張士論, 世稱兩姜士論矣. 及末年, 見時世漸下, 黨論愈痼, 戒子弟, 勿爲士論. [27/13a] 故吾家近百年, 不參士論, 已成家訓. 年前趙尙謙, 以某事設疏廳, 以兒差疏色. 時兒年二十. 余作書頉免. 而至

---

520 강영(1661~1707): 본관은 진주, 자는 자창子敞이다. 부친은 강석로姜碩老다. 아들 강필신姜必愼, 손자 강세진姜世晉, 증손 강봉흠姜鳳欽이 모두 문명이 있었다. 1661년 진사, 1696년 문과에 장원급제했다. 예조좌랑, 병조좌랑, 만경현감, 북청판관, 경상도사, 병조정랑, 평안도경시관, 전라도사, 선전관 등을 역임했다.

於邪學, 乃萬世吾道之賊, 冠儒服儒, 苟有彝性者, 何不痛斥之乎?"

　　아이에게 일러 처조카 권구權耈와 함께 성영우 군을 따라가게 해,
상사 최조의 집에서 모였다. 여러 사람이 한꺼번에 모이고 보니, 의론
이 상당히 준엄하였다. 이가환의 입양한 아들 이재적은 우리집 아이
와는 이종간이었다. 그래서 힘껏 그가 사학의 무리가 아님을 보증하
여 그를 빼주었다. 그것은 이가환과 우리집은 여러 대에 걸쳐 혼인으
로 얽힌 우호가 있었던 데다 젊었을 때도 정분이 가볍지 않았기 때문
이다. 이때까지만 해도 정말 이가환이 몸소 사학을 믿은 것은 몰랐기
때문에 역설力說했던 것이지, 진실로 그가 사학에 빠진 것을 알았더라
면, 비록 지극히 친한 사이라 하더라도 어찌 온 집안을 지켜줄 수 있
었겠는가?

　　諭兒與婦姪權耈, 隨成君往, 會于崔上舍照**521**家. 若而人齊會, 議論頗崢
嶸. 家煥所後子載績, 與兒爲姨從. 故力保其非邪, 拔之. 蓋家煥與吾家, 有屢
世秦晉之好, 少小時情分不泛. 其時果不識家煥之躬犯, 故力言之也. 苟知其陷
邪, 則雖至親之間, 豈可百口保之耶?

　　권구가 당시의 담론을 보고, 가서 이재적과 이가환에게 전한 것은
의심의 여지가 없을 것 같다. 하지만 최조의 종제從弟인 최영은 본래
기괴한 사람이었다. 통문을 내던 곳에서 곧장 이승훈의 집으로 가서
당시의 주고받은 이야기를 알려주며 말했다.
　　"성영우와 목인규, 강준흠은 주장이 너무 지나치더군요."

521　照: 원문에서는 최조의 이름을 '炤'로 잘못 썼다. 바로잡았다.

우리집 아이는 이 세 사람과 함께 실제로 사학을 원수처럼 여기는 마음을 지녔던 사람이었다. 대개 이승훈의 무리가 요사스러운 재주로 속여 꾀는 통에, 명문가의 후진들과 총명한 선비 중에서 사학에만 매진하는 자가 수십 명도 더 되었다. 그들의 논의가 준엄했던 것도 이상한 일은 아니었다.

權耆見伊時談論, 往傳于載績家煥, 似無疑端. 而崔照之從弟熀, 本是怯鬼, 自發文所, 直往李承薰家, 告其時釅酢曰: "成永愚·睦仁圭·姜浚欽, 鋒穎太過." 云. 兒與此三人, 果有視邪如仇之心者, 蓋以承薰輩, 以妖術誑誘, 故家後進, 聰明之士, 專治邪學者, 不啻數十輩. 其所峻論, 不是異事.

이에 이승훈의 아우 이치훈이 홍낙민, 정약용 등과 기필코 앙갚음하려고 못하는 짓이 없었다. 하지만 척사가 정론이었으므로 배척할 말이 없었다. 그래서 앙심을 품고 협잡한다는 죄목을 만들어냈다. 먼저 아무 생각 없는 목조원을 사주하여 이원규에게 편지를 보내게 했다. 또 조상겸과 오석충의 무리를 사주하여 채제공을 공격한다는 주장을 만들어 이간시키려고 했다.

於是承薰弟致薰, 與洪樂敏·丁若鏞等, [28/13b] 必欲反噬, 無所不至. 而斥邪正論也, 無辭可斥. 刱出禍心挾雜之目, 先嗾睦祖源, 沒覺之人, 抵書于李遠揆. 又爲嗾出趙尙謙·吳錫忠輩, 做作攻蔡之說, 欲以離間.

채제공은 이야기를 듣고 의심이 나고 어지러웠으나, 사학을 배척하는 자가 노론의 지휘를 받아 거짓으로 전파하는 것이라고 말했다. 세월이 지나는 사이에 두 가지 주장으로 어지러웠지만, 채제공은 일찍이 이주명에게 이렇게 말했다.

"저들이 어찌 나를 해칠 이치가 있겠는가? 조금의 의심스러운 단서도 없다."

이주명이 분명히 나에게 전해주었다.

蔡相疑眩聽聞, 謂以斥邪者, 聽老論之指揮, 譸張傳播. 積以歲月, 二說紛紜, 而蔡相則嘗謂李柱溟曰："渠於我, 豈有相害之理乎? 少無疑端."云. 柱溟分明傳於余.

화심禍心을 품었다는 주장에 이르러서는 젖어든 지 이미 오래다 보니 일말의 의심이 없지 않았다. 그러므로 그 상소와 연석에서 아뢴 말에 매번 상관도 없는 사람에게 피해가 이른다면서 통렬하게 금하기를 청하기에 이른 경우가 한두 번이 아니었다. 이 때문에 사학을 배척하는 사람의 경우, 성상께서 사학을 다스리는 일을 오로지 대신에게 맡겼고, 대신 또한 맡았지만 성상께 아뢰지는 못하고, 사학 하는 한 사람을 다스려서 그 죄를 바로잡기만 했다. 사학을 공격하는 것은 하늘과 땅 사이에 변치 않는 정론이었지만, 대중의 마음을 잃을까 염려하여 부추길 수는 없었다. 홍희운을 공격하는 통문만 하더라도 바로 사학 하는 부류가 위세로 남을 제압하여 감히 척사에 대해 입도 떼지 못하게 하려는 교활한 꾀였다. 그래서 그들이 날뛰는 대로 내버려두고 만류하여 멈추게 할 수 없었다.

至於禍心之說, 浸潤已久, 不無一分疑. 故其疏及筵奏, 每以侵及不干之人, 至請痛禁, 非止一二次. 以是斥邪之人, 則以聖上治邪之擧, 專界於大臣, 大臣亦擔當, 而不能執奏, 治邪一人, 以正其罪. 攻邪乃天地間不易之正論, 而恐失衆心, 不能扶植. 攻洪之通, 乃邪類威力制人, 不敢開口斥邪之巧計, 而任其跳踉, 不能挽止.

이 세 가지 일로 채제공을 따르는 마음이 상당히 사라졌지만 나는 이렇게 말했다.

"채제공이 나에게 이렇게 말했다. '저들 또한 사람인데, 성상께서 금지시키는 데 온 힘을 쏟는 것을 보고서도 어찌 다시 사학을 하겠는 가?' 아마도 그는 그것이 소멸되기를 천천히 기다리려 했던 것이지, 이 같은 지경에 이를 줄은 몰랐을 것이다. 게다가 사학에 빠진 자는 수가 많으니 이가환과 이기양·이기성·이총억, 그리고 정약종·정약전·정약용·정철상, 그리고 권철신의 온 집안 형제와 숙질, 이벽과 홍교만 부자, 이학규와 황사영, 유항검 형제, 이윤하 부자 등 50~60명 이상이었다. 사학을 배척하는 사람은 순암 안정복, 여와 목만중, 홍희운과 이기경, 강준흠과 성영우, 이원규, 홍인호 형제이니, 비록 앞장서서 공격하지는 않았더라도 대개 배척하는 쪽 범위에서 벗어나지는 않는다.

以此三事, 頗不心服. 而余則曰: "蔡相嘗對余言曰: '渠輩亦人耳. 自上禁之, 不遺餘力, 豈復爲之耶?' 蓋欲徐待其消滅, 不知至於此境也. 且陷邪者衆, 如李家煥·李基讓基誠·[29/14a] 李寵億·丁若鍾若銓若鏞哲祥·權哲身全家兄弟叔侄, 李檗·洪教萬父子, 李學逵·黃嗣永·柳恒儉兄弟·李潤夏父子, 不下五六十人. 斥邪者, 安順庵鼎福·睦餘窩萬中·洪義運·李基慶·姜浚欽·成永愚·李遠揆·洪仁浩兄弟, 雖不挺身攻擊, 蓋不出斥邊人也.

채제공의 뜻은 아마 사람들 수가 이미 다르고, 세력의 강약이 서로 대적이 안 된다고 여겼을 것이다. 게다가 정약용은 그 서자의 처형이어서 아끼는 마음이 상당히 특별하였다. 사학 하는 무리라는 이들도 자기들의 죄는 채제공이 돌아보아 도와주는 힘이 없다면 의지할 곳이 없는 줄 스스로 알아 날마다 곁에서 모시며 친밀하기가 짝이 없었다. 이익운의 무리도 따라서 거들게 되자 저쪽 편에서는 끌어당기는 마음이 있고, 이쪽 편에서는 점점 소외되는 지경에 이르렀다. 뭇사류들에게 비난받을까 두려워 친소親疏에 분명한 차이가 없지는 않았으나, 진짜로 사학을 두둔하여 그랬던 것은 아니었고, 시속을 면할 수 없어 그랬던 것이었다. 이것을 가지고 부족하다 하는 것은 괜찮아도 사학의 괴수라고 하는 것은 안 된다."

蔡相之意, 蓋以衆寡旣異, 强弱不敵. 且丁若鏞, 則乃其庶子之妻兄. 愛惜之心, 頗不尋常. 所謂邪徒輩, 自知其罪, 若無蔡相顧藉之力, 則無所依歸, 逐日侍傍, 親密無比. 李益運輩, 從以贊助, 於彼則有牽連之念, 於此則漸至疎外之境. 又恐得謗於衆邪, 不能無親疏之逈異, 非眞護邪而然也. 不能免俗而然矣. 以此少之則可也. 謂之邪魁則不可也.

채제공의 서손庶孫[522]이 사적 홍익만에게 배운 것을 그 으뜸가는 증거로 삼아 삼사三司의 논의 또한 이를 시시콜콜 따졌지만,[523] 이 또한 그렇지 않은 점이 있다. 내가 처음 이 말을 듣고는 이경명을 찾아가서 만나 이렇게 말했다.

"홍익만은 바로 권철신이 품어서 길렀으니, 제자입니다. 비록 서손이라고는 해도 사적에게서 배웠다고 한다면 틀림없이 대신에게 해악이 있을 테니, 형께서 부디 즉시 들어가 대신을 뵙고서 이 계획을 그

---

522 채제공의 서손: 채제공의 서자 채홍근蔡弘謹은 채홍면蔡弘勉의 아들 채주영蔡柱永을 양자로 들였다.

523 채제공의 서손이 …… 따졌지만: 《순조실록》1801년 12월 18일자 기사에 채제공의 관직을 추탈하면서 비국備局에서 올린 말에 "양사兩司에서 올린 연명 차자를 가져다 보니, '채제공은 사역邪逆의 밑뿌리입니다. 정약종의 누이동생을 며느리로 삼고, 서손을 홍익만에게 수학시켰으며, 이가환과 정약종을 끌어다가 심복을 삼고 황사영, 이학규를 가는 곳마다 추켜세웠습니다'라는 말이 나온다.

만두게 하는 것이 좋겠습니다."

이경명이 말했다.

"알았네."

其庶孫受學於邪賊洪翼萬, 爲其第一證左, 三司之論, 亦以此斤斤, 而此亦有不然者. 余始聞此說, 往見李景溟曰: "洪翼萬, 卽哲身卵育也, 弟子也. 雖曰庶孫, 謂之受學於邪賊, 則必有害於大 **[30/14b]** 臣者. 兄幸卽入見大臣, 使之罷計, 好矣." 景溟曰: "唯唯."

그 이튿날 저녁을 틈타 가서 만나 조용히 이 문제에 대해 언급했다. 그러자 대신이 말했다.

"그렇다면 데려와야지."

과연 바로 데리고 왔다. 며칠 뒤 홍익만의 가까운 친척들이 채홍원을 찾아와 만나, 비방하는 말이라며 극구 변명하였다. 채홍원이 곧이 듣는 통에 오래지 않아 서손을 그에게 도로 보내 전처럼 배우게 하였다. 내가 채제공을 위하여 전심전력으로 정성을 쏟았건만, 도리어 헛소리하는 부류로 결론지으니, 나도 어찌해볼 수가 없었다. 채제공은 과연 모르고 그랬겠지만, 곁에서 종용하여 그르쳤을 뿐이다. 이것을 가지고 곧바로 사학의 괴수라고 말한다면 어찌 원통하지 않겠는가?

其翌日乘夕往見, 從容言及. 大臣曰: "然則當率來矣." 果卽率來. 數日後, 翼萬之至親輩, 往見蔡弘遠, 謂以毁言, 極口發明. 弘遠信聽, 不久還送, 依前受學. 余之爲蔡效忠之誠, 反歸讆言之科, 余亦無奈何. 蔡相果不知而然矣. 特爲其左右所慫慂而誤之也. 以此直謂之邪魁, 則豈不冤乎?

신유년(1801, 순조1) 봄에 사학의 옥사가 크게 일어나자, 이가환과 권철신은 결안結案한 뒤에 지레 죽었고 정약종과 이승훈, 홍낙민, 홍교만은 참형에 처해졌다. 유항검이 큰 선박을 불러들이려던 모의와, 황사영이 백서를 보내려던 흉변이 차례차례 발각되어, 처자식은 노비로 삼고 재산이 적몰되기에 이르렀다. 그 나머지 도당들에게는 죽이거나 유배 보내는 형률을 대대적으로 시행하여, 사학의 찌꺼기가 소탕되었다. 이에 세상 사람들이 비로소 사학을 배척하는 것이 정론인 줄 알게 되어 세상의 도리가 완전히 바뀌게 되었다. 대신이 연석에서 안정복이 선견지명이 있었다고 아뢰어 좌참찬에 특별히 추증하였다. 홍희운은 척사에 공이 있다 하여 또한 통정대부에 가좌되었다. 사학을 편들던 무리가 모두 척사로 돌아서니, 절교했던 자들이 다시 따르고, 갈라져 소원해졌던 자가 점차 친밀해졌다.

辛酉春, 邪獄大起, 李家煥·權哲身, 結案後徑斃. 丁若鍾·李承薰·洪樂敏·洪教萬處斬. 恒儉大舶之謀, 嗣永帛書之凶, 次第發覺, 至於孥籍. 其餘徒黨, 大施誅竄, 邪穢掃蕩. 於是世人始知斥邪爲正論, 世道革然改觀. 大臣筵稟安鼎福, 以先見之明, 特贈左參贊. 洪義運以斥邪之功, 亦加通政. 右邪之徒, 盡歸於斥邪. 相絶者復相從, 分疎者漸加親密.

이때 옥사를 주관하던 대신은 심환지였다. 홍희운과는 비록 둘로 나뉘어 그다지 친숙하지 않았지만, 이기경의 경우는 애초부터 얼굴도 몰랐다. 다만 이 두 사람이 최초로 척사의 논의를 수립하였고 한편에서 사학을 했는지 하지 않았는지 진위를 분별하지 못하였기 때문에, 등용할지 내칠지에 대해 반드시 홍희운의 말을 기다려서 의망擬望을 갖추었다. 상소와 통문이 보전될지는 대부분 그의 손이 간여하였으니, 붙좇는 자가 몹시 많았고 벗들이 자주 왕래하여, 서울과 지방 할 것 없이 손님으로 시끌벅적하였다.

其時按獄大臣, 沈煥之也. 與洪義運, 雖有兩分, 不甚親熟, 李基慶, 則初不識面. 而但以兩人者, 有最初斥邪之樹立, **[31/15a]** 一邊之爲邪非邪, 不卞眞僞, 故其所用捨, 必待洪義運之言, 而備擬. 疏通全活, 多預其手, 趨附甚衆, 過從頻數, 毋論京鄕, 人客波蕩.

이익운의 재앙은 90 먹은 병든 아비를 핑계로 밤낮으로 애걸해서, 벌이 방귀전리放歸田里에 그쳤으니, 홍희운이 아니었다면 그가 어찌 도배島配되는 형벌을 면했겠는가? 이때 대각臺閣의 논의가 준엄하고, 대왕대비의 교지가 엄중하였으므로, 채제공은 마침내 관작을 추탈당하는 죄를 면치 못하였다. 그리고 정언인이 상소하여 채제공의 죄를 논하고, 이은유와 한석민의 무리가 또 출향黜享해야 한다는 통문을 내자, 휩쓸리듯 이를 좇아, 허물을 덮을 수 없었다. 정언인의 상소와 이은유 등의 통문을 어찌 홍희운과 이기경이 몰랐겠는가? 하지만 단 한 사람도 채제공을 위해 원통함을 말하는 이가 없었고, 또한 그 상소와 통문이 잘못이라고도 하지 않았다. 채제공 쪽이라는 사람들 또한 붙좇아 왕래한 것이 5년의 오랜 세월에 이르고 보니, 영원히 어그러져 다른 자취가 없게 되었다.

李益運之躄孼, 而以九耋之病父, 晝夜哀乞, 罰止於放歸田里, 非洪則豈能免島配之律乎? 伊時臺論峻發, 慈敎嚴重, 蔡相竟不免追奪之典. 而鄭彦仁疏, 論蔡相之罪, 李殷儒·韓錫敏輩, 又發黜享之通, 靡然從之, 所無顧藉. 鄭疏李通, 豈洪·李之不知? 而無一人爲蔡稱寃, 亦不以其疏其通爲非. 所謂蔡邊人, 亦追逐往來, 至於五年之久, 而永無崖異之跡矣.

병인년(1806, 순조6) 봄, 정순왕후께서 세상을 뜨신 뒤에 노론의 벽파가 거의 대부분 쫓겨났다. 홍희운은 벽파로 이따금 삼사에 출입하다가 또 승진하여 발탁되었지만, 조정의 논의는 상당히 그를 도외시하였다. 한편에서 채제공을 옹호하는 논의가 어지럽게 다시 일어나, 사학을 배척한 사람을 가지고 실로 채제공을 공격한 우두머리라고 말하며 몇 사람이 논의를 이끌자 따르는 자가 저자같이 많았다.

丙寅春, 貞純聖后禮陟後, 僻派老論, 幾皆屛逐. 洪義運以僻派, 時出入三司, 又蒙昇擢, 朝論頗外之. 一邊護蔡之論, 紛然復起, 謂以斥邪之人, 實攻蔡之首, 數人倡論, 從者如市.

이익운과 이석이 차례로 용서를 받아 한양을 들락거리더니, 얼마 안 있어 거두어 서용되었다. 그러자 갑자기 이남규를 사주해서 이기경을 참혹하게 공격하니, 이기경이 피혐避嫌하는 공사供辭에서 장황스럽게 말하였기에 운산으로 유배만 갔다가 5년 만에 돌아왔다. 또 권홍을 사주하여 홍희운을 참혹하게 공박하니, 홍희운은 공공연히 귀양가서 폐출되었다. 두 사람은 벼슬이 정지되기에 이르렀다.

李益運 · 李晳, 次第蒙宥, 出入京輦, 旋被收敍. 忽然嗾出李南圭, 慘駁李基慶, 基慶以避供之張皇, 特配雲山, 五年而有還. [32/15b] 又嗾權俒, 慘駁洪義運, 義運公然枳廢, 兩人至於停望.

우리집 아이의 경우는 사학을 공격한 적이 있었기 때문에 이가환과 정약용 무리의 비방은 반드시 감내하려 하나, 채제공을 공격한 점에 이르러서는 명백하게 저지른 일이 없었다. 실은 채제공과는 정의情誼가 있는 사이였다. 하지만 홍희운과 이기경이 폐출廢黜되어 금고禁錮되자, 배척하는 쪽의 사람은 우리집 아이 한 사람만 남게 되었다. 이에 정묘년(1807, 순조7) 1월에 현풍현감에서 홍문관 교리에 제수되어 소명召命을 받았다. 상경하자마자, 또 이만영을 사주하여 우리집 아이를 탄핵하여 공박하였다.

兒則曾以攻邪爲家·鏞輩謗訕, 必欲甘心而已, 至於攻蔡, 則白白無犯. 其
實與蔡有情之間也. 然而洪·李旣被廢錮, 斥邊之人, 只有家兒一人. 乃於丁卯
正月, 自玄風任所, 除館職承召. 上京之初, 又嗾出李萬榮, 彈駁家兒.

우리집 아이가 대소對疏에서 통렬하게 전말을 진술하여, 채제공을
공격한 일이 없는데 엉뚱하게 이만영의 참소를 당했다고 말하였다.
또 채제공이 성상의 뜻을 제대로 선양하지 못한 데다가 사학의 배척
도 엄격하지 않았음을 대략 거론하였다. 그러자 홍희운과 이기경을
공격하던 자들이 또 크게 일어나, 일제히 우리집 아이를 공격하여 똑
같이 채제공을 공격한 무리로 몰아세웠다. 채제공을 공격했다는 점은
한쪽 편의 화두가 되어 사학을 공격한 이들을 배척하는 도구로 삼으
니, 시끄럽게 떠들어대는 거짓말들을 막을 수가 없었다.

家兒因對章, 痛陳顚末, 無攻蔡之事, 橫被李也之疏論爲辭. 略擧蔡之不能
對揚聖意, 又不嚴斥邪學. 則攻洪·李者, 又大起, 而幷攻家兒, 同驅於攻蔡之
黨. 攻蔡爲一邊話柄, 以爲擯斥攻邪之資斧, 讟張喧聒, 不可禁遏.

만약 채제공을 공격했다는 점을 죄로 삼는다면, 최초에 채제공을
공격한 사람이 있을 테고, 남을 사주해서 채제공을 공격하게 한 사람
도 있을 테고, 이름을 밝히지 않고서 채제공을 공격한 사람 또한 있을
테지만, 애초부터 거론조차 하지 않고, 홍희운과 이기경 그리고 우리
집 아이만 채제공을 공격했다고 내몰았다. 마음속에서 행적을 포착하
자면, 그들이 미워하고 증오한 바는 참으로 채제공을 공격한 쪽이 아
니라, 사학을 공격한 쪽이었다. 이런 까닭에 조장한趙章漢 **524**이라는
자를 사주하여 이기경에 대해서는 뜬금없이 발계發啓하는 반면, 정약
용에 대해서는 갑작스레 정계停啓하도록 하였으니, **525** 이 일의 핵심이

놓인 곳은 어찌 사학을 공격한 쪽이 아니겠는가?

若以攻蔡爲罪, 則最初攻蔡者有人, 嗾人攻蔡者有人, 去姓攻蔡者亦有人.
而初不擧論, 獨於洪‧李與家兒, 驅之以攻蔡. 執跡於心, 則其所憎疾, 非眞攻
蔡也, 乃攻邪也. 是以嗾出趙章漢者, 李基慶則無端發啓. 丁若鏞則忽地停啓,
其精神所存, 豈非攻邪耶?

그러고 나서 홍희운이 갑자기 죽고 이기경마저 폐출되어 금고되
자, 조정의 벼슬아치 중에는 사학을 공격하는 사람이 거의 없어지고
말았다. 하지만 유독 우리집 아이만 삼사에 몸을 의탁하고 있었으므
로 날카로운 칼끝이 한곳으로 모여들고, 물여우와 쇠뇌가 곁에서 틈
을 노려 사학을 공격하는 사람이라면 반드시 모조리 말살시키려고 들
었다. 그러므로 작년에 또 정홍경을 사주해서 기회를 틈타 악독한 말

---

524 조장한(1743~?): 본관은 양주, 자는 유문幼文이다. 조부가 조덕린趙德麟이고, 부
친은 조세술趙世述이다. 1771년 식년시 문과에 급제했고, 1775년 한림소시翰
林召試에 선발되었다. 장령과 승지 등을 역임했다. 1814년 1월 16일에 사헌부
장령으로 이기경을 귀양 보내라는 주청을 올렸고, 4월에 정약용을 정계停啓하
는 청을 올렸다. 4월 13일에는 임한任爀이 상소를 올려 홍시제와 조장한을 귀
양 보낼 것을 청한 기사가《순조실록》에 실려 있다. 조장한의 상소는《동린록》
27책 812면에 수록되었다.

525 조장한이라는 자를 …… 정계하도록 하였으니: 1814년 4월에 장령 조장한이
정약용 형제와 이승훈 형제에게 다시 실정을 캐내어 소굴을 소탕하고 이학규,
신여권, 이관기도 의금부에서 실정을 캐내고서 사형을 집행하며, 이기경에게
직첩을 돌려주라는 명을 속히 거두시라고 청하였다. 그런데 순조는 이 중 정약
용에 대해서는 정계하도록 명했다.《승정원일기》 1814년 4월 9일) 그 증거로 같은
날《일성록》에는, 조장한의 상소에서 "'아, 저 정약전은(噫彼丁若銓)'이라는 구절
아래에 '정약용 형제(若鏞兄弟)'라는 네 글자를 지워 없앴다"는 등 정약용의 이름
을 지웠다는 언급을 기록해넣었다.《눌암기략》에도 같은 내용이 실려 있다.

을 하며 못하는 짓이 없었다.**526** 너무 심하게 미워하여 끝장을 봐야만 그만둘 기세라 할 수 있다. 특히나 우스웠던 것은, 채제공은 본래 사학을 위하던 사람이 아닌데도, 애초부터 저쪽 논의는 '사학을 배척하는 말은 채제공을 공격한다고 싸잡아 귀결시키고는 그것을 꼬투리 잡아 죄로 삼고, 채제공을 비호하는 말은 사학을 두둔한다고 뒤섞어 귀결시키고는 이를 내세워 시론時論으로 삼아, 채제공과 사학은 서로 위배되지 않고 나란히 움직인다'라는 것이었다. 달리 구별하여 채제공은 채제공이게 하고 사학은 사학이게끔 할 줄 모르고 도리어 호가호위하고자 하니, 또한 이상하지 아니한가?

旣而洪義運奄忽, 李基慶鋼廢, 朝行幾 **[33/16a]** 無攻邪之人, 而獨家兒寄跡三司, 故銛鋒交集, 蠆弩傍伺, 所謂攻邪之人, 必欲湛滅而無遺. 故昨年又嗾出鄭鴻慶, 乘機逞毒, 無所不至, 可謂疾之已甚, 訖可休矣. 尤有加笑者, 蔡相本非爲邪之人, 而自初彼邊之論, 以爲'斥邪則同歸於攻蔡, 而執以爲罪: 護蔡, 則混歸於右邪, 而倡爲時論. 蔡與邪幷行, 而不相悖.' 不知所以區以別之, 分而異之, 使蔡自蔡, 邪自邪, 而反欲狐假虎威, 不亦異哉?

금번 이태순李泰淳**527**의 상소도 이 방법을 썼다.**528** 정약용은 흉악

---

526 작년에 또 정홍경을 …… 못하는 짓이 없었다:《순조실록》1817년 1월 29일자에 〈정홍경이 상소하여 여러 죄수를 다시 국문하기를 청하다〉라는 기사에 강준흠의 죄를 물을 것을 청하는 상소가 실려 있다. 또 1817년 3월 18일자에는 〈강준흠이 상소하여 정홍경의 상소에 대해 변명하다〉라는 기사가 보인다.

527 이태순(1759~1840): 본관은 진보眞寶, 자는 내경來卿이다. 이수약李守約의 증손으로, 부친은 이구원李龜元이다. 1783년 생원, 1801년 문과에 급제했다, 교리, 전적, 예조좌랑, 부수찬, 지평, 장령, 양산군수, 집의, 수찬, 사간, 부응교, 응교, 대사간, 좌부승지, 공조참의, 초산부사, 병조참판 등을 역임했다.

한 역적 정약종의 아우일 뿐 아니라, 그 자신이 사학의 우두머리인데도 채홍원, 홍시제와 구분할 줄 모르고 똑같이 죄가 없다고 변명하였다. 채제공과 사학이 무슨 까닭에 짝이 되는 양 함께 가며 나란히 거론한단 말인가? 그렇다면 채제공이 끝내 사학 하는 쪽 사람이 될 수밖에 없단 말인가? 영남 사람들이야 어리석고 무지해서 탓할 것도 못 되지만, 틀림없이 이 일을 꾸며 지휘하는 자가 있을 텐데, 어찌 이다지도 꾀도 없고 무식하기 짝이 없단 말인가?

今番李泰淳之疏, 又用此套. 丁若鏞不但劇賊若鐘之弟, 乃是邪學之巨魁, 而與蔡弘遠·洪時濟一體伸救, 不知分別. 蔡與邪, 何故有若對偶, 而雙行幷擧耶? 然則蔡相終不免邪邊人耶? 嶺人愚騃沒覺, 不足責, 而其必有設施指揮者, 何其無謀蔑知之甚乎?

대저 우리나라는 당론이 생긴 후부터 당파를 위해 죽으려는 논의가 나라를 위한 충성보다 심하였고, 사사로움을 따르는 풍조는 도리어 공적인 것을 잊어버리는 폐단으로 귀결되고 말아, 이미 수백 년간의 고질이 되었다. 옛날부터 지금까지 두루 꼽아보더라도 이 같은 투

---

528 금번 이태순의 상소도 이 방법을 썼다: 이때의 일에 대해 정약용은 〈자찬묘지명〉(집중본)에서 이렇게 썼다. "갑술년(1814, 순조14) 여름 대신臺臣 조장한이 정계하니, 금부에서 관문關文을 보내려다가, 강준흠이 상소하여 지독하게 말하므로 판의금부사 이집두李集斗가 두려워하여 감히 보내지 못하였다. 무인년(1818, 순조18) 여름 응교 이태순이 상소하여 아뢰기를, '대계가 정지되었는데도 금부의 관문을 보내지 않는 것은 국조國朝 이래 없던 일이니, 유폐가 무궁하게 될 것입니다' 하고, 상신 남공철南公轍이 금부의 제신諸臣을 나무라니, 판의금부사 김희순이 곧 관문을 보냈다. 그래서 용이 향리에 돌아오게 되니, 곧 가경嘉慶(청나라 인종의 연호) 무인년 9월 보름날이다."

식을 면한 사람은 몇 되지 않는다. 우리 남인은 경신년(1680, 숙종6) 이전부터 청남淸南이니 탁남濁南이니 하는 논의가 있었다. 미수眉叟 허목許穆(1595~1682)은 재상 허적許積(1610~1680)과 거리가 먼 친척이었다. 그가 집정을 논할 적에 하나의 차자箚子가 청론의 근본이 되었다. 그 뒤 기사년에는 불행하게도 폐비廢妃의 일이 있었으므로, 내 증조부와 우담 정시한 공, 유재游齋 이현석李玄錫 **529** 공, 만안당晚安堂 이후정李后定, **530** 나은懶隱 이동표李東標 **531** 공이 청의淸議를 힘껏 이끌어

---

529 이현석(1647~1703): 본관은 전주, 자는 하서夏瑞, 호가 유재다. 실학자 이수광의 증손이다. 1667년(현종8) 진사가 되고, 1675년(숙종1) 증광시 문과에 을과로 급제했다. 1682년 우승지가 되었으나 송시열 등 서인의 예론禮論을 반대하다가 철원에 부처되었다. 1688년 다시 동래부사에 임명되었고, 이듬해 경상도관찰사, 1691년 동지중추부사, 1693년 춘천부사를 지냈다. 이듬해 청풍현감을 자원해 나가 《명사강목明史綱目》을 저술했으며, 그 뒤 한성부판윤, 우참찬, 형조판서 등을 역임했다. 관직에 있는 동안 군학君學과 시무時務에 관한 여러 소장疏章과 저서를 제진製進했다. 탕평책과 중농정책을 건의했으며, 경연강의經筵講義 교재의 개편을 진언했다. 경제세무에 관한 실용적인 사상을 가지고 조세 감면 등 각종 정책을 입안했고, 역리易理로써 군도君道와 치술治術을 설명한 《역의규반易義窺斑》을 저술해 임금에게 올렸다. 저서에 《명사강목》24권, 《역의규반易義窺斑》1권, 《유재집游齋集》24권 등이 있다.

530 이후정(1631~1689): 본관은 연안, 자는 정숙定叔, 호가 만안당이다. 1660년(현종1) 사마시에 합격해 생원이 되고, 1675년(숙종1) 식년시 문과에 병과로 급제했다. 1689년 병조참의 재직 시 기사환국 직전 인현왕후의 폐위가 부당하다고 상소했으나 용납되지 않자 격분하여 죽었다. 뒷날 청백리에 선록選錄되었다.

531 이동표(1644~1700): 본관은 진보, 자는 군칙君則 또는 자강子剛, 호가 나은이다. 1675년(숙종1) 진사가 되고, 1677년 증광회시에 장원했으나 파방罷榜되었다가 1683년 증광시 문과에 을과로 급제했다. 1689년 왕명으로 한림을 뽑을 때 영의정 권대운의 천거로 수천首薦이 되었다. 성균관전적을 거쳐 홍문관부수찬에 제수되었으나 기사환국 때 인현왕후의 폐위를 반대해 죄를 입은 박태보朴泰輔, 오두인吳斗寅 등을 신구하다가 양양현감으로 좌천당했다. 그 뒤 사간원헌

서 청탁清濁이 처음으로 분명해졌다.

大抵我國自黨論以後, 死黨之議, 甚於爲國之誠. 循私之風, 反歸忘公之弊, 已成數百年痼疾. 歷數今古, 免此套者, 無幾人. 吾黨自庚 **[34/16b]** 申以前, 有 淸濁之論. 眉翁與許相積, 爲祖免之親. 其論執政, 一箚爲淸論之本, 而其後己 巳, 不幸有廢妃之擧, 吾曾王考, 及愚潭丁公時翰·游齋李公玄錫·晩安堂李公 后定·懶隱李公東標, 力扶淸議, 涇渭始分.

갑진년(1724) **532**에 우리 집안의 선배인 국포菊圃 강박姜樸(1690~ 1742)과 모헌慕軒 강필신姜必愼 **533**이 신절재卨節齋 이인복李仁復(1683~ 1730) 공과 함께 또 명나라를 붙들어세워야 함을 강론하여 정론을 실 추시키지 않아 탁남이 원수처럼 미워하여 문내당門內黨과 문외당門外 黨의 명목이 있기에 이르렀다. 문외당은 강박과 강필신, 이인복이 중 심이 되어 젊은 명사들이 이를 따랐다. 문내당은 목천임睦天任 **534**과 유

납, 이조좌랑, 홍문관교리 등에 임명되었으나 그때마다 사직하고 귀향했으므 로 사람들은 소퇴계小退溪라 일컬었다. 1741년(영조17) 이조판서에 추증되었고, 1845년(헌종11) 예천의 고산서원古山書院에 봉안되었다. 저서로는《나은문집懶 隱文集》이 있다. 시호는 충간忠簡이다.

532 갑진년: 원문에는 '갑술甲戌'이라고 했는데, 갑진년의 오기로 보아 바로잡아 번 역했다.

533 강필신(1687~1756): 본관은 진주, 자는 사경思卿, 호가 모헌이다. 채팽윤蔡彭胤 의 문인이다. 문과 급제로 조정에 출사해 영조 무신란戊申亂 때 원종 일등공신 에 책봉되었으나 탕평책을 반대하는 등 대신과의 불화로 벼슬을 그만두고 물러 나 학문에 전념했다. 저서로《모헌집慕軒集》이 전한다.

534 목천임(1673~1730): 본관은 사천, 자가 대숙大叔, 호는 묵재黙齋 또는 묵암黙菴 이다. 지중추부사 목서흠睦叙欽의 증손으로, 할아버지는 좌의정 목내선睦來善이 고, 아버지는 대사헌 목임일睦林一이다. 1721년 식년시 문과에 급제했고, 관직

래柳徠,⁵³⁵ 권서경權敍經,⁵³⁶ 남하운南夏運⁵³⁷이 중심이 되어 노파老派 남인이 붙좇았다. 논의가 격렬해질수록 원망이 더욱 깊어졌다.

甲戌, 吾家先輩菊圃 · 慕軒諸公, 與睿節李公仁復, 又講明扶植, 不墜正論, 爲濁南所仇疾, 至有門內門外黨之目. 門外黨姜 · 李爲主, 而少年名士附之. 門內黨, 睦天任 · 柳徠 · 權敍經 · 南夏運爲主, 而老派南人附之. 論議轉激, 仇怨益深.

무신년(1728, 영조4)에 이르러, 이인좌李麟佐⁵³⁸와 정희량鄭希亮⁵³⁹

은 직장에 이르렀다. 신임옥사 때 고변자인 목호룡睦虎龍과 친하게 내왕했다 하여 유배되었다가 정미환국으로 석방되었다. 1730년 무신란 때 모의 가담자로 연루되어 그해에 붙잡혔고, 국옥에서 가노家奴들의 불리한 진술로 매를 맞아 죽었다. 1743년 복관되었다. 형 목천현睦天顯도 아우에 연좌되어 먼 섬으로 귀양 갔다.

535 유래(1687~1728): 본관은 진주, 자는 자산子山, 호는 서림西林이다. 증조부는 유시행柳時行, 조부는 유경柳頲, 부친은 유명현柳命賢이다. 외조부는 허우許墻이고, 처부는 목천민睦天民과 권중경權重經이다. 1711년 진사시에 합격하고, 1727년 문과에 급제해 안무사종사관과 안동판관을 겸임했다. 이인좌의 난에 연루되어 죽었다. 1754년 신원설치伸冤雪恥되었다.

536 권서경(1684~1730): 본관은 안동, 자는 중서仲舒다. 조부는 권대운權大運, 부친은 남록南麓 권규權珪다. 1713년 생원시에 합격했다. 1728년 이인좌의 난에 연루되었다는 혐의가 있다가 1764년 유래, 박지문朴趾文과 함께 신원되었다.

537 남하운: 본관은 의령, 자는 명도溟圖다. 부친은 남수기南壽箕다. 1708년 진사시에 합격했다. 1728년 이인좌의 난이 일어나자 장령 이세진李世進이 "이의징李義徵의 사위이고 이홍발李弘渤의 매부이며 역적 박필현朴弼顯과 요망한 유래柳徠의 심복"이라는 이유로 논계하여 도배島配하도록 했다.

538 이인좌(1695~1728): 본관은 전주다. 조부는 관찰사 이운징李雲徵, 부친은 이홍덕李弘德이다. 1728년 청주에서 난을 일으켰는데, 오명항吳命恒의 관군과 싸워 안성에서 패하고, 도피 중에 붙잡혀 처형당했다.

등 여러 역적이 기사년(1689)의 남은 종자에서 나와, 전라도와 충청도에서 난이라 일컫는 변고에 이르자, 이른바 탁남은 망한 가문이 몹시 많았다. 그 뒤로도 여러 의론이 분분해져 청남을 욕하고 헐뜯음이 오히려 다시 예전과 같았고 이제껏 그치지 않고 있다. 강박과 이인복처럼 아직도 마음으로 승복하지 않는 자가 있다. 그 광경을 보고 그 의론을 살펴보면 근래의 광경과 흡사하다. 익숙한 데 연연하여 끝내 손을 끊지 못하는 점은 예나 지금이나 마찬가지다. 이것은 모두 공의를 저버리고 당파에 죽는 습속에서 나온 것이니, 애통함을 이길 수 있으며, 근심을 견딜 수 있겠는가!

至戊申, 麟·亮諸賊, 出於己巳遺孽, 至於兩湖稱亂之變, 所謂濁南, 覆亡甚多. 其後, 諸論紛紛, 訾毁淸南, 猶復如前, 至于今未已. 菊圃·脣節, 尙不心服者有之. 觀其光景, 跡其言議, 恰似近日光景. 宿處有戀, 終不斷腕, 古今一轍. 此皆出於背公死黨之習也. 可勝痛哉! 可勝悶哉!

근래 서울에 사는 선배와 백성 중에는 사학을 배우는 사람이 없는 듯하나, 사학을 두둔하는 풍조는 신유년 이전보다 심한 점이 있다. 이가환과 정약용이 독한 심보를 부리던 때에는 반드시 정론과 다투어 이겨 선한 부류를 해치려고 거짓말을 만들고 비방을 조작해서 못하는 짓이 없었다. 이것이 대체 무슨 심보이며, 또 무슨 의도란 말인가? 어리석고 또 현혹되었다고 말할 수 있다.

---

539 정희량(?~1728): 본관은 초계草溪다. 동계桐溪 정온鄭蘊의 후손으로, 부친은 정중원鄭重元이다. 1728년 이인좌, 박필현 등과 밀풍군密豊君 이탄李坦을 추대하기 위해 모의하고 거병했다가 거창에서 관군에게 패하여 참수되었다.

近來輂轂之下, 士庶之流, **[35/17a]** 似無學邪之人, 而右邪之風, 有甚於辛酉以前. 家·鏞逞毒之日, 必欲角勝正論, 戕害善類, 興訛造訕, 無所不至. 是何心腸, 抑何意義? 可謂愚且惑矣.

이른바 사학의 변고는 없었던 해가 없었다. 재작년에도 영남 세 지역의 사적邪賊과 호서와 서울의 사적을 해마다 체포하였지만 남은 종자가 아직도 많아서 재앙의 근심이 그치지 않고 있다. 황사영의 〈백서〉에서 '일반 백성 중에 아직도 죽기를 결심한 교우가 있고 영남과 호남과 경기도와 충청도에 사학의 다스림을 피해 달아난 자가 수천 명 이상이다'라고 했는데, 그 말이 과연 징험되었다.

所謂邪學之變, 無歲無之. 再昨年嶺南三處之邪賊, 湖西京中之賊, 年年捕捉, 遺孼尙多, 禍患不息. 嗣永帛書所謂常漢中, 尙有死友, 兩南畿湖, 逋逃治邪者, 不下數千人云者, 其言果驗矣.

한쪽 사람들이 정론을 배척하고 사학의 떨거지를 보호하기에 급급한 나머지, 후환이 어떤 지경에 이를지도 몰랐으니, 또한 슬프기만 할 뿐이다. 어쩌다 한가한 중에 손수 기록하여 후생들에게 전말과 시비가 어떻게 나뉘어졌는지 확실하게 알리노라.

一邊之人, 急於擯斥正論, 營護邪孼, 不知後患之至於何境, 亦可哀也已. 偶於閒中手錄, 以爲後生輩, 的知顚末是非之分焉.

홍문관교리 이공 묘지명[540]

弘 文 館 校 理 李 公 墓 誌 銘

강준흠 지음

학사 이기경李基慶(1756~1819)은 자가 휴길休吉이니, 따로 자호를 척암瘠菴이라고 하는 사람이다. 처음에 사학邪學을 물리치는 일로 당시 재상 채제공과 어긋나서 북쪽 변방에 유배 갔고, 또 척신戚臣이 일 꾸민 것을 논하였다가 다시 북쪽 변방에 귀양 갔고.[541] 마침내 사학 하는 무리에게 모함받아 서쪽 변방에 쫓겨갔는데,[542] 세 차례의 유배가

---

540 홍문관교리 이공 묘지명: 이 글은 연세대학교 홍이섭문고에 소장된 강준흠의 필사본 《삼명집三溟集》(3책 잔권) 중에 실려 있다. 《홍이섭전집》(연세대 출판부, 1994) 제3책, 84~98면 〈벽위편 찬집자 이기경의 전기 자료-강준흠 찬 〈홍문관교리 이공 묘지명〉의 소개〉에 원문이 전재되어 있고, 핵심 내용에 대한 풀이가 나온다.

541 북쪽 변방에 귀양 갔다: 《정조실록》 1791년 11월 13일자에 죄인 이기경을 함경도 경원부로 기한을 두지 않고 정배한다는 기사가 나온다.

542 서쪽 변방에 쫓겨갔는데: 《순조실록》 1806년 5월 4일자에 이기경을 평안도 운

모두 그의 죄가 아니었다. 돌아오고 나서도 다시 등용되지 못하였으니, 손상된 바가 깊었던 것이다. 하지만 의논하는 자들은 당세의 큰 그릇으로 일컬어 뜻과 행실, 문학과 언론을 두루 갖춘 점은 반드시 공에게로 돌리곤 하였으니, 비록 공을 심하게 공격하는 자도 감히 다른 말이 없었다. 어찌 비방하기를 좋아하는 자라도 그 아름다움을 가릴 수 없다는 경우가 아니겠는가?

李學士基慶者, 字休吉, 別自號曰瘠菴者也. 始以闢邪學, 貳於時相, 竄北塞, 又論戚臣用事者, 再竄北塞. 竟爲邪黨所陷, 竄西塞, 三竄皆非其罪. 而旣歸不復見用, 所中者深也. 然議者稱當世器局志行, 文學言論俱備者, 必以公歸焉, 雖甚忤公者, 莫敢異辭. 豈非善毁者, 不能掩其美歟?

처음에 세종대왕의 별자別子(서자)로 담양군潭陽君 거璩가 있었다. 여러 대를 전하여 순천군順川君 관琯에 이르러 유학을 좋아하여 어진 공자가 되었으니, 공은 그의 후예이다. 증조는 진사 진일震—이고, 조부는 사간司諫 봉령鳳齡이며, 부친은 지평持平 제현齊顯이다. 모친은 동래 정씨 언빈彦賓의 따님이시다. 지평공이 세상을 떴을 때, 공은 태어난 지 막 몇 달이 되던 때였다. 계부季父 소은素隱 선생 이제임李齊任이 지성으로 가르쳐서, 매번 매질을 할 때마다 문득 눈물을 흘리곤 하였다. 정씨 또한 훌륭한 행실이 있어서 가르치고 기르는 데 법도가 있었다.

初, 世宗大王有別子, 曰潭陽君璩. 數傳至順川君琯, 喜儒術, 爲賢公子, 公其後也. 曾祖進士震—, 祖司諫鳳齡, 考持平齊顯, 妣東萊鄭氏彦賓女. 持平公

산군으로 정배한다는 기사가 있다.

之沒, 公生才數月. 季父素隱先生齊任, 至誠訓誨, 每施夏楚, 輒流涕. 鄭氏亦
有淑行, 教養有法.

　　처음에는 자질이 몹시 노둔하였으나, 오래되자 저절로 투철하게
깨달아, 10여 세에 경사經史에 통달하고, 21세에 상시庠試에 급제하였
다. 이듬해에는 사마시에 올라, 반시泮試에서는 문득 높은 성적을 받
곤 하였다. 기유년(1789, 정조13)에 문과에 급제하여 승문원에 발탁되
었고, 내각의 강제문신講製文臣에 선발되었다. 월과月課의 시험에 1등
을 하여 성균관전적, 사헌부감찰로 승진하였다가 예조정랑으로 자리
를 옮겨서는 구사값[丘史價]543을 집에 들이지 않았다. 사헌부지평에
발탁되어서는 모친상을 당하였는데,544 상례를 잘 치렀다고 일컬어졌
다. 이정국李靖國이란 자가 산송山訟을 일으켜 돌아가신 선대까지 무
고가 미치자, 성상께서 현령에게 명하여 공의 선대의 묘에 가서 형刑
을 시행케 하였다. 공이 마침내 그동안의 판결을 편집하여《은산록恩
山錄》545을 엮었다.

　　始甚質魯, 久自透悟, 十餘歲通經史, 二十一發解庠試, 明年陞司馬, 泮試

---

543 구사값: 구사는 종친·공신·당상관 등에게 배당되어 이들을 모시고 다니는 하
　　인을 가리키고, 구사가丘史價는 이들에게 지급하는 품삯을 말한다. 이기경이 구
　　사의 도움 없이 예조의 공무를 보았다는 뜻이다.

544 사헌부지평에 …… 당하였는데: 그가 사헌부지평에 임명된 것은 1790년 4월이
　　고, 그해 7월에 모친이 세상을 떠났다.

545 《은산록》: 이기경이 이정국과의 산송 경과를 관련 문서와 함께 엮어 편집한 책
　　자를 말한다. 이정국과의 산송에 대해서는《정조실록》1791년 1월 20일자 기
　　사에 나오는데, 당시 정조가 이기경의 손을 확실하게 들어주었으므로, 감격하
　　여 이 기록을 남겼다.

輒居前列. 己酉擢文科, 隸槐院, 選內閣講製文臣. 魁課試, 陞成均典籍, 司憲府監察, 移禮曹正郎, 不以丘[546]直入家, 擢司憲府持平. 丁母憂, 以善居喪稱. 有李靖國者, 訟山誣及先故, 上命縣官, 就公先墓施刑. 公遂輯前後判付, 纂恩山錄.

이에 앞서 이승훈과 이벽, 정약전 등이 창도하여 양학을 한다면서 그 책을 공에게 보여주었다. 다 보기도 전에 그것이 삿되고 음탕한 것을 깨달아 사절하여 이를 물리쳤다. 이로 인해 서학이 간특함을 감추고 있음을 깊이 알아, 매번 이승훈 등을 타이르자, 이승훈 등이 미워하였다. 정미년(1787, 정조11)에 반촌泮村으로 정약용을 찾아갔더니, 정약용이 이승훈 등과 함께 공령문을 공부한다면서 남몰래 서학서에 매진하다가, 공을 보자 수진본袖珍本의 책들을 거두어 감추었다. 공이 정색을 하고서 이를 나무랐다.

先是, 李承薰·李蘗·丁若銓等, 倡爲洋學, 以其書示公, 覽未終, 覺其邪淫, 謝却之. 因此深知西學隱慝, 每戒承薰等, 承薰等惡之. 丁未, 過訪若鏞於泮村, 若鏞方與承薰等, 治功令而陰劬西書, 及見公, 收匿袖珍諸書, 公正色責之.

신해년(1791, 정조15)에 사적邪賊 윤지충의 변고가 있었다. 당시 문숙공 채제공이 의정부에 오랫동안 있었는데, 홍희운 공이 문숙공에게 편지를 보내 사학 하는 부류를 다스리도록 청하였다. 또한 유생 성영우 등이 모여서 사학을 배척할 것을 의논하였다. 이에 정약용과 이익운 등이 정학正學을 논하는 선비를 지목하여 대신을 흔들려 한다면서,

---

546 丘: 원문은 '邱'이다. 문맥을 살펴 바로잡았다.

"사학을 공격하는 자는 채당蔡黨을 공격하는 것이다"라고 하였는데, 문숙공의 아들 채홍원에게도 그 말이 살짝 들어가자, 문숙공이 마침내 사학을 주벌誅伐하고, 대신을 흔드는 자 또한 다스려야 한다고 아뢰었다. 진신의 사이에서 정학과 사학의 다툼이 이로부터 비롯되었다.

辛亥, 有邪賊尹持忠之變. 時蔡文肅, 久在政府, 洪公義運, 抵文肅書, 請治邪類. 儒生成永愚等, 亦會議斥邪. 於是, 若鏞與李益運等, 指正士, 爲敲撼大臣, 且曰: "攻邪學者, 攻蔡黨." 文肅子弘遠, 稍入其說, 文肅遂奏邪學可誅, 而敲撼者亦當治. 搢紳間邪正之爭, 自此始.

대간 권이강이 홍희운 공의 장서長書에 담긴 말을 조사하도록 청하여 홍공에게 반좌율反坐律을 시행하니, 장차 헤아릴 수 없을 지경이었다. 승정원의 문계問啓에서 이승훈이 연경에 들어가 사서를 구입하였고 법회法會(미사)를 마련하다가 이아무개(이기경)에게 발각되었다고 말한 내용으로 말미암아, 문숙공 채제공이 명을 받아 장악원에 좌기坐起하여 여러 사람을 소환해서 물었다. 공의 차례에 이르자, 이승훈과 서학서를 보았느냐고만 묻고 반회의 일에 대해서는 묻지 않았다. 공이 모두 진술하면 이승훈이 곤란한 지경이 될까 염려해서였다. 공 또한 홍희운 공이 문계한 말을 미처 보지 못했으므로 단지 묻는 말에 대답만 하고 물러나왔다.

大諫權以綱, 請覈洪公書中語, 施以反坐洪公, 禍將不測. 因政院問啓, 言承薰入燕購邪書, 會泮設法, 見覺於李某. 文肅承命, 坐樂院, 召問諸人. 次至公, 但問與承薰看西書, 而不問泮會事. 恐公悉陳, 難爲承薰地也. 公亦未見洪公啓語, 只對啓問而退.

문숙공이 마침내 이기경과 이승훈이 서학서를 본 것은 차이가 없다고 아뢰어 이승훈에게 가는 비방을 분산시키려고 하였다. 공은 문 숙공에게 편지를 보내 연석筵席에서 아뢰어 흑백을 가리도록 청하였 으나, 문숙공은 따르지 않았다. 이때 마침 대신臺臣 송익효宋翼孝 **547**가 공의 죄가 이승훈과 같다고 탄핵하자, 공은 너무나 근심하고 답답해 하다가 마침내 상소를 올려 스스로를 해명하고, 또 문숙공에게 편지 보낸 일에 대해 말하였다.

文肅遂奏, 言某與承薰, 看書無異同, 欲爲承薰分謗. 公移書文肅, 請筵奏, 別其黑白, 文肅不從. 會臺臣宋翼孝疏劾公罪同承薰, 公悶阨甚, 遂上疏自明, 且言移書文肅事.

성상께서는 공이 실제로 대신을 흔들려 한다고 생각해서 경원부로 유배 보내면서, 특별히 사흘 길을 하루에 가도록 명하셨다.**548** 경원은 북쪽 끝 3천 리 되는 곳에 있다. 공이 당시 상복을 가지고 눈보라를 헤 치고 겹겹의 험지를 넘느라 여러 번 죽을 뻔하였다. 그사이 문숙공은 조정에 들어가 아뢰면서, 공이 나라에 재앙을 끼치고 집안에 재앙을 불러올 사람이라고 지목하였다. 홍 공 또한 연좌되어 폐출되었다. 하 지만 이승훈은 다시 벼슬이 회복되었고, 이가환과 정약용은 등급을

---

547 송익효(1739~?): 본관은 여산礪山, 자는 사순士純이다. 1783년 증광시에 병과로 급제했다. 1788년에는 교리로 재직 중이었는데, 상소를 올려서 당시 언로가 차 단된 정책을 비판했던 오익환吳翼煥의 엄벌을 청원했고, 1790년에는 도사都事 로 재직 중이었는데, 하찮은 일에도 형벌을 혹독하게 적용해, 경기도관찰사 김 사목金思穆으로부터 탄핵을 받았다. 이 일을 계기로 관직을 삭탈당했고, 1년 동 안 금고형에 처해지기도 했다. 1806년에는 사간원대사간에 임명되었다.

548 사흘 길을 하루에 가도록 명하셨다: 앞서 《송담유록》에서는 이틀 길을 하루에 가도록 명하였다고 했다.

건너뛰어 발탁되었다. 이로부터 정학을 논하는 선비가 두려워 떨며 스스로를 보전하였고, 젊으면서 조급히 진취하려는 자들은 점차 사학으로 몰려들었다.

上意公果欲敲撼大臣, 特命三倍道, 配慶源. 慶源在極北三千里. 公時持服, 衝風雪蹟重險, 幾死者數. 而文肅顧入奏, 目公爲凶國禍家之人. 洪公亦坐廢. 而承薰復仕籍, 家煥·若鏞陞秩擢用. 自是, 正士惴惴自保, 而年少爍進者, 漸歸於邪學.

오랜 뒤에 임금께서 의심이 점차 풀려서, 멀리 공에게 단오절 부채를 내리셨다. 갑인년(1794, 정조18)에는 마침내 풀려나서 돌아오니, 임금께서 여러 번 사람을 시켜 위문慰問하였다. 을묘년(1795)에 다시 지평의 벼슬을 내렸으나 나아가지 않으니, 잇달아 병조정랑과 사간원정언, 이조좌랑을 제수하였다. 성일원成一源이란 이가 있었는데 미수 허목 선생을 추악하게 헐뜯었다. 공이 고사를 끌어다가 붓을 들어 지평을 위해 상소문을 올려 성일원을 배척하였다.**549** 성상께서 몹시 은혜

---

549 성일원이란 이가 …… 배척하였다: 노상추盧尙樞(1746~1829)의 《노상추일기盧尙樞日記》1800년(정조24) 3월 3일자에 "성일원이 도성 안에 들어와 통문을 작성해서 성균관에 들여보냈는데, 그 내용은 기호의 남인 선배를 무함하고 모욕하는 것이었다. 성암省庵 김효원金孝元 이후로 문정공文正公 허목許穆, 고산孤山 윤선도尹善道, 백호白湖 윤휴尹鑴, 남파南坡 홍우원洪宇遠 등의 제현諸賢과 지금의 고관高官들을 차례로 열거했다고 한다. 그 이유를 물으니, 성일원이 지금 매죽梅竹 성삼문成三問의 사손嗣孫이 되기를 도모하고 음관蔭官의 청직淸職에 들기를 바라므로 돌연 자신의 근본을 배반하고 당색을 바꿀 꾀를 낸 것이라 한다"라는 기록이 보인다. 이 사실을 알고 지평 이기경이 상소로 아뢰자, 정조는 성일원 및 당초 연명 상소에 참여하지 않은 유생도 처벌하라고 명했다. 《일성록》1800년 2월 22일, 《승정원일기》1800년 2월 22일자에 관련 내용이 보인다.

로운 비답을 내리니, 사림이 일제히 칭송하였다.

久之, 上疑漸釋, 遠賜公節扇. 甲寅遂放還. 上屢使人顧問. 乙卯復授持平,
不就. 連除兵曹正郎·司諫院正言·吏曹佐郎. 有成一源者, 醜詆眉叟先生. 公
援故事, 執筆爲持平陳疏, 斥一源. 上賜批甚寵, 士林翕然稱頌.

이익운이 이를 시기하여 상소로 아뢰어 좋은 점을 깎아내려 하였
다. 성상께서 그 간악함을 살피시고, 엄한 전교로 그 상소를 돌려주었
다. 이에 앞서 사적邪賊 지홍池洪[550] 등이 중국 신부를 데려와서 설법
하다가 포도청에서 죽고, 중국 사람은 달아나는 바람에 성상께서 몹
시 근심하였다. 호서 병마 및 수군 절도사에게 명하여 사학 하는 무리
를 기찰하여 체포하게 하였다. 이때 이승훈을 유배 보내고 이가환과
정약용을 충청도로 쫓아내 차츰 공을 마음에 두고 쓰게 되었다. 하지
만 성상께서 폐출한 여러 신하에게 크게 조처하는 바가 아직 없었다.

益運忌之, 陳疏欲掠美. 上察其奸, 嚴敎還給其疏. 先是, 邪賊池洪等, 購致
華人說法, 戮於捕廳, 而華人在逃, 上甚憂之. 命湖西帥臣, 譏捕邪徒. 時竄承
薰, 黜家煥·若鏞於湖邑, 駸駸嚮用公, 而上棄群臣, 未及大有所施措.

금상今上(순조) 즉위 초에 정순태후貞純太后께서 수렴청정하셨다.
공은 함경남도에 시험을 주관하러 가서 아직 돌아오지 않았는데, 정
약종이 사서邪書를 옮기다가 순라꾼에게 적발되었다.[551] 이승훈과 이

550 지홍: 지황池潢의 초명이다.
551 함경남도에 시험을 …… 적발되었다:《순조실록》1801년 1월 27일자에 이기경
을 함경도사咸鏡都事로 삼는다고 한 기사가 보인다. 정약종의 책상자가 운반 도
중 발각된 것은 1월 19일의 일이다.

가환 등은 사형되었고, 예전에 달아났던 중국 사람 주문모는 자수하여 죽음을 당하였다. 4월에 공이 돌아왔을 때 옥사는 이미 끝나 있었다. 이조좌랑으로 자리를 옮겼다가 장령으로 승진하였다. 이로부터 정학을 논하는 선비가 조정에서 대접을 받게 되니, 사학을 두둔하는 논의가 조금 사라졌다. 전주의 사적 유항검 등은 서양의 큰 선박을 보내 줄 것을 요청하려 하였고, 도망갔던 사적 황사영은 제천의 토굴에서 체포되었는데, 여덟 조목의 역모가 들어 있었으므로, 아울러 처자식까지 함께 처형하고, 종묘에 고하고 사면령을 반포하였다. 사신을 보내 북경에 아뢰었다. 아울러 채제공이 사학을 두둔한 죄를 아뢰고 이어서 관작을 추탈하는 법률을 시행하였다.

今上初, 貞純大后垂簾, 公掌試咸鏡南道, 未還. 丁若鍾邪書見捉於邏者, 承薰・家煥等伏誅, 向之在逃華人周文謨, 自首就戮. 四月公還, 獄已畢矣. 移吏曹佐郎, 陞掌令. 自是, 正士重於朝廷, 而護邪之論稍息. 全州邪賊柳恒儉等, 謀邀西洋大舶, 亡命賊黃嗣永, 見捉於堤川土窟, 有八條逆謀, 並施拏戮, 告廟頒赦. 遣使奏北京, 兼陳蔡濟恭護邪之罪, 仍施追律.

이에 앞서 채제공이 세상을 뜬 지 1년도 채 되지 않아 그의 당여黨與가 서둘러 서원에다 배향하여 미수 선생과 나란히 두니, 사람들이 모두 놀라 비웃었다. 이에 이르러 진사 한석민 등이 모여 출향黜享을 의론하였는데, 채제공의 식객이었던 이종화李宗和[552]가 모임 가운데

---

552 이종화(?~1818): 본관은 한산, 부친은 진사를 지낸 이재망李載望이다. 채제공이 정치적 어려움에 처했을 때 끝까지 의리를 지킨 인물로 죽파竹坡 유항주兪恒柱, 죽포竹圃 심규沈逵와 함께 채문蔡門의 삼죽三竹이라 불린다. 집이 곤궁하여 채제공의 도움을 받았다. 1801년 신유박해 때 채제공의 삭탈관직에 대해 적극 변

서 크게 소동을 일으켜 그 의론을 저지하였다. 공이 사헌부의 직임을 맡았기에 이종화를 체포하려고 아전을 보냈다. 이종화는 채홍진蔡弘進[553]의 집에서 지내고 있었는데, 채홍진이란 자는 채홍원의 친아우였다. 아전이 이종화를 찾다가 찾지 못하자 마침내 채홍진을 붙잡았다. 채홍진이 아전을 따라오니 공이 말했다.

"내가 찾는 것은 이종화이다."

그러고는 즉시 돌려보냈다. 하지만 채당은 이를 더욱 미워하였다.

先是, 蔡卒未踰年, 其黨遽享諸儒院, 以配眉叟先生, 衆皆駭笑. 至是, 進士韓錫敏等, 會議黜享. 蔡客李宗和, 大鬧會中, 沮其議. 公在憲職, 遣吏捕宗和, 宗和住蔡弘進家. 弘進者, 弘遠弟也. 吏索宗和不得, 遂侵弘進, 弘進踵吏來. 公曰: "吾所求宗和也." 即遣歸. 然蔡黨益惡之.

임술년(1802, 순조2) 《정조실록》을 예비 편찬할 때 홍문록에 선발되어, 홍문관 수찬과 교리, 사간원 헌납과 사간, 사헌부 집의에 제수되었다. 계해년(1803, 순조3) 우통례右通禮에 제수되어 충청우도의 시험을 주관하자 감히 청탁이 이르지 못하였다. 또 여러 해 동안 시험장을 시끄럽게 하는 자를 깨끗하게 다스리니, 선비가 모두 칭송하였다. 12월에 척신戚臣 김노충金魯忠[554]이 유생들을 사주하여 재상 서용보와 이

호하다 이기경의 미움을 사 형조에서 고문과 매질을 당하고 단성현에 유배되었다. 이때 이종화의 딸이 칼을 들고 이기경을 찾아가 부친의 조속한 석방 약속을 받고 돌아왔으며, 귀양 간 지 7년 만에 돌아와 집에서 죽었다. 이종화의 사적은 정약용의 〈죽대선생전竹帶先生傳〉(《여유당전서》 권17)에 전한다.

553 채홍진: 본관은 평강, 부친은 채민공이다. 채제공의 재종질이자, 채제공에게 입양된 채홍원의 친가 동생이다.

조판서 서매수徐邁修(1731~1818)를 쫓아내기를 꾀하다가 그의 이름이 죄수의 공초에서 나왔다.[555] 그런데도 대신과 삼사가 감히 말하지 못하자, 공이 집의로서 손수 상소하여 국문을 청하였다.

"죄수가 공초에서 끌어낸 자는 즉시 대질하여 조사하도록 청하는 것이 상례입니다. 의금부가 의계議啓에서 이에 대해 언급하였다는 말은 듣지 못하였습니다. 전장典章은 전하의 법령이 아니라 조종祖宗의 법령입니다. 어찌 외척이라 하여 마음대로 조절할 수 있겠습니까?"

상소가 나오자, 강직하다는 명성이 한 시대에 알려졌다. 말은 쓰이지는 않았지만, 김노충의 기세가 더욱 사그라들었다.

壬戌, 預修正宗實錄, 被選弘文錄, 除修撰·校理·司諫院獻納·司諫·司憲府執義. 癸亥, 除右通禮, 掌試忠淸右道, 關節不敢到. 又廉治積年鬧場者, 士皆稱頌. 十二月, 戚臣金魯忠, 嗾儒生, 謀逐相臣徐龍輔銓臣徐邁修, 名出囚供. 而大臣三司不敢言, 公以執義, 手疏請鞫曰: "囚供援引, 即請質覈, 常典也. 金吾議啓, 未聞及此. 典章者, 非殿下之典章, 祖宗之典章也. 安得以戚畹低昂也?"疏出, 直聲聞一世. 言雖不用, 魯忠勢益衰.

---

554 김노충: 본관은 경주다. 부친은 김귀주金龜柱다. 1801년 왕명으로 자급資級이 더해져 동부승지에 제수되었다. 같은 해 총융청의 총융사摠戎使에 제수되었다. 공조참판, 호조참판 등의 관직을 거쳤다.

555 12월에 척신 김노충이 …… 나왔다: 1803년 12월 28일 전임 대신臺臣 조진정趙鎭井이 좌의정 서용보, 이조판서 서매수, 병조판서 김달순 등을 공척攻斥하는 상소를 올리려다 마침 재일齋日을 맞아 도로 가지고 간 일이 있었다. 이듬해 1월 전 장령 이동만李東萬이 상소하여 조진정의 배후에 전 현감 홍이유洪履猷, 유생 김원희金元喜와 정재민鄭在民 등이 있으니 이들을 변방으로 내치도록 청했다. 의금부에서 조진정과 이동만을 신문하자, 이동만이 김노충을 만났다고 공초에서 언급했다. 《승정원일기》1803년 12월 28일 / 1804년 1월 1일, 24일)

갑자년(1804, 순조4) 겨울에 대비가 수렴청정을 거두고, 성상께서 처음으로 친히 정사를 보았다. 이에 앞서, 김노충은 김씨가 자기를 이상하게 보는 것을 미워하여, 국가의 가례嘉禮(숙선옹주의 혼인)를 몰래 방해하려고, 10월 이후로는 길한 날이 없다고 하였다.[556] 이렇게 되자 이런저런 말들이 더욱 번다해졌다. 공은 집의로서 여러 대간을 이끌고 입시하였다. 대비가 성상과 함께 조정에 임하여 김노충을 위해 변명하고자 하였다. 영의정 이시수李時秀[557]가 "수렴을 거두었다가 다시 내리는 것은 나라의 법도가 아닙니다"라고 아뢰고, 공 또한 불가하다고 이어서 아뢰었는데, 말이 격앙되었으므로 대비가 몹시 노하여 일어나 대내大內로 들어가셨다. 여러 신하가 자리를 옮겨 어전에 나아가 엎드렸다. 성상께서 여러 신하에게 "그대들은 좋게 아뢰었어야지, 어찌 굳이 자전慈殿의 심기를 거스르는가?"라고 전교하였다. 물러난 뒤에 여러 대간에게 유배를 명하니, 공은 단천으로 유배 갔다. 당시에 봉명조양鳳鳴朝陽, 즉 어진 신하의 직간直諫이라고들 일컬었다.

甲子冬, 大妃撤簾, 上始親政. 初, 魯忠惡金氏異己, 陰沮大婚, 以爲十月無

---

556 김노충은 김씨가 …… 없다고 하였다: 1804년 6월 대왕대비가 일관日官과 관계된 김노충의 일에 대하여, "임술년에 가례의 길일을 잡은 뒤 우연히 김노충을 시켜 일관에게 물어보게 하였더니, 일관이 '세전歲前의 10월 이후로는 다시 합당한 달이 없다'고 하였다"라고 언서諺書로 하교하였다. (《승정원일기》 1804년 6월 24일)

557 이시수(1745~1821): 본관은 연안, 자는 치가稚可, 호는 급건及健이다. 아버지는 좌의정 이복원李福源이다. 1771년 진사시에 합격하고, 1773년 증광시 문과에 병과로 급제, 병조·이조·호조의 판서를 역임했다. 순조 대에 우의정이 되었다가 다시 영의정에 올랐다. 성격이 치밀하고 민첩하였으며, 1804년에 정순왕후가 재차 수렴청정하려 할 때는 대의를 내세워 끝까지 반대했다. 영중추부사로 죽었다. 순조 묘에 배향되었고, 시호는 충정忠正이다.

吉日. 至是, 辭說益繁. 公以執義率諸臺入侍. 大妃與上臨朝, 欲爲魯忠卞白. 領相李時秀奏曰: "簾撤而復垂, 非國典也." 公亦繼陳其不可, 言辭激昂, 大妃怒甚, 起入內. 諸臣移就御前, 俯伏. 上教諸臣曰: "爾等當善奏對, 何必觸忤慈旨也?" 既退, 命竄諸臺, 公得端川. 時稱鳳鳴朝陽.

이듬해(1805) 봄에 석방되어 돌아와 수찬과 좌통례, 장악원정, 부교리, 집의 등에 차례로 임명되었다. 이때는 신유년(1801, 순조1)에서 꽤 오래되고 보니, 조정이 일변하였다. 이익운이 기회를 틈타 조정에 나아가려고,[558] 대관 이남규를 사주하여 도리어 공을 무함하여 김노충을 편들었다.[559] 공이 마침내 당상집례堂上執禮로서 대제大祭에 참석하지 않아 의금부에 가서 대답하여 스스로 진술하자 무함이 이미 밝혀졌다.[560] 하나 공사의 말이 장황하다는 이유로 운산으로 유배 갔다. 이익운이 또 권흥을 사주하여 홍희운 공을 무고하였고, 이만영을 사주하여 나를 무고하였다. 이로부터 이단을 물리치는 자가 서로 잇달아 도

---

558 이익운이 기회를 틈타 …… 나아가려고: 1801년 교리 박명섭이 상소하여 역적을 주토하고 사학을 다스리는 방도를 논하고, 이어서 이익운에게 병예屛裔의 전형을 시행할 것 등을 청하였다. 이로 말미암아 이익운은 방귀전리放歸田里되어, 1805년이 되어서야 풀려났다. 《승정원일기》1801년 10월 21일, 27일 / 1805년 3월 22일)

559 대관 이남규를 …… 김노충을 편들었다: 1806년 지평 이남규가 상소하여, 순조의 대혼大婚을 저지하려 했던 권유權裕를 위하여 현중조와 정언인이 정계停啓하고 나서 편을 들었는데, 두 사람을 지휘하고 주장한 자는 신귀조와 이기경이니 네 사람을 처벌할 것을 청했다. 순조는 윤허하지 않았다. 《승정원일기》1806년 4월 27일)

560 공이 마침내 …… 이미 밝혀졌다:《승정원일기》1806년 4월 30일자 기사에 관련 내용이 있다.

성을 떠나고, 이익운이 조정에 나아가게 되었다.

明年春, 宥還, 叙拜修撰·左通禮·掌樂院正·副校理·執義. 時去辛酉
寖**561**久, 朝廷一變, 益運乘機, 圖進喉臺官李南圭, 反誣公黨於魯忠. 公遂不赴
祠官, 就對自陳誣已白, 以供辭張皇, 配雲山. 益運又喉佽, 誣洪公, 喉李萬榮,
誣余. 自是鬪異者, 相繼去國, 而益運進矣.

이에 앞서 이웃 사람 조장한에게 성상께 올리지 않은 상소가 있었
는데, 거기에 고故 재상 심환지를 논척하였다. 공이 당시 언관言官의
지위에 있었기에 편지를 써서 일이 돌아가는 상황을 문의하였었다.
이에 이르러 공이 사면된 데다 석방되려고 하자 조장한이 이익운에게
비위를 맞추니, 이익운이 전임 직함으로 상소하여, 도리어 공의 편지
가 조장한의 상소를 막았다고 말하였다.**562** 마침내 석방되지 못하고,
기사년(1809, 순조9)에야 비로소 석방되어 돌아왔다.

先是, 隣人趙章漢, 有未徹疏, 論斥故相煥之. 公時在言地, 書問事狀. 至是
公遇赦且釋, 章漢希益運旨, 以前唧陳疏, 反謂公書沮其疏. 遂不得釋, 己巳始
宥還.

갑술년(1814, 순조14)에 첩지를 돌려줄 것을 명하자, 조정의 의론이
점차 공을 임용하려고 하였다. 이익운이 이 말을 듣고는 다시 조장한

---

561 寖: 원문은 '寢'이다. 문맥을 살펴 바로잡았다.
562 공이 당시 언관의 …… 막았다고 말하였다: 정언 이남규가 상소하여, 전 장령
조장한이 상소해 역적 심환지가 권유를 옹호한 죄를 논하려 하자, 이기경이 조
장한에게 편지를 보내 화복禍福으로 유혹하고 위세로 겁을 주어 반드시 저지하
려고 하였다고 언급한 일을 두고 한 말이다. 《승정원일기》 1806년 8월 20일)

을 사주하였다. 조장한이 사헌부에 가서 첩지를 돌려주라는 명을 도로 거두시라고 청하고는 이어서 정약용에 대해 정계停啓하였다.⁵⁶³ 대간이 보란 듯이 마음대로 편을 드는 일은 이 이전에는 없었다. 내가 산관散官을 따라 상소하여, 조장한이 사학 하는 무리들을 부지하고 정학 하는 이들을 해친 죄를 다스릴 것을 청하니, 성상께서 비변사에 품처稟處하도록 하였다. 당시 재상 한용구韓用龜⁵⁶⁴가 평소 이익운을 후하게 대하였던지라 가부를 결정하려고 하지 않으므로, 다시 성상께 재결해줄 것을 청하여, 일이 마침내 잦아들고 말았다.

甲戌, 命給牒, 朝議浸⁵⁶⁵欲用公. 益運聞之, 復嗾章漢, 詣臺請還收. 仍爲若鏞停啓, 臺諫之顯肆扶抑, 前此未有也. 余從散秩陳疏, 請治章漢扶邪害正之罪, 命廟堂稟處. 時相韓用龜, 素厚益運, 不肯可否, 更請上裁, 事遂寢.

공은 폐출되어 지낸 지 십수 년이 되던 기묘년(1819, 순조19) 7월 14일에 세상을 뜨니, 나이가 64세였다. 과천 반포의 선대 묘소에 장사 지냈다. 공은 처음에 파평 윤씨 진사 동벽의 딸을 아내로 맞았으나 자식 없이 죽었다. 다시 여산 송씨 규병의 딸을 아내로 얻어 아들 하나

---

563 조장한이 사헌부에 …… 정계하였다:《순조실록》1814년 1월 16일자에 조장한이 이기경을 귀양 보낼 것을 아뢴 내용이 나오고,《순조실록》같은 해 4월 9일자에 조장한이 사헌부에서 전계한 정약용에 대해서 정계한 기사가 보인다.

564 한용구(1747~1828): 본관은 청주, 자는 계형季亨, 호가 만오晚悟, 시호는 익정翼貞이다. 서매수, 김조순, 남공철, 이상황 등과 노론 시파 실세 중 한 명으로, 순조 때 영의정에 올랐다. 훈구파 대신 좌의정 한확의 후손으로, 노론의 핵심인 영의정 한익모와도 가까운 친척이었다. 정조의 신임을 받은 노론 대신 중 한 명이다.

565 浸: 원문은 '寢'이다. 문맥을 살펴 바로잡았다.

딸 하나를 낳았다. 아들 정태廷泰는 진사로, 형님인 진사 이완경李完慶의 후사가 되었다. 딸은 문과에 급제한 강시영姜時永[566]에게 시집갔다. 공은 집안 아우인 이도경李道慶의 아들 정겸廷謙을 취하여 후사로 삼았다. 정겸은 아들 셋, 딸 셋을 낳았지만 모두 어리다. 강시영은 아들 하나가 있는데 또한 어리다.

公廢處十數年, 以己卯七月十四日卒, 壽六十四. 葬果川盤浦先墓. 公始娶坡平尹氏進士東璧女, 不育. 復娶礪山宋氏圭秉女, 生一男一女. 男廷泰進士, 爲伯氏進士完慶後. 女適姜時永文科. 公取族弟道慶子廷謙爲嗣. 廷謙生三男三女, 皆幼. 姜時永有一男, 亦幼.

공은 키가 크고 체격이 우람해서 위엄을 갖추지 않아도 묵직했고, 말을 하지 않아도 믿음직해서, 어린 임금을 맡길 만하고, 한 지역의 관찰사를 맡길 만하였다. 그 그릇이 이와 같아 직책을 지키고 공무를 봉행하면서 직분을 지킴에 공정함을 받들었으며, 과감한 결단성이 남보다 뛰어났으므로 득실과 화복으로 그 마음이 흔들리지 않았다. 남들은 감당도 못할 곤궁한 처지에 있었으면서도 편히 지냈고, 다른 사람의 다급한 일을 보면 힘을 다해 구제하였다.

公長身偉幹, 不威而重, 不言而信, 可以托六尺之孤, 可以當一面之重. 其

---

[566] 강시영(1788~1868): 본관은 진주, 자는 여량(汝亮 또는 汝良)이다. 조부는 《송담유록》을 지은 강세정이고, 아버지는 척사파 강준흠이며, 장인은 이기경이다. 1819년 정시 문과에 급제해 수찬을 지냈다. 1829년 진하사의 서장관으로 청나라를 다녀왔다. 이후 부수찬, 충청도관찰사, 한성부판윤, 형조판서, 대사헌, 예조판서를 지냈다. 1866년 홍문관제학을 거쳐 이조판서를 지냈다. 시호는 문헌文憲이다.

器局如此, 守職奉公, 勇決過人, 不以得喪禍福, 動其心. 雖在窮阨, 人所不堪者, 處之怡然, 而見人緩急, 竭力救濟.

정조 임금께서 돌아가시자 부친상에 준하는 예를 삼가 지켜, 일곱 달 동안 부인과 잠자리를 가지지 않고서 인산일因山日에 마쳤다. 소은 공素隱公(이제임)을 부친 섬기듯 똑같이 섬겨, 나아가고 물러남에 다만 '예'라 하였고, 조심스럽고 경건한 마음으로 게으름을 피우지 않았다. 상을 당하여서는 3년간 내실에 들어가지 않았다. 형님이 병을 앓은 지 1년이 넘자 자기의 전지를 모두 팔아서 의원과 약값으로 썼다. 형님이 돌아가시자 그 딸을 자기 딸처럼 보살피고, 그 사위를 자기 사위처럼 보았다. 사람 수를 헤아려 양식을 보내주어 부족하거나 끊어지는 일이 없게끔 하였다. 나누어준 노비가 여러 번 달아나자 여러 번 나눠주니, 그 뜻과 행실이 이와 같았다.

正宗大喪, 謹守方喪之禮, 七月不御內, 以訖于因山. 事素隱公, 一如事父, 進退唯諾, 洞屬不懈. 及喪三年不入內. 伯氏寢疾經年, 盡賣己田, 以供醫藥. 伯氏旣沒, 視其女如女, 視其婿如婿. 計口給粮, 不使乏絕. 所分臧獲, 亦屢失而屢分焉. 其志行如此.

과거 공부에 그다지 힘쓰지 않았어도 시험장에서는 독보적이었다. 시문은 질박하고 장중하여 기운과 격조가 있었고, 주소奏疏의 글은 한 편 한 편 읽을 만하였다. 해서를 잘 써서 글씨 쓰는 사람들이 귀중하게 여겼고, 그의 문학도 이와 같았다. 그 언론에 이르러서는 절대로 비루하고 속되거나 자질구레한 태도가 없었고, 조정에 서서 일을 논할 때는 반드시 대체에 힘을 쏟았으니, 그가 성인의 도를 위해 사학을 배척하고 국가를 위하여 척신을 성토한 것이 바로 그 한 가지 단서였다.

少事擧業, 獨步場屋. 詩文質重, 有氣格, 奏疏之文, 篇篇可讀. 善楷書, 爲
筆家所重, 其文學如此. 至其言論, 則絶無鄙俚瑣細之態, 立朝論事, 必務大體,
其爲聖道斥邪, 爲國家討戚臣, 卽其一端也.

공이 비변사에서 주선하거나 관각館閣의 직임을 역임하도록 했더
라면 그 기량은 사람들을 진정시키기에 충분하고, 지행志行은 세상의
모범이 되기에 충분하였을 것이다. 문학은 문서와 대책大冊을 전아하
고 고상하게 만들기에 충분하고, 언론은 조정의 정책을 도모하고 국
론을 결단하기에 충분하였으므로, 곧바로 사학을 막아 물리쳤기 때문
에 남들이 시기하여 품은 뜻을 펼치지 못하였다. 하지만 당시에 사학
하는 이들과 정학 하는 이들의 변별을 한마디 말로 정할 수 있는 것이
있었으니, 사학 하는 부류에게 사랑받는 자는 틀림없이 정학을 지키
는 군자가 아니고, 사학 하는 무리에게 질시받는 자는 반드시 정도에
위배되는 소인이 아니었다.

令公從容廟堂, 翺翔館閣, 則器局足以鎭物, 志行足以範世, 文學足以典高
文書大冊, 言論足以謀王體斷國論, 而直以闢衛之, 故爲人所忌, 未克展布其所
蘊. 然當時邪正之辨, 有一言可定者, 見愛於邪類者, 必非守正之君子, 見嫉於
邪黨者, 必非反道之小人.

공이 환해宦海에서 전복되었다가 재기하는 영욕榮辱은 매번 사학
하는 부류와 상반되었다. 군자가 되는지 소인이 되는지는 세상에 반
드시 정해진 의론이 있으니, 내가 사사로이 얻을 바가 아니다. 공의 아
들 정겸이 내가 공과 함께 당여黨與로 얽혀 있다는 이유로 나를 찾아
와 명銘을 청하므로 내가 말하였다.

"자네가 나를 공과 한 무리라고 여기는 것인가? 나는 공에게 영합

한 적이 없었고, 공도 나에게 영합한 적이 없었네. 처음부터 끝까지 각각 뜻한 바를 하였으니, 이제 어찌 구차하게 공을 기려 평소의 뜻을 저버릴 수가 있겠는가?"

정겸이 절하며 말하였다.

"이 또한 돌아가신 아버님의 뜻입니다."

公之躓起榮辱, 每與邪相反, 則其爲君子爲小人, 世必有定論, 非予所得私也. 公子廷謙, 以余與公, 同被鉤黨, 謁余銘. 余曰:"君以予爲黨公者耶? 余未嘗苟同於公, 公未嘗苟同於余. 自始至終, 各行其所志, 今豈可苟於譽公, 以負平生哉?"廷謙拜曰:"是亦先父之志也."

마침내 명을 지어 말한다.	遂銘之曰
무리 짓지 않았고 아첨 않으니	不黨不阿
바름을 지킴이 산과 같았네.	守正如山
두려워하지 않고 흔들림 없이	不懾不撓
나라의 간흉을 힘껏 내쳤네.	力折邦奸
재주가 이리도 훌륭했건만	何才之美
운명은 이다지도 곤궁하였나?	何命之屯
후추를 향기롭지 않다고 하고	謂椒不芳
모모嫫母(추녀)를 어여쁘다 말해서였지.	謂嫫母姸
공을 해친 것은 사람이지만	惎公者人
공을 알아줄 것은 하늘이로다.	知公者天
백성은 오랑캐 풍습이 없고	民無左袵
선비가 유관儒冠을 쓰곤 있어도,	士服儒冠
만약에 군자가 있지 않다면	不有君子
그 누가 사문을 빛내겠는가?	孰光斯文

초기 교회사 자료의
숨은 보석

초기 교회사 자료의 숨은 보석

정민(한양대학교 국어국문학과 교수)

1. 기록의 중간지대와《송담유록》발견 경위

초기 한국 교회사 연구는 그간 많은 자료에 의해 뒷받침되어왔다. 신서파의 기록은 남은 것이 거의 없고, 남았더라도 자기 검열을 거쳐 오염된 자료가 대부분이다. 기록은 주로 공서파의 것만 남았다. 공서파의 기록은 이기경의《벽위편》이 가장 중요하다. 이 밖에 신유박해 당시 심문 기록인《사학징의》와《추안급국안》및《조선왕조실록》, 《일성록》,《승정원일기》등 관변 자료가 핵심을 이룬다. 교회 쪽 기록으로는 샤를 달레의《한국천주교회사》와 1801년의 〈황사영백서〉 및 1811년의 〈신미년백서〉, 그리고 조선 교회에서 북경 주교에게 보낸 당시 기록을 번역한 문서 등이 있다.

초기 교회사의 복원은 천주교 내부의 시선보다 외부인 그것도 탄압에 앞장섰던 측의 기록을 바탕으로 이루어질 수밖에 없는 난점이 있다. 이것이 꼭 나쁘기만 한 것은 아니다. 당시 공서파들은 서학 세력의 사소한 부분까지 꼬투리 잡아 고발하기 위해 혈안이 되어 있었다. 서로간에 생사를 건 건곤일척의 승부였다. 서학의 발본색원을 목표로 한 이들의 기록 속에는 우리가 미처 알 수 없었던 서학 세력의 세부 동선과 방어 행동이 드러나고, 그 결과 타자의 시선 속에 포착된 당시 서학의 큰 흐름을 보다 분명하게 파악할 수 있는 이점이 있다.

신서파와 공서파가 신앙과 목숨을 담보하고 첨예한 공방을 벌이는 동안, 이를 지켜보던 남인 내부의 입장도 갈렸다. 신서파와 공서파의 중간지대에 놓인 저작들도 있다. 이들은 자신의 관점으로 양측을 관찰한 내용을 기록으로 남겨, 특별한 의미가 있다. 이재기李在璣(1759~1818)의 《눌암기략訥菴記略》과 강세정姜世靖(1743~1818)의 《송담유록松潭遺錄》이 그것이다.

《눌암기략》은 서학을 공격하고 신서파를 강력하게 비난했지만, 채제공의 행동과 공서파의 처신에 대해서도 강하게 비판했다. 서학보다 정치사의 맥락을 전면에 내세운 이 기록은 양비론적兩非論的 관점에서 당시 서학을 둘러싼 남인집단 내부의 미묘한 길항관계를 살펴, 사태의 배경 이해에 큰 도움을 준다.

이 책《송담유록》의 경우도 그렇다. 저자 강세정은 홍낙안, 이기경과 함께 공서파 3인방의 한 사람이었던 강준흠姜浚欽(1768~1833)의 부친으로, 그는 철저한 공서攻西의 입장에서 자신이 직접 견문한 서학 집단의 신앙 활동에 대한 관찰을 꼼꼼하게 기록했다. 다만 이재기와 달리 신서파의 든든한 뒷배가 되어주었던 채제공에 대해서는 적극적으로 비판하지 않았고, 오히려 아들 강준흠의 공서가 이기경과 홍낙안의 반채反蔡 노선과는 애초에 다른 것이었음을 입증하는 데 많은 애를 썼다. 이는 1805년 정순왕후가 세상을 뜬 뒤 노론 벽파가 몰락하고 시파의 김조순 등이 집권하게 된 정국의 변화와 관련이 있다. 이때 채제공 계열의 남인으로부터 집중 공격의 대상이 되었던 아들 강준흠의 입지를 지키고 가문을 보전하기 위한 노력이기도 했다.

강세정의 《송담유록》은 초기 교회사 연구에 대단히 중요한 자료다. 《송담유록》은 1책 53장 분량의 필사본(30.1×22.4cm)이다. 책은 물론 작가에 대해서도 특별히 알려진 것이 없다. 이 자료를 처음 소개한 이는 홍이섭 선생이다. 1954년 《최현배 선생 환갑 기념 논문집》에 발표한 〈벽위편 찬집자 이기경의 전기 자료 – 강준흠 찬 〈홍문관교리 이공 묘지명〉의 소개〉란 글에서 처음으로 이 책의 존재를 알렸다.[1]

이후 홍이섭은 1955년 《백낙준 박사 환갑 기념 논문집》에 수록한 〈한국 기독교사 연구 소사〉에서 《송담유록》을 한 번 더 소개했다. 저자인 강세정이 직접 목격하고 전문傳聞한 신유박해의 정황을 기록해 후일 자기 후손의 비호와 변명을 위한 자료로 삼으려 한 책자라고 책의 성격을 규정했다. 나아가 이 책이 성호 일문의 서학에서부터 을사년과 신해년의 추조적발, 진산 사건, 신유박해까지의 상밀詳密하고 요령 있는 기록이며, 당시 각종 상소문과 〈황사영백서〉, 신후담의 〈돈와기문편〉 및 안정복 등 남인 학자들의 사학 배척 서신을 망라해서 정리한 '한국 기독교사 연구의 고전적인 문헌'이라고 규정했다.[2] 또 《가톨릭청년》 1962년 11월호에 쓴 〈한국 가톨릭사의 조기적早期的 자료에 대해서〉라는 글에서도 '진주 강씨 일문의 기록'이라는 소절을 두어

---

1 홍이섭, 〈벽위편 찬집자 이기경의 전기 자료〉, 《홍이섭전집》(연세대출판부, 1994) 제3책, 88면 참조.

2 홍이섭, 〈한국 기독교사 연구 소사〉, 《홍이섭전집》(앞의 책) 제3책, 31~32면 참조.

《송담유록》의 내용을 한 번 더 간략하게 소개했다.[3]

홍이섭은《벽위편》에 수록된 관련 인물의 계보를 조사하다가 강세정, 강준흠, 강시영 3대의 문집을 발굴하게 된 듯하다. 그중에서도 척사의 관점에서 서학 세력의 동향과 관련 정보를 정리한《송담유록》이 교회사 연구에 특별히 중요한 가치를 지닌 문헌임에 주목했다. 막상 위의 논문들에서는 책의 내용을 가볍게 소개하는 데 그쳤고, 이후 그는 당초의 계획과 달리 이 자료에 대한 연구를 더 깊이 진행하지 못했다. 1954년의 최초 소개 이후 이 자료는 단 한 차례도 그 구체적 내용이 소개되지 않은 채 지난 70년간 먼지 속에 묻혀 있었다.

필자는 대표적 척사서인 이기경의《벽위편》에 관한 선행 연구를 검토하던 중 위《홍이섭전집》속 논문을 통해《송담유록》의 존재를 처음 알았다. 이에 흥미를 느껴 책의 소재를 수소문하기 시작했다. 홍이섭의 글 외에는 이 책의 내용을 소개한 글이 한 편도 없어, 책의 소재 또한 찾을 길이 막막했다. 그러다가 문득 강세정의 아들 강준흠의 문집인《삼명집三溟集》이 연세대학교 학술문화처 도서관 홍이섭문고에 소장되어 있었으므로, 혹《송담유록》도 같은 문고 안에 들어 있을 수 있겠다는 생각이 들었다. 확인해보니, 일반 고서 목록에는 빠진 채 홍이섭문고 목록 속에《송담유록》이 온전하게 보존되어 있었다.

여러 사람의 도움을 받아 어렵사리 구한 책의 내용을 펼치자 초기 교회사에 관한 듣도 보도 못한 굵직굵직한 증언들이 줄줄이 쏟아져나왔다. 성호 일문의 서학에 대한 지속적 관심으로 말문을 열어, 초기 교

---

3 홍이섭, 〈한국 가톨릭사의 조기적 자료에 대해서〉, 《홍이섭전집》(앞의 책) 제3책, 77~83면에 전체 글이 수록되었다.

회의 집회 모습, 각 지역 지도자들의 동향 및 권철신과 이존창에 관한 전혀 새로운 몇몇 사실, 진산 사건의 이면 기록 외에 각 지역 교회의 동향과 주요 천주교 지도자들의 세밀한 움직임까지 담겨 있는, 실로 초기 교회사 연구에 간과치 못할 훌륭한 증언집이었다.

어떻게 이렇듯 귀한 자료가 홍이섭 교수의 첫 소개 이후 이제껏 그 대로 묻혀 있었을까? 뜻밖의 행운에 놀라운 한편으로 조금 어이가 없 었다. 나는 즉각 이 자료의 번역 작업에 돌입했다.

《송담유록》은 아버지 강세정이 가문의 희망이었던 아들 강준흠의 정치적 입장을 변호하기 위해 쓴 책이다. 그는 곳곳에서 아들이 국가 의 정론인 반서학을 외쳤을 뿐 채제공을 반대한 것은 아니란 점을 반 복해서 강조했다. 또 아들 강준흠이 공서파를 대표하는 3인방으로 홍 낙안, 이기경과 한목에 엮이는 것에 대해서도 불편함을 드러냈다. 신 유박해 이후 모질고 각박한 행동으로 외면당한 홍낙안, 이기경과 거 리를 두고, 당시 복권 분위기에 있던 채제공 노선에 접근함으로써, 아 들 강준흠의 정치적 입지를 다져주고 가문을 지키려는 부정父情이 강 하게 깔려 있다.

2. 저자 강세정과 집필 동기

강세정은 자가 명초明初, 호는 송담松潭이다. 본관은 진주晉州다. 증 조부 강석빈姜碩賓(1631~1691)은 남인의 중진으로 인현왕후 폐위 당 시 반대 의견을 냈고, 이후 대사성을 지내고 진선군晉善君에 습봉된 인물이다. 하지만 조부인 강학姜㰒(1662~1727)과 부친 강필득姜必得 (1700~1771) 대에는 아무 벼슬도 하지 못했고, 충청도 서림西林, 즉 서천舒川으로 내려가 몰락한 사대부로 영락零落했다. 모친은 해평 윤씨 윤정주尹鼎周의 따님이다. 부인은 안동 권씨 권세억權世檍의 딸로, 슬하에 준흠과 순흠淳欽을 두었다.

강세정은 문집《송담유고》제3책 서두에〈자서自敍〉라 하여, 집안과 선대 및 자신의 삶에 대한 기록을 따로 남겼다. 고려 때 명망가로 이름 높던 가문에 대한 자부로 시작해, 조선시대 이후 선대의 미미한 자취를 기술하다가, 증광시 문과에 급제해서 가문의 새 빛이 된 증조부 강석빈의 사적을 특필했다. 이후 조부와 부친이 충청도로 내려가 몰락 향반鄕班으로 지낸 세월을 적었다.

〈자서〉에서는 자신의 경력에 대해서도 비교적 자세하게 적었다. 그는 과거시험 준비를 위해 20세에 상경했고, 이후 채제공의 시사詩社에 참여해 문생의 예우를 받았다. 강세정은 41세 때인 1783년(정조7) 증광시에 응시해 늦깎이로 진사 2등 6위로 급제했다. 이후 음직으로 1787년 제릉침랑齊陵寢郎, 1790년 선공봉사繕工奉事, 1796년 금오랑金吾郞과 순릉직장順陵直長 등의 미관말직을 전전하다가, 57세 되던 1799년 6월에야 회덕현감懷德縣監으로 부임했다.

하지만 임지인 회덕에서 추향秋享 제례 때 축문에 명나라 숭정崇禎 연호를 쓰지 않았다는 이유로 화양서원華陽書院 원유院儒 등 재지 유림의 탄핵을 받아 파직되었다. 이 일로 결국 1803년 12월에 경상도 기장현으로 유배 갔다가 이듬해 4월 사면되어 향리로 돌아왔다. 당시의 전후 사정은《송담유고》제2책의〈남천록南遷錄〉과 제3책〈서사록筮仕錄〉에 날짜별로 자세한 내용을 기록하여 정리해두었다. 이후 그는 벼슬에 뜻을 잃고 금강산과 해인사, 평양 등 각지를 유람 다니며 만년을 보냈고, 1818년 76세로 세상을 떴다.

가깝게 지낸 이로는 채홍리蔡弘履, 성정진成鼎鎭, 목만중睦萬中, 윤기尹愭, 홍의호洪義浩(1758~1826) 등이 있다. 홍의호는 강세정이 세상을 뜨자 목만중, 강세정, 홍낙안, 이기경 등 척사에 앞장섰던 네 사람을 애도하는 〈사애시四哀詩〉를 지었다. 강세정에 대해서는 54구에 달하는 5언고시를 지어 그를 기렸다.[4] 일부만 보이면 다음과 같다.

아름답다, 우리 송담 옹께선	有美松潭翁
대대로 규장珪璋의 자태 있었네.	家世姿珪璋
높은 재주 사우士友가 경복하였고	高才服士友
깊은 학문 성균관서 유학하였지.	邃學遊黌庠
군자라 언제나 평탄하여서	君子常坦平
젊어서 늙기까지 그러하였네.	少小及老蒼
바르잖음 더럽힘을 당한 듯 보아	不正視若浼
품은 뜻 굳셈만을 붙들었다네.	志在扶陽剛
어이해 벼슬길 가로막혀서	如何阻雲翮
가시덤불 늦도록 헤매었던가.	枳棘晩棲遑
(중략)	
훌륭하다 이단을 배척했건만	嬌嬌斥異端
받은 건 악당들의 질시였었네.	受稟嫉惡腸
절조가 아름답고 꼿꼿했으니	所操嘉乃貞
여러 차례 엎어짐 무슨 해 되랴.	屢躓云何傷

---

4 홍의호, 《담녕부록澹寧瓿錄》(국립중앙도서관 소장) 제30책, 〈사애시〉 중 〈고첨중추송담강공세정故僉中樞松潭姜公世靖〉 참조.

그가 곧은 뜻을 품고 이단을 배척하며 바른길을 갔지만, 벼슬길은 막히고 악당들의 질시만 받아 곤고하게 살다가 세상을 뜬 것을 슬퍼했다. 하지만 아름다운 절조를 지녀 꼿꼿한 삶을 살았으니, 평생의 질곡이 그의 명예를 손상시킬 수는 없다고 기린 것이다.

또 일가인 강세륜姜世綸(1761~1842)은 강세정과 강준흠의 묘지명을 자신의 문집《지원집芝園集》권14에 나란히 실었다. 〈족형첨중추송담공묘지명 族兄僉中樞松潭公墓誌銘〉과 〈족질삼명학사묘지명 族姪三溟學士墓誌銘〉이 그것이다. 강세륜은 묘지명에서 강세정을 두고 "덕이 두터웠으나 말은 자세하였고, 기운은 온화해도 낯빛은 엄하였다〔德厚而言詳, 氣和而色嚴〕"라 하고, 또 "남의 옳지 않은 것을 보게 되면, 문득 입을 열어 대놓고 지적하였다〔至見人不是處, 輒奮口直斥〕"라고 썼다. 성품은 온화했지만 할 말은 꼭 해서 따져야 직성이 풀리는 곧은 성정이었다는 뜻이다. 또 그의 척사에 대해서는 이렇게 썼다.

서양의 사술邪術이 처음 행해지자, 글로 이를 배척하며 말하였다. "사람과 가문과 나라에 재앙을 끼치는 것이 반드시 이들의 무리일 것이다." 신해년(1791)에 사림에서 사적邪賊을 토벌하는 의론이 있었을 때는 아들을 보내 동참케 하며 말했다. "척사는 정론이니, 너는 힘쓰도록 해라." 이후로 여러 차례 사변을 겪었지만 처음부터 끝까지 꺾이지 않았고, 비록 칼날이 온통 몰려와도 근심하지 않았다.[5]

---

5   강세륜,《지원집》권14, 장23b. "當西洋邪術之始行也, 文以斥之曰: '禍人家國, 必此輩也.' 及辛亥, 士林有討邪之議, 送子同聲曰: '斥邪正論也, 汝其勉之.' 自玆以往, 屢經事變, 而終始不撓, 雖鋒鏑叢至, 不恤也."

1791년 진산 사건 당시 성영우 등이 주도하여 최조崔照가 통문을 낼 때, 초고를 자신이 짓고 아들 강준흠을 동참케 했던 일을 적은 것이다. 이 자세한 전후 사정은《송담유록》[13]에 나온다.

강세정이 본격적인 척사의 기록이라 할《송담유록》을 저술하기로 마음먹었던 것은 당시 척사파의 선봉에 섰던 아들 강준흠을 지키기 위해서였다. 강세정 본인도 1785년 최초의 천주교 집회 적발이었던 을사추조적발 사건 당시 이용서 등이 돌린 척사 통문에 함께 서명한 여러 사람 중 한 명이었다. 그 또한 처음부터 척사의 입장에 있었던 인물이다.

아들 강준흠은 14세 때 임금 앞에 나아가 시를 지어 정조의 칭찬을 받았던 천재였다. 강세정은 이 같은 아들 강준흠에게 가문의 미래를 걸었다. 강준흠은 25세 나던 1792년(정조16) 즈음 성균관에 입학했는데, 강세정은 이때 채제공의 후계자로 중망이 높던 이가환李家煥의 문하에 아들 강준흠을 출입시키기도 했다. 강준흠은 부친의 기대에 부응하듯 27세 나던 1794년(정조18) 정시 문과에 급제했고, 규장각 초계문신으로 선발되었다. 이후 1799년(정조23)에는 육품六品의 당상관이 되어 사간원정언과 사헌부지평의 요직에 임명되었다. 신유박해 이전부터 목만중, 이기경, 홍낙안 등과 함께 척사의 기치를 높이 세웠으므로, 1801년부터 1805년 정순왕후가 세상을 떠날 때까지는 승승장구했다.

그러다가 1805년(순조5)에 정순왕후가 세상을 뜬 뒤 순조의 친정이 시작되었다. 벽파가 몰락하고, 시파의 김조순 등이 집권했다. 신유박해 이후 채제공의 관작을 추탈하는 일로 갈등이 더욱 깊어진 남인 내부에서 이익운을 필두로 채제공 계열 남인들이 복권되면서 공서파인 강준흠이 궁지에 몰렸다. 1807년 당시 홍낙안과 이기경이 이미 밀려난 상태여서 유일하게 남은 강준흠에게 집중포화가 쏟아졌다.

아들이 처한 곤경을 안타깝게 지켜보던 강세정은《송담유록》에서 성호 이익에서부터 서학이 남인 내부에 침투해, 이후 채제공의 시대에 공서파와 신서파로 나뉘어 싸우게 된 계기, 그리고 자기 집안과 채제공, 이가환 등과의 관계 등에 대해 해명하고, 신서파들의 여러 교활한 행태를 고발함으로써 아들 강준흠이 척사의 최전선에 나설 수밖에 없었던 사정을 설파하고자 했다. 이와 동시에 강준흠이 반채 전선에는 결코 나서지 않았음을 해명해 채제공 계열 남인들에게 변명하고자 했던 것으로 보인다.《송담유록》은 1807년 연말, 격랑의 소용돌이 속에서 아들 강준흠과 자기 집안을 지키려 한 강세정의 다급한 의중이 담긴 서책이었던 셈이다.

《송담유록》에 수록된 글 중 시기상 가장 늦은 것은 1807년 12월 19일에 목만중이 올린 상소문이다. 이 책이 적어도 1807년 12월 19일 이후에 저술되었음을 뜻한다. 목만중의 상소문은, 1807년 이익운이 아들 이명호의 죽음에 대한 의혹과 처벌을 성토한 유통儒通에 대해 해명한 상소문을 올리자, 이를 변척辨斥한 내용이다. 이에 따라《송담유록》은 1808년 초 저술된 것으로 판단된다.

한편《송담유고》제3책에는 이《송담유록》의 내용을 이어 〈가아준흠변방록家兒浚欽卞謗錄〉이라는 글이 실려 있다. 이 글 또한 아들 강준흠을 둘러싼 오해와 비방에 대해 아버지의 입장에서 변명한 내용이다. 이는《송담유록》이 작성된 것으로 추정되는 1808년 이후 10년이 지나 강세정이 세상을 뜬 해인 1818년에 쓰여진 글이다.

강준흠은 신서파의 다산 정약용과는 여러 악연으로 얽혀 있다. 정약용이 귀양 간 지 14년 만에 해배의 기회가 왔을 때, 강준흠이 즉각 극렬한 반대 상소를 올려, 정약용은 4년을 더 유배지에서 보내야만 했다. 정약용은 해배 후인 1822년에 쓴 〈정헌이가환묘지명〉에서 강세정에 대해 다음과 같은 언급을 남겼다.

갑인년(1794) 여름, 강세정이 이가환에게 글을 올려 홍낙안의 죄를 논하며 말했다. "뜻이 대신을 두드려 흔들려는 데 있고, 계획이 일망타진하려는 데서 나왔기에 마음으로 끊었을 뿐 아니라, 또한 이미 얼굴로도 끊었습니다." 인하여 공에게 그의 아들 강준흠을 거두어달라고 빌었다. 그 시세가 한 번 변하자, 두 번 뒤집고 세 번 엎어서 또다시 어금니를 갈아 서로 향하였으니, 세상의 논의가 정해짐이 있겠는가?[6]

정약용은 이 글에서, 1794년 여름 강세정이 이가환에게 글을 보내 홍낙안의 죄상을 논하고, 아들 강준흠이 공서파와 인연을 끊었으니 제발 거두어달라고 청탁했던 일을 적었다. 정약용이 이가환의 생애를 정리하는 과정에 특별한 맥락 없이 이 일을 거론한 속뜻은, 강세정이 다급한 상황에서 이가환에게 홍낙안을 욕하며 아들의 훈도와 교시를 부탁해놓고, 이후 돌변해 신서파를 해코지하는 데 앞장섰다고 비난한 것이다.

강세정과 이가환은 혼인으로 얽힌 가까운 집안이었다. 이구환李九煥과 강세정은 권세억權世檍의 사위였다. 이구환은 아들 재남載南과 재적載績을 두었는데, 둘째 아들 재적이 이가환에게 양자로 입양되었

---

6 《다산시문집》 권15, 한국문집총간 281책 325면. "甲寅之夏, 姜世靖上書于公, 論洪樂安之罪曰: '意在敲撼, 計出網打, 不唯心絕, 亦旣面絕.' 仍乞公收其子浚欽. 及其時勢一變, 則再翻三覆, 又復礪牙以相向, 世論其有定乎?"

다. 말하자면 이가환이 입양한 이재적의 생부가 강세정과는 동서간이어서, 강준흠과 이재적은 이종사촌간이었다. 또 권세억의 아들 권상희權尙熺는 이가환의 맏딸을 며느리로 들였다.

강세정은 황사영의 집안과도 혼맥이 닿아 있었다. 황사영의 조부 황재정黃在正은 강세정의 오촌숙부 강필성의 딸과 결혼했고, 둘 사이에 아들이 없자, 양자로 황석범을 들였다. 강필성의 장인은 이귀휴李龜休로, 이가환의 일가다. 강필성의 조부가 바로 강세정의 증조부인 강석빈이다.

이재기의 《눌암기략》에도 강세정에 대한 언급이 자주 나오는데, 이재기는 강세정에 대해 대단히 부정적인 인식을 지니고 있었다. 《눌암기략》에 1799년 회덕현감으로 부임했던 강세정이 떠돌이 식객 송진수에게 천주교 신자 중 알 만한 사람 수십 명의 이름을 적은 종이를 주면서, 그를 선동해 통문을 돌리라고 사주했다는 내용이 나온다.[7] 그뿐 아니라 강세정의 둘째 아들 강순흠 때문에 생긴 공서파 내부의 다툼에서도 이재기는 강세정을 비판하는 논조를 폈다.[8] 이재기와 강세

---

7 이재기, 《눌암기략》 장12b. "宋晉修, 大諫之裔也. 目不識丁. 行乞于知舊作宰處, 以朴字率老昧, 行于世者也. 囊中藏一油紙, 列書知舊數十人姓名, 到處出示於人, 曰: '此懷德守筆也. 懷德倅, 欲使我發文, 討黨邪之罪, 我豈忍爲此?' 人或問: '塗油何爲?' 曰: '恐紙生毛也.' 懷德守明初氏也. 李存德輩, 視若奇貨, 倡說于中外知舊, 聞者疑信參半. 信者曰: '對宋薄, 故露此醜也.' 疑者曰: '設有此計, 豈可宣露於此人乎?'"

8 강세정, 《송담유록》 장8a. "洪博汝子永觀, 兪理煥弟瑞煥, 與李汝聲之季鏗, 開硯 [8b] 于倉洞汝聲家. 姜伯源弟舜欽至, 汝聲大人都正公, 不之拒也. 兪忽稱疾不來. 翌日博汝遇明初氏於汝聲家, 大言曰: '君送子于此, 欲連累諸人耶? 吾兒亦當率去.' 酬酢之際, 聲色俱厲. 都正公勸解兩憾, 而不可得也. 明初氏又怒李英, 曰: '渠旣絶我, 我豈旣獨有舊情乎?' 自是居同閈, 而慶弔不相問."

정은 함께 척사를 옹호했지만 서로에 대한 감정은 썩 좋지 않았다.

강준흠의 아들 강시영姜時永(1788~1868)은 이기경의 사위였다. 이책의 부록에 실린 이기경의 묘지명을 강준흠이 지은 것은 이 같은 인연 때문이었다. 이렇게 한두 대만 거슬러올라가면 남인들은 모두 혼맥과 사승으로 서로 긴밀하게 얽혀 있었다. 서학 신앙의 문제만 끼어들지 않았더라면 가깝게 왕래하며 인연을 이어갔을 사이였다. 이재기가 《눌암기략》에서 남인 간에 벌어진 이 같은 싸움을 '가난한 두 과부의 싸움'에 견준 것은 까닭이 있다.

3. 《송담유록》의 구성과 내용

이제 《송담유록》의 구성과 내용에 대해 살펴볼 차례다. 《송담유록》은 1책 53장이고, 1면 12행에, 1행에는 22~28자 안팎의 분량이다. 전체적으로 대략 29,000자 내외의 분량으로, 《눌암기략》과 비슷하다. 첫 면에 다른 책에서 오려붙인 '강세정인姜世靖印'이라 새긴 백문인이 있다. 글씨는 강세정의 친필로 보이며, 앞쪽 자신의 글에는 상단에 글의 핵심어를 적은 메모가 따로 붙어 있다.

글은 다음 몇 부분으로 나뉜다.

첫째, 장1a에서 장22a까지는 초기 신서파 주요 인물들의 서학 신앙과 관련한 동향을 관찰한 내용이고, 뒷부분은 주요 사학죄인의 결안結案, 즉 최후 판결문 내용을 잇달아 소개했다.

둘째, 장22a 중반 이후 장27a까지는 공서파 여러 인물의 통문과 상소문을 수록해 전후 맥락을 이해할 수 있는 자료로 제시했다. 1801년 3월의 〈목인수와 한재유의 통문[睦仁秀韓在維通文]〉과 1801년

4월 2일자 〈부호군 최중규의 상소문〔副護軍崔重奎上疏〕〉, 1801년 10월 21일자 〈교리 박명섭의 상소문〔校理朴命燮上疏〕〉, 1807년 12월 12일자 〈이익운이 사면된 뒤 지사가 되어 올린 상소문〔李益運甄後, 爲知事上疏〕〉, 1807년 12월 15일자 〈옥당에서 연명으로 올린 차자〔玉堂聯箚〕〉, 1807년 12월 19일자 〈지사 목만중의 상소문〔知事睦萬中上疏〕〉 등을 간 추린 형태로 전재했다.

셋째, 장28a에서 장42b까지 〈황사영백서〉 전문을 수록했다. 백서의 원본을 상당히 축약한 것으로, 이기경의 《벽위편》에 수록된 것과 내용이 같다. 당시 공서파 내부에서 1801년 이후 〈황사영백서〉가 전사되어 유통되고 있었음을 잘 보여준다. 이 책에서는 원본을 바탕으로 번역했고, 두 전사본의 차이를 비교해볼 수 있도록 원문 교열상에 반영해놓았다.

넷째, 장43a에서 장47a까지 신후담이 1724~1729년 스승 성호 이익과 이식, 이만부 등과 서학을 두고 문답한 내용을 적은 〈돈와기문편遯窩紀聞編〉을 옮겨적었다. 〈돈와기문편〉은 〈황사영백서〉의 경우와 마찬가지로 원본의 일부 내용을 축약하거나 간추렸다. 처음 성호 생존 당시 남인 계보에서 서학을 바라보던 태도의 분기점이 된 논의여서, 전후 맥락에 대한 이해를 돕기 위해 전재한 것으로 보인다.

다섯째, 장47b에서 장53b(끝)까지 순암 안정복의 서학 관련 편지를 한자리에 모아 수록했다. 1757년에 쓴 〈성호 선생께 올리는 글〔上星湖先生書〕〉, 1786년에 쓴 〈사진 윤신에게 답하다〔答尹士眞〕〉, 1784년에 쓴 〈권철신에게 답하다〔答權哲身〕〉와 같은 해에 쓴 〈권철신과 이기양에게 주는 세 번째 편지〔與權哲身李基讓三書〕〉, 〈옥경 유신에게 주는 글〔與柳玉卿書〕〉, 1785년에 쓴 〈이기양에게 답장한 글〔答李基讓書〕〉, 1784년에 쓴 〈권숙겸에게 주는 두 번째 편지〔與權叔謙再書〕〉, 1786년

6월에 쓴 〈재상 채제공께 드림[與蔡台]〉, 1789년의 〈간옹 이헌경에게 답하다[答艮翁]〉와 연대가 불분명한 〈이휴길에게 답하다[答李休吉]〉 등 10통의 편지 중 중요 대목만 간추려 소개하고, 중간에 안정복의 시 3수와 일기 한 대목을 길게 인용했다.

이렇게 볼 때, 첫째 부분만 강세정의 글이고, 나머지 뒷부분은 공서파와 신서파의 격렬한 투쟁 과정에 있어 공서파의 시각에서 전후 상황 이해에 필요한 상소문과 백서 등 각종 관련 자료를 한자리에 모은 적바림 묶음에 해당한다. 이 가운데 이 책의 가치를 높여주는 핵심 자료는 단연 첫째 부분의 내용이다.

이제 《송담유록》의 단락별 주요 내용을 정리하면 다음과 같다.

[1] 서학에 대한 성호의 인식.

[2] 성호의 종손 이철환의 서양학에 대한 깊은 조예.

[3] 이철환의 사촌동생 이가환의 서학과 그의 추종자들, 그리고 1783년 천주당에서 사서와 서학의 교법을 들여온 이승훈.

[4] 김범우의 집에서 이벽을 교주로 열린 서학 집회의 모습과 김화진의 검거. / 장물 속에서 쏟아져나온 예수의 화상. / 형조로 들어가 화상을 돌려달라고 요구한 권일신과 이윤하, 이총억, 정섭 등의 행동과, 강세정이 직접 만나 이총억을 나무란 일. / 성균관 유생 심봉석과 정실이 통문을 발의한 경위와 이를 막으려고 이가환과 권숙신이 강세정에게 했던 중재 요청.

[5] 1787년 예산현감 신사원이 이존창을 체포해 천안 감옥에 송치하자, 이 소식을 들은 이기성이 천안까지 찾아가 이존창에게 큰절을 올리고 천안군수에게 자신도 함께 체포해 죽이라고 했던 사실. / 홍낙민이 자신의 속량 노비인 이존창의 딸을 참판 조경진의 후예인 외종질

조아무개의 며느리로 삼게 하여 풍속을 해친 일.

[6] 이승훈에게서 서학을 배운 정약용 형제와 이학규, 황사영, 최필공, 최창현. / 한글 사서의 번역과 배포. / 사족 부녀자들의 사학 집회 및 교리 전파.

[7] 한강 상류 권일신, 남필용, 이기연, 이최연, 홍교만, 홍익만 등의 서학 전수. / 양근, 여주, 이천의 교세 확장과 김건순의 입교 및 사형.

[8] 홍낙민과 이기양이 몰래 천안 야소동(예수골)에서 포교한 일. / 홍낙민과 이기양의 심복이 된 이존창. / 사서를 번역해 이존창에게 보내준 오석충. / 동네 전체 주민이 대부분 천주교 신자였던 야소동의 상황.

[9] 진산의 윤지충과 권상연, 전주의 유항검과 유관검의 서학 전파.

[10] 서학에 깊이 빠진 홍교만과 서종제 홍익만의 활동과 그들이 부친의 기일에 제사를 안 지내려고 포천 집으로 돌아가 큰형 홍주만이 통곡한 일.

[11] 1787년 이승훈과 정약용이 동반촌 김석태의 집에서 강이원과 함께 사학 공부를 하다가 이기경에게 발각된 일. / 홍희운이 이기경과 통문을 내려 했으나 성과를 못 거두고, 대책에서 요청하여 신서파의 미움을 받게 된 일. / 이승훈과 정약용이 감제柑製에서 제사에 관한 내용이라 하여 답안 제출을 거부하고 백지로 제출한 일.

[12] 1780년 권철신이 부친의 장례 때 집안 여인들이 상복 대신 성장盛粧하고, 형제들이 문상도 받지 않았던 이상한 예법. / 1790년 윤지충이 모친상 때 상복도 입지 않고 조문도 받지 않았던 일과 그 모친이 세상을 뜬 뒤 방 안에 뻗친 상서로운 기운과 기이한 향기에 대한 풍문. / 진산군수 신사원이 관비를 보내 신주를 확인한 경과와 이 일이 채제공에게 보고되어 서울에 크게 퍼지게 된 과정.

[13] 성영우의 사학 성토 통문 발의와 강세정이 통문의 초고를 써주고,

이후 최조의 집에 모여 성토할 때 아들 강준흠을 합류시킨 과정. / 동석했던 최영이 이승훈에게 이 일을 미리 알려주어 이후 신서파의 원한을 사게 된 사정.

[14] 척사의 무리가 척사를 핑계로 화심禍心을 품었다는 논의를 이승훈이 퍼뜨린 일. / 이승훈의 아우 이치훈의 교활한 무고와 날조. / 형세가 신서파에 훨씬 미치지 못해 그들의 기염을 두려워해야 했던 공서파의 상황.

[15] 이가환과 강세정 집안의 혼맥. / 강세정과 강준흠이 이가환을 지켜주려고 노력한 일. / 이승훈 형제의 간교한 이간질로 이모와의 인연마저 끊어버린 이재적.

[16] 홍희운의 강직함과 부족한 포용력. / 신서파가 원한을 품어 보복하려 한 일과, 이치훈이 채제공에게 전한 거짓말.

[17] 공서파를 의심치 않은 채제공과, 사람이 얄팍하고 편협해 신서파의 농간에 놀아난 채제공의 양자 채홍원. / 홍낙안의 편지를 두고 상소한 채제공의 글과 임금 정조의 의심.

[18] 이치훈의 꾀를 받아 홍낙안을 궁지에 몰려고 올린 권이강의 상소문. / 정조의 물음에 대답한 홍낙안의 답변 및 정조의 하교.

[19] 홍낙안의 두 번째 답변과 홍낙안, 권일신, 이존창에 대한 조사를 지시한 정조의 대답.

[20] 채제공의 문계問啓와 권일신에 대한 처분 품의.

[21] 7차에 걸친 권일신의 공초와 그의 답변에 대한 정조의 처분. / 감옥에서 나온 며칠 뒤 서소문 밖 여인숙에서 갑자기 죽은 권일신.

[22] 북경 체류 당시의 정황을 말한 이승훈의 원정原情과, 관직삭탈과 방축을 명한 정조의 전교.

[23] 1789년 평택현감 도임 후 성묘 배알을 거부한 이승훈으로 인한 소

동과, 어사 김희채가 내려가 이승훈의 편을 들어 당초 문제를 제기했던 권씨 성을 가진 유생을 장폐杖斃한 일의 전후 경과.

[24] 윤지충과 권상연의 진산 사건과 채제공의 탐문 및 신사원의 보고, 이에 이은 형조의 계청啓請.

[25] 척사하는 사람에 대한 홍낙민과 이치훈의 교활하고 간악한 술책과 배척. / 홍인호를 시켜서 홍낙안에게 자신이 채제공을 공격했음을 자인하는 글을 8일간 계속해서 바치게 한 정조. / 이에 반발해 사실을 적은 글을 올린 홍낙안과, 이를 틈타 홍낙안과 홍인호 부자를 꾸짖고 비방한 이가환과 정약용. / 이 일 이후 정론을 펴던 이가 10년간 세상에서 버림받게 된 사정.

[26] 홍낙민이 속량시킨 종의 아들인 이존창의 충청도에서의 사학 전파. / 충주 사족 이최연·이기연 형제의 포교와, 두 아우가 부친의 기일에 참석하지 않아 형 이세연이 통곡한 사연. / 1795년 정조가 사학이 치성한 곳을 골라 이가환을 충주목사에, 정약용을 금정찰방에 보임해 신서파를 누른 일. / 1798년 정충달을 충청병사로 임명해 사학 염찰을 맡긴 사정.

[27] 1791년 이기경이 채제공과의 갈등으로 〈초토신상소〉를 올렸다가 상중에 귀양 가게 된 경위. / 홍낙안의 기세를 누르려고 정조가 그를 지방의 찰방으로 보낸 일.

[28] 정조의 배려에도 뉘우치지 않고 아무 거리낌 없이 사학을 강습했던 사학 하는 무리의 행동. / 1801년 2월에 발생한 정약종 책롱 사건.

[29] 정약종 책롱 사건에 대한 삼사의 계청과 자전의 하교. / 사헌부의 계청과 대왕대비전과 대비전의 전교.

[30] 1801년 2월 18일 사헌부의 사학 하는 무리에 대한 국문 요청과 권엄의 상소에 대한 비답.

[31] 1801년 승정원에서 올린 강이천, 김려, 김이백에 대한 국문 요청과 처분 결과. / 이가환과 오석충에 대한 장형. / 이가환, 권철신, 최필공, 이승훈, 정약종, 홍낙민, 최창현, 홍교만, 정약전, 정약용, 이격 등의 결안문과 사헌부의 계청.

[32] 이석을 성토하고 안정복의 표창을 아뢴 정한의 상소문과 이에 대한 임금의 비답.

[33] 1802년 1월 21일자로 이인행과 이유수를 성토한 강세륜의 상소문과 그에 대한 비답.

[34] 사학에 빠진 사족 부녀들의 신앙 활동과 주머니 속에 든 편경 및 사서의 한글 번역.

[35] 사학에 빠진 아들 이명불이 달아난 일과, 목인수의 통문이 나오자 두려워 아들을 죽였다는 구설이 있었던 경기도관찰사 이익운.

[36] 이익운을 논척한 상소를 올린 이윤행과 비변사의 계청, 이에 홍낙안에게 목숨을 구걸했다가 뒤에 다시 홍낙안을 논박했던 이익운의 얄팍한 처신.

[37] 주문모 실포 경위와 강완숙과 조시종 처의 처형 및 주문모의 공초 내용.

[38] 사학죄인 최창현과 임대인이 끌어들인 사람들의 명단과 이경도의 결안.

[39] 이병모와 심환지의 말로 인해 단천부로 유배 간 이기양. / 강이문, 김정신, 김려, 김선 등의 정배.

[40] 김건순, 김이백, 강이천, 이희영의 결안과 참형.

[41] 1801년 2월 이기양 부자의 처벌과 정약전, 정약용, 김백순, 오석충의 국문을 요청한 사헌부의 계청.

[42] 유항검, 유관검, 윤지헌, 이우집, 김유산의 결안.

〈황사영백서〉

〈돈와기문편〉

　〈1724년 봄 성호 이익 선생을 뵈었을 때 들은 것을 기록함〉

　〈1724년 가을 성호 이익 선생을 뵈었을 때 들은 것을 기록함〉

　〈1725년 가을 성호 이익 선생을 뵈었을 때 들은 것을 기록함〉

〈1726년 겨울 성호 이익 선생을 뵈었을 때 들은 것을 기록함〉

〈1728년 봄 익위 이식 선생을 뵈었을 때 들은 것을 기록함〉

〈1729년 가을 식산 이만부 선생을 뵈었을 때 들은 것을 기록함〉

안정복 서간

〈성호 선생께 올리는 글〉(1757년)

〈사진 윤신에게 답하다〉(1786년)

〈권철신에게 답하다〉(1784년)

〈천주학이 크게 성행한다는 말을 듣고 절구 한 수를 읊어 원심 정시
복에게 보여주다〉

〈권철신과 이기양에게 주는 세 번째 편지〉(1784년)

〈옥경 유신에게 주는 글〉(1784년)

〈이기양에게 답장한 글〉(1785년)

〈시절을 탄식하며 쓴 절구 2수〉 중 1수

《순암일기》 절록

〈권숙겸에게 주는 두 번째 편지〉(1784년)

〈벽에 걸어 스스로 경계를 삼다〉

〈재상 채제공께 드림〉(1786년)

〈간옹 이헌경에게 답하다〉(1789년)

〈간옹 이헌경을 애도한 시〉

〈이휴길에게 답하다〉(연대 불명)

여기까지가 《송담유록》 전체 내용에 대한 목차와 내용을 간추린
것이다. 이제 큰 흐름에 따라 수록 내용을 정리해보겠다.

첫째, [1]~[36]의 내용이다. 《송담유록》에서 가장 핵심이 되는 요
긴한 대목들이 이곳에 모두 들어 있다.

처음 [1]~[3]은 성호 이익의 서학에 대한 관심으로부터 논의를 시작했다. 성호가 마테오 리치를 성인이라고 했다는 말이 오해를 일으킨 점을 지적하고, 성호가 중국에는 서학을 배척하고 다만 천문과 역법 분야만을 취했다고 하여, 안정복과 같은 태도를 보였다고 했다. 이를 이어 [2]에서는 성호의 종손 이철환과 이가환이 성호를 이어 서학에 깊이 빠진 사실을 기술했다. 이후 [3]에서는 이가환을 중심으로 이벽, 이기양, 권일신, 이승훈 등이 무리 지어 사학에 물든 사실을 적시한 뒤, 1783년 이승훈이 북경에 가서 사서와 교법을 배워 와 조선에 서학이 성행하게 된 사실을 적었다.

[4]는 1785년 김범우의 집에서 열린 명례방집회에 대해 썼다. 당시 그들의 복장과 태도, 검거 후 그들의 몸에서 나온 예수의 화상, 이들이 형조로 들어가 성상聖像을 돌려달라고 따졌던 일, 강세정 자신이 이기양의 아들 이총억과 만나 크게 나무란 일과, 이후 유생의 통문 움직임에 이가환과 권숙신이 여러 번 자신을 찾아와 중재를 요청했던 상황을 적어두었다.

[5]에서 1787년 예산현감 신사원이 이존창을 체포한 일을 말했으니, 이는 이제껏 알려지지 않은 사실이다. 그뿐 아니라 이기양의 동생이자 안정복의 손녀사위인 이기성이 천안 감옥까지 이존창을 찾아가 감옥 밖에서 속량 노비의 아들 이존창에게 큰절을 올린 사건과, 홍낙민이 이존창의 딸을 자신의 외종질 조아무개의 며느리로 삼게 한 놀라운 사실을 전하고 있다.

[6]~[10]은 당시 각 지역 교회의 현황을 구분해 소개했다. 이승훈과 정약용 형제가 주축이 되고 사족 부녀자들의 활동이 두드러졌던 서울과, 양근·여주·이천 지역의 천주교 확산, 홍낙민과 이기양, 이존창이 중심이 되어 교세를 확장해간 충청도 여사울, 그리고 진산의 윤

지충과 권상연, 전주의 유항검·유관검 형제의 서학 전파를 지역별로 나눠 전했다. 이를 이어 포천의 홍교만과 그의 서종제 홍익만의 활동과 이들이 부친의 제사를 거부해 큰형 홍주만이 통곡한 이야기를 소개했다. 형성기 천주교회 지역 조직을 가지런히 소개한 기록으로 의미가 있다.

[11]에서는 1787년 정미반회 사건과 이후의 여파, 그리고 이승훈과 정약용이 제사와 관련된 내용이라 하여 과거시험 답안을 백지로 제출했다는, 알려지지 않은 사실을 적었다. [12]에서 1780년 권철신이 부친의 장례 당시 집안 여인들이 상복을 입지 않고 성장盛粧한 일과 문상을 자신만 받은 일, 그리고 1791년 이와 비슷하게 윤지충이 모친상을 만나 상복도 안 입고 조문도 받지 않아 소동을 일으킨 일을 나란히 적었다. 이후 진산군수 신사원의 사실 탐문 과정과 진산 사건이 채제공에게 보고되어 일이 커진 정황을 비교적 자세하게 적었다.

이후 [13]~[21]은 1791년 진산 사건 이후 서학 신앙을 두고 신서파와 공서파 사이에 벌어진 공방을 공서파의 시선에서 집중적으로 정리했다. 이 대목은 저자인 강세정이 가장 중점을 두어 말하고자 했던 부분이기도 하다. [13]에서는 진산 사건 이후 사학을 성토하는 통문의 초고를 자신이 작성하고, 아들 강준흠을 참석시킨 일과, 당시 동석자였던 최영이 이승훈에게 상황을 알려주는 바람에 이후 자신과 아들이 신서파의 표적이 된 일을 기술했다.

이후 [14]~[20]은 이승훈과 이치훈 형제의 공서파에 대한 교활한 모략과 간교한 이간질 및 거짓말을 차례로 고발하는 한편, 강직했지만 포용력이 부족했던 홍낙안의 글로 인해 신서파가 원한을 품고, 채제공이 분노하게 된 전말을 기록했다. [15]에서는 그럼에도 아들 강준흠이 자기 집안과 혼맥이 있는 이가환을 지켜주려 노력한 일을 특별히 기록했고, 이 같은 노력이 이승훈 형제의 모략에 의해 왜곡된 사실을 기록으로 남겨두었다. [20]과 [21]에는 권일신의 심문 과정과 처분, 그리고 그의 갑작스러운 죽음에 대한 내용이 나온다. 당시 긴박했던 정황과 권이강 등 주변 인물들의 동태 및 채제공과 정조의 반응 등 진산 사건 이후 천주교의 동향 파악에 직접적인 도움을 주는 내용들이다.

[22]와 [23]에서는 이승훈에 대한 저격을 이어갔다. 1784년 초 북경 체류 당시 이승훈의 정황을 담은 원정原情 내용과 이에 대한 정조의 처분, 그리고 1789년 평택현감으로 부임한 이승훈이 공자의 사당에 배알을 거부한 일로 벌어진 소동의 전후 결과가 이승훈의 책략으로 뒤집어진 사정을 고발했다.

이후에도 [24]~[27]에서 진산 사건 이후의 여파와 홍낙민·이치훈의 간교함, 정조의 홍낙안에 대한 처분과 이에 대한 홍낙안의 반발, 이를 역이용해 홍낙안과 홍인호 부자를 비방한 이가환과 정약용의 일을 적고, 이 일 이후 공서파가 근 10년간 위축되어 세상에서 버림받게 된 사정을 성토했다. 1791년 이기경이 〈초토신상소〉로 상중에 귀양 가고 홍낙안이 지방으로 쫓겨난 일도 따로 기록해두었다.

[28]~[34]는 1800년 정약종 책롱 사건과 이로 인해 촉발된 신유사옥의 전개에 대한 기록이다. 진산 사건 이후로도 거리낌 없이 사학을 강습한 신서파의 방자한 행동과 공서파에 대한 공격 및 이로 인한 침체를 적었다. 이어 정약종 책롱 사건으로 인해 판세가 뒤집어져, 사학 하는 무리에 대한 일제 검거령이 발령되면서 신유사옥의 시작을 알리게 된 경과를 적었다. 권엄의 상소, 사헌부의 국문 요청 및 처분 결과에 이어 [31]에는 이가환, 권철신, 최필공, 이승훈, 정약종, 홍낙

민, 최창현, 홍교만, 정약전, 정약용, 이격 등에 대한 결안문을 하나하나 찾아서 수록했다. 이후로도 정한과 강세륜의 상소문을 이어서 소개했다. [34]에서 사학에 빠진 사족 부녀들의 신앙 활동과 그녀들이 소지했던 주머니 속에 든 편경, 즉 성인 메달에 대해 적은 내용은 어디서도 들어보지 못한 것이고, 한글 사서의 번역 보급에 대한 내용도 중요하다.

이어 [35]~[36]에서는 이익운과 아들 이명불의 죽음에 얽힌 일을 적었는데, 이익운이 독실한 천주교 신자였던 이명불에게 강제로 독약을 먹여 죽였다는 풍문과 관련된 일이다. 1801년 당시 이익운이 홍낙안에게 목숨을 구걸해 모면한 일과, 1806년에 이익운이 홍낙안을 논척했던 얄팍한 처신을 고발했다.

이후 [37]~[52]는 주요 신자들의 공초 내용과 결안 및 처분 내용을 당시 공문에 의거해 차례로 소개하는 한편, [44]에서는 유항검·유관검 형제의 신앙 활동과 대박청래에 대한 어리석음을 성토했고, [50]~[52]에서는 체제공 사후 관작추탈 관련 공방에 얽힌 주변 논의를 정리해서 실었다.

[53]~[58]에는 1801년 3월부터 1807년 12월 19일에 이르는 각종 척사 관련 통문과 상소문을 자료로 제시했다. 특별히 이익운과 관련된 내용에 초점이 맞춰져 있다. 여기에는 각 상소문의 제목을 밝혀놓고 주요 대목을 간추려 소개했을 뿐, 자신의 의견을 보태지는 않았다. 그럼에도 자료의 배열만으로도 이익운을 보는 자신의 관점이 명확하게 드러나도록 의도를 담아 편집했다.

〈황사영백서〉는 《송담유록》 장28a에서 장42b에 걸쳐 필사되어 있다. 제목은 단지 '사영嗣永'이라 했고, 제목 아래에 황사영의 가계를 간략히 적어놓았다. 여기 수록한 〈황사영백서〉는 비단에 쓰여 로마 교황청에 소장된 원본 백서와는 상당한 글자 차이가 있다. 원본 백서는 총 13,384자인데,《송담유록》백서는 중간중간 결락된 부분이 적지 않다. 특별히 최필공 토마스부터 홍교만, 홍낙민, 이승훈, 이가환, 최필제의 신앙생활에 대한 증언 부분을 담은, 원본 백서의 40행 중간부터 53행 하단까지 무려 13행 1,481자를 생략하기도 했다.

《송담유록》본 백서는 이만채가 정리한《벽위편》에 수록된 백서의 내용과 동일하다. 이기경이 엮은 원본인 양수본《벽위편》에는 〈황사영백서〉와 〈돈와기문편〉 원문이 빠지고 없고, 이만채의《벽위편》에는 들어 있다. 이만채의《벽위편》이《송담유록》본을 베껴쓴 것인지, 두 글이 포함된 이기경의《벽위편》이 따로 있었고, 이것을《송담유록》이 베껴쓴 것인지는 분명치 않다. 이는 당시 남인 내부에서 통용되던 백서가 따로 있었음을 뜻한다.

원문은 로마 교황청에 보관된 원본 〈황사영백서〉와의 글자 출입상 차이를 반영해 교감했고, 번역은 원본 〈황사영백서〉에 따랐다. 두 필사본의 차이는 원문 중에 약물로 표시해 비교가 가능하게끔 했다.

기존에 알려진 〈황사영백서〉 필사본은 1801년 10월 9일 의금부 당직자가 작성해《추안급국안》에 수록한 것과, 1801년 10월 진주사陳奏使가 중국에 가져간 등본, 노론 척사파가 기록한《동린록》전사본, 그리고《벽위편》본 등이 있다. 이 밖에 절두산순교자기념관에 소장된 필사자 미상의 백서 2종이 더 있다. 이번《송담유록》본의 소개로 〈황사영백서〉의 이본이 하나 더 늘어나게 된 셈이다. 〈황사영백서〉의 내용에 대한 해제는 앞선 다른 연구에 미룬다.[9]

---

9 이본 자료는 여진천 엮음,《황사영백서와 이본》(국학자료원, 2003)에 모두 수록되어

신후담의 〈돈와기문편〉은 《송담유록》 장43a에서 장47a까지에 수록되었다. 1724년 봄부터 1726년 겨울까지 네 차례 성호 이익을 방문해 서학에 대해 토론한 문답 내용과 1728년 봄 이식, 1729년 가을 이만부를 만나 나눈 대화를 정리한 내용을 담았다. 글의 앞쪽에 신후담의 인적 사항과 성호와의 문답 경과에 대한 설명을 달아놓았다.[10]

이어지는 본문은 신후담의 〈돈와서학변〉 앞쪽에 수록된 원본과는 약간의 글자 차이가 있고, 중간중간 생략된 부분이 보인다. 이 글은 《벽위편》에는 수록되지 않았다. 대신 《벽위편》에는 〈돈와서학변〉 부분만 간추린 형태로 수록되었다. 이 책에서는 원본에 따라 번역했고, 원문에 앞서 〈황사영백서〉와 마찬가지로 교감 내용을 표시해두었다.

끝에 실린 안정복의 서간과 시, 일기를 모은 〈안정복 서간〉은 《송담유록》 장47b에서 장53b(끝)까지의 내용이다. 간단한 인적 사항을 소개한 뒤, 1757년에 안정복이 이익에게 보낸 〈성호 선생께 올리는 글〉로 시작해서 1784~1789년의 6년간 천주교 문제와 관련해서 여러 사람에게 보낸 10통의 편지와, 중간중간 자신의 심경을 토로한 시 3수, 그리고 이기양이 찾아와 강력하게 항의하고 떠난 뒤 자신의 심경을 토로한 일기 한 대목을 옮겨놓았다.

해당 편지는 전문이 아니라 핵심 내용 부분만 간추렸다. 서학이 권철신과 이기양을 중심으로 젊은 남인의 학인들에게 걷잡을 수 없이 번져가는 상황에 대한 안정복의 우려와, 이 흐름을 되돌리기 위한 노

있고, 여진천의 해제가 자세하다.

10 〈돈와기문편〉의 자세한 내용에 대해서는 김선희, 《하빈 신후담의 돈와서학변》 (사람의무늬, 2014)에 수록된 해제에 미룬다.

력이 여러 장벽에 부딪혀 좌절되는 과정을 담았다.

4.《송담유록》의 자료 가치

이제《송담유록》이 갖는 자료적 가치에 대해 살필 차례다.

첫째,《송담유록》은 창립기 서학의 발생과 성장 배경에 대한 놀라운 내용들이 대단히 풍부하게 담겨 있다. 성호 일계의 서학에 대한 태도, 을사추조적발 당시 참석자의 면면과 집회 광경, 그리고 이들의 소지품에서 나온 성패聖牌의 존재, 이존창이 속량 노비 출신이고 1787년 신사원에게 처음 검거되었던 사실, 여사울이 예수골과 같은 의미라는 내용 등이 나온다. 이 밖에 홍교만 형제의 제사 거부, 정약용이 제사를 이유로 백지 답안지를 제출한 일, 이승훈 형제의 각종 권모술수 행태, 이승훈의 평택 사건 처리 내막, 사족士族 부녀자들의 신앙생활, 천주교 신자인 아들 이명호를 죽인 이익운의 이야기, 주문모 신부에 관한 알려지지 않은 사실 등 다른 어떤 기록에서도 볼 수 없는 특별한 내용들로 가득하다.

이를 통해 그간 불분명했거나 잘못 알려진 내용들을 알 수 있게 되었고, 초기 교회의 조직과 운영에 대한 한층 구체적인 정보를 얻을 수 있어, 초기 교회사의 내용을 한층 풍부하게 해준다.

둘째,《송담유록》은 주변 관련 자료의 편집과 정리를 통해 초기 교회사의 큰 흐름을 통시적으로 살필 수 있는 전망을 제공한다. 처음 앞부분의 글은 성호 이익의 서학에 대한 인식으로부터 출발해 1801년 신유박해까지, 서학 내부에서 일어난 여러 일과, 신서파와 공서파의 공방을 다뤄서, 초기 서학의 성격 이해에 도움을 준다. 이어 통문과 상소문에서는 1801~1807년 이어진 이익운을 둘러싼 논란, 특히 그의 아들 이명호의 죽음과 관련된 논의에 집중해, 신유박해 이후 공서파의 득세와 몰락, 이익운의 재기 국면의 정황을 다뤘다.

이어 당시로서는 구하기 힘들었을 초기 서학 관련 자료인 〈황사영백서〉와 〈돈와기문편〉을 수록해, 책에 자료집의 성격을 부여했다. 〈황사영백서〉가 신유박해 당시의 심층을 보여준다면, 〈돈와기문편〉은 그보다 70여 년 전 이익과 신후담의 토론 기록을 남김으로써 조선에서 서학 논의의 출발 지점이 언제였고, 당시의 쟁점이 무엇이었는지를 보여준다.

끝부분에 수록된 안정복의 여러 서간과 한시 및 일기는 1785년 서학이 처음 태동하던 시기 신서파의 핵심 인물이었던 권철신·이기양 등과의 사이에 오간 격렬한 공방과 주변 사람들과 주고받은 편지를 통해, 처음 서학이 태동하던 시기의 분위기를 생동감 있게 전달한다. 따라서 이 한 권의 책으로《벽위편》못지않게 서학 도입기 조선에서 벌어진 다양한 움직임을 입체적으로 파악할 수 있도록 구성했다.

셋째, 정순왕후 서거 이후 벽파 정권이 물러나고 시파가 득세함에 따라 채제공 관작추탈 정국에 변화가 감지되던 1807년 즈음, 강세정은 공서파의 선봉에 섰다가 곤경에 처한 아들 강준흠의 입장을 변호해주기 위해《송담유록》을 작성했다. 이 때문에 채제공에 초점을 둔 이재기의《눌암기략》과는 다른 각도에서 서학 문제를 들여다볼 수 있는 통로가 마련되었다. 강세정은 아들 강준흠이 극렬 척사파인 홍낙안, 이기경 등과 한통속으로 몰려 반채제공의 오명까지 뒤집어쓴 것을 해명하려고, 채제공과 서학을 분리해서 보아야 함을 강조했다.

강세정은 이재기와 마찬가지로 특별히 이승훈 형제에 대해 극도의 혐오감을 나타냈다.《송담유록》은 이승훈의 동생 이치훈을 두고 가장 교활하고 사악한 자라 했고, 이승훈 형제는 일이 있을 때마다 거짓말과 황당한 이야기로 갖은 방법을 써서 참소하고 이간질했다고 비방했다. 이 밖에도 두 형제의 여러 가지 악행을 고발했다. 책 속에서 확인되는 이승훈 형제의 행태는 도저히 신앙인의 행동으로 보기 힘든 내용이 대부분이어서, 이승훈의 배교와 신앙 활동에 대한 평가도 다시 살펴야겠다는 생각이 든다. 두 책 모두 주관적 감정보다는 객관적 정보 위주로 기술하고 있다는 점에서 사료적 가치가 높다.

《송담유록》은 《눌암기략》과 함께 그간 학계에서 제대로 된 주목을 받은 적이 없다. 하지만 교회사뿐 아니라 당대 정치사의 흐름 이해와 남인의 위상 파악을 위해서도 결코 간과할 수 없는 귀한 자료다. 초기 교회사의 누락된 부분이 반서학의 입장을 지녔던 이들의 기록에 힘입어 충실하게 채워지는 것은 아이러니한 일이다.

두 책 모두 서학을 비판하고 반대했지만 입장과 논조는 사뭇 달랐다. 신서파를 공격하되 공서파에 대해서도 부정적 시각을 지녀 양비론적 입장을 취한 점은 같다. 채제공에 대한 입장에서 두 사람은 엇갈린다. 강세정은 자기 부자가 채제공에 대해 적대적이지 않음을 입증하는 데 책의 상당 부분을 할애했다. 《눌암기략》의 저자 이재기가 좀더 비판적이었던 것과는 사뭇 다르다.

한편, 이 책에는 부록으로 두 편의 글을 더 실었다. 강세정이 쓴 〈아들 강준흠을 향한 비방에 대해 해명하는 글[家兒浚欽卞謗錄]〉과, 아들 강준흠이 자신의 사돈인 공서파 이기경을 위해 지은 〈홍문관교리 이공 묘지명弘文館校理李公墓誌銘〉이 그것이다. 《송담유록》의 내용과 맞물려 있고, 초기 교회사의 배경 이해에 도움을 주는 중요한 글이기 때문이다.

홍이섭은 그의 앞선 논문에서 강세정이 지은 〈아들 강준흠을 향한 비방에 대해 해명하는 글〉에 대해, "복잡다기한 정순正純 양대의 정쟁과 서학 배격의 일모—貌를 밝혀 보게 할 수 있는 호자료好資料로서, 정쟁에 관련된 인사들의 자기 가문과 후손을 위한 변명이 얼마나 신중히 행해졌으며, 또 자기를 변명함이 후손들의 처세의 지시로서 얼마나 존중히 여겨졌는가를 보게 한다"고 평가한 바 있다.[11] 함께 살펴볼 만한 가치가 있다.

11 홍이섭, 앞의 책, 89면 참조.

인명 찾아보기

영인

송담유록

일러두기

《송담유록》 원본은 연세대학교 학술문화처 도서관이 소장하고 있다. 원본은 우철右綴이어서,
앞의 본문과 달리 역순으로 배열했다.

平生嘗□一之力務於學而少年重忽尼言俘矣中□書□師此學之文

字徒取人言而毎生勤誕自悔悟後未正示韻書博古而示皆在此

諸以本呈可知聖天處撰為此与都子囚付一冊以弘藏弄之也

挽艮翁詩曰　一朝倏忽仙逝不死躍隱□□朝與敎堂隧今澔儀

因花間廊東謹人寒々拍我成暗點海々摩賢後道亨宣亮三韓

君子園居於化作笑而矢

　　谷李休甫　　李基廣字以政西學者其也敎授程理

大凡今世學術岐別古人云仰老之窗甚於福思今之天學之窓甚於佛

老佛學之窗甚於天學

答民翁 李判尹□慶辯□字夢瑞

諭示天學問答莊重複者本義正文章甚潔不任欽賞後而
謂不知望妙愛者妙愛指何事不至學術現世役業而已吾輩人
不语怪神佑者吾此術説诬而吾儒之學光明正大豈作怪之流乎
而吾儒而已昌者不愧怩愧愍之言塗薇於大抵氣甚流於
已矣平気天懷之空陰氣消盛別種異端之賊吾豈固守耘矣無
可惜亲聰明才學多撥負之先生平入至中來而不悟守不可破
亚以得者先生學廥云乎誣及師門豈不空之是何異方伊川學於
吴滉退之師太顏之语乎今不必与之□□乎乎不如置廥方若君
歐公正說佐舍布而膦之然必参倚一言妄而不勝彼志是多難布
感謝吾君與學孝世佃胃道锇義不九一意素命之道此盖微於布
三法心方廥室之地若吾信探存之工不同可得魂不守宅而寄命於久

先生之惰墨
湖李氏

歳荒復望救人自文衡未久義寺 基議明水 俸定責弟迄十分之一而多乎
藏頗不發去心至言之之夢批貶養謝後構虛捏無之語而究
至邪很則不迄与明中光明 哲為字 古中此言見所究之矣另另父郡案念
於此境中 馮學學術頗儉自用大邑修祀千古 眼空一古誤人
莫已多技保每非形運委去長身不絆之憲君另硬優之態
寧等飛延此異我十年矣積悍而芸此一第一夕之故古事是
切烟之者又為千年師禮拜終之又辭望此千弟另為鬆不如怨之
事至於此莫扣滾退之取邪待郃兀訣經判我兩目以癀不訣已
那需不可得伴不意那士又出吾凶可謂以戊無賢古事以不可以不
知枝布此裏曲 揭隙自警 赤心自福心余思為此臨新友心怨新君
六不仁寧余弟另天不復仰扎分頭危地但為自修
母察合 臨恭 丙午六月

教芸乃名浮雲渾到中国以宣聖化於中原揮字　李耕
今至此亦不兄弟和字坆中寔宕宕道不因而不扣謀于天主道亦人北善之理
澄某如此代
閉天学大婶口号一柱示元心　　郡冲涉
天豐坟獄説荒唐自今吾家不易方若使此言其不妄慮病坤獄善天物
道術沙分多自逃雲末一学又豪橫机炊兇柔絢言月照孤林乃之明
毋雲煙銷気可奈白頭力尺手雖呪不尒且孚盃伊物炎堂五狂任尒事
　与権哲乃李参議学玄
今仲公弟先為浮躂話少華志而倡導云今世新文之教涂知福己
傳耋與人之属目少華之宗言撰公而注忽居若異学之们是乎
何乒而此乒信水雲门之惨戦信林之蠧賊亚黙可巾中今至庭藩
宇　天金宇　子沐宇　德擇挙打弓結約攻弩新学之祝狼鸉志未
家婯　若爺　承薫
六口又冲文義　基諫附
加莱守　講札中言官家二少年常在此王祁赏不己云

安順庵鼎福字　廣中人初除　厚陵参軍漬翔賛除本川

照临辛園神敕後以兄之間　廷臣参連　贈左参賛

上星湖先生也

近說西洋之至說對精霧西終是異端之學也吾儒之所以修己養性
修善去惡者是不己死而為而為一毫微福身為後立意西學列而
以修身為事而天堂之審罰与吾儒大扣不同矣生天主常為怒
輪奇佛決要以魔鬼滯置地獄自是天地書學魔鬼地獄撝出末言
語決是異端天主有以賜奇拼伏沒地獄則地獄亦是天之私獄且此
前人之助惡者不受地獄之書拼天主之賞罰不以生人之過惡而未以私
鉴筆何稜要列平尔審需可須得于美玆不必做善謡事天主一私
今可末又不學造讀岁以筆池和陶与利瑪實泛學考如生下論精嚴性
三搖岁今金恨不与為鳴達摩法人筆凰栖懺以求辯岁中先生已兄

之志寧出於吾儕家人物逐塞之沿腦囊之說又与賢公之所以論髓海在

然現此不足新生名言生術而未出豈絕出之見也

避寫揭此篇絕接一事此固佛氏之所以得罪於吾道而失儕之所以

不作考也已詳之夫今不妨論彼宿誓設上天之度近息依号則次舍名也

生佳而無所差感者由天主之主宰乎天則天主之不測誰天也明矣

今夫論生于我將至於三十三年之久是至三十三年之初天固此密主

之一開物美度為次舍此名差感之畫彼官誇天主為古今大父宇

宙公君則是必偏覆四海之內而名於此私恩小惠偏施於一方之人

也亜泰之分天下之固不廣為區若此上帝之主宰而名為天主之

歸生生各國揭生於西泰之固則天主神因之道可得偏私之甚而惡

在生大父公君乎多此二段已可見虛偽之说露而生說立不足懼

不待多辯言而明矣矣

甲申□招李□申丈于　名棋居利川　□□□□于藍井寓舍李丈即亞尼瑪之學今□

中之□未知其學果何以□□□　□□之說以□□□□余答曰亞利□文字以天學

正宗靈言羅勾不七可天生學之大畧而□上頂腦藏說及三魂□說□□□

□□中□天□地獄之說□□□瓜原也而□三魂□□生魂曰覺魂曰靈魂草

木□屬只為□生魂禽獸之屬只生魂又覺魂人則只生魂曰覺魂人□□

魂□□□□也□論天□地獄□與佛民回此□只□論□□□□之說□形

天□暑友□□□□□□□□山之□深取西福長廣學則絕于古押至天學正

宗只一□論隨漢太極多友名歛之□□□□山□□話話依□一毫若興之

□似是□□陸學之徒傳□而□之代　　已酉秋七月李息山祝中　名善

山□□李　□招李息山于江村李文曰亞恭之學□□□余答曰□□之說李未

注主子　　　　　　　　　　　　　　　　　　　　　　　　　　　　教忠

三魂□生而已倫歛之魂列生而又覺人之魂只生覺矣而又靈又曰入只腦囊

在顧息之隆□說舍之生□山□祥至言□□理李文柱冀拗新□□□合知

可取具足而持灵應之蹟數多矯誕而不足徵顯乎來世之意某駒

誥生術耗來可取而蓥道不可不亦星漸曰雲至雲而修證學教但辟

信兒神而誣年金第曰信兒之奠圖至於誕此而諸歸生之說乎

誕此太甚且至天至之說曰天之旁舍念像雲而度為喬儼至列生由

天至氣為之主寧吔曰天至不吔一日雖天中吔明矣而辰及歸此

雲至於三千三年之久列天之融舍度為於氢之喬界壊涇之奠乎旦

至正宗市三屆之首而諸儒之曰誠曰吔未宋吔中生稻吔初吔不知

乃傳家世而下文后諸出人行诤喬不妥寧至傳家至六甚第矣南

姬惶可疑又文中至至雜底太禮之說別金諸陸王民泊泼郡差列寧

似此市必西吔吔吔吔乍吔吔吔中國之将事事傳云而成立吔歸漸曰天新之

事辞步荒誕此西書呈於康此而证人吞敕至至不吔大禮之說拈乎陸

協合於至說心歸皆之完

444

曾以稽列中国之書曆家想無不多與西法合去不卻厚一說而已特是

數義不完以隆□□年然先知至言之□□□理學宜以至要而不取

之乎算不曆學書至工天園會心平至言之得失然覺生情悅而難投□候

書曰高深未猶至詳日月之食最似易理但至食與石會一□□而此人力

而天未犯不驗與人之未然不驗與天則□□道乎此之人無知

立志不會曰此不□□理抑西泰之論曆學也中至信狂師德家□□年

乃是人乎李丈曰為時中去之□□論多信德而李之藩無□□信之

終待民傳著洋蓋一滴洒去許至傳與海夫蓋天我吾十

丙寧冬十一月二十五日余□抄李雪洲于湖山座會余問問西泰星曆象數之學

當賀之旦至提□□驗之妙誠□□鑿□□乎是知瑪竇半為此之異

人也然視至而著天學正宗君言□□□□□□學□□□余藥佛氏無異

地上地下人雖異其變往沒已籌革序則測至日月行度亦極遠
近之差直至六箇月不一晝六箇月不一夜然後已至如地大於月幾
倍日大於地幾倍此皆可徵之差日之行於第幾天月之行於第幾天
經星行於第幾天緯星之行於第幾天皆有可考之次金星之旁
有兩耳天河之特多列宿皆以窺天鏡驗其實又西法家之論日月
食皆云有當食而不食有不當食而食西家則曰日月食無差已
定則於其當食也必無不食之理非其不當食也亦無見食之理但其食
之在東則東見而西不見其食之在西則西見而東不見因其見不見而
爲食不食耳遂求日景差以明其所以然凡此諸說今所中國曆書驗
之則皆所無也而其在西國遠者未歷蓋此一家之所勸吾皆此有理
而驗其理則一一良是而所不信者亦緯書中得鄭康成一說而地
厚三萬里此乎西泰所謂地圍九萬里者瞎然符合要之康成之說

主天主之說眛者瞠舌今以律唐而有上帝鬼神之說之則天徒乎

弓黜孔契李此儒士所天主之說而西以見虛於西士之中莫則君今

日之所品兄多未原考品金某曰西士之以固未必考之矣稍兄

敢方分況四卦多滂荒誕齊寧尹也而以知如知西學

之見孔而孔亥後之而而礎立中然以鄰兄諭之役盡多才而離不術李

中取生星曆之說穼不無精妙而而不是論道之荒誕則以諸賢

智之立也抑彼之而以作星曆去至与支人同罘夕地李又曰中國

星曆之學自羲農以及去至博我家互說紛錯凝定揔卿竟夫東

次說冠絕千古而揚多未鵲及文玉乍完人趙鄺陽而華加精矢並礼

二重天直玉天玉四佳之宗動天於以巳籌天崖兄推年福廣之遠近直

西恭之曆學則亦不兄下乃蓋西恭之考曆學中籌天玉則騎手十

至溫常濠半平分兩樞於次巳籌坤平則驗手京西南以周圍一伟真玉

嘗來西洋而攜取力為⋯証親之則予道專毒佛氏至五部學無

疑先生取他之去霧未可晚李丈君以扎然曰西洋之學不可知

著

乙巳秋七月二十七日余詣拝李星瀬丈于安山蜀二日李丈問曰意

嘗問尹卲章
　東奎氏字星瀬門人
　蓈郡南

西洋之學為何如吾貝曰君言之西學如天曹地獄之說固未免梁搭

佛氏而至論星歷之多列窩弖前古之人未為之曹獄之說是生

見石到金地投石証此之意如佛氏之為也大抵西國言中國八萬沙里

而彼邦獨諸人猶是捋世无心航海毫末少无拘忠之志及達中國

兄友之而不捨祿之而不受獨著之能揖生道而致天下想弖肌次度

大志思之宏潤喜以破吾儒齷齪早狭物我汰殺之私而人幸詐些

逹來之志實非張俗益而隔一紫列君以皆已佺巨必不然也至

草木有生魂禽獸有覺魂人有靈魂此是泰西之學之大要也此非吾

儒心性之說不同而吾安知必不然也余問曰嘗見一書言泰西之學蓋

以尊事天神為宗攷曰古者平時無常事在學而居必畫天神之像

云此統信居某李文曰此天主當義中而为在是尊事天神之說也余

問曰此與佛氏天堂地獄之說何異李文曰地獄之說亦与之

余曰此則吾學所趣與佛氏無異耶李文曰此等說與佛氏者

去而若吾以常用者取定天文暑業原下而諸書中而論天文算

湯文威古乎李文曰考生文字言論治道去記雲君賢主之事

生言堂号及吾治我國之術去而吾先必竟号能与治道並行竟舜禹

曰而佛氏則寂滅而已泰西之學則有實用矣余問曰若吾實用安別

故立清爱前人之所未發大号若号興也

甲辰七月十七日余在拜星湖文于鵝湖問曰源兄先生深取西泰之學歟

邂寓紀聞編　邂寓慎浚聊字耳老骅也先生心　萧西壬午

生年二十二癸卯甲同馬因棄舉業專心為已之學越明
年甲辰見李星湖瀷如少而西洋學求見先生也一見已知為
為邪學近著西學辨以斥之此在西學未盛之前而先生先
識之豈將甚於洪猛豈不偉乎又卒於英廟辛巳
壽六十嘗著述百餘卷皆以發揮六經也　更學於元
庶幾姉懋之心　宋觀雪許專門人也
甲辰三月二十一日余性拱李星湖丈於勢此宮舍李丈方與人倫
利西恭事余問曰西泰果何如星湖曰此人之學不可與着今以
㴱著文字如天主宗旨天學正宗永誌也欲之挂未知其道之必合
於吾儒而雎於道而訟生而喜則六可絕矣人矣余曰臣學必何
為宗李丈曰臣言云頤考矣生之卞也題号膽嚢末記今之主又云

中朝以明我亦早民代除之意未周忍露私發中士之眾兄責在中郡必不敢荅

中此又不旦□□禍內閙鋪事必務今意孤食□成列意大幸生代訴第□寓趣

此三年未浄□沒可當為成立了此時列又不知些變之步所源人亦度日此年

自彼每力勝□甚殷切於家慨速救為今年窘難此君之□教友們見為餘

存在□屏氣溶作以来減□之樣処後軍教可以保全而教友們來托迤南寄

車迤地主從在題老頗多每勿言曰易技絕露發此仰請凡今日束固發友

移動去處從大小畜第勿寬覺此亞鞈晚保存之□為有一人上次告鮮時汪那

一主日內守兩日大西限沒便告馴矢寡難及此人并家躲避从旅口山間飲啄

旅携□每老寓中事勢扴便不得邑不狂守而避号許願不守之眾敢請寬完

等請問巳性之后却守事不盗需行夫主福生庥一千八百二十一年西滿達陡瞻礼

後一日眾人多照舊再招諸長

古利害救然異風俗亦此不敢拒絕此許往難行之心則必然善全業而欲

之勢極力爭之幸甚來言此舉勢毋作行之三難勿唱不合於聖教表揚

人別曰不然本國十年以來教會甚多至於聖教之司鐸國家之聖庭必當

手撓元昌牢執勒加以迷賊之名愛不得絲毫不患之症良善之表已字

於人心矣若本國教友辯譯不飛列愛見壞表揚太西列乃聖教根本之

地二千年來信奉弟兄第不悅化而獨此辯免東土不但不肯順命更柔梗

化防害聖教戮毀神司五此東洋二百年來之事興師問罪去何不可援

耶穌聖訓則不寧譯教之眾更重多瑯惡不諫矣殺滅此邦亦無

害於聖父母之衰此不亦勞勢以納信義而已人我無所害財物會所解列仁

義之極而卓異之表何以盡表揚之不勞但必力為此耳來文曰此別懇

奉中邦路宏若本學深人曰此別常易去中說教宗若命神文某傳受美國。

人不惺不窮反以戮殺今又不納信義別者所聊一介之傷布告美國之眾於

而將教友乃

害西欽々

表全國而不納一人乎主諭之天主聖教以忠孝慈愛為工務通國欽崇則實
国王無疆之福吾無利於王請勿疑更將太西諸国欽崇真主久安長治之
効及東洋各邦寧接西士等無害之事反復曉諭則必能令国震懾不
敢不從船無人数雖如所說則大善若力不逮則数十艘五六千人亦可用矣數
年前大西洋商船一隻漂到我国東萊吾教友登舟細見回言此一隻足
敵我国戰船百無云東人之毒害聖教非人性之酷虐也實有二故一則由
黨論甚盛積此互擠陷之勢中一則由中見孤陋不知去怪異少見不同之
事則看作天地古大變怪驚惶無窮以少孫生書宮中存見為人偶逢生面之
客則必大駭而歸今日光景正謂是也生案多疑多懼且家柔弱天下
無雙是故神父自首之後懼教中之興起許久不能行刑的知教友們之無
能為然後乃敢大着膽殺無辜疑懼之心尚未能釋若番此警疑未定
於之所必可捉之機震蕩其心謂之所西無震之理聞道其事則納無不納之

兩件派之然後可以籍口需索許下國乎許多不恭不法等事而不致尼況

惟近時憲曆及私鑄常平通寶此二事必申明之况今國勢老衰决無支者

且此等照此許誠奇乎於此朝必無告於下國然今國勢老衰决猶大支者

故肉賤別好王之瞋睨自愆李氏之郡黎倍脉羔但墨教之邦此是國家之禍

諸勿以逸潤而采納奇考近年従贴救承此年後差送大舶之命今別付靱已

更後並而弟列雜拳多成此乎一來可使朝鮮人杂何不得來平梭倚而俱形

之艱難下國兵力市未肙殖書弟國最市沈今昇平二百年民不知兵士兵

長君下多良臣豈不幸立崩罷豺可立而絡也倘今海舶弥百艘糕兵五六萬

多郡大砲市利害之兵光並帶就文軍事之中士三眉人直接海濱接出國王日

吾和西四洋佇教船中九氺子女玉帛而來戻命千烝宗要撤此一方生靈哭國

窢一介佇教之事則甚無多歒必不救一冤一矢又不費一塵一草永結和好數舟

西云倘不納天主之像別茹事於王明无不疑焉王惟納一人而免全國斷斲神佛僧

454 _____ [83/41a]

至允從是而得挾天子以令諸侯要殺可以安乎未知中國何勢可能與沫成
於當爲主國之古東國可得逾越尋常初未產之清衰去來而主於
舉邦道而積昇之繼又以衰亞事去争之種種於恩播不勝屈今年此刑
固知罪人而篡負之殺然主之仁慈於未全棄似此惜破之中特當一線之
路而係備教東國之哀矜主依先如此若中西諸國事主之人合心全心全力而
無之望不能化殃爲吉救活此乎舉之理也深人而以此自慰而慰人忍死延
生於大帝我行主上遠施申教化仰生年中國西域揭概後軍屢敗擾亂
日盛皇帝如此憂悶之心倘或於言毒謀皇帝素知其業此達言曰安不
忘危存不忘亡長久之道也亦朝起自東土奄有海內垂二百于今矣天下大勢
翻覆歷常冷世朕乃不幸而以寧古塔爲陪而土地偏僻不足以有爲朝
鮮之才寧古塔只係一水烟火相望惟應於中州地方三千餘里東南則五地肥
饒西北則土馬精強山左千里林木不可勝用海環三面魚鹽用之不竭趨

謫居東國
於寧古塔

蒙不棄之恩擢許再生之路當紹才而亦庶之然不可以目月計也德薄少才

下三品平南趙△之□雖出吕二△則頗繁一則以吾野友可吾吕貴雖變

若言浯便利吾甚危雖眾人△言△△則以吾園一人款先令第二故成我分們以事

園言浯△彼目浿二用拉△安勞吾宝鈞意若吃蒙先許則役如打園

塘歸狗君丁芳以若门丑勞不依東以去门之弟可坐友順成而△△挑便△

中園友友熱心谁愭至一人移家柵门之内稿雄荒愭君△△△如间り

店铺拔冬多人則性来道信之降基不費力王中妙发不可勝言此△

志园生命阕谠严方之某甚雖也年矜念吾園也邪文幸以莁床尾從业

愭谠熱心慎密秀以愁也咸出乃下園方在危疑平兼之降毋訮萬事害上

身命心不敝吞尾弗此二汧盍玄技业盎朝罾币中午圐原右

中私不邇□園校心出来厗降下乃饍漢園依之啗揎西士勞反之心忠

敬△道求忠乎皇朝以報陛下之漠出是敘俻則宁△△知西士之思謹可坐

朝議汸友以私誼相恤勤之至意不寒心乎我東人品彙獨倨令弗弛求恕乎

日卞之剝晰莊兌今友中之高明剛毅之人存生無年而以閫形勢至夕死乎

羣飲昬誶之兩不下數千而料理會人興起者以此

久乎不出十年而更多矣窟奴自悩消亡憐痛夫孰死之前何患兄

寔乎之絕滅乎眾人和之今乎兄禝絓牢惺女切窮年慈愿之典庇州荷

生全憚惡友至盃多主蒙誉遙諯作以興埃生共主者痹而不俚智至又

漢力廟宴必舍寬而人地抱怕而終天年哀痛問遞之中誰乃悔我浧出歷

我姓失訣扷大夺慈廛之前閔何阻南惀生廧友老愶炸荒狀必之何

眾人和中訷又自挄之泊息驚頑之办多兮而大慛慛去如喿卋中乎曰

卋罢友坐軍众此則毒圄夏犕坐愮汸亗渻莬岂矣序於其毒圄之事峯之

西庇俌圄杺根亨不謑眾人不死著卆無枚美喜翢姪如以東分之事峯之

大卻比眾人和何敀不訴劫霖曲仰亦滂恩卬情累亖之荅圄之中東圄

不小心畏約未敢廣傳事洽恩者亦不多而太半是女友所以最友及奉下常
人觀心者不必要恩者絶稀此等皆忍受多苦積年殷望時勢不使陞私
室之中不能開口說神父二字不言友及眾人所居承顏者即首之後十數茲
誠一能倘虛神形俱并亡之境生死無可依之所莫不喪性失志不知所為眾
人所安慰之者曰父師之來不遠矣亦必俟天主特許廣施奇緣但得之多端甚愛
莫發今兹致命在天主保之力必大勝者在此時吾儕之托依吾亦之所望正
後信加於前々不可言々絲毫失望之意仍如好信如疑且此且亡亦如此者常楚
所以太西前年之窘厄慘毒則可甚於今々能知司鐸重事不絕聖教不明
淪亡生靈要得拯濟東土則時勢迴異茅無此等綿羊失牧猖狂苦長沈
喪毋尚莫生全眾人亦百不思之變無生路矣眾人亦生於終古幽暗之域者爲
天主之人常思殫竭心力願拯主名以報特恩之萬一那知中道遭世此境曾
中致命之血和邪道之種然敵邪不幸當時日亦盡出奏殘害自絶於主而我

矣於是出榜趙賞拏寫窮搜遍求赤分心三月中初父自省直入禁府矣

辛鶯問何人荅曰我以幸王及之人今中朝廷於禁多殺不幸生沈莫者

權自來死死擁入於前知係妙父遂下獄拘囚以鎖兩旦不加刑訊內中自

首多自孫西洋人生死之人之死許以連律妙父自死之後妻亦將沒有請氣

辨明夫王茲人之死逆賊五厚西女不肯紀死求訊自己臨怖言幸甦沒有請氣

死朝廷連命衙黃多軍門集而多演武場買二十九日天王三出訖日申時

中兵花智然去孔勝起黒雲湧雪雷電裏燁考戈共不對悑叶一教友

在三面彩路一致友在罡雷里分避難死孔雷異弟言在此曰雷悑惟事年

記日子涯中王此己此時代熟首先出於場守女友濟諄與空以益雲異

弓密友秦曰石為匛誇命暴屍大炬九之彩刑州宣言曰此房妙人也盡不

蓁中申彩江掩節符妙父投命後竄難柄誠而諱揷末飽獄中拘囚以多勤

彩渡弓九人云兵彩父到南之初陲弓苦嬰李已女先王依知投七年三中矣冊

黃鍾

餘皆不屈系以首爰人皆宿寃遠方屬或甚多而柳奧斯之兄申及尹分
海各以領神之枝不即屯配移囚上来釡多點役捕付自訛洪来之事因
興移囚尕多東死率竟陪言正刑及技龍互合三吉洋人朝建忑然忠殺去地位
高餘文字之黑鹵姑今不与禹都卜爰人�吕在去正月些禹事皆惡人釈竟
专以浚事促憑待沖芝妥踈署技貪人事題侍沖的寅与及平昔祷如去器
此涎延摸柔而巴罗发自己卯以浚帶住葛滃巴家罕攀延歷多以而稆葛
滃巴知之㐌圶手忩圶及罴往起有一男教友兄事褐危恳怨雜保全徑往
外以尋见居之教友預佪而安姿為之佪更上京兄葛滃巴恩诸一謁神
父侰书保後逃雄之许葛滃巴日己得此为之佪不必羕书連责以恐禍搜逃
大挈家遠避丁奧斯之到復不招友又捕葛滃巴毋子宑刑鞫洵以将找死不
招友敢索姈子周伊洁洵邥子禿耐刑從寅直委羕羍年申相馹发淘葛滃
巴日尒邥己招尔禾得终津演告此人佪侄罕矣苍曰先付未在我家今不知去処

照倫
招軍

一女教友憫而勸化人資以財禍在此不經交通而苟逃巴達之

次領軍事又入明知生事奏言不宜鬧玉是教覺賜某自盡之

萬源人素老事務而因在生平嫁某之五妙人受名求詳趙伯多祿

該人並我命趙伯多祿楊犯人在年生三十不別某聖書身事人當聊

笑之秘厚於丁與沙定之門奧沙定稱生大概心與己父借逃略州李瑪

角定被插叫父子回家到友不屈發據曰此末泡命為捍教此任取生父務

雷毒打伯多祿不已說出皆發言話蒙放出門瑪角定提醒勸勉伯

多祿四心悔罪隨八友說明友大怒於因不放堅固友甚攻此任教之在獄

十朝常刑考訊廻令皆友曰天無三生人無一死之妙惡毒刑告與全鍾

命事數斯四海軍傳教之源新方公如害山礼山皆馬投命十二人三未知諱

全羅道十年去寓教友頗多四月初全如柳奧斯之為山尹方濟各私各和二

舊教人被捕惟全鍾稱為友全中教人崔宇沈泄在兩人剛毅新首致命

464 ⸺ [73/36a]

池撒巴池洪

乙卯三歲之一

姜婆

週人念佛十往年知諳稍開見是荒誕難信不復圖事七玉恆山洪芝之

榮繼堂丈夫庸下不稱喬尋常對怪恆存離苦絕俗之願湖中雲教

初聞蜀陸巴中天主教三字自忖曰天主為天地之主世教名於正道理必真矣

去一見傾心信眼至酹咿勤敏超心竟已卓乎群庶勸化全家旁及隣里卒

亥之寢未心攝表妹甫宏於丈夫辯子女而上帝池撒巴三年多心希望乙

卯領洗神父一見甚喜之堂中會志付以料理女友之任五月之後首倡建立

土补相目周旋藏神父於卞家奮力於諸必技捕復到門吉冬難後神父言

居上家卒三君教中要務練廞贊助神父侂位甚隆衆人不能蜀陸巴內李

神父起歷饒食俸祿於宜分理教務須急彷志求當少懶多勞童女訓誨

威就分於各家勸人信主言者不能化人甚多役摶到友之間非父跪而絀次

不為鬱因氣兩病惡後因此神火也絕心彩首致命先主為腐光一火子子諛近

而死先主放之江岸學園讀誅云先主求諳聖壽及子附蜀在舊官年亥壬子

云亦友不消之田地偏多話新事而兄西教矣伯淳必而親之曰我自起人之兄所人心

也西教則甚妙理遣必教友在凡与年辨花廊然信服嚴守先戒生也六親

心以化但先安去来剛悍者夫夫之頭連一朝絕些不除恚恨誼屏依至坐

之族些親友物加賤寫伯淳少不挖筆些世舅自来誘說不共得乃曰

吾勞絕交伯淳老回宗身舅民絕父在所身主絕交於見友人者君如山

告絕宗族會像別族而伯淳身如舊日我自忍言以来心畢不勞如山

身健淳回曰役勅年三十二辛妻委不久奴素爱浣免雲名李喜奧誅

加若撒信之審友先廣昌此移居為下来工居善様雲像必暫者

枝俞恍非璟佰辞周舊隆巴之前宝子中性市良心退母享義不共諡

勤陪辛祈師之後一年之父弟作異人法驚畏在家常五輔窩役捕稅友、

閑孙文之事法心嘉刑斐理佰忍炎不指老去新涉年二十八辛姜箇隆巴一

名家好子也才幹剛勞志趣高高少小閨閣之中已息作雲之想不明門路

辭連若撒情先王素知至于貴蜀之仟涤先于禍領洗後熱心煒拴遂此父
岩邹荓加筭止三四年來家窘無阿安之揲携之而感若撒情表援端
神逬如㸔下無知于必人猺救脤役捕之縁由脤狌之揲揲拮事㳉詳初但仲脤
刑谓市人世容爵佯名秀是鋭学俹我山拮曰名秖㳉於徃㲼而此㳉㲼俹
事而不敢懌心天主㲼救五高且賓玫刄此死而不奏㲼演仔绸㳉心荓首㳉嵇
付年二十六事郤兄㹆祼㳉玉㳉人俥澤之族先㲼家㲼㳉㳉㲼切志
切名旡祼禺容友五围招峯㲼兩子大㳉岳㳉㳉郤㲼容㳉不㳉自焚㳉死因此
连祔旅阃㳉围重大㳉壇事閟内㳉㳉㳉前明㳉㳉㳉㳉每年围玉
辛丙子㳉㳉人子㳉㳉展㳉礼㳉罷设科㳉與柴人㳉之忠良科㳉㳉㳉不㳉㲼
曰㳉围㳉㳉不在㳉㳉今合㳉㳉㳉㲼觌科名事㳉㳉㳉不㳉㲼㳉㲼
人毁㳉㳉㳉㳉㳉㳉举㳉㳉㳉㲼㲼㳉㲼㳉读宋㳉㳉㳉㳉㲼性㳉文㳉道
㳉㳉㳉㳉㳉㳉全㳉读老莊之㳉㳉㳉㳉人死㳉不㳉㳉㳉㳉㳉㳉㳉㳉㳉㳉㳉

八世养父表示圉表状遵用朱儒之制领矢吉俦若撤泠变而亚之

微俦骇语炉去卖之若撤泠作去誉之引授谈洽久羉濟李家

燃兄希离口吾不敢坐仲居家思信莴叙著以坐家东甯饒傾財喜

施自巳衣食洶幼为毋者与参稍甚每遊去下新島搔楼每以一元

此亨与李鸡朱巫和吾以人徒死出之交奸栗再泛海達于江浙以

至朱朱而眀雲生多学利用厚学生三方师泠于市圉莲教呙朱此兵

人皆為主政命时率爱乔平管南人耆诈别考罗一人若撤泠顎蓁能

孫無门可入恨圉以坐友得天計像谔以孔雲教弅奇门捍道与

姜葵天小徙事奇门姜葵天小以名卋而心術不端以宗去圉以不去久缷

吕祇雲之氣学習黙術以畚栗时蓬眠若撤泠不知而谣交之升父仲4

贤必砌之若撤泠鹙乡悦朓東栗泠茶而学全心焰呙明年二十二卒

同时寔友萗君畅化而悻葵天不肯伀不妫目葵天市事绕寔逯起林事

男子二人亦不知姓諱似是崔多祿求而得中者詳耳然必將根源因皆遂京下邑
都決而不能參奏總督崔若望昌顯中路人也乙卯被命崔瑪爾西之族任
家持真實之訓早教到東首先達教治世及教中第一人 不常信家屋空
并問做教中稱爲冠泉趙和鎭之屋問教中也已知崔冠泉及教中領袖但不
知者乎居住故不能捕獲至是窘經將大趣往教友家初九日辛酉五月被解全州三道等捕
被到家搶捕因之捕廳受治盜棍十三度杖時屏氣似若無人操及受如踩躐
然而起讚明主誠答曰以是孝敬父母於不日祭喪答曰疑惑之時持其音味必不能
嘗況已死之人乎能享飲食乎故不能答遂命下獄自後無所仰等鄭宗白
被執丁奧斯定若鍾性直志專詳密之人嘗學仙長生之志誤信天地開闢
之說嘗曰天地變改時神仙亦不免消滅於長生之道不足學也及聞皇天主萬信
而力行之辛亥之窘兄弟親友皆全失而將不撓勇獨於傍論而嚴奉講說
當疾痛饑乏之時若不知也故去姑來不明一端道理則廢食無味全心全力而

祝事盡放仍獄背教之時多默先中崔蘇坐伴多默等不放事云云

悞杖殺妻云方諱を寬分方緝捕恐停發友们言出坐分庶幾乏毎

事守多小邝朴長島老從李元南人崔顯重捉緝上徐極誣里教讀心

遞律許罪並諭申大顯輕治之深 大妃大怒第大顯于事務捕屈四人

于葉府蓋行心遞律中二月初九日下李家婢丁若鏞李承薫洪樂敏

葉府又捕權哲身丁若鏞名之友及妾大得先刑捕屈填塞不窮

蜀隆巴全然役捕去義妝出役捕去甚多而皆石将詳中丁與沙公劉堂三

問出説未應與沙定視即巳物友狀中出孔逖一寃問與沙定緘口不答役

送人問于家属曰海父之名厝信則不忘死地而甘受毒杖終石開口不

幸家属居名知之爾亦須念家老姓家属俱以不知答之不是名卿

无祿諭口大弟本道二千上召與沙公反崔若重崔多照與方飭各州分署洪

乐敏李承薫荘芝六人一並新清山後又有九人新决要子三人而蜀隆巴至二不知

自溪捕後箏夜旁午廈三緝（今役捕主填坊兩廈而率皆黑閣私逢

及閣巷必出剛發去猴少十一日大王妃厳下獨苦第今而邪學自乘至三折

湖日渝爛感嘗不憚死寒心乎急申友分心倈門去家統之傳統因若乎安之

為統首苦夜懲沉然搪不暇乃役伊逆律劃於滅之伴無送種花是邪邪屬揿

禍炭愈煤教友们尨愈而搤手延明氣芧與沙重若銅的若銅之第三兄此先届

楊根庚申五月之竟乎家上京乎未彍搭甚風乃一惡友揖名諸誅水失王

雪霜摧先王妃四之卸是包乜勢己受禍色衛焊自己世君先取心宮里物去

冊姅之百抚叔怱撤四乎家西逆西都北箏而族使任多黙去拧作費業

劾統往衖上負来从大葉蒋不顮憑撝沔城府別阕禁乖乖乖上糎乎弘屬

牛肉驅迫到安開前考是雲叟去像及神父箏礼府有大厭遡出玩与人

押送插底是乜火上添油禍茏因此爾大去玩役授後教友们莫不震驚恐

不伊朝夕远了十住日寂無駑靜二月捕盜大好李信敬拵辟靮穽申大歐

來少論爲主乃南人老論少論小北四色之目先王末年南人分而爲二一
是李家煥丁若鏞李承薰洪樂敏若干人皆從前作主偸生背負之
人分黨毒害聖教中心尚可一死信而同道鮮少勢甚孤危一是洪義浩睦
萬中等眞心背教之人十年以來兩黨結怨甚深老論又分而爲二曰時派皆承
順上意承 先王腹心之臣曰僻派皆力守黨論抗拒 上意與時派相仇讐而勢
大爲懸 先王畏之然年亂國而聽之李家煥文章蓋世丁若鏞材揵過人乙卯
以前 先王寵任之乙卯以後漸見踈棄此二人爲僻派之所深忌故作中害家煥等
雖背教害教僻派諸人常指斥爲邪黨條駁備至 先王每掩護之僻派不得肆
害及 先王薨嗣君幼冲 大王大妃金氏垂簾聽政 大王大妃先王之繼祖母亦
係僻派中人本家見於 先王所廢因此積年怏悒而恚於世表爲時於邀挾僻派
而報毒庚申十一月 先王葬訖遂將一班時派盡行放逐朝內空虛前害
教之惡黨素與僻派相親 見付勢大變禍從此起乃大擧之勢庚申四月間矣

順天□年家居□痛性失常思□躯補績□未□月 先王□□蛇刑廿□年齡

草邪学□□黙道中□於自和□死遂直陳□雪□□忠孝之理自□痛悔之

情□言光明修術□芳傷德而刑及髁悄殊甚授□上中 宪□不後加刑

因循放釋甚且抗詠誹諌出糖賜批頸而包実之意事遂竄李瑪窘宝

中塔立少論一名□誅之一名 屡衆藏道呂斯勇力絕倫志氣家懷奉□金健

淳牧生死之交及健淳奉炙瑪窘宝信凭領洗慇慇□此大明目張膽弓木怕人知

覚庚申復海占神度狗醜江与日昼衣至□竣邊□俙高群念喜乐征声篭搖拟

□歌覚□□嘴肉館記渡歌歩其終日事華為就家□苦與門友十人役搏到発友虫

写諭□当稂塩尔応鼓夢勅勉之為衆径毒刑一欵堅固送拘囚不放瑪尔这女未略

知鋻拊而乗甚拷王大移延杳囹疾呈竟彼王祐後旅枷荼莫不経盒凭此拏名

大揺遠近福擺乔門也市 卡友不泴葉自□呈病定未間病因此枕中日用不盡金

健淳奉吉人奉問瑪尔宝療病之弥憚名神之太籍咎心卅七十二八九然兵宗王二告

478 _____ [59/29a]

宵旰望恒上主今於大爺降慈傳聖誡於主祐大施拯溺 極我於水火之
中拔我於衽席之上以命聖名之遍天下萬國之人無不歌詠聖德鼓舞神
化而於此危殆者生發於上主赤子也方逃陷中食振晚氣覺屢弱耐苦
根雖而十數犯波者在淚泣返愁之中七年仍客更出夢寐思想之外我
我人所於至此極切患難之後備無救恩耶穌聖名收永播於東土言念及
此肝腸摧裂中西士們聽此危苦之情寧無惻然傷心乎敢望數卷教皇
布告外邦之為可以救援吾們于廉不用極飾吾主特垂之恩頒聖教同仁之
義以副此切望之誠罪人不勝欽趣是專候福音 惟我大爺于茲可憐自乙卯
失捕後 先王疑懼日深潛機密察未嘗少安而終不知神父蹤跡及使趙和鎭
李係托幸安插知縣中(別名)(德清道) 事情遂得已未冬清州之窘郡中熱心教友死
亡殆盡 崔多默必恭者中路人也性直志毅仗義疎財熱心最重有卓犖不
群之氣辛亥之窘不幸被誘背教 先王甚喜之擢之要地授度多默不得已

嗣永

今古一揆良可哀哉今言宰宰未逮而正論弓渺消之效邪婚有渼燃

二忠朝著之上維穂之如謂心邪徒已盡劫萬邪術不濆沴り務去覺

惱之論置之扎应之棣故一種醜數潰滋瞬信神謙未鑄髓髓得心

緯鈔通犀不燃水怪召心運形依草附木之數貿召善運劝依假之地

宣不大可懼教我　殿下人足人之者寜不畢渻而齋徹之強位玄厚中恩言感

世肯使弓人心专印之列氛不畢涇終難平化莪藏滿拂

渡冈人數列心亦之獎邺歩号不可勝言岁可廊清之功故尤無坊弓尋

出寞不重可惜乎　殿下夕敢言菩運而不思場冰社渺之道乎必賴各

全印之人也揪且一緃未絕之前不恩炎平生菩心不敢忘劝此你長需晏

言玄此化弛　殿下劫以盂惛耄而需察者　荅口名弱具悲孝言運

事乃匹子之忌人忌常惰中卬言品太遍激矣

先相邻之各而不思蓄杨壤成邻学与家宝之内拒不扶揩夷

猶不扶臂已拒不扶蕃巳忍没揩渡与事务之後乎欣就沿心云眛

有浮手为兆矣渠沿心兄害与燠觀及言而燠之访路之日先之心陛擢

继之揩蕃輝营强附之點不言可知學沿峻务之後面学率変

曹燠張沙呂诸未勘署無痛燠之毒顯写巷恼之心兄燠写燠窊丰

因み是手渠之呈四条辇巷夕弓为但巳之事而邪名未炎除父

死很蓉怅之未投江衔诤去固巳忌不锗之习吳当未牵分邪夸

跳跟人心溃製今月一通春月一添批铺徉裼地是幻为後侍与家燠

诗贼被攻まぎ平昔邻之人傳省平皆渠家趨附之後揩目号恼

踪跡雉揩畢竟渠自投沿真臟承露観弓沿上诤　先邻眷燿

之風以呂惠卿注种先帝吳勘上心之は衔也下诡平日所邻之蹇此

賈继玉南鄯治诤垂脱镝祸之故智也渾藏沔为狂自百诤娈達

去若作汲悔納作平多輕勤苟使至子終必帖終乃乐敏五嗣

承則並道之大幸乎若政悔友明終至浮眠則榮家之大幸

忽怔怪然夫堂意思之儿及榮述瓜云似有似等隹然不怔等

語以是盡出榮心曲東口将他人富言中榮以屬出之屬字考貞洞

宗猶別摔榮云招五自眠之升而摔榮之招号歸同学考貞洞

李明鎮而上年新怔先明鎮云 而今乃戴考上句同学之語弓

偉下句濮物之語弓告 及之素又並闢永之招存而不作对作上眼

天聽猶石哭天坤兒新平石礎堂兀慈父而東老神子屬之悪都

鑒堂不害子而不中掩兒超之眾堂可以出弗蓄毙責之考嬙而

並之宄瓜驟憤考榮敬以 先朝錫名而至子榮方之久作 香弟

蔫精重之資而榮以 先朝出子夕乃等多那至並狂駿一董子之

終榮邪学何以預炼弓 鰍料讨忖渠光前 先弟罕世之恩承

不第下大序氣為也以士不分庶原之門下一僧生現住玉家自孔並首一僧

生因事君出而方守在家時売兄書府謂訶弓兼坂出玉名孙因心渡

出報役僧生頼守異同畢君驚懌別堂不怒色謗言必叩告使変含弟十

年宿蜀玉家少經岩斷堂運而卯神玄未兄住玄尚在事盖印玄心初芳

運使生客奇末効力未颺取攫吉而生僧生別終好不及洋天僧生

之父昨新人久則多方自引使之未帛適是兄生做事之詭祕用心之

巧黠而今乃濘合出言欺罔　天聽告君之作字而是乎使之乃言金

是事而依说無生人命俵祸之浪迠事未末不乃也此踈何以心使守

加望手芸子之物故不免不法正在逌久翌日毎病少年親名特馬而

入春以屍出人昝投河坂三司甲以俞漢寧补命変之活昝明言數

邱而役軍檀重金出言之不但李先勿一人而今生怨罷供祝粉

在僧迄而儒迄花郡之语中君及一囷殺字如為阿尓以囚招遠獄

花蕚連之誼出而無怠怵惕矣復利刑卹人李氏之逸亦先祈以寬�之典

知事睦萬中 上言 四月十四日

伏以臣年踰八旬力罷百骸綫息既存以一飯屍祿兒鎮事候廏之班忝

庶徳積於汗漫之事而僉堂到而今為李氏運之沐蒙曰譁

然督和世變若在眼兮君父崖誠翔廷之賦以已善於費劃蓋於

苟敗不必立事觀循而至於賢掖平曰邪性押子子隔邪之録

滿終章里不但句語立劃着亚為窮亏世道亏窮之亚不容以老譁

自爱浅黙無言荷敬冒死陰章底為少補王室我志臺世道亏

馬巡諭程以五子詐寬金帛主言無非逃汹以讲以序子之措名捐去

忱怨専在於辛自伍逆伊付麦迺兩儒皆援餒乞更爱保抢此全

昌私不坤邾之理于渠出於子伸节列圉多統迺文中抬出某事亚寬

某事出語以告自明之危出宅無莪自明惟窮延徳戴罪以以自新之路

校理朴命燮上疏

運悖欺天乎欺人乎若論家鏞罪惡渠必為首至父之罪惡尽竹朝廷之必誅

明鏞之罪今漏網竄為士林之羞恥莫甚通告 副使軍崔重圭上疏署口

伏以京師監司李荃運瑣本弓而痛惋之切惡吞渠必實鄶之既厚蒙不必

之恩闉門思造弓天亥極豈亥一牛分金杜之忥渠寮書藥邪學女妄

指目久矢卿宰子棄祀延邁之諾士天女名出播屐之說玉弓儒通之及

北大學弟子明鏞賣舍別姿溺高阮溺之此妄人不依渠枝上章自明

別尚何不社面家不賣訓子之邪明白自別以候雯分而殺生自脫之计著

此反拙 舉 雯語家鏞竹出援引之説一而尓盂雄之鳴尤兰家鏞血妄怨

毒渠家云季尽令葇也呈見雖運云麦家娛自爲加麻別以謟尝妄非渠

伊語世詳邪数何血實之亥任乎 又云崔敦圭頂年 名在所非寧

別流邪妲以上好下甚反賜責巳奶語鐘妬淫逸語於咄絡巠命弓司謌虽

劣律竝宗不与同中 圀之蒿屫 荃運上疏自明多漫潓請迹事依施

大亞必不知而發言老兄何不徐兄而言之景潯望日秉多德兄

大亞而刃言則大亞日然邪平未矣子弟日捨未矣羣玉

郡軍謝諱蔡弘遠日此是顯論私多是事云弘遠言于生

父渡送空降孫而畏學邪年東溪聲誅此多事一條件余

之五蔡之誠如此而真仁徐一薛居州生於宋王何去也思之臨

三謂養去皆是此等則足為無可奈何大亞之玉於延年東必

此後邪軍釀成也夫

睦仁秀韓在維通文　抵本學

云、暑日季等運之子明鑷俊設家錘之妖怪俚作邪學之魔王棄祝

逃還多生信車之及於太學賓舍分居專必邪數之留聚別院年小開

傍質以感勢去初軍微哭以憤財固言憤氣厭怪久乃為生父誰運初

表付家恔北乱北師怒為加康李祝以些然打成一尾去於此多初今盖

不先孫經塞責之間此增懷異圖貌不可掩去中天鐕坐貽此連累

信則費持君父寺母忌帳心　先王深憂痛所之考玉下二字不思中

之教而少無畏縮雯荄尋常些是無君跋扈之心在於中而發於外

去以生宪之則不難多矣玉程甚空剥中而论必是負犯中（事而己惟潛

懷異盇中出未去此暑除枝蔓抉根柢之字若生言今易布告也

是陰諸可诏得传到今愚且狂喘拜清攻領府事蔡洶恭依大弌

因色施於

須臾文及黄文

蔡事添入

蔡扒邀洪翼茅冥　严邹烈上诉岳躃刻同至耆耇不尽倆

米中之不滕鷺怪而從直言于蔡扒怛生言不入政尼兄李棱

朝廷学知而四诏翼㦯　君上怒八蔡邵学委话大弌三此茅以自为
从

理景渾诏心　乃哲从之旁自勿臾学於生家康

中生壹卡中程星学弘更学方寀茅別全九大弌之甲大奂

子孫遠席聲勢部任為眾父死未葬濫生餕享之訐不有

國典特於姐豆黑孕嶺賊之嚼矣不加王府之彙木則濫頑日专

卒悖愈深父登自簪大浩江樓猶同兴蕃之鳴金飛眾兇結邪數

頭為通鑑专異蔡彼之絕第恣奸聚貨利以暢結专無顿捏恶

賣勢以角膝去公謗伏乞夫兄三司之清俾登灵火之化立 倚邊

臣孝記今與臺劊中聲罪蔡深恭讲茶以举國之以噎犀興情之

比些懍合延以清亟許兄彼徉沒國是可宣而世道寧玄谤可俾而

人志壹矣亞而無窮更詠敢亟 悖曰慈教已谤矣 大王大妃殿俾

曰專聖单蔡房恭事至今靳兄五寰汐以免盂罪而狃劳盡以禮

遘大亞以我羽家佇攻罪闇罔敕以涼恭李不狃不難愷花置偃也

大抵湯荼前後員犯生目祸怨羞考臚列而但於甯曰祠港事出沒

举国堂河之論遼巡却瓶矣及圣情臨盡露無何逃罪刈晚没言

平澤之事亘古々寃血塗地邪穢之氣熖熏天而什佰其刃鉗制衆
口排布凶計無死弟々痛惡矣柳尚動之不死命也特降恩諭除
以蒼仕則　先朝之俯燭奸狀洞恤士流有如是矣流蕃則威福在手
氣勢蒼々張而家焚若鏞之引爲腹心嗣永學達之到處吹嘘而設心
將作何爲乙卯夜捕嚴遠因之三賊佞嗾捕將殺々滅口藉以假稱
之說作掩真冒々之跡章白王章奏熒惑聾聽是可忍也孰不可
忍也渠掌真不知文謨之下落乎伊時文謨以一入網之鳥而陰
闖生路釀成禍機亦是此賊之罪則以此一節已爲斷案而極
僉之越海招寇嗣永之飛亡納款莫不源委於乙卯則至今日丕
子無忍乎此賊一刻共戴哉三司之啓至可討可誅無非凶邪魁一
事而凡此凶徒皆以流蕃如依賴之所將視朝家之處流蕃而不向
胥之計則至而防禍惡甚無決不可報之以塚中之一枯骨也況吾

彼中備傳國中事於洋人前後往來之事皆是請來大舶
廣行邪術之計而矣乃知情不告的實不待時斬 罪人金鑢
白等矣身胎生於西鄉假井洞綢繆閑通於嗣永昌歐完淋
詐賊之古周文謨出來之後與洗禮名甘心沈溺不思改悟知情
不告不待時斬 大司憲俞漢寧執義朴瑞源司諫李東埴
掌令善稟鈺持平朴宗京正言李永老駁劄
辛酉十二月十五日
云 噫嘻痛矣蔘洏薰即邪逆之根柢也素以凶譎之性長於
文藝無以凶狡之習〔等〕於妨書若鍾一門陷於邪藪而以至婦子姪
畢竟醜誘不可道也翼異之爲邪中頭領托以孽孫之受學延
作側室之良師御家如此則他事可知斥邪之縉紳章奏則極言
掊陷溺邪之凶徒賊盜則拯死救護擢以綱乃援薰之妻父而嗾
呈情訴以緩異表之變金漹采是東郡之從婿而差遣御史以掩

罪人李敀薰刑三十度玄巫欽刑三十度丁若銓刑三十度丁若鏞刑
十度李學逵刑三十度申與權刑三十度丁若鍒黃嗣永面質　初四
日罪人玄巫欽招李敀薰更招後刑十度李寬基原情申與權更招後刑十
若鏞更招學逵更招後刑十度丁若銓更招後刑十度丁
度与李寬基面質　天方炰厭倚曰今番獄事而閣地細依墓叱乎
未矣諸囚前後性喜似無繫閣於闕永乙乃闖事不必許久延拖乷
有叅量之道嗣永千禧巫欽已捧結案無窮更湢叱乷諸邪人從輕
重分等以惩敀薰滿州牧溥死乙配若銓黑山島濱死乙乇若鏞康
洋溥死乙玩學逵金海申与种國城寬基長與遠乇乙　罪人玉千
禧曰市矣臁生於宣川緒結黃沁喬入興國安洸矣名古洋黨居
接之湯哥叉白邉姜完淋家訪見闖又謨妻乇衣縋名乙乇湯哥
於洋黨又愛洋去水旺悄情到灣汪冲邪焦號捕之前重入

措畫排布九他賦之此出外二条監設興師布說及此邦上二字莫也集

貌心腸出猪不呈又有不忍出筆不敢提說窮天地旦萬方不怀觀

之言云於日記中一句　世信蜀道三千里禍免卷坑二十秋此与出言毒忘同一出腸是争你亂

逆事云出矣力之萬惡俱萃千剛猶輕是自此才窮函極惡不

道的賓逞晚劳日西小門分凌逢受事依法繫籍　眾人黄沁曰不笑

力胎生考佢山出陵京小子邪出奔走动力潛入異陣辰洗处名作洋堂居

攝之李喬周笑讓法未出札貉令海之又与嗣永結為死矣今表逃匿作

嘉川地巾嗣永之亡命提川憲涯推尋邪概为府日兄嗣永之出士牌嫛

謀讒同祭的賓逞晚西小門分凌逢受死　眾人漢彬自示矣力胎生

於保寧青蘿洞出邪賦卷鐘廊屠泌梁邻学嗣永亡命之何挺力

俱逃作出漭同匿士窟至火八親嗣永之店谋会不与廿三月分

潜人奈城称問椒情仍传嗣永知情隱蔵的宗逞晚不賠巾受新

五度停刑罪人黃沁与嗣永面質刑問十五度停刑 罪人金千禧与

嗣永面質罪人金漢彬与嗣永面質刑問十五度停刑 十三日罪

人嗣永更招後刑問七度停刑黃沁刑問九度玉千禧更招与嗣

永面質 嗣永刑問十一度停刑 罪人嗣永年二十七父錫範父矣在

正井坎母矣父李東連矣為必若鍾之姪壻昌顯史人之死友家煥永

薰乐敏哲身之血氣早穿奸竇酷信邪術疲棄祭祀滅絕

天常必至邪惡詭賊邀來罔父謨之後即事而父呼領洸而矣名

於待送洋人之書七申並言字 豈言句 逆腸無恥肉上不道之說与圖

為用賊德至中第一心膓今矗逮捕之下知栽亡命竄伏山峽夢

惡及噬之心潛悍不軌之念与黃沁玉千禧燗嫚和尼寫出畀之將

五弊之計最是三條凶許中請海舶茲百艘精兵五六萬多載大炮兵

器直捿海濱之說此家叢恒憲半各出銀貨一萬朱港二串凶謀矣

柳恒儉觀儉兄弟全州冷族与湖中興族互婚頗多屬代挾財世

稱富豪凶持忠壯母子也學邪於扸忠沈惑多年野主癈祭

恒儉諸未
大舶結業

一如扸忠及持忠之變政作祠版分面粧撰而空實不小悔改玄

諸娍省出銀貨請來西洋大舶以為舉兵屠戮我國之舉云凌遲爰

辛酉獄名出輸招速捕次來節三自服作壽心為家燬茅鍾墍

邦籍沒家產請舶之說凶娍輩臨死之際例多讐言怨恙西洋
外

乃重湛海幾茅里之國渠群号貨賂何以勞易扸邇洋人之入中

国動費四五年別吵渠之言宣有興兵來援之理乎然以嗣永帛

書觀之岂無迷颣多必是恒儉之子聚潤夏女為婦玄於燬嫁扸

通而不知恥尤仚何異也　辛酉十月初三日左右捕一所巫日邪字

六命罪人黃嗣永九月二十九日捕招扸忠清道堤川地土窟中移送

禁府之慈散䐈　陽日知道捧輸為之　罪人黃嗣永更招次刑問十

州廢重受彩并為法學籍　罪令集靈光人矢為以恒儉之初姻身

觀儉之勸誘誣授邪學恒儉平之潛延異類請未大咆及持忠慕

建堂之謗仁富古千艇之説全無驚憤之意雄唱雌和嫻嫂酬酢

知情不告的實　罪人有山矢為根脩段古以保寧驛村人性未於若

鍾恒儉之家通涉於家煥存昌之古最以驛辛名色潛入洋人性居

之書污古付咨嫻嫚交通請未大舶之沐一協判決之謀綢繆和應

知情不告的實不給付受彩平

罪人周文謨更招沒刑三十度　侍古文謨毁棄以異類凶醜自稱神

父藏蹝遁影詩多男女設法搖洗法　領院無托娠誣木説七八年

志訛誣生彩禍毒不已於晉游秉秋禽數之埠而已羨至未歷不

過公廢之醜類冤厭多以見奸究之浮孳掠以性意合施軍律

出付軍門集首警眾為呂為

鞫廳罪人柳恒儉年四十六父東根父矣父甲春母權召史母矣父沂徵

胎生於全州入籍居生於函節次段矣身以於忠之至祝同忠謀習与

哲矣作出血毒以父謨事出矛父埋主痍奈扣罪惡固已周赦邑与家

煥承薰日矛乐骸羋符同周賊潜通興侍家煥出五十兩銀矣身

身矣儉重泰於出四百而洽送有一於洋人同居之毖諸出大船以為

督扵我国一福判决之訐大逆不道的賞重脫不待凌遲愛死

罪人觀儉之恒儉
　　　之中郯山節次与恒儉同并下送全州凌遲愛书　哭文

扵竈
　嚴莊根腑段父懷父矣父德烈母權召史母矣父沂徵入籍扵珎

此邪魁扵忠之中矣先伏法之後終不改悔又与恒儉先卑符同淲

涵戰絶倫紀之罪固已周赦与家煥乐羋棠本周賊潜通興

围至蘆信亞泄未洋人同居之堂前後為三次別錄姓名胎士

教诸来大船一㙫判决之陰謀出訐㸀嫚謀廷同奈至晚下送全

非騎屠和語海上人鄭南翁海多妖函之言雄唱雌和誑惑心詐主罪

惡誅戮猛輕云　雲邦　罪人姜晏天物坆　刑二次　罪人金伯淳海刑三十度

僚中之子
礦行之助白等矣君以邪穌降生之後痰崇自号主苔寺亮邪學

至死靡悔丁寧納供云　雲邦　罪人李喜英父嬬父矣父宜泰母

父金益謀矣乃釈郢盡清之坂屋出三儔而一列送于囬永許号

情郢希群猪拒清通山鮑真贓畢露云　雲邦

府新瑟李基讓之罪可賺誅那家蓄日為自居衣主之號獄消存

昌恐乃餽贈之氣綃烟家哲三凶氣合為接爛妖占利邪賊之日烽

莫化丹賊之作備又况樂子况儒前出於日乃之招獄今招捕屍之誅捕

沿以蹤君教幸遲此邪出属主上今漏綱久稽遲訊顧今鞫事之烈

牲根窩之未破未必不由作此諸前承高品鞫浮情失正王法　三月瑟瑟

讓刑三十度　府丞諸罪人若絵若鋪伱海錫息基讓矣令王府依鞫得情

是邪学家亏邪亡故目紹着習也嗣永之与宜受家煥之作若干

死无惜　沙塲枭示　領府事李憲模　領札沈曰李基讓之邪学为

茔指目久矣以基讓去以罪名遠吸全释之科州举懷倖倖之

坐頓无懲畏之心云云端川府遠配臣役以基讓诘子事亏基

丑不允刑五度罪人姜彛文之中彦陽縣配金廷臣以青府配金鑢鎮海

縣海死宝汰汰金鑷堇山府海死宝配罪人金健淳羡行之孫

丁巳八月有鄭光受在来诏曰京中亏一主人切顧与子邇同也上京

诸与同话一人以周文谟也与之名礼仍问邪学源流亏没洪翼萬

与未連文谟之孔技矣为毒次徃見以矣为地宦支待兒文谟毋三讨論

迷而不返顧曰浦播於曩天八谜惑鄉曲以诳海上人品字鳥鄭南

翁许多惇说莫不籍矣为而办说诈臣罪犯死亏治罪云云受敎

罪人金顧白字克行矣刀以金健淳之庶族次姜彛天之甥介到受敎播多

文謨見捉

字蔓延為滅口之計云云召言周文謨考承薰單多貨賄未稱必洋人推為教主意專立於愚氓使之盡信而尊�2神父別占家舍密徒無常春說大多至於上微 上如信邪徒之必為官而不至多譏誘詞跡甚秘少補亮捉影終未捉得玉辛酉設鞫後烱嫚出於諸賊之指果與姜婆之女趙往來必家人姜婆趙安皆正刑文謨佯市是中國藉少人年前為邪徒所購来邪徒皆稱初父李之某神明家 清食教誘沒學多沒淫瀆至云扮作洋人諴条寻衣云而心余鞫人言別語不分明決此東人貌樣心是美人云耳沙場集示 ● 邪学崔昌顯任仁大援引李潤夏

丁若鐘 洪教萬 之中
景陶 之子 結紫炎 為潤夏之子哲身之甥順伊之甥是烟接族皆

哲身 姑夫申与權 憙潤之子 尹鍧權哲身權扡学之子黄嗣永之子 鍚範

[32/15b]

招莫可掩訴進士睦仁秀而為久抱太學悲陳明巖自知必血惑之

狀禍橫迤在呼吸明巖適在貞洞生父善運何為機伯不勝惶惱

送騎龜枝營中方夜明巖暴化壽從波筋於平李允約上訴訴

命逐大臣稟雯伍曰以李益運臣子之名屬於賊招而一夜之苦

為滅口之計具以渠訴觀之敢以污蟻戕殺之說反為猫朱為口之訴

志以慈甲地抛波此施罷職何以使後朝謀於加重勘善運之父年畫

申爾而不敢敎臣子由沒而不敢反讼身凌勵憤蓄懷壁而見憤

八十翁不省事傾一兒物益運使臣玉親李周與日夜寃乞於洪

義運願勿遠配洪以攻邪搆立言重於阿扺屢次涓兄刀言臣情勢閣

以貸賊田至勘律善運李与臣父性當抱川以終天年善運之於仁伯何

詐問樞之恩而丙寅年卯喺出權似悵駁仁伯人之言良胡玉屯挫

先是蔡扎招捕於趙圭鎮一夜打殺三賊皆知玉坡皆云邪賊而恐

李益運毒

殺長

506　　　　　　　　　　　　　　　　　　[31/15a]

雲之 禁府李仁行渭源郡李儒修茂山府屏裔꞊ 李錫夏

因墨꞊遠寬因雲母衰蒙放　錫反亦与承薰結查　○士族妖女妝自

家煥切烟思言　士女故不　情習以玉族必走婬家誆誤走甚衆閭閻女子從

而化之＝中寡女砧信些狱之说母誣炎妽心多陷溺又有聚乞

譜学之変秉夜徃未每一日之中別弓諸習扲袿之日名佩小橐

弓天主畵象必從巨鏡蓋家煥心諜靚騰教誘烟家妼女拜学

習攻也李菐運之爪注于明藏　見名介不妄自幼小時学巨術人误非菐運

匹敎而乃学於巨家内云指目与素諜去庶菲明藏去忽然逃走己

六七日妝度無人不知꞊於工達　通拆字年号 天聽高㐊金姓偉　不㐖平名通文
　　　甲戌郡禁付心　　　　　　　　　　　　　　　

太学有士夫女꞊名出捕辰宰扲子之棄逃走己之語盖明藏淹溺　秋

邪学為便謹習貿꞊别舘自彌嘉裕軒与嗣永　学有名洪栢榮　凉拆邪

綱繆注未盡夜肆習不知꞊幾許年至是國言也沸竟出诸娸之

之臣学問經術　先務奬書之音屬刑綠論注生学考苦不舒求及去洋

書出怳然異哉之詳務著七而下之有天学考天学問答著去至送机

餘韻至今尚存而一種士沐之社如拒設葴滿去未必非生效也今荚崇

奬而表章之別可為明正学熄邪說之道請施饒　贈之典例批汲因延

臣奏連特殊右朱賀李晳島配　学令姜世綸詠暑前縣監

李仁行　退溪寺之後　古以名家之裔厚沐　先務之恩飭躬操守

固為有倍他人而方至旅宦京邸也托延家婚祝作依似年寿

嶺儒書所家嫁列敢生及嘖之論眼春湖椒力為查及多有

可駭之端焉延堂邪之神　古中学家燃茅鑷注文七礼三丈潜藏神裡兄

投扵昌平守沈公權心語及諸書友三倍道伯　送別受病延去因今老友

心大賊日今荚遇此罷別為大縣臘月在近伊時羅　六月果居闋而遷也

儒天生霄小也夢自出身之扵客附若鑷轉托權出綢繆賦鍾書
修

札臚送山銓沽說恒騰居沂行外儒修並施屏商批為詢大臣

陰靦藏匿之罪的實逭脫尚且不敕昨錄　罪人洪敎萬緝捕實

為弓幻半分知識酷一部妖之肆称獸學之非邪至云就死而靡

悔海之諭之頑如木石冥然悍然甚於豚魚甘自陷於夷狄禽獸

之域的實逭脫尚自不敕昨錄　禁府罪人丁若銓薪智島

丁若鏞長鬐孫定配　銓前佐卽　軌義柳畊諸邪學人李格兄

遠竄　府啓請丁若銓若鏞金伯淳屢結妖像罪李基讓異錫忠

煮鞫共正典刑　掌令鄭瀗詝請水使李哲此二物怖人妖也荷先

翓殊恩莫念狄効而自沱恩祭坐賣抄勢浮影之一壽一静㳣語卒島

自申之一黙一陝皆惆已力此已圖敎之棊而至先㦽之最先潮邪一世而

知山梁地壑文圖為屛絶邪徒自靖自艾而斥之孔瓲報与家燩耳語綢繆

於若鏞西邑駄未之妝涉習邪術刐乃反掩置納舍然德為緩邪狱

人之妖悍乃至是耶宜施島配且言廣成君臣安鼎福山先朝胄筵之

[28/13b]
509

○罪人李承薰結案西洋邪学以載籍来而未有之變怪也矣

身祝安領洗蒸里購未攬之姐鉸暨于京鄉甚至注及洋人網

緣與數文去光皆現發罪思咎不早露的實竟晚不行叶夏彰

●罪人丁若鐘結案矣為藁撖之心有禽犢之彩承薰出

邪書之沒日夜沈溺潛自誦習旨先父而自認別弓神父釋以

若鍾云刭
父而甚至抛曰罪子結昌應死矣 蒸之族托嗣永以若鐘之婿爲腹心魔

蒙之贓祕妖女之閩通畢露去孔真贓莫掩乃於申辛大禁之沒肆

丁誓祥運
发凶言犯上不道的實竟晚尙日不行叶彭 罪人洪樂敏結案矣

袋 洪樂敏云刭
为沈溺邪学諸誤湖戈至以今日之受刑皆是叛教之罪 妖言惑眾的

宦途脫不行叶彭宦 罪人崔昌顯結案矣為本以委巷之賤不事

平茂之業虚来邪去網緣邪当若鐘哲身之函而假稱神父承薰

姜娑之妖之互及教主饋魔衆而贈送歸帳貝而指揮和讲指揮

今揑於捕屈之詞捕必竟跡焉敢辛遑請荆鞫得情　知事擢攧

擢祿等

討邪祢
等祢討邪学誅人批卿水而陳尚去晚矣姜加明目可也　院㢱諸姜

姜襄天
襄天金鑰金夜白　姜口之晃之研鈂延舆　并拿鞫得情襄天拘扱金鑰宦祀

等法人
夜自建淳舁彩　庚淳諸鏖六礼瑶与哲力　襄天水前時必推占天文預知未事因
　　　　　　之没白亦纫之應子　李崇溢　乳圆邪為学

家煥錫
而寃则妖言而氷邪学也　家煥刑三千度英錫忠刑三千度合七次
忠清道天安金姓人告覈刑推遠㽵又因甚㽵　氡亚

忠刑推
蔡府罪人李家煥心㝎甥俗李承薰購未邪亡首先聦者必投姻
嵩之靡然從之邪魁之首合必自明遅晚没物故罪人權哲身必

自未沈溺於邪学及㝎事日刀羅覽之没迷不知憂邪魁之目

物故
曾口發明遅晚没物故　罪人崔㝎恭魁
家煥連晚　　　　　　中人邪　結案矢必必玉妳之品写

物故
至山玉遷之罪安國家同槿之恩妖性雜化蠱惑轉甚拜然必復及

正蔡夹彩
邪学自首於法曹寅然悍然甘心抵死的寔逹晚㫔目不待咐彩

鐘傺唆人葉鐘竹移接扵他包文竦中書冊皆是邪心語犯莫

重之地又多淫瀆之行因草記設鞫推治三司並曰命七人　申鳳翔柳遠　若

鐘蓋倫悖常之罪惡興誅戈之丑此難毛舉而窮凶絶悖不道之凶

言現發丂父卋中請大正王法扑慈殿巳下教矣　府庫李家婢別喃

張廣真自作教主李承薰別購來妖云甘心諛法丁矣　鑛架本

与両醜膓肚扚屯打成一片蓋此三山俱五邪學之根柢請令王府

設鞫得情夬正典刑云　大王大妃殿傍日邪學事肉莚弓下教

去令此基駕㝢合予言光霎之道不窮少緩㢳中人令金吾舉

邠　大妃殿傍日昨日大臣以睦萬中袞插爲諸而靓是斤邪之人列不　睦台出於家婢　府庫參

可与諸囚一例爲捕逮逃之藪蓄日力自居教主之歸獄諉存昌忿　鑛忠之招

李基讓甘作邪數連逃之藪蓄日力自居教主之歸獄諉存昌忿　柳恤李教

爲餽燈之舉煽妖驪利釐邪影徔又況渠子罷億前出曰身之招

府庫家婢
承薰弟
鑛
睦餡萬大
諫特除
李基讓
表叔

512

異抵去大亞要使更栗而諍□多不避大亞頗愢終不延

達基慶時在草土不得陳章自下情甚廻隆不得已抵書殿

院使之特栗 上覽畢大怒乃命定配芝源府倍道押送時

李基慶

未及關束曳攘赴謫氣象愁迴遇三年特放右除蒌即終不

抵玉汉院

外公盖以情踪麗施坂也　甲寅年六月特命收領洪乐安初

芝源定

扰栗峰穿訪仍命挨芝景□满仙而□　上言以為作下郧去終

郧

是正論石可終榾且何來借列怨雲氣膝為邪去不得容坂行

拜景崎

徐盈醫用又必使邪徒澎魔消滅於造化陶鎔之中人巨人之临

洪伯特

高可諍出尋常弟之矣不幸庚申六月 上升遐

正宗大王必欲人巨人曲費造化而邪徒終不懲戢莊不着辛

亥之前放姿毫忌潛扰諸習不思政革浸之至于十年六辛

酉二月捕屍校卒捉一負龙漢於東门分查諸插原则乃者

513

存昌訛誤

内浦

存昌四天安常漢而乐敏贖收之子学書於乐敏基讓孔出於

訪深於邪学隣近化之洞戈之㘴烟他邑常漢母訪男女皆化爲

邪学如治山洪炉禮山青陽定山之㘴一例陷溺乃以謗文侍授忠

李最延生

州士族李最延其先弟大家専也

延元乡訓

延謹厚知名士也嘗於㘴祝忌㘴両辛不叅與延痛哭而了無回

謀忠州

心教諸士族与今知常漢时祚邪学之窟内浦故邑忠炉揚根呂

利云 上密使人廉探㠯等邑洞知邪学尤甚持補家煥忠州牧

補

使若鑷金井密訪 上意㦤在於使渠輩知衆又於使邪徒與戲

而經歳許連家鑷卑以表瞻生慨矣戌午年於美庶遺鄭忠達密付

家鑷外

廉察邪学専治獄洞中邪賊不知㝷蚓玉於弥滿獄中事㝷不

承薰特

㲲仗鶩去尋吊納侍放送专云矣

余在懐倅时四中专也

承薰定配禮山鐘末育此

配礼山

辛亥年乐院大巫之捉修诸人也大臣上達与㝷㠯侍㠯暑㥑㥑差

害又出於攻蔡之訐屢屢嚴教以仁浩之指嗾樂安為教蓋洪之大

洪仁浩亦
人前時賓對丞斤蔡攻也仍命仁浩招技示安於汝家捵未攻蔡爭

苣教
蹟 罕教於截仁浩惶隕退出邀樂安置內廊諸閣時必捵手蹟而

納之今日如是明日如是樂安列一以意在為蔡初非攻蔡為辭至

洪東盃
于八日藥安合付大呂三張細陳家煥寧奇沒陷諂諸誤之狀仁浩耀

連納手
於進呈樂安日肚半彼眾在於我非關方叔主玄果袖進 上下覧

蹟
一通而始命樂安退去盖 上洞察邪徒之真賍心知樂安不可以勒

捵手蹟也家煥若鏞中洪台之妄為教仁伯之納手蹟謆丕此叮叮

家鏞墣出
栗綱緷聚溢洛並与洪元伯而戒害捵出攻洪之通搆捏洪元伯

攻汰通兌
父子滿徑列茅端詬辱知舊一倍畏惼甚玉烟聚氣不敢尋訪又

徃山攬所京外遠近於鶴舉起薰天之謗岳地之詼無以不玉正論

之人蓋窮感戚不容方岁弥至十年矣

之意今覽道臣查取栗玉妃屍猶是浪淂燒却祠版俱不自服

憶異端邪說之熾夫人之子泡古何限而如許玉函擭至悖惡之

事自有生類以來未之心去妖說之惑人何以至此心骨俱冷不叔

自念此不施極律無以洫人心正倫理巨巧兩熾分付道臣衆戈以

見變不約叶變報懸首五日查庭衆問之玉瓜悖節之函擭 時

依下段毁屍律施狁具揩取招後延中正法㢺以依回教施狁

辛亥以後玉敏致薰㵘爲巧惡坟以挾雜禍心之目指斥二

邪之人而正論玉賽邪學去多而誤知舊晟玉氣熘譽謗

朋興等知汲覺者靡然附麗顯示右祖之跡挂生邪巳之

下专念畏約隨衆波蕩菊於是一遍之人盡入於邪朋知絕跡不

欲氣尋斥邪孤立无助只闭门緘口而已此言泫入禁中洪台仁

洁常以承宣在院一日　上以洪樂安斥邪非出於已而專是我

韓

語之不拜　雲廟渠安得免乎　上以邑子謀害士王命差繡衣

金煕采〔山承薰之下煙也〕下送鞫邑人爲父惹鬧爲三人權姓人王於被死

趙常本〔持平悳忠之庶子〕乃被竄配

持忠尚然焚野祠板之變出後三司論章迭發聲討于張邪

徒忽以有主不林之說傳播玉達於蔡相嘗於夜㐀色權

景晦〔禹燨〕探問景晦既使尚然之從兄寶祝尚然家祠板之

焚毀力言不然之意又說持忠之不用長禮如知爲眞情　上恨

基巫令乞道　臣完囊花冷完伯秘閑於珠山郡粉面使之

騰書上送郡守申史源躬往使㛿開㩲祝之則皆是空撮

偷抱空由刑廿廿曰爹遣卞卞即庭問謗于大臣是乎刵左諜改

蔡以爲抉忠尚然窮凶極惡之罪傳說狼藉臣意列以爲有

人形同得秉彝秉人耳王惡何玉羌是茫甚窈有全然豈然

完伯秘閑

珠山倅粉

西營七

達

承薰原

情

承薰不

招雲

廟

事實不過如影樂安与基慶雄唱幃和互礼為訂專出於

禍心而然也更拈云二　傳曰袖藏肭篋携来緒閱渠不得発

明此一欵正梁之罪然而渠父云族人悉禁書及今刊冊事脱

空之後果豈可問之端只為以難册妥耒律重勘為先削生職

放送徐自効為教　平澤以心以為尼発長到任後三日躬謁

雲廟自是传例而承薰上友後十日浄称病不謁以兩漏廢李審

出往不礽謁　雲之禮只審祝兩漏変而言豈言譯然兄護

以不拜　雲廟発通抵于太学而太学前例於奉審時則無拜

謁之例援例草記至於会事而言實別李審時扺無招謁而新

発到任後三日則例又拜謁則承薰到発後礼会祇謁之事則於

奉審时入　雲廟則所为先礽謁雲禮後礽兩漏変李審事

倒當然頁礽李宝而不礽謁　雲則此另兩漏変以礽李宝有異

人五倫乃彝祭祀為邪学而語納偿则正著儒言墨彩乃吾道之罪

人豈可許立跡於乍邪籍令渠口然而心不然有此随問緩第之舉

誣原之说出自渠口渠而狂用十年工夫自取於氷廣之見既曰消幾何

不必每口真箇不成乎王政而務營少人家雜書院別定官差

登時搜驗焚於女庭乞矣乃彼考訊限滿更加多別蒙刑滴州牧

減死棘置期此点考察乞彩巳一两不悛或誑誘他人牧使祀椀訊

挫直搸結案先彩沒殴事今付出獄没期日致斃於西小門分旅店

李承薫原情矣身於癸卯冬随父赴燕従诸使臣後一審徃見西

洋餳洋人乃將天主宻義故性分置各人乞前有茶飾乞接乞又

以羲何原卡兹珽精蕴而玄祀遠鏡平地表等物赠乃饐彩取矣乃

受来帰後绪闽澎多春说乙巳之憲矣乃父聚气宗族悲焚乞

玄並歹名種傢器名皆撞碎矣乃遂作闽興之文痛乍气烀前後

云為邪學亦過於此又有雅山戈人李存昌已經本邑之刑治一向不

懷云梗　霍花而敗戈紀恐有浮於刑冊之事　荅曰知道以此問啓

招致仿即傳于廟堂洪樂安等語中四訂該人四認冊子肯紮

指一草記攏日乃令該府宪衆存昌付之道必直決事分付

蔡来坐学樂院招問諸人 中睐仁圭洪樂安李基慶 〔李荃乃夏睡萬 付弟丕盡錄〕 然曰攏日身之自入

秋廿願彼同律耂大是的證丘五妖学之窩主諸人而修必出一口丞令

該廿招衆匹律㐅必傳曰兄

攏曰身初招至於七招刑問一次刑廿丞曰身反覆盤詰獨口发

明是乎矢獨於邪穌二字終不所言邪妄莊訊之下一番必前

可兄沈溺迷感最中㐅母拱於施感之下㐅以邪学二字遲晚

是乎乃不可以渠之发明準信更加莊刑形可取服㐅必　㫯問

渠之再修㐅非理分之説邪云之可兄情實之自綻三招之後㐅㫯平

世自 上依□請問□于仁伯　仁伯□曰臣之□言□是私□设

有懸言有何開緊而令之□掛此事□為問於專治邪学

之人刊行毋否一掛可知臺臣為耳目之友豈不知邪学者

二一箇姓名而必欲借聴於此臣聲聲不亦異哉掛臣既已

雜言列臣諸陳之刊行尚属□事蓋号犯至父專寓之沂廣

聚累百卷邪此誤少年可教之人乎以平澤縣監李承薫

是也又言承薫每若鋪入洋村上　詳在諸学事及李基慶目撃而

听向臣憂彼云　上再令問□承薫拿問挨原情以□為教

仁伯再□署曰臺臣必以私書一欵拈出□説去无乃明知□刊中之

羔爽听□妄並身全去嘉言而付之焉有寃□用意不猶下

莫苐臣有□之愚兒敢此仰陳楊根士人權日身不但已發於臣

之□去前都正睦萬中及□子仁圭抵□士林以亦□自作教主之衆

侍坐又与弘遠密~交合及所攻邪者諭以白地搆誣浸及岂故

之人百端粧撰昏動浮言弘遠社不為邪学為邪徒右祖踪

斥攻邪其心与邪徒一般蔡氐浸~然有疑端初不答洪仁伯再

書忽地上諭生畧曰惜乎樂安 仁伯之云語辱而不擇漫及題分

者等之曽酒菴而邯鄲尨張公喫酒李公碎云云言何美是

无憑也若有甚麼意優及於不干他人則未必不為岂道之意云

区没 延蓁云多以此書浸溪之説行達日記具載云

~上心始疑攻邪专有挾難之意邪攻者慒~恐等~横羅之厄矣

大諫權以綱 致薫之妻父 又上諭以仁伯長云句語弓册子刊移之説樂...

手梤而目睹诸问于樂安 邪徒之真謗翻謄廣布邪之皆

梁之真贜无所為明而獨刊册一事此岂岂實攷梤此葵賣之端岕

直駆仁伯於虛妄之科呼云讬亦惜乎此乃救薫之汲謀嗾出者

朕言汝詆斥吾家与承薰同一心腸甚云戴綾絶云娤毋慶弔

不相問豈不異哉

洪義運 字仁伯
官大速 天性峭直志氣明銳周容不足嫉惡太甚自對策時以

斥邪為己任玉是上云于蔡於玄二乃引黃巾白蓮符水米賊而比

之終古左道未有不及賊云玄言懍懍秋霜烈日以使大臣 遞達

嚴憚而本无一分戕害之心可百口保之矣邪徒怨入骨髓必欲殺之

又覬一邊之扶诐渠輩傚出攻邪云附合時人論 老 轉欲攻蔡致薰又云

仁伯三往夢村 金相喆秀云 蔡有隙者 見捉於渠之傔人謶張訛言衙亂人聽而蔡列

不以為疑曰攻邪云豈有攻我之理乃謊说云云李友桂溴嘗与余言祝

聽矣

蔡珏不以攻邪云又欲攻蔡為疑然云伝沒子孫遠 官承 為人淺狹

無知讓邪徒自知罪犯之特窅若不附蔡則岩云依㓝坟曰夜

故將欲以迎人之罪攢捏矣出睦祖源抵書於李遠搆以禍心二

及昌所邪
承董實

宇指斥攻邪者固有紀挈伊時事勢眾寡強弱彼此懸殊

附麗之徒及有右彼而斥此专不勝之紛紜甚至主論之崔照
睦成

單皆玄我則不知而三人姜主之謗言水起至空中会闊彼此专点

畏空氣焰不敢尋訪談去改空而居洞名曰洪成姜洞
時三眾晋 伊時 居㓊洞

光景可見矣

家煥与吾家有累世秦晉之好舊誼甚萬情契不泛空沒子載

绩毋家况刃燎従兄也崔照家聚會时人有疑之者宏心不染於邪

挺口分踈皆以為然權者泰會見之歸涛于載績宜么一分
尚禧之子 家煥之壻

疑端余於前呵或心之泚问之专則不但空家可惜真贓未捉攻每多人
有

分踈曰寧有是理必邪往藉重之技也若是专不當為三承薰兄

弟请張謊謊百段說古家煥性不踈明不於釋疑見忤之端由此兆

524 [13/6a]

父　崔煐夆　成永愚

与二三祀友約日聚會于崔上舍照家座上兮不咨嗟懷慨必
討乃已云兌子後欽年總二十餘兮前列初不送參於此等會集
矣至於今番余意以為斥邪之舉名以儒生不可不參命与成君
偕往會中諸人鬨諺曰邪学二字乃士子陌身之地日身承薫两人
自初有名掩諱不得兮餘故家名悶致人疑惑兮不可混入并掩
匿不錄蓋出於愛護顧惜之意而此是之際某三名字自发於言端
矣崔煐夆司諫烜之弟也兮参會中羈呮沒政往承薫家告兮
小三酬酢之言諸以睦仁圭（中子 餘窩萬）成永愚姜浚欽主論云邪徒
之必欲甘心於攻邪邊者寔本於此
亦薫葷自知不兗於邪学之目泍籍重狂男（煐家）与諸人諺以攻邪
者意在屠戮六七大家三煐基讓若鋪樂敏之名　始為露出兮尹
致薫与樂敏兮中最巧惡之也所邪当之正論不可以斥邪攻擊

申史源為珠山居地〔尹權以〕宰中之大驚送友婢往審刽渠名欲掩諱

以擾覆之盖賊人托以官令往見不敢開擾祀之必告之曰有然

權氏诖族既送尚然之従兄而審視則有不知裏面之理

乎權龍安〔鎮之曾孫尚煞戸判以〕李左尹〔秀夏〕適自湖中上京舘於吾家 佈告至事辭〔相名濟恭官領相號樊岩〕

抵近年以邪學大熾於隣近邑愚氓怋心多學習皆是基讓

權身持忠而居不逗一舍詳知其事李烈只中傳說而大

樂敏之而教诱玄珠山倅又上書于蔡〔相名濟恭官領相號樊岩〕

説大播於京中

成君永愚〔承旨鼎子〕一日来言邪學一種不幸出於吾儕中大家名族

以多浸染異時必為一邊之驅吾儕将不免陷邪之科不可

不自先裁區別邪正云、余曰君言是矣因請通文草攷遂搆妁

豹而給之不露姓名只所至誑诱良民陷溺其教為辭而已成君

即時罷出姜優元瀉㝵說於知舊古人㝵不知洪丞音義運時母

李基慶

休吉字 基慶 欲㚤父嚴斤而未果乃因對策傷陳邪學之㦬蔓㽵請

挑賦 設法嚴禁邪徒之深疾洪李盖始于此薰鏞單入柑製 御題

黃鏞不
見柑果 有祭祀之說並曳白不見此以祭別魔鬼饗之為祭㝵益坟

也 姜夜元□傳也

前時權哲身其父喪時以女藏粧著華服而永訣於屬纊之

際人客社吊別家子獨㝵吊㝵餘兄弟不㝵之㝵客曰吾家

哲身父 喪祖何如人皆惟之庚戌夏持忠遭㝵母權氏 喪㝵著

喪不多 孝巾不用縗經又不受吊祝戚友人為見成服而注㝵一不㝵

吊礼 吊喪不以禮不行虞祭不設几筵㝵母沒時瑞氣且空異香

滿室此㝵為學修道之驗也㝵前又必焚毀祠版㝵說因是大

忠熊邪學
英野祠板 播尚然六同時作變而

持忠之
內從 惟令是從而不敢違越㝵也㝵時

527

主學全州柳恒倫觀儉從兄弟又持忠之此從也又傳主學恒

儉單又傳主學於清州文義連姻娶三士人辛酉獄出有遠配
家諱修見提

专矣
配長淵

敎萬洪判尹季才之第身余同硯文詞富贍人稱實寸前時
周萬之

當身余語及邪說懷瞥大言恣口嚴排後身若鍾結姻又與權

哲身兄弟五內從其庶從事翼兼深入主學故晚學主

術會論男女老少專家陷溺性甚偏狹迷惑尤甚入京留連於

乃伯家遇逗主祀忌別臨邱還主家
家在抛川主學以祭列魔鬼來饗

闕祭祀之禮主伯氏力挽不聽去於痛哭邪學之陷人心術如此

丁未冬承薰若鏞托以居而做業會于東泮村金石太家誨說邪

書不徹晝夜殆近一朔姜進士履元詆斥學邪遂入主畫西洋冊名

說法而事令不探得忽為李友基慶以摘發主人一場喫驚
官至校理

聱薰必學
於若鍾

承薰若
鏞洋村
學習

冀弟〔從才〕傾心劾學潛相傳授楊呂利於郡之間愚氓之堂知

去廉然從之必聲氣埜越之金健淳〔清陰之祀孫 善金亮行之孫〕又從而學焉

〔樂敏基讓〕辛酉獄出没不完正法

樂敏又與基讓結姻陰扣綢繆紛教於湖右天妙邪穌洞李存

昌贖出〔樂敏〕性頻巧黠稍解文字深於邪學扙讓敏單作如腹心

廣張至教又使吳錫忠〔其次弟之曾孫 日昇之祀查〕譯邪玄為諺冊多送于存昌

使之教誘吳戈邪穌一洞男女老少呂不沉溺至分隣近六七邑

毋邪穌洞戈人結姻之常漢粹扙信習不崶百人誦法邪學至徒省

知李文義〔讓菌而文義 義守 洪正言也 樂敏〕盖兩人主至紛教攷也以幸考存昌以

常漢之坟挂紛教於笎識愚氓而湖中士族呂一人浸染去矣

持忠〔尹抑山之 不肖孫〕聰明有才文词凤就早登上庠以若鏞之內從也攷固若

〔尹權此學 朴若鏞〕鏞而學之酷信沉溺至外從權尚然〔炭翁之 不肖孫 同室居生 峴洞 球山莫 遂污〕不肖孫

基誠捿存

昌愿同死

趙靖孫娶　　存昌女

拄常漢壱造詩深萬坟邪学一流尊事之如師傳基誠之禮約

亦以此也樂敏之好徑徑趙某恭岜景禎之後上舍埴之孫也娶

存昌女為婦樂敏勸成之而至學以學之淺深乃尊甲之序而

不許門閥之高下至於婚嫁之相通邪学之誤岜道至此極矣

承薫幻教於京洛若鏽　姻弟兄弟継之李學達黃嗣永學
學達李東遇　嗣永學達之此
之孫家煥翹任　従錫範之子　為以玊中人崔必恭昌顯等不知幾許

人互相傳習又以諺乞翻譯邪書廣布京鄉或有士族婦女

洗之學習約日聚會誦法幻禮云此則不必錄也間闔女子岜

多慕効甚玊男女分別暮夜往来言之醜也士大夫族類之濡染

不必盡錄而大抵此學不岜指目必欲掩諱坟好於姻族切友潛

相傳法此水之漸漬必瘬之潒漭主粉有不可禁過去矣

上游邨
学行志

日身幻教於上游此南必容　身之婦弟
　　　　　　　　日身伯兄哲
　　　　　　　　　　　　　基
　　　　　　李最延　延原府院
　　　　　　　　　　　君不肖孫
　　　　　　　　　　　兄弟　洪教萬　日身之
　　　　　　　　　　　　　　　　　　兄弟従

金㔚鼎　不可入庭汝以年少士子何為悖舉乎答曰禍烟蒙攺不

芳配　得告訴云余曰汝既以耶穌為噩蒙別陷溺甚矣因不復兄

耳四詬罷億身羞基誠自幼濡於家庭去也館儒沈鳳

鄭濟忠　錫鄭濟芳父通諭知舊以不與交游不與婚娶為壽家㜤

父　余頗忿調函日身之爭淑身心屬次未兄余去母渠家力

此好且有契分攺也

申文源　申文源字舜衛號　少有詬名鳴於丹㟓中歲以後從事

学問天資純粹相㒵有道義之㒵晚而筮仕為禮山守生接

壤天安余獵泂有李存昌　洪乐敏贖收颔欲　文泉受業於乐敏云　去以專治邪学有名

近地常漢云論男女老幼互扔傳習申文移文挺囚於天岉獄

基誠中之直往狱門分納拜於存昌願身之囘死主守趙鼎玉

賦存昌　素示秖勢攺招攺切責不聽芳端用誘如為離去盖存昌

冶祀山郡

申文源

欲易天下而教之也至後以李藥五教主館於掌樂院前

中人金範禹家藥以青巾覆頭蚕肩主壁而坐承薰丁

若銓若鍾若鏞兄弟及攜曰身父子單皆稱以爭子挾冊

侍坐藥說法教誨比之吾儒師弟之法尤嚴截約曰聚會殆至

蘇朔爲秋米金華鎮以廒秫金範禹見捉凶禁贓物中耶蕪

畫象甚多蓋學邪去各佩小囊三中有像一件以邪穢刑戮

上天没洋人摸象常佩身遶而朝夕誦徑徑尊事专也曰身平

至子及李潤夏 芝峯不肖孫 基讓
日身之妹夫 基讓之
李罷億 之子鄭涉外從也尤五人直入秋

曹庭請捉雲像 西人稱邪穢 屬~呼訴秋米審問雲其~乃大責曰
尤雲攻云

汝單皆名家士夫之子何以是尤入耶汝輩異於常漢攻不施刑

杖特放送更勿爲此學也只嚴範禹竄配余於罷億爲坂人

釋子巾雲來爲隣比往見切責曰汝入於曹庭云士大夫非山沼則

該貫少游泮庠聲名籍甚中歲擢第地閥清華世襲

父辭人皆獎詡而自夫釋褐之前酷信西學則傳授於嘉

家嫂去 煥真而話雜兄輩事潛相學習分為粗撰而此徒李蘼溥

諸人學 之子李基讓 漢陰不肖孫 攘曰身 巖之子 擎之後李承薰 東郁之子 家嫂之甥 乃是贅纓

習 此族莠有才藝去也隮自交結專治邪學招朋引類首先

承乘購 浸濫辭說大播有諑罔嘆矣癸卯冬李東郁以書狀入

燕生子承薰隨多當館時頻~往来於天主堂 中國有天主堂洋人来留之所也

来邪云 日~留宿而㖊云 至付他伙泡 多幕褌之大 邪云之前而未出来之詩多卷帙

盡貿以来云而訓誨肄習之法尒皆學来自是以後云云法大

備矣

洋人之学以多教永大功云中造诣高明工夫深篤专为教主以

廣張主教诏可以回淳反朴也通貨色也市賣不二價也恩

星湖先生嘗論西國之學云利瑪竇神里人也故洋學熾後

或以是懟雲酷信妄加誉議丧有之然先生又云是為

佛氏之餘流不離膠柒盆中惜我正此兩段說可謂至

嚴排也至而取以為神聖去特星曆技巧而話條而已

後之人不可不識也

李嘉焕字吉甫星湖之従孫也彌例軒聰明絕人女諮談

洽舉業尚不屑為而奇文僻書無不貫通雄談善辯沛

若江河法之寧人說諸奇異至言大抵多西國利瑪竇

之談也吾東人士宴罕也而罕見也聽之至莫知下而但以

為當此博洽無出其右彼兎然自高低視些人发於事攻

如種樹等法皆用西法三未嘗不奇妙見之至處等不異之

家焕休之子乃云従争也自幼聰慧博學強記百家子史無不

41002835

534 [3/1a]

松潭遺錄